Rainer Gievers

Das Praxisbuch
Samsung Galaxy A12
Anleitung für Einsteiger

www.das-praxisbuch.de

Vorwort

Mit einem Verkaufspreis von weniger als 160 Euro richtet sich das Samsung Galaxy A12 an eine preisbewusste Zielgruppe. Trotzdem reichen Akkulaufzeit, Speicher und Geschwindigkeit des Handys vollkommen für alle Alltagsaufgaben aus. Die Quadkamera (4 Linsen) sorgt zudem für ausgezeichnete Fotos bei guten Lichtverhältnissen, wobei man deren Qualität natürlich nicht mit einem 5 Mal teuren Handy vergleichen sollte.

Wenn Sie bereit sind, Ihren Arbeitsstil an einige Besonderheiten des Handys anzupassen, können Sie mit dem Handy viele Dinge wie E-Mail-Verwaltung, Anzeige und Bearbeitung von Dokumenten, Terminplanung, usw. auch unterwegs durchführen, ohne ein Notebook dafür mitführen zu müssen.

In diesem Buch gehen wir auf alle Programme ein, die Sie täglich benötigen. Nach kurzer Zeit können Sie die dabei erlernten Vorgehensweisen aber auch auf die anderen Programme anwenden, die wir aus Platzgründen nicht genauer vorstellen.

Wir geben darüber hinaus auch Tipps aus unserer eigenen, inzwischen über 30-jährigen Erfahrung mit Mobilrechnern, die Sie im Internet und anderen Büchern nicht finden werden.

Falls Sie im Buch irgendwo einen Fehler entdecken, schicken Sie uns bitte eine E-Mail an *info@das-praxisbuch.de*.

Rainer Gievers, im Februar 2021

1. Auflage vom 26.02.2021

Ebook

Dieses Buch steht seinem Käufer auch als farbiges Ebook zum kostenlosen Download zur Verfügung. Es kann mit jedem PDF-Programm (zum Beispiel »Adobe Acrobat«) angezeigt und ausgedruckt werden.

Der Inhalt dieses Ebooks ist einschließlich seines Layouts urheberrechtlich geschützt. Jede Verwertung ohne Zustimmung des Autors ist unzulässig. Dies gilt insbesondere für die elektronische und sonstige Vervielfältigung, Übersetzung, Verbreitung und öffentliche Zugänglichmachung.

Die Weitergabe des Download-Codes oder Ebooks an Dritte ist unzulässig und wird zivil- und strafrechtlich verfolgt.

Für den Download rufen Sie in Ihrem Webbrowser auf dem PC oder Handy bitte folgende Webadresse auf (beachten Sie bitte hierzu unsere Datenschutzhinweise unter *www.das-praxisbuch.de/impressum/datenschutz.php*):

`www.das-praxisbuch.de/download`

Geben Sie bitte folgenden Code (Groß- und Kleinschreibung beachten) ein:
`sqp-nSS-frX-54t-2u8-f5R-zjA`

Hinweis

Die Informationen in diesem Buch wurden mit größter Sorgfalt erarbeitet und zusammengestellt. Dennoch können Fehler nicht vollständig ausgeschlossen werden. Verlag und Autor übernehmen daher keine juristische Verantwortung oder irgendeine Haftung für eventuell verbliebene Fehler oder deren Folgen.

Microsoft, Outlook, Windows, Windows NT, Windows XP, Windows 2000 und das Windows Logo sind entweder eingetragene Warenzeichen oder Warenzeichen der Microsoft Corporation, in den USA und/oder anderen Ländern. Alle anderen in diesem Buch erwähnten Warennamen und Bezeichnungen werden ohne Gewährleistung der freien Verwendbarkeit benutzt und sind möglicherweise eingetragene Warenzeichen.

Alle Rechte vorbehalten. Das Werk einschließlich aller Teile ist urheberrechtlich geschützt. Kein Teil darf ohne schriftliche Genehmigung durch den Autor Rainer Gievers, Borgentreich, reproduziert oder unter Verwendung elektronischer Systeme verarbeitet, vervielfältigt oder verbreitet werden.

»The Android robot logo is being reproduced from work created and shared by Google (*code.google.com/policies.html*) and used according to terms described in the Creative Commons 3.0 Attribution License (*creativecommons.org/licenses/by/3.0*).«

Copyright © 2021 Rainer Gievers, D-34434 Borgentreich

ISBN: 978-3-96469-134-7

Aufbau der Kapitel

- Damit Sie erkennen, welche Bildschirmkopie zu welchem Erläuterungstext gehört, sind die Texte mit Zahlen (❶,❷,❸) durchnummeriert.
- Webadressen, Menübezeichnungen und verwiesene Kapitel sind *kursiv* gesetzt.
- Verschachtelte Menüs werden durch »/« gekennzeichnet. Somit bedeutet zum Beispiel ⁝*Einstellungen*, dass Sie das Menü aktivieren und dort auf *Einstellungen* gehen.
- Auch Verzeichnis- und Dateinamen, sowie Webadressen sind in Kursivschrift gesetzt.

> In den Rahmen sind weiterführende Infos zum jeweiligen Thema untergebracht.

1. Inhaltsverzeichnis

- **2. Einführung** **13**
  - 2.1 Das ist bei Android anders 13
  - 2.2 Das Google-Prinzip 14
  - 2.3 Die SIM-Karte 15
- **3. Erster Start** **17**
  - 3.1 Neues Google-Konto 19
  - 3.2 Vorhandenes Google-Konto 23
  - 3.3 Weitere Einrichtung 25
- **4. Grundlagen der Bedienung** **29**
  - 4.1 Bedienelemente des Samsung Galaxy 29
  - 4.2 Displaysperre 29
  - 4.3 Der Startbildschirm 30
  - 4.4 Erste Schritte 31
  - 4.5 Gestensteuerung 32
  - 4.6 Der Startbildschirm in der Praxis 33
  - 4.7 Startbildschirm konfigurieren 34
    - 4.7.1 Schnellzugriffe anlegen und verwalten 34
    - 4.7.2 Widgets 36
      - 4.7.2.a Widget hinzufügen 37
      - 4.7.2.b Widget entfernen 39
    - 4.7.3 Ordner 39
    - 4.7.4 Hintergrundbild 39
      - 4.7.4.a Vordefiniertes Hintergrundbild 40
      - 4.7.4.b Eigene Hintergründe 41
    - 4.7.5 Titelleiste und Benachrichtigungsfeld 42
    - 4.7.6 Schaltleisten im Benachrichtigungsfeld 45
      - 4.7.6.a Weitere Funktionen 47
  - 4.8 Bedienhinweise 48
    - 4.8.1 Längs- und Querdarstellung 48
    - 4.8.2 Einhandbedienung 49
    - 4.8.3 Menü 51
    - 4.8.4 Hauptmenü 51
    - 4.8.5 Das Ausklappmenü 51
    - 4.8.6 Aktionen zulassen 53
  - 4.9 Die Einstellungen 54
  - 4.10 Zuletzt genutzte Anwendungen 54
  - 4.11 Google-Suche 55
  - 4.12 Medienlautstärke und Signaltöne 57
    - 4.12.1 Signaltöne 58
  - 4.13 Erstes Betriebssystem-Update 60
  - 4.14 Handy ausschalten oder neu starten 61
- **5. Telefonie** **62**
  - 5.1 Anruf durchführen 62
    - 5.1.1 Suche 64
    - 5.1.2 Letzte Rufnummer wählen 64
    - 5.1.3 Funktionen während eines Gesprächs 65
      - 5.1.3.a Hörerlautstärke 66
    - 5.1.4 Anruf aus dem Telefonbuch 67
    - 5.1.5 Die Standardnummer 68
  - 5.2 Kurzwahlen 69
    - 5.2.1 Kurzwahl erstellen 70
  - 5.3 Mobilbox abrufen 71
  - 5.4 Anruf annehmen 72
    - 5.4.1 Anruf mit Mitteilung beantworten 75
    - 5.4.2 Klingelton und Klingeltonlautstärke 76
  - 5.5 Anrufliste (Protokoll) 77

        5.5.1   Anrufliste in der Telefonoberfläche..78
        5.5.2   Anzeige verpasster Anrufe..78
        5.5.3   Funktionen in der Anrufliste..79
        5.5.4   Weitere Anzeigen...81
    5.6 Flugmodus (Offline-Modus)...81
    5.7 Anrufeinstellungen...82
        5.7.1   Anruf ablehnen...83
        5.7.2   Anrufer identifizieren..83
        5.7.3   Anrufsignale..84
        5.7.4   Anrufe beantworten und beenden..85
        5.7.5   Kurznachrichten zum Ablehnen..85
        5.7.6   Anrufe in Popups anzeigen...86
        5.7.7   WLAN-Anrufe..87
        5.7.8   Mailboxeinstellungen..87
        5.7.9   Zusatzdienste...88
        5.7.10 Andere Anrufeinstellungen..89

6. **Nachrichten (SMS)**..**90**
    6.1 Nachrichtenanzeige..90
    6.2 Nachricht senden..91
        6.2.1   Kontakt aus Telefonbuch..92
        6.2.2   Nachricht aus Nachrichtenverlauf...93
        6.2.3   Nachricht aus Anrufliste...94
    6.3 Weitere Funktionen im Nachrichtenverlauf...95
        6.3.1   SMS-Vorlagen..96
    6.4 Entwürfe..97
    6.5 Empfangsbestätigung (Zustellbericht)..97
    6.6 Alte Nachrichten löschen...99
    6.7 SMS empfangen...99
        6.7.1   Spam-Filter..100
    6.8 Konfiguration...101
    6.9 MMS..102

7. **Telefonbuch**..**104**
    7.1 Kontakterfassung..105
        7.1.1   Kontakt im Telefonbuch eingeben...105
        7.1.2   Weitere Eingabefelder..107
        7.1.3   Kontakt aus Telefonoberfläche übernehmen..........................108
    7.2 Kontakt bearbeiten...109
    7.3 Listen- und Detailanzeige..109
    7.4 SIM-Kontakte..110
    7.5 Kontaktfoto und Klingelton...111
    7.6 Suchen...113
    7.7 Favoriten...114
    7.8 Kontakte im Startbildschirm...115
        7.8.1   Direktwahl...115
    7.9 QR-Code..116
    7.10 Einstellungen..117

8. **Internet einrichten und nutzen**..**118**
    8.1 Internetzugang einrichten...118
        8.1.1   Tipps zum Internetzugang...118
            8.1.1.a Kostenfalle Standardvertrag...118
            8.1.1.b Die Alternative: WLAN..118
            8.1.1.c Teuer! Teuer! Teuer!..118
        8.1.2   Automatische Einrichtung...118
    8.2 Umschaltung WLAN und Mobilfunk-Internet..119
        8.2.1   WLAN aktivieren/deaktivieren..119
        8.2.2   Mobilfunk-Internet aktivieren/deaktivieren.............................120
    8.3 Empfangsstärke Mobilfunk und WLAN...120

9. **WLAN**..**121**

Inhaltsverzeichnis

    9.1 WLAN-Verbindung aufbauen..121
        9.1.1 WLAN über die Einstellungen einrichten....................................121
    9.2 WLAN-Zugangspunkte verwalten..122

10. Gmail..123
    10.1 Meet-Funktion..124
    10.2 Gmail in der Praxis..125
        10.2.1 E-Mails abrufen..125
        10.2.2 Dateianlagen..127
        10.2.3 Labels...128
        10.2.4 E-Mails beantworten..130
        10.2.5 E-Mail neu schreiben...131
        10.2.6 Weitere Funktionen bei der E-Mail-Erstellung..........................132
            10.2.6.a Cc/Bcc...133
            10.2.6.b Dateianlage...133
        10.2.7 Entwürfe..134
        10.2.8 E-Mails löschen...135
    10.3 Weitere Funktionen..137
        10.3.1 Nachrichten durchsuchen...137
        10.3.2 E-Mail aus Telefonbuch senden...137
        10.3.3 Zurückstellen...138
        10.3.4 Archivieren..139
        10.3.5 Unterdrücken...140
        10.3.6 Wichtig-Ordner...142
        10.3.7 Markierungen..143
        10.3.8 Spam..144
        10.3.9 Stapelvorgänge..145
        10.3.10 Wischgeste zum Archivieren...146
    10.4 Einstellungen...146
        10.4.1 Allgemeine Einstellungen..146
            10.4.1.a Kompaktheitsgrad der Konversationsliste.....................148
        10.4.2 Konto-Einstellungen..148
            10.4.2.a Abwesenheitsnotiz..150
            10.4.2.b Automatisch zugewiesene Labels..................................151
    10.5 Zugriff auf Gmail vom Startbildschirm...152
    10.6 Meet...154
        10.6.1 Videokonferenz einleiten...154
        10.6.2 An Videokonferenz teilnehmen...156

11. Outlook E-Mail...157
    11.1 E-Mail-Einrichtung..157
        11.1.1 E-Mail-Konto automatisch einrichten..157
        11.1.2 E-Mail-Konto manuell einrichten..159
        11.1.3 Mehrere E-Mail-Konten verwalten..160
    11.2 E-Mail-Konto bearbeiten...162
        11.2.1 Allgemeine Einstellungen..162
        11.2.2 Konto-Einstellungen..163
    11.3 E-Mail-Anwendung in der Praxis..163
        11.3.1 E-Mail-Ordner...163
        11.3.2 E-Mails abrufen...164
        11.3.3 E-Mails lesen und beantworten..164
        11.3.4 E-Mails löschen...167
        11.3.5 Dateianlagen..168
        11.3.6 Favoriten (»gekennzeichnet«)...168
        11.3.7 Filter..169
        11.3.8 Suche...170
        11.3.9 Stapelvorgänge..170
        11.3.10 Relevante Nachrichten...171
        11.3.11 Spam..172
        11.3.12 Wischgeste...173
        11.3.13 Archiv..174

11.4 E-Mail erstellen und senden..175
    11.4.1 Cc/Bcc...176
    11.4.2 Entwürfe..177
    11.4.3 E-Mail-Anhänge...178
11.5 E-Mails auf dem Startbildschirm..179

12. Webbrowser..182
12.1 Tabs (Registerkarten)..185
12.2 Lesezeichen..187
12.3 Dateien herunterladen...188
12.4 Einstellungen..189
    12.4.1 Desktop-Anzeige..193
    12.4.2 Startseite..193
12.5 Schnellzugriffe..195

13. Chrome-Webbrowser..197
13.1 Tabs...201
13.2 Lesezeichen..202
13.3 Dateien herunterladen...205
13.4 Zum Suchen tippen...205
13.5 Einstellungen..206
    13.5.1 Datenschutz und Sicherheit..208
    13.5.2 Bedienungshilfen...209
    13.5.3 Website-Einstellungen...209
13.6 Lesezeichen auf dem Startbildschirm..210

14. WhatsApp...212
14.1 Erster Start...212
14.2 Nachrichten schreiben...215
14.3 Nachrichten empfangen..216
14.4 Weitere Funktionen...216
14.5 Telefonie über WhatsApp..218
14.6 Videotelefonie..219
14.7 Eigene Kontaktinfos..220

15. Google Maps...222
15.1 Google Maps nutzen...222
15.2 Eigene Position...225
15.3 Parken..225
15.4 Kartenausschnitt auf dem Gerät speichern...226
15.5 Suche...228
    15.5.1 Suche über Schaltleisten..230
15.6 Navigation..231
    15.6.1 Routenplaner...231
    15.6.2 Navigation in der Praxis...233
    15.6.3 Schnelle Navigation...235
        15.6.3.a Ersteinrichtung der Pendelstrecke....................236
        15.6.3.b Praxiseinsatz..237
        15.6.3.c Pendelstrecke ändern.......................................237
15.7 Ansichten...238
15.8 Google Local..239
    15.8.1 Markierungen..240
15.9 Adressen aus dem Telefonbuch..241
15.10 Einstellungen..242

16. Kamera...246
16.1 Fotomodus auswählen..248
16.2 Foto erstellen...248
16.3 Weitere Funktionen...249
    16.3.1 Zoom...249
    16.3.2 Kamera zwischen Weit- und Ultraweitwinkel umschalten...249
    16.3.3 Lokale Helligkeit..250
16.4 Einstellungen..250

Inhaltsverzeichnis

- 16.5 Positionsdaten...251
- 16.6 Motivprogramme...252
- 16.7 Selfies...252
- 16.8 Deko-Bild..253
- 16.9 Video-Funktion...254

17. Galerie...255
- 17.1 Ansichten..255
  - 17.1.1 Datumssortierung..256
  - 17.1.2 Albensortierung...257
- 17.2 Bilder verarbeiten...258
  - 17.2.1 Gelöschte Dateien wiederherstellen.......................258
- 17.3 Vollbildansicht..259
  - 17.3.1 Einzelnes Bild bearbeiten......................................260
- 17.4 Videos...261
- 17.5 Positionsdaten..261
- 17.6 Storys..262

18. Musik..263
- 18.1 Die Tarife von YouTube Music..263
- 18.2 YouTube Music-App...263
  - 18.2.1 Grundfunktionen von YouTube Music..................265
  - 18.2.2 Playlists..268
    - 18.2.2.a Playlists verwalten................................270
- 18.3 Radiosender..272
  - 18.3.1 Favorisierte Songs..273
  - 18.3.2 Suche..274
- 18.4 YouTube Music Premium...275
  - 18.4.1 YouTube Music Premium-Abo aktivieren.............276
  - 18.4.2 YouTube Music Premium-Abo verwalten.............277
- 18.5 Welcher Song ist das?..278

19. Google Assistant..279
- 19.1 Einrichtung...279
- 19.2 Aufruf...281
- 19.3 Funktionen des Galaxy steuern..281

20. Kalender...284
- 20.1 Kalenderansichten..284
  - 20.1.1 Jahresansicht..285
  - 20.1.2 Monatsansicht..285
- 20.2 Navigation im Kalender...286
- 20.3 Neuen Termin hinzufügen..287
- 20.4 Terminerinnerung...290
- 20.5 Einstellungen..291
- 20.6 Kalender im Startbildschirm..292

21. Weitere Programme..293
- 21.1 Taschenrechner...293
- 21.2 Wetter...294
- 21.3 YouTube...294
- 21.4 Gerätewartung..297
- 21.5 Google-Anwendung...298
- 21.6 Uhr..299
  - 21.6.1 Alarm..300
  - 21.6.2 Weltuhr...301
- 21.1 Google Play Filme...302
- 21.2 Google Drive..303
  - 21.2.1 Dateien bei Google Drive hochladen.....................305
  - 21.2.2 Office-Datei erstellen..307
  - 21.2.3 Dateien freigeben..309
- 21.3 Samsung Members...310
- 21.4 Samsung Notes...312

21.4.1 Objekte..314
21.4.2 Notizen verwalten..316

22. Das Google-Konto..317
22.1 Einrichtung in einer Google-Anwendung...............................317
22.2 Google-Konto entfernen..319

23. Das Samsung-Konto...321
23.1 Erste Einrichtung..321
23.2 Anmeldung...323
23.3 Samsung-Konto in der Praxis...324

24. Programmverwaltung...325
24.1 Play Store..325
   24.1.1 Programme installieren...329
   24.1.2 Ausgeblendete Navigationstasten....................................331
   24.1.3 Game Booster...332
   24.1.4 Game Launcher...333
   24.1.5 Wunschliste...333
   24.1.6 Gute von schlechter Software unterscheiden.......................334
   24.1.7 Einstellungen..335
   24.1.8 Softwarekauf im Google Play Store..................................336
   24.1.9 Google-Gutscheine...338
   24.1.10 In-App-Käufe...339
24.2 Galaxy Store...340
   24.2.1 Galaxy Store in der Praxis...340
24.3 Programme deinstallieren..342
24.4 Programme im Hintergrund..342

25. Empfehlenswerte Apps aus dem Play Store.........................343
25.1 Fernsehen..343
25.2 TV- und Kinoprogramm..343
25.3 Transport, Reisen und Hotels...344
25.4 Auskunft..346

26. Benutzeroberfläche optimal nutzen...................................347
26.1 Bildschirmanzeige anpassen..347
26.2 Design der Displaysperre anpassen.....................................348
26.3 Funktionen in der Displaysperre...349
   26.3.1 Shortcuts..350
   26.3.2 FaceWidgets..351
26.4 Ruhemodus..351
26.5 Dunkelmodus (Dark Mode)...353

27. Gerätespeicher...356
27.1 Allgemeine Hinweise...358
27.2 Speicherverwaltung..359
27.3 Verzeichnisse..360

28. Zugriffssperren..361
28.1 Displaysperre..361
28.2 Gerätesperre...362
   28.2.1 Muster-Sperre...363
   28.2.2 PIN- und Passwortsperre..365
   28.2.3 Fingerabdrucksperre...366
      28.2.3.a Fingerabdrücke verwalten...................................367
   28.2.4 Gesichtserkennung...368
28.3 Optionen während der Sperre..370
28.4 SIM-Sperre...370
28.5 Maßnahmen gegen Diebstahl...371

29. Bluetooth..374
29.1 Bluetooth ein/ausschalten...374
29.2 Bluetooth konfigurieren..375

    29.2.1 Koppeln aus dem Benachrichtigungsfeld..375
    29.2.2 Koppeln aus den Einstellungen...376
  29.3 Bluetooth-Headset / Freisprecheinrichtung verwenden.............................376
  29.4 Bluetooth-Audio...378

30. Tipps & Tricks 380
  30.1 Das Speicherlimit von Google..380
    30.1.1 Speicherplatzinfo..380
    30.1.2 Google One...381
    30.1.3 Speicherfunktion von Google Fotos ausschalten.................................382
  30.2 Eigene Klingel- und Benachrichtigungstöne...383
    30.2.1 Einrichtung über den PC...383
  30.3 Zip-Dateien..384
  30.4 Anwendungen als Standard..385
  30.5 Handy verloren oder geklaut – was nun?...385
    30.5.1 Datenschutz..386
    30.5.2 Schutz von Firmendaten...387
  30.6 Akkulaufzeit erhöhen...387
    30.6.1 Akku-Lebensdauer..388
  30.7 Screenshots (Bildschirmkopien)..388
  30.8 Energiesparmodi...389
  30.9 Benachrichtigungen einschränken..391
  30.10 NFC..392

31. Bedienungshilfen 394
  31.1 Gestensteuerung...394
  31.2 Einhändiger Betrieb...396
  31.3 Mehrfensteransicht..397
    31.3.1 Geteilter Bildschirm...397
    31.3.2 Popup-Fenster..399
  31.4 Einstellungen für Startbildschirm und Hauptmenü....................................400

32. Eingabemethoden 403
  32.1 Samsung-Tastenfeld...406
    32.1.1 Wortvorschläge...407
      32.1.1.a Wörterbuchsprache einstellen..408
      32.1.1.b Das Anwenderwörterbuch..409
      32.1.1.c Automatische Rechtschreibkorrektur...410
    32.1.2 Einstellungen..412
  32.2 Durchgehende Eingabe..413
  32.3 Spracherkennung...415
  32.4 Texte kopieren, ausschneiden und einfügen...415

33. Benutzerkonfiguration 418
  33.1 Netzwerkverbindungen..420
    33.1.1 Datenübertragung...421
  33.2 Allgemeine Verwaltung..422
  33.3 Software-Update..424
    33.3.1 Geräteinformationen...424

34. Dual-SIM-Verwendung 426
  34.1 Besonderheiten in den Anwendungen..428

35. Stichwortverzeichnis 430
36. Weitere Bücher des Autors 432

2. Einführung

Vielleicht gehören Sie auch zu den Anwendern, die sich bisher mit einem Einfach-Handy zufriedengegeben haben und nun erstmals ein sogenanntes Smartphone nutzen. Alternativ besitzen Sie schon seit geraumer Zeit ein Smartphone, verwenden darauf aber derzeit nur die Telefonie-Funktionen.

Was aber ist ein **Smartphone**? Darunter versteht man ein Mobiltelefon, das neben der Telefonie noch weitere Funktionen mitbringt, die sonst nur PCs aufweisen, beispielsweise Kontakt- und Teminverwaltung, Musikabspielgerät, Internet, usw. Von wenigen Billig-Handys abgesehen, die für maximal 50 Euro angeboten werden, sind übrigens genau genommen inzwischen fast alle Smartphones.

Die Betriebssoftware, sozusagen das Herz Ihres Handys, ist das von Google entwickelte **Android**. Es erfüllt die gleichen Aufgaben wie das Windows-Betriebssystem auf Ihrem PC oder Notebook.

2.1 Das ist bei Android anders

Dieses Kapitel soll kurz die Unterschiede zwischen den »alten« Handys und den modernen Smartphones beleuchten.

Schon bei der ersten Inbetriebnahme gibt es den ersten Unterschied: Während früher ein Handy nach dem Einschalten und der PIN-Eingabe sofort betriebsbereit war, müssen Sie bei einem Android-Handy erst Ihren Internetzugang einrichten. Überhaupt empfiehlt es sich, einen Blick auf den Mobilfunkvertrag zu werfen, denn dieser muss auch eine **Internetflatrate** (Datenvertrag) beinhalten. Sie zahlen dann nur einen festen Betrag für die Internetnutzung und keinen nutzungsabhängigen – Letzteres ist meist extrem teuer. Auf dieses Thema gehen wir übrigens später noch genauer ein.

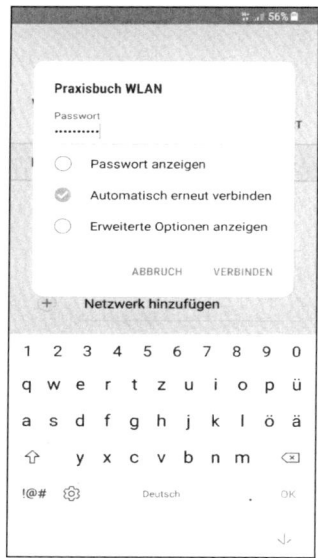

Bereits beim ersten Einschalten eines Android-Handys richten Sie die Internetverbindung ein.

Eine permanente Internetverbindung ist für Android-Handys wichtig. Natürlich sind Webbrowser und E-Mail-Anwendung ohne Internetanbindung unbrauchbar – aber wussten Sie, dass sogar Programme, von denen Sie es nie erwarten würden, aufs Internet angewiesen sind? Ihr Android-Handy speichert beispielsweise auch Ihre Kontakte, Termine, Lesezeichen des Chrome-Browsers, Ihre Fotos und Videos und vieles mehr im Internet. Das hört sich zunächst erst einmal ungewohnt an, hat aber für Sie durchaus Vorteile, wie wir unten noch zeigen werden. Ihre persönlichen Daten landen natürlich nicht einfach frei im Internet, sondern sind geschützt vor fremden Zugriff.

Den Speicherort für Ihre Daten legen Sie übrigens bereits bei der ersten Inbetriebnahme Ihres Android-Handys fest. Es handelt sich dabei um Ihr sogenanntes **Google-Konto**. Dieses hat immer das Format *IhrName@gmail.com*. Dabei ist *IhrName* ein von Ihnen frei wählbarer Name, erlaubt sind zum Beispiel die Kontonamen *hans.mueller@gmail.com*, *hansmuell25@gmail.com* *oder mueller201@gmail.com.*

Ihr Google-Konto erstellen Sie direkt nach der Interneteinrichtung beim ersten Einschalten Ihres Android-Handys. Den Kontonamen dürfen Sie frei wählen.

Nicht jeder ist darüber glücklich, dass seine Daten bei Google gespeichert werden. Google informiert aber sehr offen darüber und fragt gegebenenfalls nach Ihrer Zustimmung. Natürlich dürfen Sie auch ablehnen, aber ohne Google-Konto müssen Sie auf viele Komfortfunktionen verzichten. Dazu zählt auch die nachträgliche Installation von weiteren nützlichen Programmen aus dem Play Store.

2.2 Das Google-Prinzip

Wie bereits erwähnt, sammelt Google systematisch Ihre Daten, denn Ihr Android-Gerät lädt alle Ihre Kontakte, Termine, Browser-Lesezeichen, Fotos, usw. auf Google-Server im Internet hoch. Auf zwei Wegen können Sie dies verhindern beziehungsweise einschränken:

- Sie richten erst gar kein Google-Konto auf dem Handy ein.
- Sie deaktivieren, wie im Kapitel *22.2 Google-Konto entfernen* beschrieben, die Datensynchronisation für die einzelnen Datentypen.

Die erste Variante ist leider kaum praktikabel, den ohne Google-Konto steht Ihnen der Play Store nicht zur Verfügung, über den Sie weitere Programme installieren (über einen Umweg, bei dem Sie Sicherheitsfunktionen deaktivieren und manuelles Kopieren der Programmdatei auf das Gerät ginge es trotzdem, ist aber sehr unkomfortabel).

Mit der zweiten Variante kann Sie Google nur noch eingeschränkt »überwachen«, wird aber trotzdem noch Ihr Benutzerverhalten ausforschen. Beispielsweise sendet das Handy alle von Ihnen geschriebenen und empfangenen SMS und Ihr Anrufprotokoll an Google-Server. Auch Ihr per eingebautem GPS-Empfänger ermittelter Standort und Ihre WLAN-Passwörter werden permanent an Google übermittelt.

Es kommt aber noch »dicker«. Wie Sie vielleicht aus der Presse erfahren haben, wurde im Oktober 2016 bekannt, dass der Google-Konkurrent Yahoo über einen längeren Zeitraum den US-Geheimdiensten Zugriff auf alle Nutzerdaten gestattete. Es würde nicht verwundern, wenn auch Google den Geheimdiensten systematisch Daten liefert. Als Geheimnisträger in einer Firma oder einer Behörde sollten Sie sich deshalb überlegen, welche Daten Sie Ihrem Android-Handy oder anvertrauen. Bei anderen Betriebssystemen wie Apple iOS oder Windows 10 ist es mit der Datensicherheit aber genau genommen kaum besser bestellt.

2.3 Die SIM-Karte

Ihr Handy unterstützt zwei Arten des Internetzugangs:

- Über das Mobilfunknetz: Sie sollten prüfen, ob Ihr Handyvertrag auch die kostenlose Internetnutzung ausweist. Viele Netzbetreiber sprechen dabei von »Internet-Flatrate« oder »Datenflat«. Meist kann man die Internet-Flatrate für wenige Euro im Monat dazu buchen.

- Über WLAN: Wie Ihnen bekannt sein dürfte, lässt sich das Internet mit Ihrem Handy über WLAN nur zuhause beziehungsweise an ausgewiesenen WLAN-Zugangspunkten in Hotels, Bars, usw. verwenden.

Sie benötigen eine SIM-Karte im »Nano«-Format. Ältere Handys haben dagegen meist einen Mini- oder Micro-SIM-Steckplatz, weshalb Sie deren SIM-Karten nicht in Ihrem neuen Handy verwenden können.

Wir empfehlen, dass Sie Ihre aktuelle Mini- oder Micro-SIM-Karte beim jeweiligen Mobilfunkanbieter für eine Nano-SIM-Karte umtauschen (meist schickt er Ihnen kostenlos eine neue SIM-Karte zu und die alte Karte wird automatisch nach einigen Tagen ungültig).

Von der Möglichkeit, eine SIM-Karte auf das Nano-Format zuzuschneiden, raten wir ab. Wenn Sie Pech haben, wird sich die zugeschnittene Karte in Ihrem Handy verkannten und es beschädigen.

Nano- und Micro-SIM-Karte im Größenvergleich mit einer Euro-Münze.

Sie haben Ihre alte SIM-Karte innerhalb der letzten fünf Jahre erworben? Dann ist die Wahrscheinlichkeit sehr hoch, dass sie sich bereits in einem Träger befindet. Brechen Sie sie einfach vorsichtig die Nano-SIM an den vorgestanzten Bruchkanten heraus, bevor Sie sie im neuen Handy verwenden.

Eine neue SIM-Karte wird immer als große Plastikkarte geliefert. Vorgestanzt sind darin Mini-SIM, Micro-SIM und Nano-SIM. Brechen Sie die Nano-SIM (Pfeil) vorsichtig heraus.

Zum Öffnen der SIM-Schublade auf der linken Geräteseite verwenden Sie das mitgelieferte Stechwerkzeug. Neben der Schublade befindet sich ein Loch, in das Sie mit dem Stechwerkzeug hineindrücken. Daraufhin springt die Schublade auf und kann mit den Fingernägeln herausgezogen werden.

Die SIM-Karte legen Sie mit den Kontakten nach unten ein. Bevor Sie die Schublade wieder schließen, achten Sie unbedingt darauf, dass die SIM-Karte auch genau bündig darin liegt.

3. Erster Start

Beim ersten Einschalten richten Sie den Internetzugang über WLAN, Ihr Google-Konto und einige andere Dinge ein.

> **Hinweis**: Falls Sie bereits den Assistenten durchlaufen haben und schon Ihr Gerät nutzen, sollten Sie im Kapitel *4 Grundlagen der Bedienung* weiterlesen. Wo es in diesem Buch darauf ankommt, gehen wir auf die im Assistenten vorgenommenen Einstellungen nochmals ein. Sie verpassen also nichts!

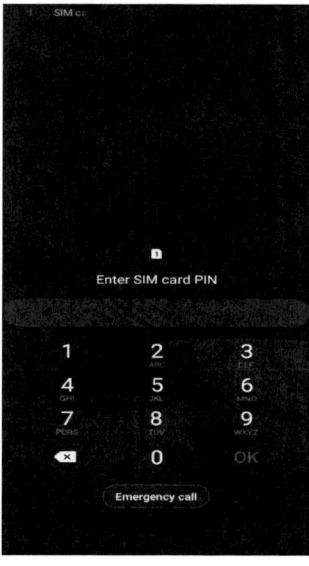 

❶ Geben Sie zuerst die SIM-PIN ein, damit sich das Samsung Galaxy ins Netz einbuchen kann. Schließen Sie Ihre Eingabe mit der *OK*-Schaltleiste auf dem eingeblendeten Tastenfeld ab.

❷ Schließen Sie den Hinweis auf Ihre Handynummer gegebenenfalls mit *OK*.

❶ Betätigen Sie die blaue Schaltleiste.

❷ Das Handy wählt automatisch die verwendete Sprache anhand der eingelegten SIM-Karte aus. In der Regel können Sie hier einfach *Weiter* (Pfeil) betätigen.

 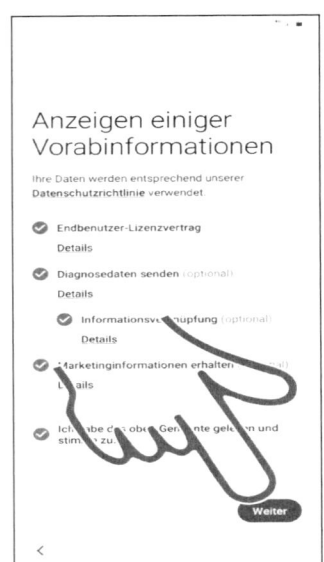

❶❷ Aktivieren Sie *Ich habe das oben Genannte gelesen und stimme zu*, dann betätigen Sie *Weiter*.

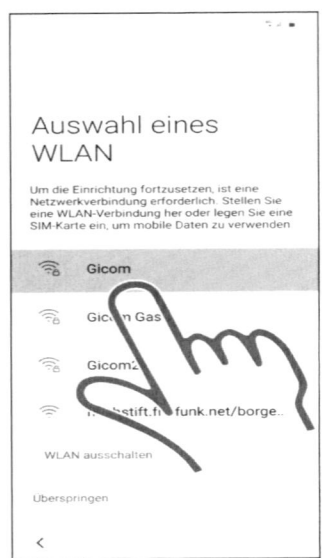 

❶❷ Als Nächstes stellen Sie den genutzten WLAN-Zugangspunkt ein. Tippen Sie dafür kurz einen der gefundenen Zugangspunkte in der Liste an, geben Sie das zugehörige Kennwort ein und betätigen Sie *Verbinden*.

> In diesem Buch unterscheiden wir zwischen »Antippen«, was immer ein kurzes Antippen heißt und längerem Tippen und Halten mit dem Finger. Wenn Sie den Finger lange auf einem Bildschirmelement gedrückt halten müssen, weisen wir immer explizit darauf hin.
>
> Wir empfehlen, die Ersteinrichtung in aller Ruhe an einem Ort mit WLAN-Zugang durchzuführen. Das Handy lädt sehr große Datenmengen herunter, was bei Mobilfunk-Internet sehr lange dauert und eventuell zusätzliche Kosten verursacht.

Erster Start 19

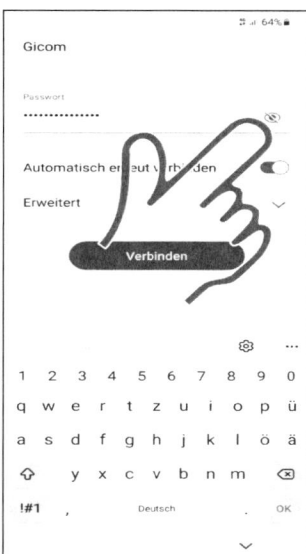 

❶❷ Tipp: Samsung erleichtert Ihnen die Passworteingabe über die ◎-Schaltleiste. Tippen Sie darauf, um das Passwort anzuzeigen. ◎ steht bei allen »verdeckten« Eingabefeldern der verschiedenen Anwendungen auf dem Handy zur Verfügung.

❶ Schließen Sie den Bildschirm mit *Weiter* (am unteren rechten Bildschirmrand).

❷ Eventuell muss das Handy umfangreiche Einrichtungsarbeiten durchführen, weshalb Sie *Neustart* betätigen müssen.

3.1 Neues Google-Konto

Dieses Kapitel brauchen Sie nur durchzuarbeiten, wenn Sie noch kein sogenanntes Google-Konto besitzen. Dies ist in der Regel der Fall, wenn Sie bisher noch nie ein Android-Handy oder Tablet genutzt haben. Wenn Sie bereits mal ein Google-Konto verwendet haben, dann lesen Sie im nächsten Kapitel *3.2 Vorhandenes Google-Konto* weiter.

Das Google-Konto hat das Format einer E-Mail-Adresse und immer die Endung *@gmail.com*, beispielsweise *sally.gievers@gmail.com*. Vom Handy wird das Google-Konto verwendet, um eine Sicherung Ihrer Daten auf Google-Servern durchzuführen.

❶ Gehen Sie auf *Nicht kopieren*.

❷❸ Betätigen Sie *Konto erstellen* und wählen Sie *Für mich selbst* aus.

  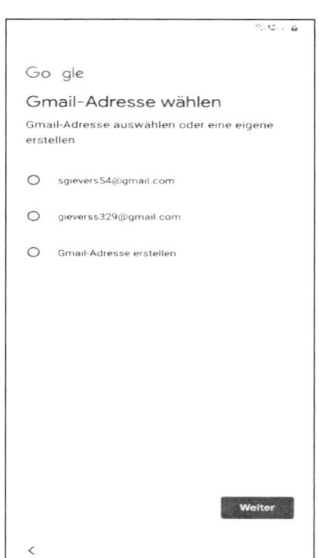

❶ Erfassen Sie in den Feldern Ihren Vor- und Nachnamen (mit dem Finger in das jeweilige Eingabefeld tippen) und betätigen Sie *Weiter*.

❷ Geben Sie Ihr Geburtsdatum und Geschlecht an (es ist Ihnen unbenommen, hier falsche Angaben zu machen), dann betätigen Sie *Weiter*.

❸ Google schlägt Ihnen einige Kontonamen vor, von denen Sie einen auswählen. Betätigen Sie dann *Weiter*. Falls Ihnen die vorgeschlagenen Kontonamen übrigens nicht gefallen, gehen Sie wie als Nächstes beschrieben, vor.

Erster Start

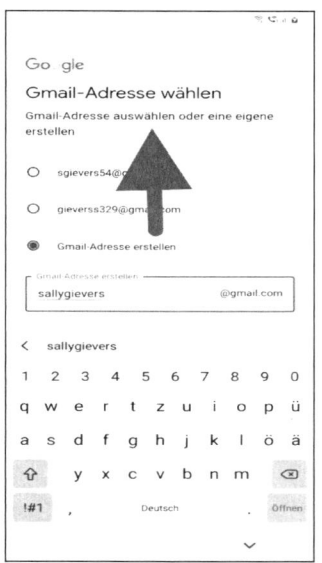

❶ So vergeben Sie einen selbst gewählten Kontonamen: Betätigen Sie *Gmail-Adresse erstellen*.

❷ Erfassen Sie den Kontonamen, danach halten Sie den Finger auf den Bildschirm, ziehen ihn nach oben und lassen sofort los (sogenannte Wischgeste). Betätigen Sie dann erneut die *Weiter*-Schaltleiste. Falls der Kontoname bereits an jemand anders vergeben wurde, macht das Programm Vorschläge beziehungsweise gibt Ihnen die Möglichkeit, einen anderen Kontonamen einzugeben.

> Zulässig sind im Kontonamen Buchstaben, Zahlen und Punkte. Klein- und Großschreibung wird nicht berücksichtigt.
>
> Tipp: Verzichten Sie bei Ihrem Kontonamen auf die leicht verwechselbaren Zeichen »0«, »O«, »1«, »L«, »Z« und »2«. Sie vermeiden damit Missverständnisse, wenn Sie mal Ihre E-Mail-Adresse für jemand anders aufschreiben.

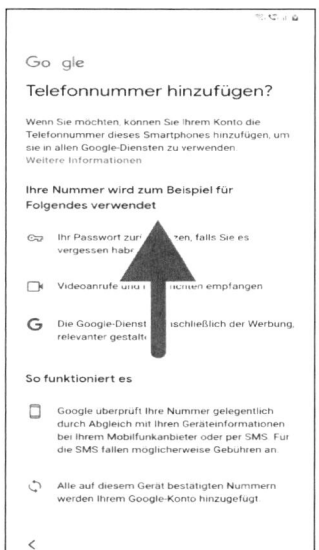
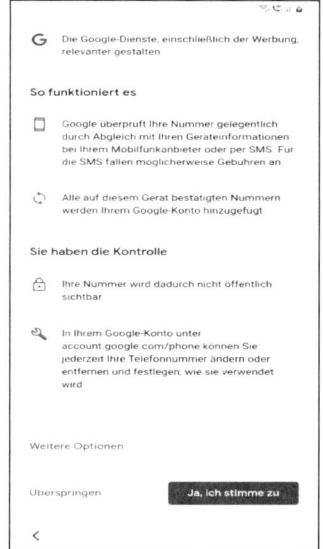

❶ Zum Schluss erfassen Sie das Kennwort. **Das Kennwort (und natürlich den Kontonamen) sollten Sie sich genau merken oder notieren, weil Sie das Handy später ab und zu danach fragt!** Betätigen Sie dann *Weiter*.

❷ Wischen Sie in diesem Bildschirm nach oben.

❸ Damit Sie das Kennwort für Ihr Google-Konto wieder zurücksetzen können, falls Sie es mal vergessen, betätigen Sie jetzt *Ja, ich stimme zu*.

 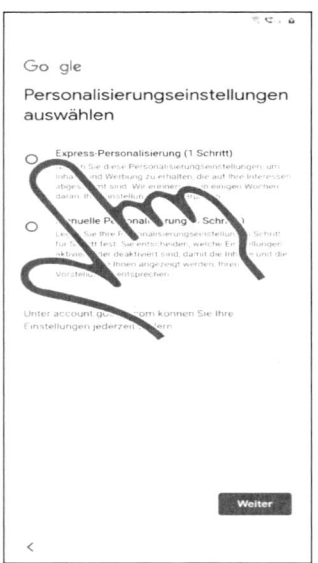 

❶ Betätigen Sie *Weiter*.

❷❸ Aktivieren Sie *Express-Personalisierung (1 Schritt)* und betätigen Sie *Weiter*.

❶ Erneut müssen Sie die Wischgeste einsetzen, also mit dem Finger auf dem Bildschirm nach oben wischen.

❷ Gehen Sie auf *Bestätigen*.

Erster Start

 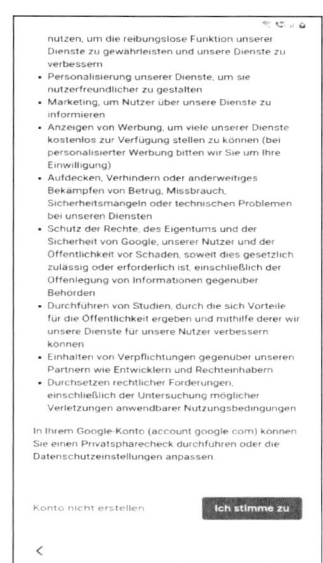

❶❷ Erneut wischen Sie nach oben und betätigen *Ich stimme zu*.

Lesen Sie im Kapitel *3.3 Weitere Einrichtung* weiter.

3.2 Vorhandenes Google-Konto

Um das Handy (und andere Android-Geräte) sinnvoll zu nutzen, müssen Sie ein sogenanntes Google-Konto besitzen. Das Google-Konto hat das Format einer E-Mail-Adresse und immer die Endung *gmail.com*, beispielsweise *sally.gievers@gmail.com*.

Falls Sie nicht wissen, was ein Google-Konto ist, oder bisher noch kein Android-Gerät genutzt haben, lesen Sie bitte im Kapitel *3.1 Neues Google-Konto* weiter.

> Beachten Sie, dass bei Ihnen die Bildschirmabbildungen eventuell geringfügig anders aussehen, da Google beziehungsweise Samsung laufend Änderungen an der Benutzeroberfläche vornehmen.

Wählen Sie *Nicht kopieren*.

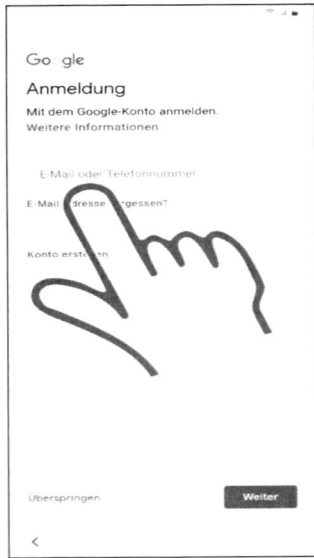  

❶ Tippen Sie auf *E-Mail oder Telefonnummer*.

❷ Geben Sie Ihren Google-Konto-Namen (Eingabe des Namens vor *@gmail.com* reicht aus) ein.

❸ Erfassen Sie das Passwort Ihres Google-Kontos und gehen Sie erneut auf *Weiter*.

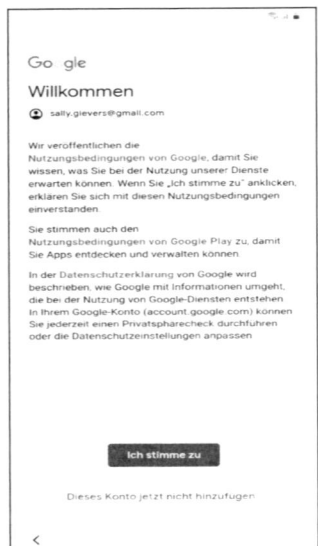

Gehen Sie auf *Ich stimme zu*.

3.3 Weitere Einrichtung

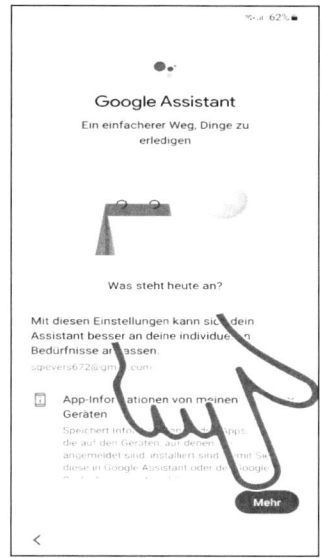 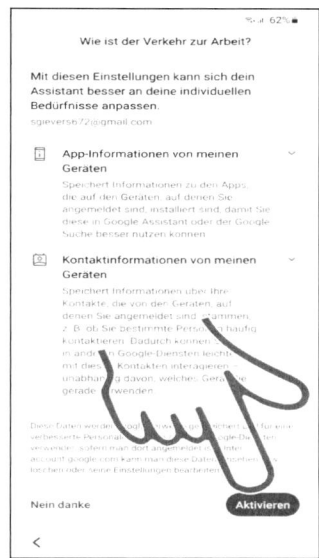 

❶❷ Der Google Assistant (engl. Assistant = Assistent, Gehilfe) wird Sie später bei Ihrer täglichen Arbeit mit dem Handy unterstützen. *Betätigen Sie Mehr, Aktivieren* und *Weiter*.

> Sofern Sie den Google-Assistent schon mal auf einem anderen Handy eingerichtet hatten, müssen Sie hier nur *Weiter* betätigen.

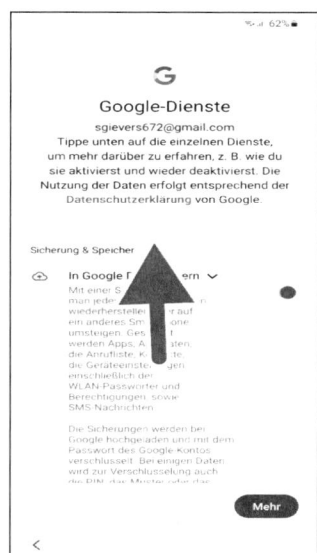 

❶❷ Auch im Google-Dienste-Bildschirm führen Sie die bereits vorgestellte Wischgeste durch – Finger auf den Bildschirm setzen, nach oben ziehen und Finger hoch nehmen – dann betätigen Sie *Akzeptieren*.

❶❷ Google hat sich in Rahmen eines Kartellverfahrens dazu verpflichtet, dass Nutzer von Android-Handys die verwendete Suchmaschine frei auswählen dürfen. Bitte beachten Sie, dass die Suchmaschinenauflistung in zufälliger Reihenfolge erfolgt. Wir empfehlen trotzdem *Google* in der Liste auszuwählen und dann *Weiter* zu betätigen.

 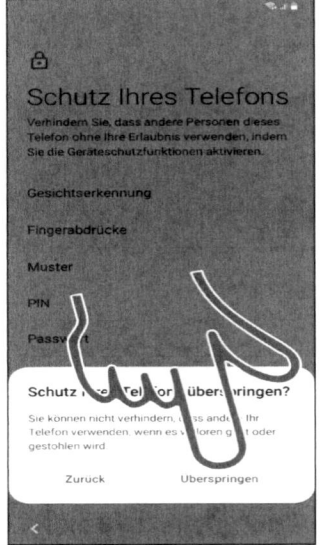

❶❷ Auf die Gerätesperre geht das Buch später noch ein, weshalb Sie hier auf *Überspringen* und im Popup erneut auf *Überspringen* gehen.

 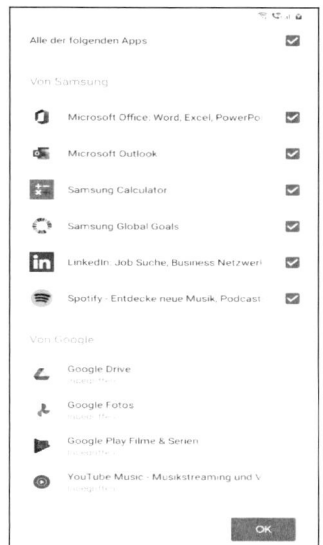 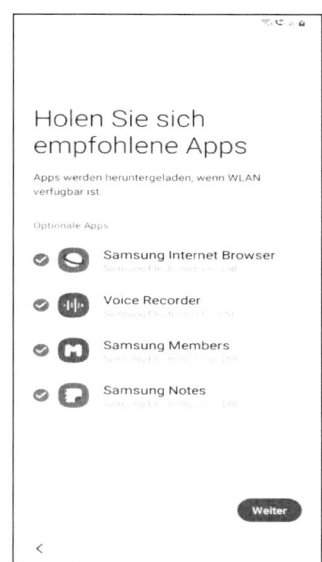

❶❷ Sofern der *Weitere Apps ansehen*-Bildschirm erscheint, blättern Sie mit einer Wischgeste nach oben und betätigen *Ok*.

❸ Im *Holen Sie sich empfohlene Apps*-Bildschirm gehen Sie auf *Weiter*.

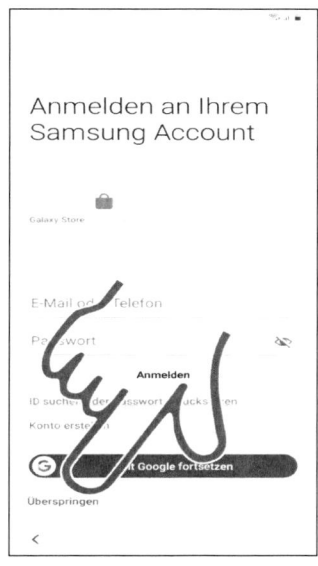 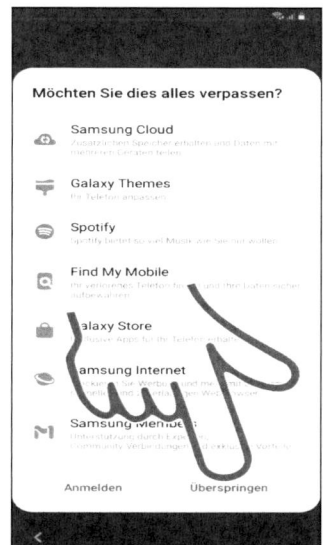 

❶ Zusätzliche Dienste stehen nach Anmeldung beim Samsung-Konto zur Verfügung. Da wir später noch darauf eingehen (Kapitel *23 Das Samsung-Konto*) betätigen Sie die *Überspringen*-Schaltleiste.

❷ Schließen Sie auch den folgenden Warnhinweis mit *Überspringen*.

❸ Betätigen Sie *Beenden*.

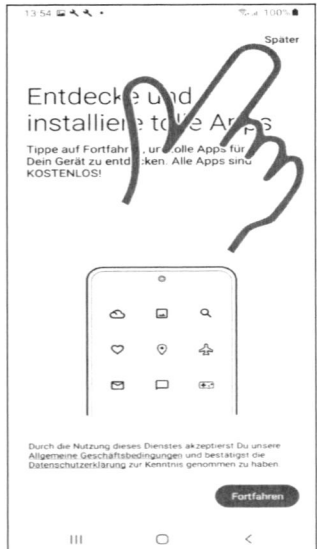 

❶ Im *Entdecke und installiere tolle Apps*-Bildschirm möchte Samsung Ihnen einige sinnlose Programme von Werbepartnern andrehen. Überspringen Sie den Bildschirm einfach mit *Später*.

❷ Das Popup schließen Sie mit *Ja*.

 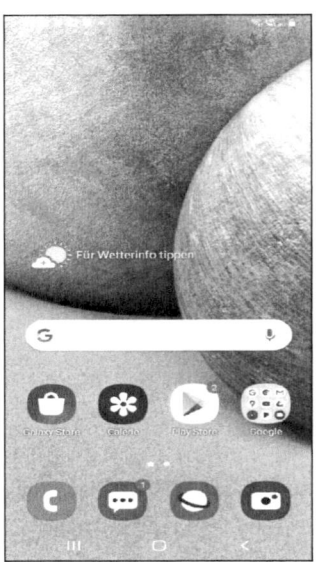

❶ Die SIM-Kartenverwaltung schließen Sie gegebenenfalls mit *Fertig*.

❷ Sie befinden sich nun im Startbildschirm und können mit dem Gerät arbeiten.

4. Grundlagen der Bedienung

Das Samsung Galaxy bedient man fast ausschließlich über das Touchdisplay. Sofern Sie bereits ein Handy mit Touchdisplay genutzt haben, finden Sie viele Funktionen wieder.

Wenn Sie Ihr Gerät von einem Netzbetreiber erworben haben, werden einige Menüs und Tastenfunktionen von den Beschreibungen in diesem Buch abweichen. Auch spätere Updates des von Samsung entwickelten Betriebssystems können dazu führen, dass zusätzliche Funktionen oder Anwendungen verfügbar sind.

4.1 Bedienelemente des Samsung Galaxy

Zwar erfolgt die Bedienung des Handys weitgehend über das Touchdisplay, einige Funktionen werden aber auch über Hardwaretasten ausgelöst.

Die Tasten auf der Unterseite:

- III: Zuletzt genutzte Anwendungen auflisten.
- O: Kurzes Betätigen schaltet wieder auf den Startbildschirm zurück. Langes Drücken dieser Taste ruft die im Kapitel *4.10 Zuletzt genutzte Anwendungen* beschriebene Funktion auf.
- ‹: Zurück: Zum vorherigen Bildschirm zurückkehren beziehungsweise Menüs schließen.
- Lautstärke-Tasten (auf der rechten Geräteseite): Regulieren bei Telefongesprächen die Hörerlautstärke, ansonsten die Klingeltonlautstärke.

4.2 Displaysperre

Das Display ist der größte Stromverbraucher, weshalb es automatisch nach 30 Sekunden abgeschaltet wird. Diese Zeitspanne können Sie allerdings auf bis zu 10 Minuten ändern.

Sobald Sie das Display einschalten – beispielsweise durch kurzes Betätigen des Ein-/Ausschalters auf der rechten Geräteseite, machen Sie mit der **Displaysperre** Bekanntschaft. Diese zeigt wichtige Infos wie verpasste Anrufe, usw. an. Die Displaysperre kann auch mit einer **Gerätesperre** versehen werden, das heißt, beispielsweise erst nach Eingabe einer PIN können Sie das Gerät nutzen. Mit einer Wischgeste in der Displaysperre schalten Sie das Handy frei und können es nutzen.

Auf eingehende Anrufe und Benachrichtigungen macht das Handy natürlich auch bei ausgeschaltetem Display weiterhin aufmerksam: Geht zum Beispiel ein Anruf ein, schaltet sich das Display wieder ein.

Zum Aus- beziehungsweise Einschalten des Displays führen Sie folgende Aktion durch:

- Sie betätigen den Ein-Ausschalter auf der rechten Geräteseite.
- Sie tippen zweimal schnell hintereinander auf das Display.

Der Umstand, dass man zwischen ausgeschaltetem Display, Displaysperre und Gerätesperre unterscheidet, ist für Anfänger etwas ungewohnt. Bei alten Handys gibt es ja nur das ein- oder ausgeschaltete Display.

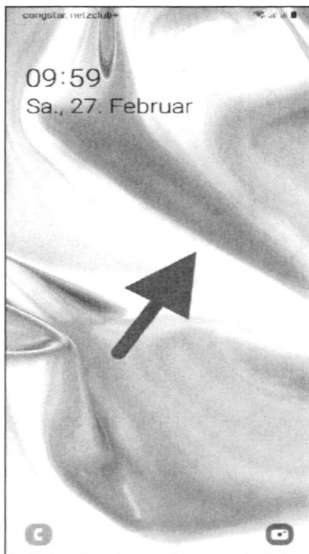 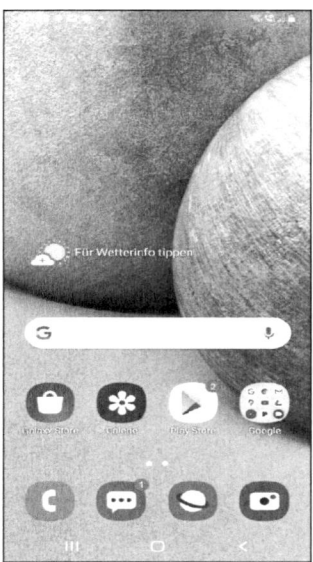

❶ So deaktivieren Sie die Displaysperre: Tippen und Halten Sie den Finger auf den Bildschirm und ziehen Sie ihn in eine beliebige Richtung. Beachten Sie, dass sich der Ausgangspunkt Ihres Fingers außerhalb der angezeigten Symbole befindet. Heben Sie den Finger dann sofort wieder vom Bildschirm ab.

❷ Der Startbildschirm ist damit freigeschaltet.

4.3 Der Startbildschirm

❶ Der Startbildschirm ist der Ausgangspunkt, von dem Sie alle weiteren Anwendungen aufrufen. Er erscheint automatisch nach dem Einschalten sowie nach Betätigen der O-Taste unterhalb des Displays.

Die Bedeutung der Symbole am unteren Bildschirmrand: Über *Telefon* aktivieren Sie von dort aus die Telefonoberfläche (❷), *Nachrichten* öffnet die Nachrichten-Anwendung, *Internet* den Webbrowser und *Kamera* ruft die Kamera-Anwendung auf.

> Hinweis: Die Bildschirmanzeige bei Ihrem Gerät weicht an einigen Stellen von der in diesem Buch ab. Wir hatten zwecks besserer Lesbarkeit eine größere Schrift und kontrastreiche Hintergründe eingestellt.
>
> Bitte beachten Sie, die O-Taste nur kurz zu betätigen, weil Sie sonst die im Kapitel *4.10 Zuletzt genutzte Anwendungen* beschriebene Funktion aktivieren.

4.4 Erste Schritte

Damit Sie Ihr neues Handy besser kennenlernen, soll jetzt einmal die Abschaltzeit des Displays eingestellt werden.

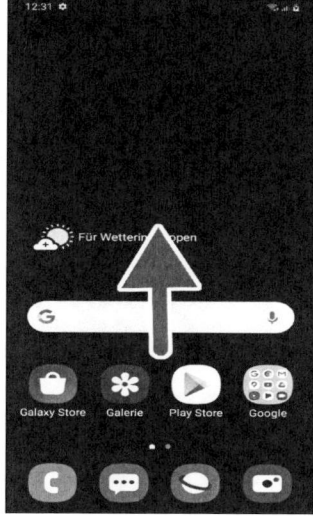  

❶ Aktivieren Sie mit einer Wischgeste nach oben im Startbildschirm das Hauptmenü.

❷ Tippen Sie dann auf *Einstellungen*.

❸ Rufen Sie *Anzeige* auf.

> Abhängig davon, welche zusätzlichen Programme während der Ersteinrichtung installiert wurden, finden Sie das *Einstellungen*-Symbol an einer anderen Stelle im Hauptmenü.

  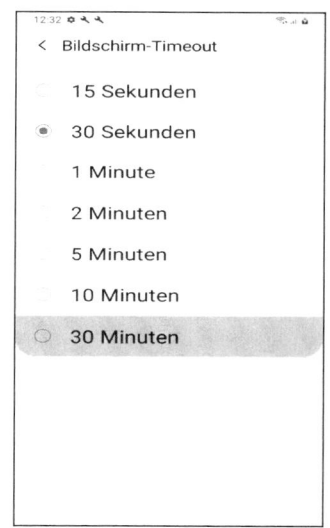

❶ Wischen Sie mit Finger auf dem Bildschirm nach oben.

❷ Tippen Sie nun auf *Bildschirm-Timeout*.

❸ Wählen Sie gewünschte Abschaltzeit aus. Sie befinden sich wieder im vorherigen Bildschirm, von dem aus Sie mit der O-Taste zum Startbildschirm zurückkehren.

4.5 Gestensteuerung

Die Gestensteuerung eine der großen Stärken des Samsung Galaxy. Im Folgenden sollen die wichtigsten Gestenfunktionen einmal in der Praxis vorgestellt werden.

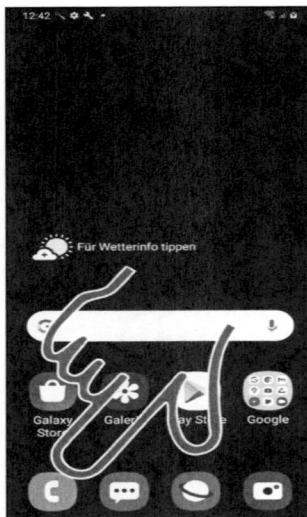 

❶❷ Starten Sie die Telefonoberfläche über *Telefon*.

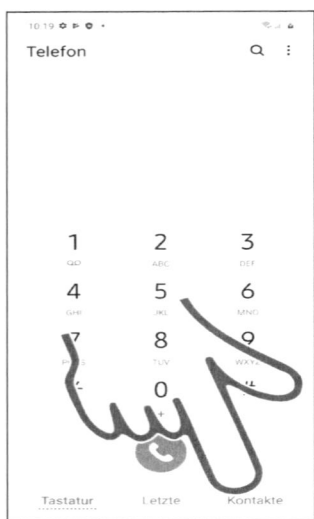 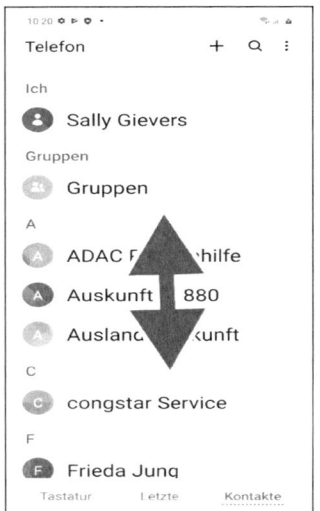

❶ Für Übersicht sorgen in vielen Programmen, darunter auch in der Telefonoberfläche, sogenannte Register (Pfeil), welche Sie durch Antippen aktivieren.

❷ Immer wenn, wie in diesem Fall, eine Liste größer als der Bildschirm ist, können Sie mit einer Geste durchrollen. Sie haben dabei sogar mehrere Möglichkeiten:

- Tippen und Halten Sie den Finger auf einer beliebigen Stelle des Bildschirms und ziehen Sie sofort den Finger langsam nach oben oder unten, je nachdem, wohin Sie in der Liste rollen möchten. Lassen Sie den Finger los, wenn Sie das gewünschte Listenelement gefunden haben.

- Wie zuvor, aber diesmal ziehen Sie mit Schwung in die gewünschte Richtung und lassen dann sofort wieder los. Die Liste rollt zunächst schnell und dann immer langsamer durch, bis sie stoppt.

4.6 Der Startbildschirm in der Praxis

Der Startbildschirm erscheint standardmäßig nach dem Einschalten beziehungsweise nach Betätigen der O-Taste.

❶❷ Mehrere Anwendungen sind standardmäßig auf dem Startbildschirm über sogenannte Schnellzugriffe (Verknüpfungen) aufrufbar. Tippen Sie einfach einen Schnellzugriff kurz an, um die entsprechende Anwendung zu starten. Im weiteren Verlauf dieses Buchs erfahren Sie, wie man Schnellzugriffe auf seine Lieblingsprogramme im Startbildschirm selbst anlegt.

> Mit der O-Taste unterhalb des Displays schalten Sie, egal, in welcher Anwendung Sie sich gerade befinden, wieder auf den Startbildschirm zurück.

  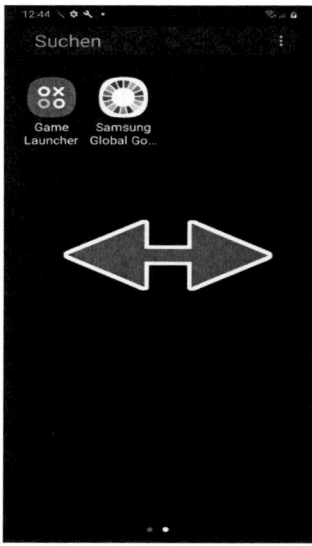

❶❷ Alle weniger häufig benötigten Programme finden Sie im Hauptmenü, das Sie mit einer Wischgeste nach oben aktivieren.

❸ Über eine Wischgeste (mit angedrücktem Finger nach links oder rechts ziehen) blättern Sie zwischen den Bildschirmen des Hauptmenüs.

4.7 Startbildschirm konfigurieren

Auf allen Bildschirmseiten des Startbildschirms lassen sich weitere Widgets und Verknüpfungen hinzufügen. Alternativ löschen Sie einfach diejenigen vorinstallierten Widgets, welche Sie nicht benötigen und legen an deren Stelle von Ihnen gewünschte an.

4.7.1 Schnellzugriffe anlegen und verwalten

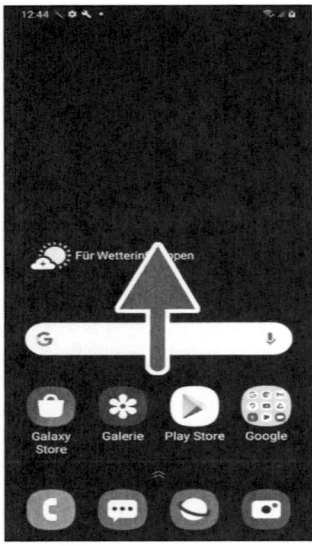 

❶ So erstellen Sie einen Schnellzugriff (»Verknüpfung«) im Startbildschirm: Wischen Sie zunächst im Startbildschirm nach oben, was das Hauptmenü aufruft.

❷❸ Tippen und Halten Sie nun den Finger für einige Sekunden über einer Anwendung, im Beispiel *Kalender*. Lassen Sie sich nicht davon irritieren, dass ein Popup erscheint, sondern halten Sie weiter den Finger ganz ruhig angedrückt. Das Handy schaltet nun automatisch auf den Startbildschirm um.

❶ Lassen Sie aber den Finger noch nicht los, sondern bewegen Sie den Finger an die Position, an der der Schnellzugriff positioniert werden soll. Lassen Sie dann den Finger los.

❷ Das Handy legt den Schnellzugriff an.

❸ Der Schnellzugriff lässt sich nun durch Antippen aufrufen.

Grundlagen der Bedienung

❶❷ So löschen Sie einen Schnellzugriff: Tippen und Halten Sie den Finger für einige Sekunden darauf, bis ein kleines Popup erscheint. Lassen Sie den Finger los und tippen Sie im Popup auf *Entfernen*.

❶❷❸ Auch die Schnellzugriffe am unteren Bildschirmrand lassen sich durch Herausziehen/Hineinziehen von Programmsymbolen ändern.

 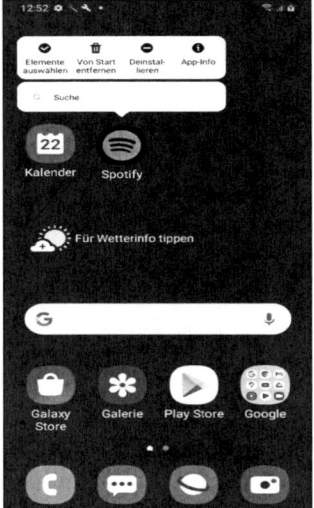

❶ Eine Besonderheit ist das Schnellmenü, welches **nach langem Drücken und Halten auf einer Verknüpfung** erscheint. Sie können darüber viele Funktionen direkt aufrufen, ohne das jeweilige Programm erst starten zu müssen.

Unter dem Schnellmenü stehen zwei weitere Optionen zur Verfügung:

- *Elemente auswählen*: Markieren Sie anschließend durch kurzes Antippen diejenigen Verknüpfungen, welche Sie auf dem Bildschirm verschieben möchten. Anschließend tippen, halten und verschieben Sie mit dem Finger die Verknüpfungen.
- *Von Start entfernen*: Löscht die Verknüpfung aus dem Startbildschirm.

❷ Bei einigen Anwendungen enthält das Schnellmenü eine weitere Funktion:

- *Deinstallieren*: Programm vom Handy löschen. Sie können gelöschte Programme jederzeit wieder erneut installieren (siehe Kapitel *24.1 Play Store*). Einige Programme lassen sich nicht deinstallieren, sondern nur deaktivieren, wovon wir abraten.

4.7.2 Widgets

Widgets sind Anwendungen, die in einem kleinen Fenster auf dem Startbildschirm Informationen anzeigen, beziehungsweise den Zugriff auf Daten oder Funktionen des Handys ermöglichen.

❶ Im Startbildschirm sind bereits zwei Widgets vorhanden: *Wetter* und die *Google*-Suchleiste. Tippen Sie jetzt mal auf das *Wetter*-Widget.

❷ Schließen Sie den folgenden Hinweis mit *OK*.

❸ Das aktuelle Wetter wird im Startbildschirm angezeigt (Pfeil).

Grundlagen der Bedienung

❶ Künftig öffnet Antippen des Wetter-Widgets die Wetterinfos.

❷❸ Wischen Sie auf dem Bildschirm nach oben für weitere Wetterdaten.

Mit der ‹-Taste unterhalb des Displays kehren Sie wieder auf den Startbildschirm zurück.

4.7.2.a Widget hinzufügen

❶ Tippen und halten Sie einen Finger auf einen freien Bildschirmbereich. Alternativ führen Sie eine Kneifgeste durch: Ziehen Sie dazu zwei gleichzeitig auf das Display gedrückte Finger, beispielsweise Zeigefinger und Daumen, zusammen.

❷ Hier aktivieren Sie *Widgets* (Pfeil).

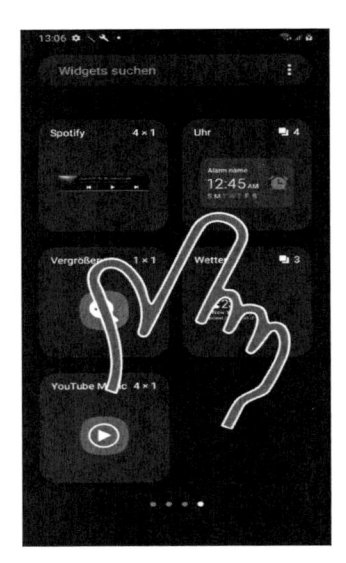

❶ Wischen Sie nach rechts/links durch die Widget-Auflistung.

❷ Einige Widgets wie »Uhr« sind in einem Ordner zusammengefasst, was Sie an der Zahl hinter der Ordnerbezeichnung erkennen. Tippen Sie dann zuerst den Ordner an.

❸ Tippen und halten Sie nun

❶ Halten und ziehen Sie das Widget an die Wunschposition und lassen Sie den Finger dann los.

❷ Die Einstellungen schließen Sie mit der ⟨-Taste unterhalb des Displays.

❸ Betätigen Sie erneut die ⟨-Taste.

Grundlagen der Bedienung

❶❷ Wie bereits im Kapitel *4.7.1 Schnellzugriffe anlegen und verwalten* bei den Verknüpfungen beschrieben, lässt sich ein Widget durch Tippen und Halten mit dem Finger selektieren und dann auf dem Bildschirm an eine andere Position platzieren.

4.7.2.b Widget entfernen

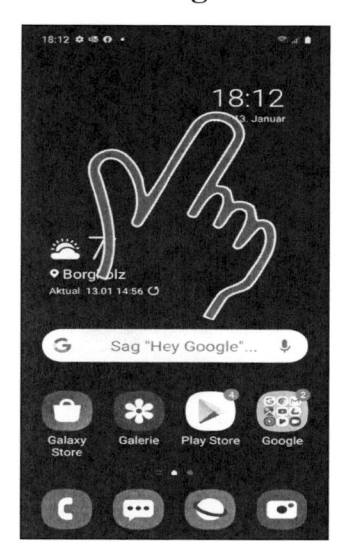

❶❷ Tippen und halten Sie den Finger über dem Widget, bis das Popup erscheint. Gehen Sie dann auf *Von Start entfernen*.

4.7.3 Ordner

❶❷ Im Hauptmenü sind einige Programme in den Ordnern *Samsung*, *Google* und *Microsoft* zusammengefasst. Einen *Google*-Ordner gibt es auch im Startbildschirm. Tippen Sie einen Ordner an, um die enthaltenen Programme anzuzeigen, die Sie dann durch Antippen aufrufen.

Zum Schließen des Ordners betätigen Sie die ‹-Taste oder tippen in einen Bildschirmbereich außerhalb des Ordners.

4.7.4 Hintergrundbild

Das Hintergrundbild in Startbildschirm, Hauptmenü und Displaysperre können Sie frei einstellen. Wählen Sie zwischen eines der vorgegebenen Designs oder stellen Sie ein Foto ein, das Sie mit der Kamera-Anwendung erstellt haben.

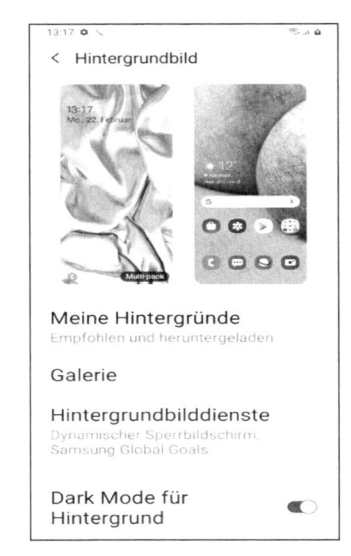

❶ Führen Sie im Startbildschirm eine Kneifgeste durch (zwei Finger, beispielsweise Zeigefinger und Daumen, gleichzeitig auf das Display drücken und dann zusammenziehen).

❷ Gehen Sie auf *Hintergrundbild*.

❸ Es wird eine Vorschau des aktuellen Hintergrundbilds für *Sperrbildschirm* (Displaysperre) und *Startbildschirm* angezeigt. Darunter können Sie auswählen:

- *Meine Hintergründe*: Diverse auf dem Gerät vorinstallierte Hintergrundbilder.
- *Galerie*: Verwendung von Fotos, die mit der Kamera (siehe Kapitel *16 Kamera*) erstellt wurden.
- *Hintergrundbilddienste*: Das Handy unterstützt den automatischen Wechsel zwischen verschiedenen Hintergrundbildern. Weil dies keinen Sinn macht, geht das Buch darauf nicht weiter ein.
- *Dark Mode für Hintergrund*: Wenn Sie den im Kapitel 26.5 Dunkelmodus (Dark Mode) beschriebenen Modus aktivieren, wird auch der Hintergrund abgedunkelt.

Unter *Weitere Hintergründe* können Sie weitere Bilder bei Samsung herunterladen. Dies ist teilweise kostenpflichtig, weshalb wir auf eine Beschreibung verzichten.

4.7.4.a Vordefiniertes Hintergrundbild

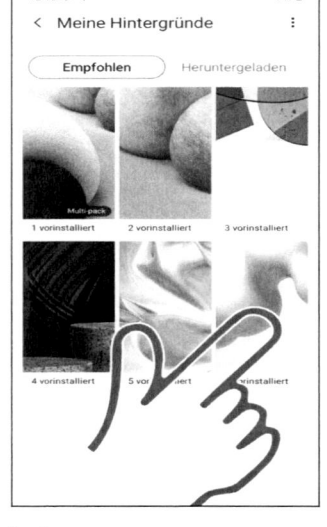

❶ Gehen Sie auf *Meine Hintergründe*.

❷ Wählen Sie ein Bild aus.

❸ Am unteren Bildschirmrand stellen Sie die Verwendung ein:

- *Startbildschirm*

Grundlagen der Bedienung

- *Sperrbildschirm*: Die Displaysperre, auf die das Handy sich nach einiger Zeit der Inaktivität umschaltet.
- *Sperr- und Startbildschirm*

Hinweis: Einige Hintergrundbilder (mit der Kennzeichnung »*Video*«) lassen sich nur für den Sperrbildschirm festlegen.

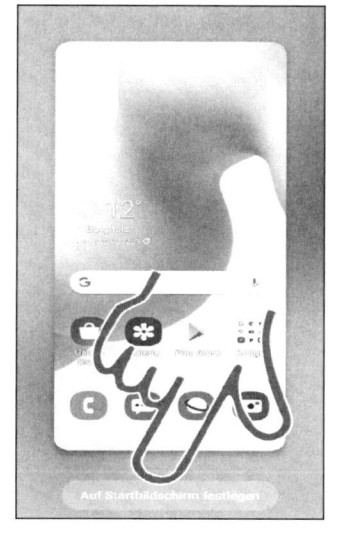

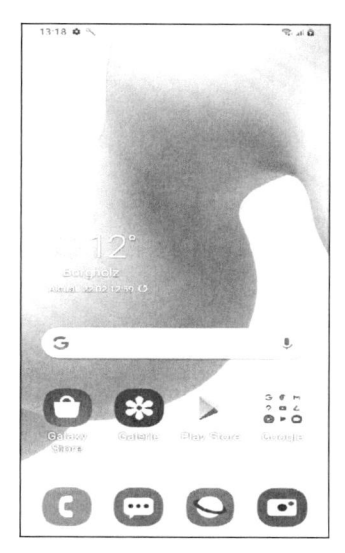

❶ Bestätigen Sie mit der Schaltleiste am unteren Bildschirmrand.

❷ So sieht das neue Hintergrundbild aus.

4.7.4.b Eigene Hintergründe

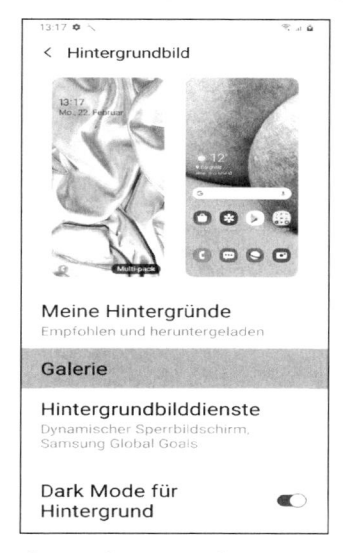

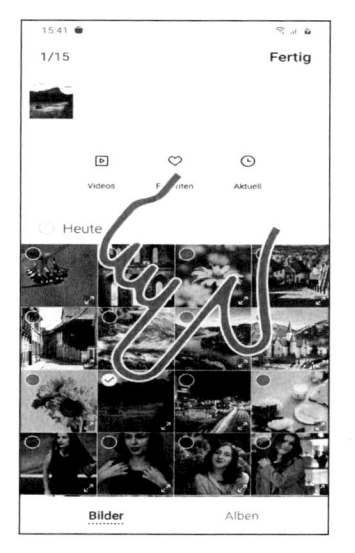

❶ Möchten Sie dagegen ein Foto als Hintergrundbild einrichten, das Sie mit Handykamera (siehe Kapitel *16 Kamera*) erstellt haben, dann gehen Sie auf *Galerie*.

❷ Tippen Sie eines der von Ihnen mit der Kamera erstellten Fotos an und betätigen Sie oben rechts im Bildschirm die *Fertig*-Schaltleiste.

❸ Wählen Sie aus, ob das Bild im Start- und/oder Sperrbildschirm erscheinen soll.

Sie können auch mehrere Fotos auswählen. Diese zeigt das Handy dann allerdings nur abwechselnd auf dem Sperrbildschirm (Displaysperre) an.

4.7.5 Titelleiste und Benachrichtigungsfeld

Symbole in der Titelleiste informieren über Benachrichtigungen wie verpasste Anrufe, neue E-Mails, usw.

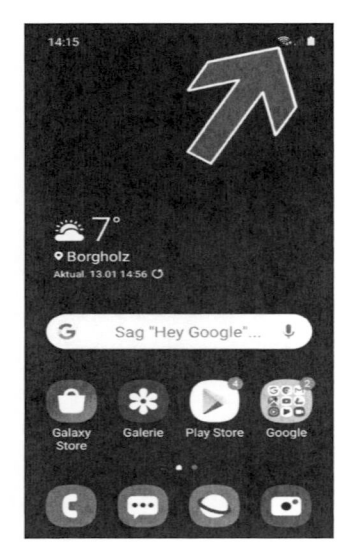

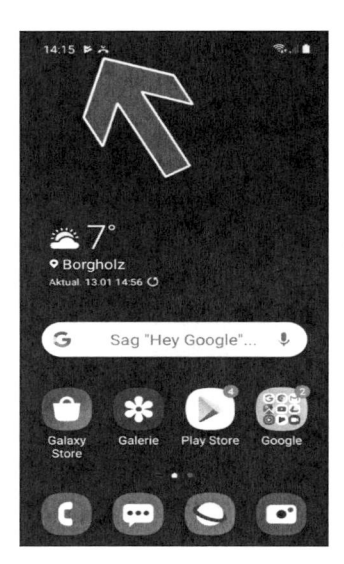

❶ Beispiele für die Symbole in der Titelleiste am oberen rechten Bildschirmrand (Pfeil):

- 🛜: Internetverbindungen finden über WLAN statt (die gebogenen Balken zeigen die Sendestärke an).
- ▁▃▅: Mobilfunk-Empfang (die Balken zeigen die Sendestärke an).
- 🔋: Akkuladezustand.

❷ Bei besonderen Ereignissen, beispielsweise eingegangenen SMS, verpassten Anrufen oder anstehenden Terminen, erscheint ebenfalls ein entsprechendes Symbol (Pfeil). In unserem Beispiel handelt es sich um einen verpassten Anruf (☎).

> In diesem Buch finden Sie, wo es sinnvoll ist, in den Kapiteln jeweils Hinweise darauf, welche Symbole in der Titelleiste erscheinen.

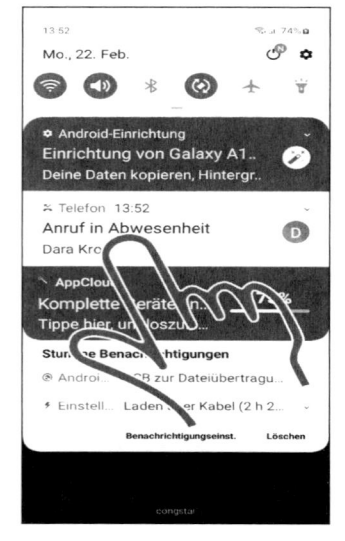

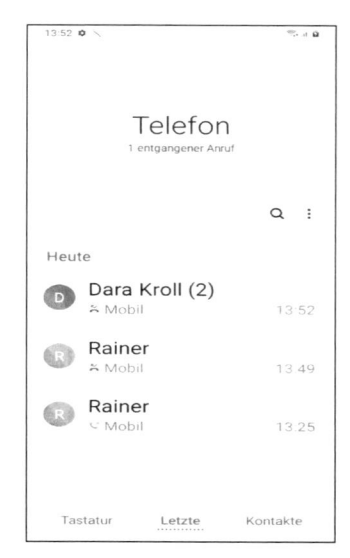

❶ Um weitere Informationen, zum Beispiel über einen eingegangenen Anruf, zu erhalten, halten Sie Ihren Finger auf die Titelleiste und ziehen ihn nach unten.

❷❸ Es erscheint das Benachrichtigungsfeld, welches ausführliche Infos auflistet und durch Antippen die zugehörige Anwendung, im Beispiel die Anrufliste, startet.

Grundlagen der Bedienung 43

❶❷ Liegen mehrere Benachrichtigungen einer Anwendung vor, so fasst das Handy diese in einem Eintrag zusammen. Eine Wischgeste klappt dann die enthaltenen Benachrichtigungen aus.

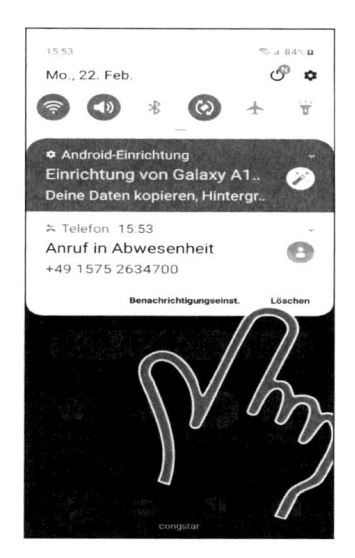

❶ Zum Löschen einer einzelnen Benachrichtigung tippen und halten Sie den Finger darauf und ziehen ihn sofort nach links oder rechts. Die restlichen Einträge in der Benachrichtigungsliste rutschen dann nach oben.

❷ Die *Löschen*-Schaltleiste entfernt dagegen alle Benachrichtigungen in einem Rutsch.

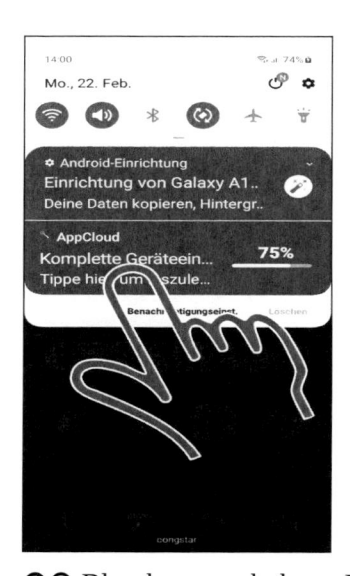

❶❷ Blau hervorgehobene Einträge im Benachrichtigungsfeld lassen sich nicht mit einer Wischgeste ausblenden. Stattdessen tippen Sie den jeweiligen Eintrag an und folgen den Anweisungen.

In diesem Fall möchte Samsung unter *Komplette Geräteeinrichtung* einige unsinnige Programme von zahlenden Werbepartnern installieren. Gehen Sie auf *Fortfahren*.

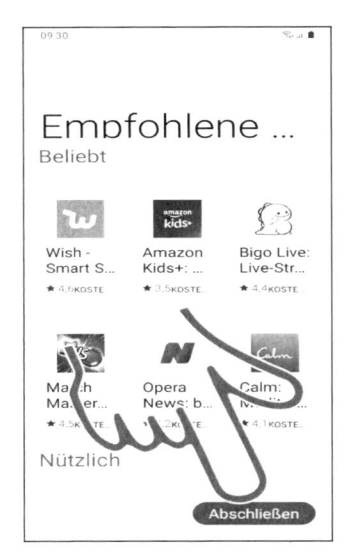

❶ Deaktivieren Sie nacheinander alle Abhakkästchen, indem Sie sie jeweils kurz antippen – falls Sie mal daneben tippen erscheint ein Popup, das Sie mit der ❮-Taste schließen.

❷ Wenn Sie alle Programme »abgewählt« haben, können Sie mit *Abschließen* den Bildschirm schließen.

❶ Als Nächstes rufen Sie *Einrichtung von Galaxy A12* im Benachrichtigungsfeld auf.

❷❸ Betätigen Sie *Weiter* und *Später erledigen*.

Grundlagen der Bedienung

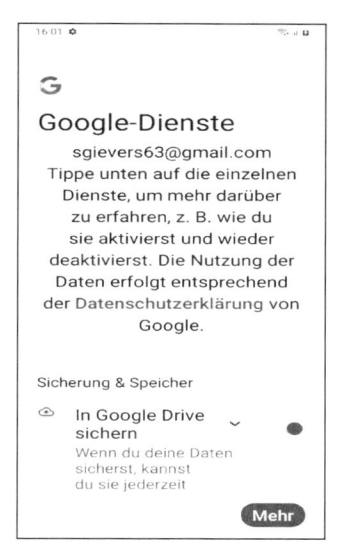

❶❷ Betätigen Sie *Mehr* und *Akzeptieren*.

❸ Im folgenden Bildschirm gehen Sie auf *Überspringen* und dann im Popup auf *Überspringen*.

4.7.6 Schaltleisten im Benachrichtigungsfeld

❶❷ Viele wichtige Systemfunktionen steuern Sie über die Schaltleisten im Benachrichtigungsfeld. Tippen Sie eine Schaltleiste kurz an, so schalten Sie eine Funktion ein/aus.

Die Schaltleisten:

- 🛜 (WLAN): Verwaltet das WLAN. Siehe Kapitel *9 WLAN*.
- 🔊 (Ton): Lautstärke ein/ausschalten.
- ✴ (Bluetooth): Steuert Bluetooth (beispielsweise für den Betrieb von Lautsprechern).
- ⟳ (Bildschirm drehen): Normalerweise passt sich die Bildschirmorientierung automatisch an die Geräteausrichtung an. Wenn Sie das Handy beispielsweise waagerecht halten, so wird automatisch auf eine waagerechte Anzeige umgeschaltet. Deaktivieren Sie *Bildschirm drehen*, wenn sich die Bildschirmorientierung nie ändern soll.
- ✈ (Offline-Modus): Alle Funkverbindungen (Telefonie, Mobilfunkinternet, WLAN und Bluetooth) ein oder ausschalten (siehe Kapitel *8.2.2 Mobilfunk-Internet aktivieren/deaktivieren*).
- 🔦 (Taschenlampe): LED-Leuchte auf der Vorderseite einschalten.

Über die Schaltleisten *Geräte* beziehungsweise *Medien* verwalten und steuern Sie die Medienwiedergabe mit anderen Geräten, worauf dieses Buch nicht eingeht.

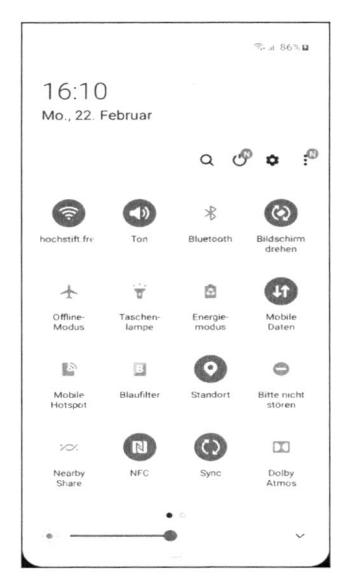

❶❷ Weitere Schaltleisten aktiviert eine Wischgeste über den Schaltleisten nach unten:

- *Mobile Daten*: Deaktivieren Sie *Mobile Daten*, damit das Handy keine Internetverbindung über das Mobilfunknetz aufbaut. Dies kann nötig sein, wenn Sie keinen Mobilfunkvertrag mit Internetflatrate nutzen (sogenannter Datenvertrag). Internetverbindungen finden dann über das WLAN statt. Siehe auch Kapitel *8.2.2 Mobilfunk-Internet aktivieren/deaktivieren*.

- *Mobile Hotspot*: Stellt die Mobilfunkinternetverbindung anderen Geräten als WLAN-Zugangspunkt zur Verfügung.

- *Blaufilter*: Die Hintergrundbeleuchtung eines Handy-Displays enthält Blautöne, welche manche Anwender als unangenehm empfinden. Mit dem *Blaufilter* erhalten Sie einen warmen Bildschirmeindruck.

- *Standort*: Automatische GPS-Positionsermittlung (per GPS).

- *Bitte nicht stören:* Schaltet zu bestimmten Tageszeiten die Benachrichtigungen aus. Siehe Kapitel *26.4 Ruhemodus*.

- *Nearby Share: Schnelles Dateisenden vom Handy aus über WLAN. Unterstützt werden fast alle Android-Handys.*

- *NFC*: Der eingebaute NFC-Chip dient dem Datenaustausch. Siehe Kapitel *30.10 NFC*.

- *Sync*: Alle Anwendungen können im Hintergrund aus dem Internet Daten laden beziehungsweise senden. Sie sollten diese Funktion nicht deaktivieren, weil das Galaxy sonst nicht wie gewohnt funktioniert.

- *Dolby Atmos*: Falls Sie häufig Musik hören, optimieren Sie darüber die Klangfarbe.

Grundlagen der Bedienung

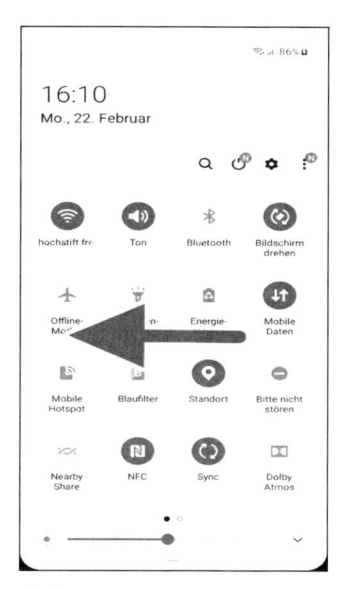

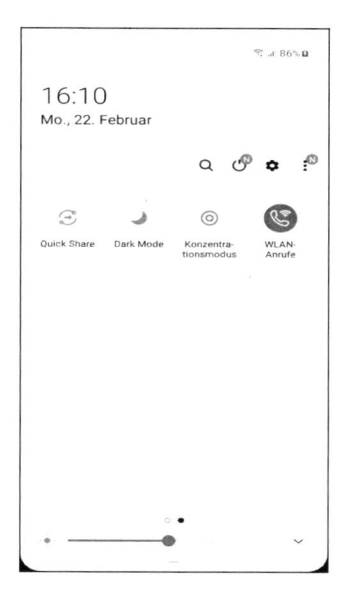

❶❷ Weitere Schaltleisten blendet jeweils eine Wischgeste nach links ein:

- *Quick Share*: Schnelles Dateisenden vom Handy aus. Weil dabei nur Samsung-Geräte unterstützt werden, geht dieses Buch nicht weiter darauf ein.
- *Dark Mode*: Invertiert die Bildschirmanzeige, damit Sie in dunkler Umgebung nicht vom Display geblendet werden.
- *Konzentrationsmodus*: Blockiert alle als Zeitfresser bekannten Programme auf dem Handy. In diesem Buch gehen wir nicht weiter darauf ein.
- *WLAN-Anrufe*: Statt über das Mobilfunknetz erfolgen Ihre Telefonanrufe über WLAN. Diese als sogenanntes Wifi-Calling beziehungsweise WLAN-Call bezeichnete Funktion ist bei vielen Netzbetreibern inzwischen freigeschaltet. Falls Sie sich in einem Gebiet mit schlechter Mobilfunkabdeckung aufhalten, können Sie trotzdem problemlos telefonieren, sofern Sie in einem WLAN eingebucht sind.

4.7.6.a Weitere Funktionen

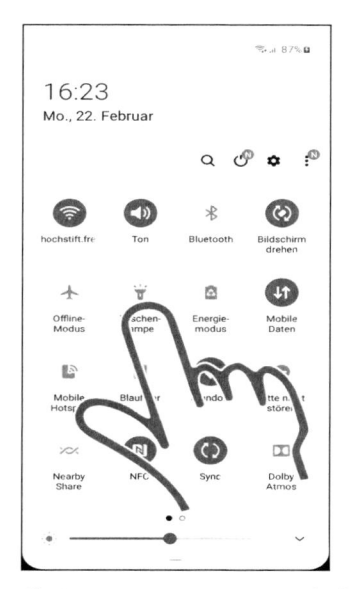

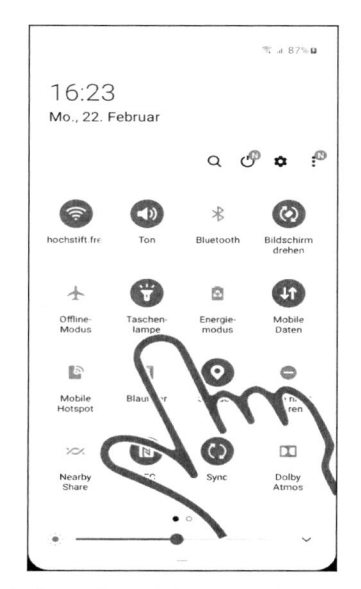

❶ Antippen eines Symbols schaltet die dahinterstehende Funktion, hier die *Taschenlampe* (Kamera-LED) ein/aus.

❷❸ Durch Antippen des Schaltleistennamens (**unter** der jeweiligen Symbol-Schaltleiste) aktivieren Sie dagegen die zugehörigen Einstellungen. Im Beispiel der *Taschenlampe* stellen Sie hier die Helligkeit ein.

❶ Die Displayhelligkeit legen Sie über den Regler unterhalb der Schaltleisten fest.

❷❸ Betätigen Sie ∨ für weitere Optionen:

- *Adaptive Helligkeit*: Standardmäßig passt das Handy über einen Sensor oberhalb des Display die Helligkeit automatisch an. In manchen Situationen, beispielsweise bei rasch wechselnden Lichtverhältnissen kann es sinnvoll *Adaptive Helligkeit* zu deaktivieren.

Schließen Sie Änderungen mit *OK* ab.

4.8 Bedienhinweise

Von den nachfolgend beschriebenen Funktionen werden Sie regelmäßig Gebrauch machen.

4.8.1 Längs- und Querdarstellung

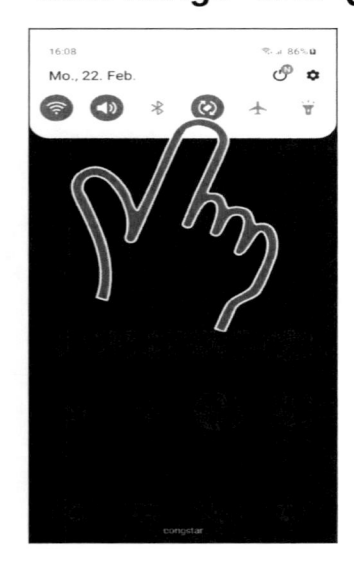

In manchen Situationen ist es sinnvoll, die Displaydarstellung zu drehen, beispielsweise, wenn Sie den Webbrowser nutzen. Dazu brauchen Sie nur das Gerät in Ihrer Hand zu drehen, denn über den Bewegungssensor weiß das Galaxy jederzeit, in welcher Position Sie das Gerät halten. In manchen Anwendungen stehen nach dem Drehen zusätzliche Bedienelemente zur Verfügung.

Damit das automatische Drehen funktioniert, müssen Sie *Bildschirm drehen* im Benachrichtigungsfeld aktivieren (Pfeil).

Grundlagen der Bedienung

❶❷ Beispiel: Galerie-Anwendung im Hochformat und wenn man das Gerät um 90 Grad dreht.

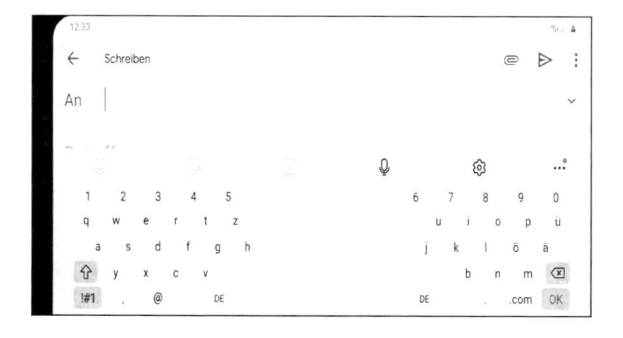

Auch für Eingaben über das Tastenfeld ist es mitunter sinnvoll, das Display zu drehen.

4.8.2 Einhandbedienung

Die Bildschirmfläche Ihres Galaxy-Handys ist recht groß, was die Bedienung mit einer Hand erschwert. Damit Sie dennoch alle Schaltleisten einhändig erreichen, können Sie allerdings in den Samsung-Anwendungen den Bildschirm nach unten »verschieben«.

❶❷ Rufen Sie beispielsweise die Telefon-Anwendung im Startbildschirm auf und aktivieren Sie das *Kontakte*-Register.

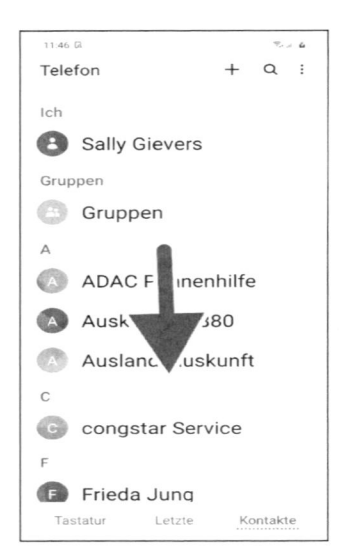

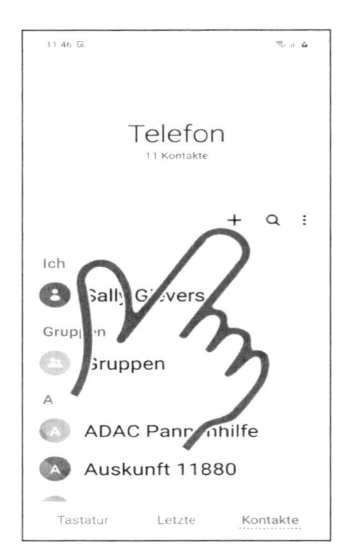

❶ Halten Sie das Handy in einer Hand und verschieben Sie das Menüfeld mit einer Wischgeste mit Ihrem Daumen nach unten.

❷ Sie erreichen nun die Schaltleisten sehr einfach mit dem Daumen.

> Wir empfehlen, die Einhandbedienung zunächst in sicherer Umgebung, beispielsweise über einem Tisch oder Kissen, zu üben.
>
> Beachten Sie bitte, dass die Einhandbedienung nur mit den von Samsung bereitgestellten Anwendungen funktioniert (Telefon, Kontakte, Internet-Webbrowser, Galerie, usw. Die Google-Anwendungen (Gmail, Chrome, usw.) unterstützten dies dagegen nicht.

4.8.3 Menü

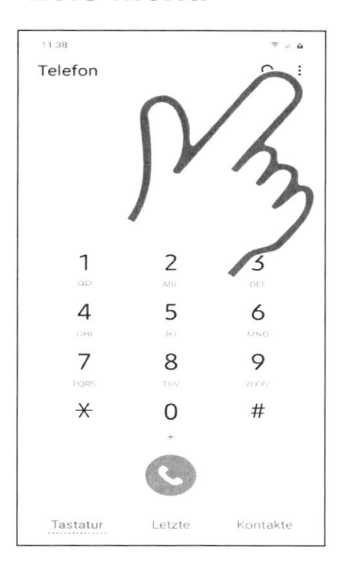

❶❷ In vielen Anwendungen – hier in der Telefonoberfläche – erhalten Sie zusätzliche Funktionen in einem Menü, das Sie über ein ⋮-Symbol aufrufen.

> In diesem Buch finden Sie sehr häufig genaue Anweisungen, welchen Menüs Sie folgen müssen. ⋮*/Einstellungen/Anzeige* heißt zum Beispiel, dass Sie erst mit ⋮ das Menü aufrufen, dann auf *Einstellungen*, anschließend auf *Anzeige*, usw. gehen.

4.8.4 Hauptmenü

❶ Es ist natürlich weder möglich, noch sinnvoll, alle auf dem Galaxy vorhandenen Anwendungen direkt im Startbildschirm einzublenden. Deshalb können Sie mit einer Wischgeste nach oben im Startbildschirm auf das Hauptmenü umschalten.

❷❸ Im Hauptmenü finden Sie alle auf dem Handy installierten Programme. Mit einer Wischgeste auf dem Bildschirm wechseln Sie zwischen den Seiten.

4.8.5 Das Ausklappmenü

Ähnlich wie auf einem Windows PC haben auch auf dem Handy praktisch alle Programme damit zu kämpfen, die verfügbaren Funktionen in einer übersichtlichen Form bereitzustellen. Unter Windows hat sich dafür die Menüleiste eingebürgert. Weil auf dem Handy dagegen nur extrem wenig Bildschirmfläche verfügbar ist, nutzen die Anwendungen hier häufig das sogenannte Ausklappmenü.

❶ Sie starten die *Internet*-Anwendung aus dem Startbildschirm oder Hauptmenü.

❷ Beim ersten Start erscheint ein Hinweis, den Sie mit *Weiter* schließen.

❸ Die Standardbrowser-Frage beantworten Sie mit *Fortsetzen*.

❶ Das Ausklappmenü rufen Sie mit einem Antippen der ☰-Schaltleiste unten rechts (Pfeil) auf.

❷ Sie schließen das Ausklappmenü, indem Sie entweder darin eine Funktion auswählen oder die ‹-Taste unterhalb des Displays betätigen.

Mit dem orangefarbigen ⓝ in den Menüs weisen die Samsung-Anwendungen auf Funktionen hin, die für Sie vielleicht interessant sein könnten.

Grundlagen der Bedienung

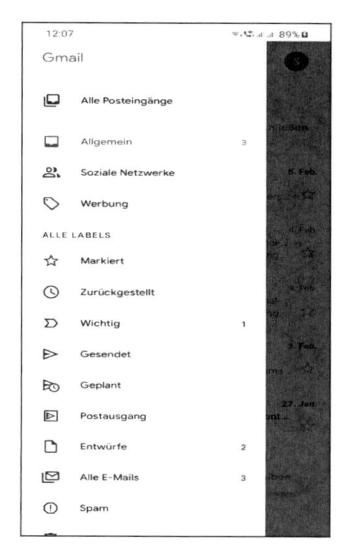

❶❷ Es gibt auch Anwendungen mit Ausklappmenüs (hier das später noch vorgestellte Gmail), die Sie über ≡ oben links aufrufen.

4.8.6 Aktionen zulassen

Bei vielen der vorinstallierten Anwendungen auf dem Galaxy erscheint früher oder später ein Dialog, der Sie nach Ihrer Genehmigung fragt, eine Aktion durchführen zu dürfen.

Im Beispiel benötigt ein Programm die Erlaubnis, auf Ihren Standort zuzugreifen.

Bitte antworten Sie **immer** mit *Zulassen* beziehungsweise *Aktivieren*. Andernfalls steht die betreffende Funktion im Programm nicht zur Verfügung. Manche Anwendungen beenden sich auch einfach, wenn Sie die Genehmigung verweigern.

4.9 Die Einstellungen

Die *Einstellungen,* worin Sie alle wichtigen Parameter für die Bildschirmanzeige, die Signaltöne, Internetverbindungen, usw. konfigurieren, spielen eine wichtige Rolle in diesem Buch.

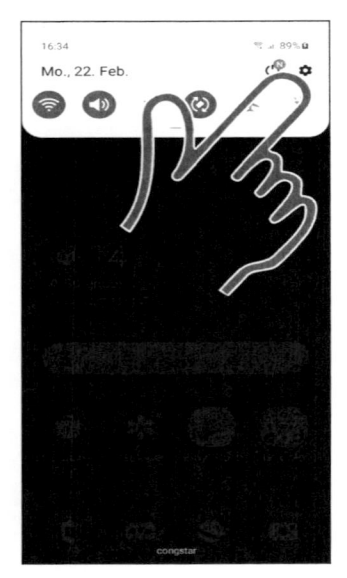

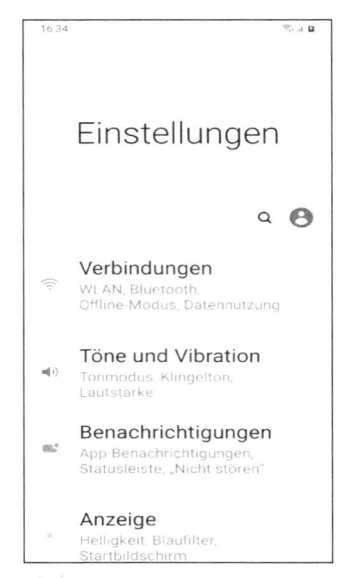

❶❷ Die *Einstellungen* finden Sie im Benachrichtigungsfeld unter ✿ (Pfeil) und im Hauptmenü unter *Einstellungen.*

❸ In diesem Buch gehen jeweils die einzelnen Kapitel bei Bedarf auf die Menüs in den *Einstellungen* ein.

4.10 Zuletzt genutzte Anwendungen

❶ Die zuletzt genutzten Programme erhalten Sie nach Betätigen der III-Taste unterhalb des Displays angezeigt. Rollen Sie mit einer Wischgeste durch die Programme und tippen Sie eines an, das Sie starten möchten.

❷ Ziehen Sie mit dem Finger einen Eintrag nach oben, um ihn aus der Liste zu entfernen. Wenn Sie alle Programme auf einmal aus der Auflistung entfernen möchten, verwenden Sie die *Alle schließen*-Schaltleiste am unteren Bildschirmrand.

Wie bereits erwähnt, bringt Sie ein kurzer Druck auf die ⭘-Taste wieder auf den Startbildschirm zurück, wenn Sie sich gerade in einer anderen Anwendung befinden.

Tipp: Zweimaliges Betätigen der III-Taste wechselt jeweils zwischen den beiden zuletzt genutzten Programmen.

Grundlagen der Bedienung

4.11 Google-Suche

❶ Über die *Google*-Schaltleiste (Pfeil) starten Sie die globale Suche, mit der Sie alle Anwendungen, Termine, Kontakte, usw. durchsuchen.

❷❸ Tippen Sie gegebenenfalls oben ins Eingabefeld. Schon während der Eingabe eines Suchbegriffs werden passende Fundstellen, beispielsweise Wortvorschläge aus der Google-Suchmaschine und Kontakteinträge aus dem Telefonbuch, aufgelistet. Die eigentliche Suche starten Sie mit Q auf dem Tastenfeld (Pfeil).

❶❷ Blättern Sie mit einer Wischgeste durch die Suchergebnisse und tippen Sie eine Fundstelle an, um sie anzuzeigen.

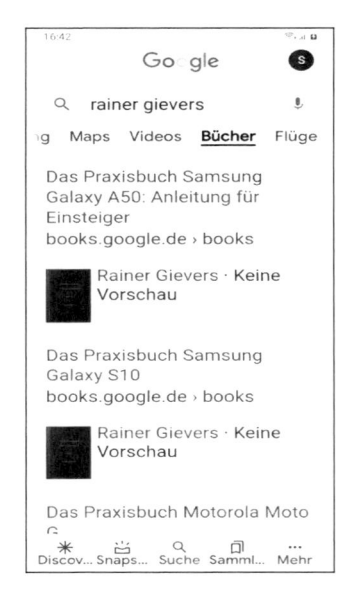

❶ Rollen Sie dann mit dem Finger durch die Schaltleistenreihe am oberen Bildschirmrand und tippen Sie eine der Schaltleisten an.

❷ Beispiel für die Suchergebnisse nach Betätigen von *BÜCHER*.

❶❷❸ Eine Besonderheit verbirgt sich hinter der ψ-Schaltleiste (Pfeil): Sie können dann einfach einen oder mehrere Begriffe sprechen, nach denen Google anschließend im Internet sucht.

Die Sprachsteuerung geht sogar noch einfacher: Sofern Sie sich im Startbildschirm befinden, sprechen Sie einfach »*Ok Google*«, worauf das Handy Ihren Sprachbefehl erwartet.

Weitere Spracheingabefunktionen stellt Kapitel *19 Google Assistant* vor.

4.12 Medienlautstärke und Signaltöne

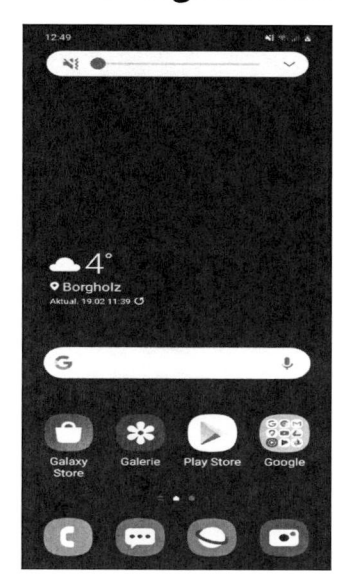

❶ Über die Lautstärketasten auf der rechten Geräteseite beeinflussen Sie die Klingeltonlautstärke.

❷ Wenn Sie die Lautstärke gegen null reduzieren, schalten Sie das Gerät in den Vibrationsmodus (Lautsprecher ist deaktiviert).

❸ Ein Symbol (Pfeil) in der Titelleiste informiert über den aktiven Vibrationsmodus.

❶❷ Die ∨-Schaltleiste in der Lautstärkenanzeige öffnet ein Popup mit den Einstellungen:

- *Klingelton*
- *Medien*: Stellt die Lautstärke bei Multimedia-Anwendungen, beispielsweise von Play Musik, YouTube oder Spielen ein. Wenn gerade eine Multimedia-Anwendung läuft, können Sie dafür aber auch einfach die Lautstärketasten auf der rechten Geräteseite verwenden (der Klingelton bleibt davon unbeeinflusst).
- *Benachrichtigungen*: Für empfangene SMS und E-Mails.
- *System*: Steuert die Lautstärke der Systemmeldungen.
- *Lautstärketasten für Medien verwenden*: Wählen Sie aus, ob die Lautstärketasten die Klingeltonlautstärke oder die Medienlautstärke regeln.

4.12.1 Signaltöne

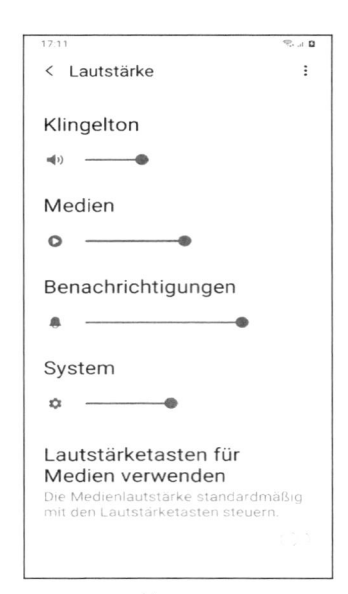

❶ Aktivieren Sie das Benachrichtigungsfeld, dann tippen und halten Sie die 🔊-Schaltleiste.

❷ Die Optionen:

- Schaltleisten oben: Schaltet um zwischen *Ton* (Signale und Klingeltöne eingeschaltet), *Vibrieren* und *Lautlos*.

- *Beim Klingeln vibrieren*: Bei eingehenden Anrufen erfolgt eine Vibration.

- *Klingelton*: Klingelton für SIM-Karte 1 und 2 festlegen.

- *Benachrichtigungston*: Sie legen im Menü die Signaltöne für Benachrichtigungen über neue Nachrichten (SMS) fest.

- *Systemton*: Der von Ihnen auswählbare Systemton wird bei bestimmten wichtigen Aktionen abgespielt, beispielsweise wenn Sie das Galaxy am Ladegerät anschließen.

- *Lautstärke* (❸): Ändert die Lautstärke:
    - *Klingelton*
    - *Medien*: Stellt die Lautstärke bei Multimedia-Anwendungen, beispielsweise von Play Musik, YouTube oder Spielen ein. Wenn gerade eine Multimedia-Anwendung läuft, können Sie dafür aber auch einfach die Lautstärketasten auf der rechten Geräteseite verwenden (der Klingelton bleibt davon unbeeinflusst).
    - *Benachrichtigungen*: Für empfangene SMS und E-Mails.
    - *System*: Steuert die Lautstärke der Systemmeldungen.
    - *Lautstärketasten für Medien verwenden*: Schaltet die Belegung der Lautstärketasten um. Statt der Klingeltonlautstärke regeln Sie dann die Medienwiedergabe (von Musik oder Videos).

- *Vibrationsmuster:* Sofern Sie *Beim Klingeln vibrieren* aktiviert haben, stellen Sie hier die Vibrationsstärke ein.

- *Vibrationsintensivität*: Wählen Sie aus, wie stark das Handy bei eingehenden Anrufen, Benachrichtigungen oder Bildschirmberühung vibriert.

- *Steuerung von Systemton/-vibration*: Darauf gehen wir unten ein.

- *Tonqualität und Effekte*: Ruft den Equalizer auf, in dem Sie die Lautstärke des rechten und linken Lautsprechers am Handy, sowie verschiedene Effekte steuern. Bitte beachten Sie, dass einige Einstellungen sich nur auf ein angeschlossenes Headset auswirken.

Falls Sie eigene Musikdateien als Klingel- und Benachrichtigungstöne verwenden möchten, beachten Sie bitte Kapitel *30.2 Eigene Klingel- und Benachrichtigungstöne*.

Grundlagen der Bedienung

❶❷ *Steuerung von Systemton/-vibration* konfiguriert:

Unter *Ton*:

- *Berührungsinteraktionen*: Diese hört man beim Antippen des Bildschirms.
- *Bildschirm sperren/entsperren*: Signalton beim Aktivieren/Deaktivieren der Displaysperre.
- *Aufladen:* Signalton, der auf den erfolgreichen Anschluss per USB-Kabel an den PC oder ein Netzteil hinweist.
- *Wähltastatur*: Wenn Sie das Tastenfeld in der Telefon-Anwendung (siehe Kapitel 5 *Telefonie*) nutzen, hören Sie jeweils einen Klickton.
- *Samsung Tastatur*: Klickton, wenn Sie das Standard-Tastenfeld (siehe Kapitel *32.1 Samsung-Tastenfeld*) verwenden.

Unter *Vibrieren* legen Sie fest, wann das Handy vibriert:

- *Berührungsinteraktionen*: Antippen des Bildschirms.
- *Wähltastatur*: Tastenfeld in der Telefon-Anwendung.
- *Navigationsgesten*: Betätigen der Navigationstasten am unteren Bildschirmrand.
- *Samsung Tastatur*: Eingaben über das Tastenfeld.

4.13 Erstes Betriebssystem-Update

Samsung stellt ab und zu Betriebssystem-Updates für das Galaxy zur Verfügung. Ihre persönlichen Daten bleiben erhalten.

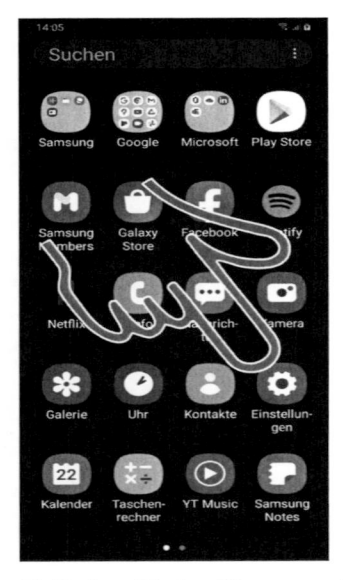

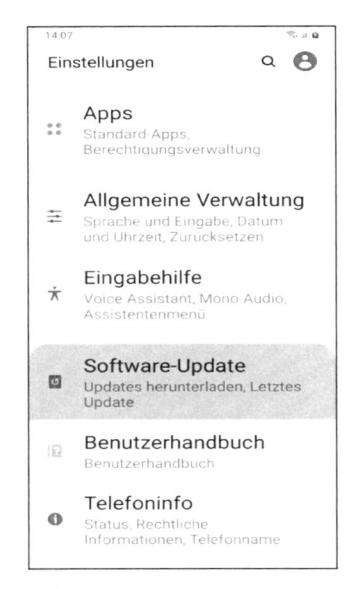

❶ Rufen Sie im Hauptmenü *Einstellungen* auf.

❷❸ Gehen Sie auf *Software-Update* und dann *Herunterladen und installieren*.

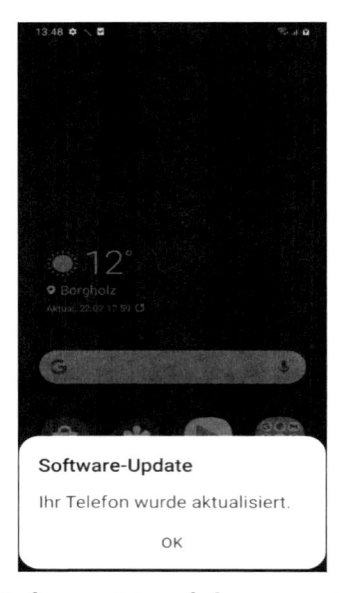

❶ Falls Kein Update vorliegt erhalten Sie den Hinweis »*Ihre Software ist auf dem neuesten Stand*«.

❷ Andernfalls erscheint der Hinweis *Update wird heruntergeladen*. Warten Sie, bis die *Jetzt installieren*-Schaltleiste erscheint, die Sie betätigen. Am besten schließen Sie das Handy am mitgelieferten Netzteil an, damit nicht ein niedriger Akkustand das Update verhindert.

❸ Nach dem Update und Geräteneustart erhalten Sie einen Erfolgshinweis.

4.14 Handy ausschalten oder neu starten

Auch wenn viele Anwender Ihr Handy über Nacht ausschalten, ist dies in der Praxis nicht sinnvoll. Wenn Sie Nachts nicht durch Anrufe oder Benachrichtigungen gestört werden möchten, dann empfehlen wir die im Kapitel *26.4 Ruhemodus* beschriebene Funktion.

Zum Ausschalten halten Sie den Ein-/Ausschalter auf der rechten Geräteseite gedrückt, bis ein schwarzer Bildschirm erscheint, in dem Sie *Ausschalten* antippen.

Langes Drücken des Ein-/Ausschalters schaltet das Handy später wieder ein.

5. Telefonie

Die Bedienungsführung des Handys ist so aufgebaut, dass Sie mit wenig Aufwand einen Kontakt anrufen können.

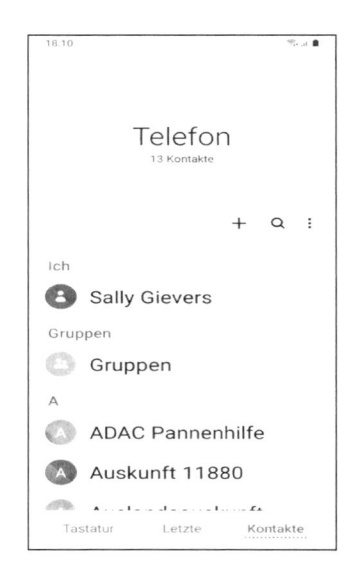

❶ Die Telefonoberfläche rufen Sie im Startbildschirm mit der *Telefon*-Schaltleiste am unteren Bildschirmrand auf.

❷ Über die Register am oberen Bildschirmrand (Pfeil) schalten Sie um zwischen:

- *Tastatur*: Das Tastenfeld.
- *Letzte*: Auflistung aller ein- und ausgegangenen Anrufe. Siehe Kapitel *5.5 Anrufliste (Protokoll)*.
- *Kontakte* (❸): Listet alle Kontakte im Telefonbuch (siehe Kapitel *7 Telefonbuch*) auf.

5.1 Anruf durchführen

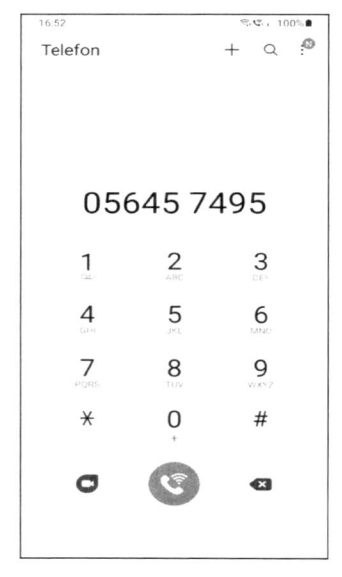

❶ Aktivieren Sie gegebenenfalls das *Tastatur*-Register.

❷ Geben Sie jetzt die anzurufende Nummer über das virtuelle Tastenfeld auf dem Display ein. Mit der ☎-Schaltleiste wählen Sie die Nummer an.

❸ Sofern im Telefonbuch bereits Kontakte vorhanden sind, welche die eingegebene Rufnummer enthalten, listet sie das Galaxy auf.

Telefonie

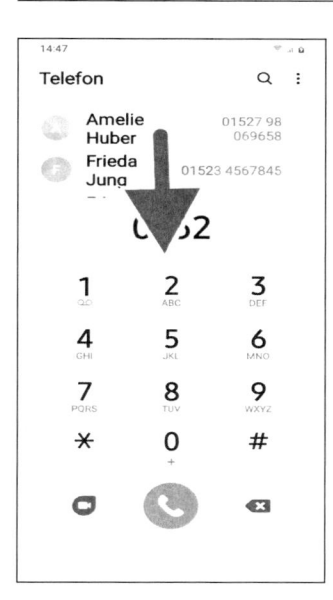

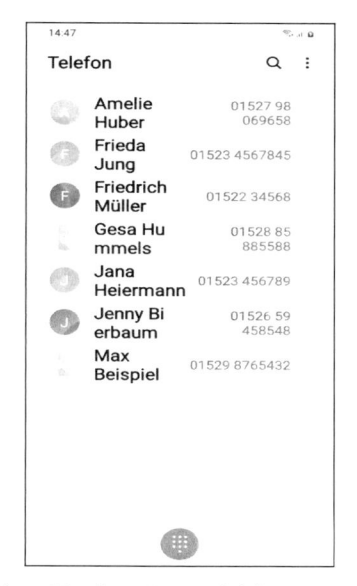

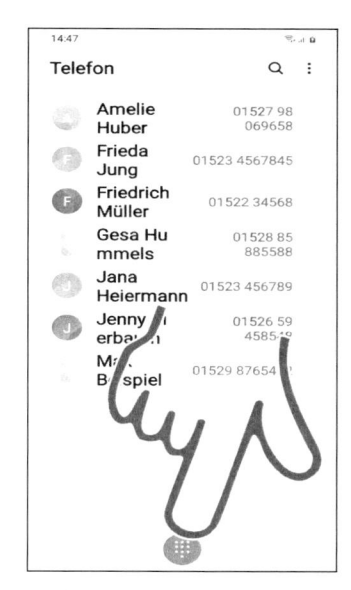

❶❷ Mit einer Wischgeste blenden Sie das Tastenfeld aus, um die Fundstellenliste anzuzeigen.

❸ Die grüne Schaltleiste am unteren Bildschirmrand beziehungsweise die ❮-Taste unterhalb des Displays schalten das Tastenfeld wieder ein.

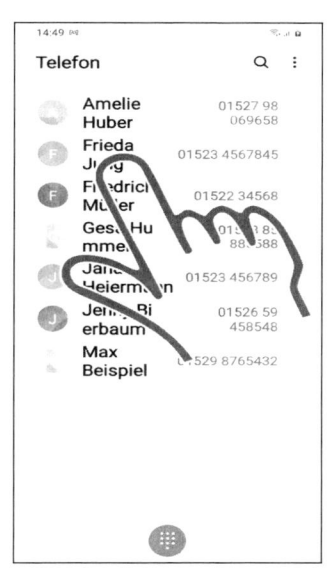

❶❷ Nach Antippen einer Fundstelle erscheint die zugehörige Rufnummer in der Telefonoberfläche.

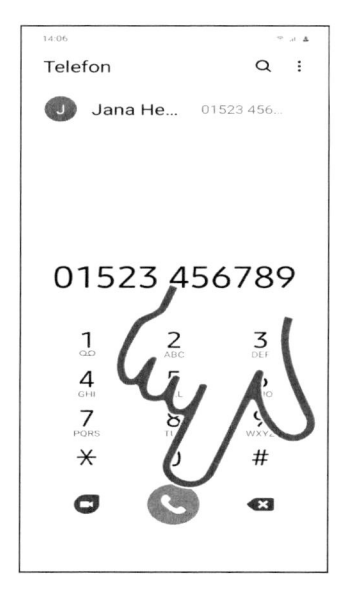

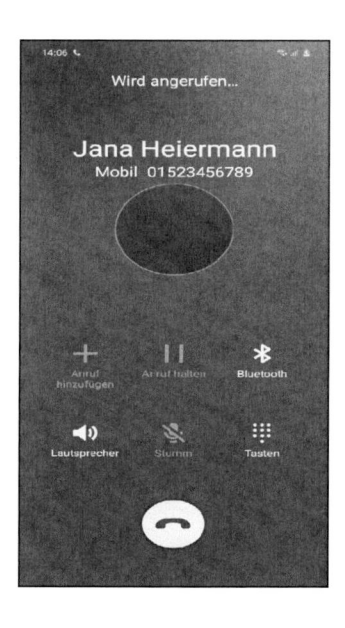

❶❷ Betätigen Sie die ☏-Schaltleiste, um die Anwahl zu starten.

> Wenn Sie das Handy an Ihr Ohr halten, schaltet sich das Display automatisch aus, damit keine Fehleingaben entstehen können. Dafür zuständig ist ein Näherungssensor, welcher sich oben unter dem Display befindet.

5.1.1 Suche

Auch eine direkte Namenssuche ist möglich. Tippen Sie dafür die Nummern ein, die den Buchstaben entsprechen (»2«=a, b, c; »3«=d, e, f; usw.). Betätigen Sie ⊗ im Tastenfeld, um eine Fehleingabe zu löschen.

5.1.2 Letzte Rufnummer wählen

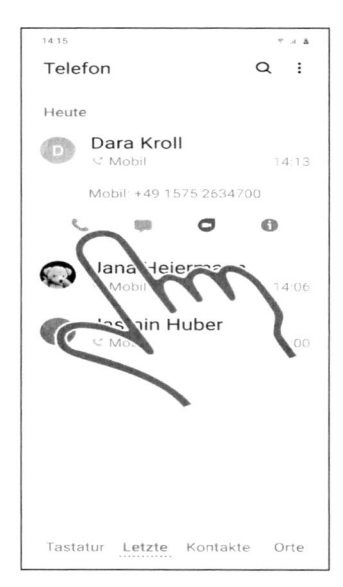

❶ Betätigen Sie die ☏-Schaltleiste am unteren Bildschirmrand oder aktivieren Sie das Letzte-Register (Pfeil).

❷❸ Die zuletzt angewählte Rufnummer erscheint automatisch als Erste in der Liste. Tippen Sie sie an für ein Menü, worin Sie die Anwahl mit ☏ (Pfeil) durchführen können.

5.1.3 Funktionen während eines Gesprächs

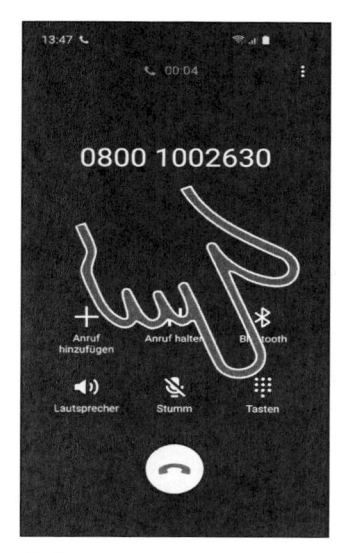

❶❷ Während des Gesprächs zeigt das Handy die angewählte Rufnummer beziehungsweise den Kontakt an. Betätigen Sie die *Tasten*-Schaltleiste (Pfeil), um das Tastenfeld zu aktivieren, was sinnvoll ist, wenn Sie DTMF (Tonwahl)-Töne benötigen, zum Beispiel für die Bedienung eines Anrufbeantworters oder einer Tonwahl-gesteuerten Service-Hotline.

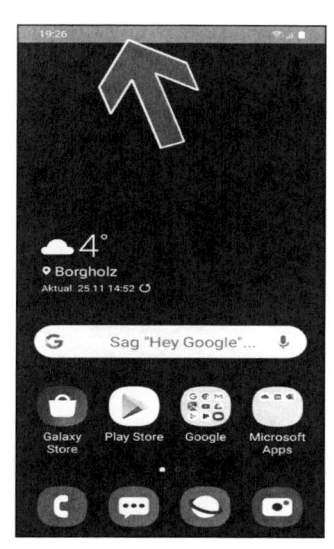

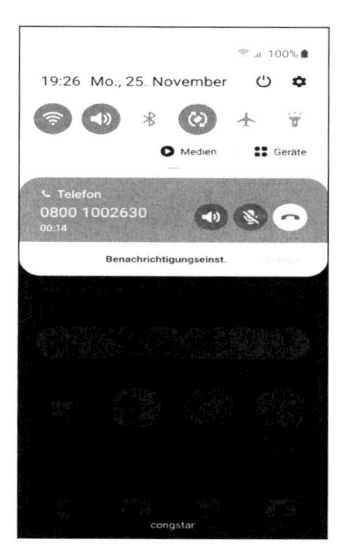

❶ Interessant ist die Möglichkeit, jederzeit während eines aktiven Gesprächs eine andere Anwendung zu nutzen. Dazu betätigen Sie die ⭕-Taste für den Startbildschirm. Sie können dann, wie gewohnt, diverse Anwendungen auf dem Galaxy starten, während das Gespräch im Hintergrund läuft. Die grün gefärbte Titelleiste (Pfeil) weist auf die bestehende Gesprächsverbindung hin.

❷ Den aktiven Anruf steuern Sie über das Benachrichtigungsfeld (siehe Kapitel *4.7.5 Titelleiste und Benachrichtigungsfeld*). Tippen Sie dort auf die Rufnummer, um den Anruf in der Telefonoberfläche anzuzeigen.

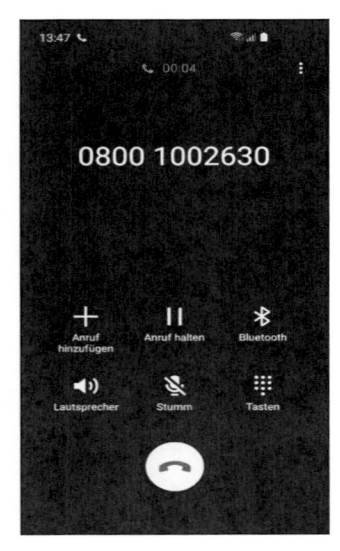

❶ Weitere Funktionen während eines Gesprächs:

- *Anruf hinzufügen.*: Weiteren Kontakt oder Rufnummer anrufen, während der aktuelle Anruf gehalten wird. Später können Sie entweder zwischen den Gesprächsteilnehmern hin- und herschalten oder eine Telefonkonferenz abhalten. Diese Funktion ist nur mit Handy-Verträgen nutzbar, die das sogenannte »Anklopfen«-Dienstmerkmal unterstützen.
- *Anruf halten*: Der Gesprächsteilnehmer wird in eine Warteschleife des Netzbetreibers versetzt und hört dort eine Halte-Ansage.
- *Bluetooth*: Angeschlossenes Bluetooth-Headset aktivieren/deaktivieren.
- *Lautsprecher*: Freisprechen aktivieren.
- *Stumm*: Deaktiviert/aktiviert das Mikrofon, wobei man weiter hört, was der Gesprächsteilnehmer von sich gibt.
- *Tasten*: Aktiviert das Tastenfeld, über das man DTMF-Töne erzeugt, beispielsweise zur Fernbedienung eines Anrufbeantworters.

❷❸ Das ⋮-Menü:

- *Zu Kontakten hinzufügen*: Die Rufnummer einem Kontakt im Telefonbuch (siehe Kapitel *7 Telefonbuch*) hinzufügen oder einen neuen Kontakt erstellen.
- *Nachricht senden*: Eine SMS (siehe Kapitel *6 Nachrichten (SMS)*) an die aktuelle Rufnummer senden.

5.1.3.a Hörerlautstärke

Während eines Gesprächs können Sie die Hörerlautstärke an Ihre Bedürfnisse anpassen. Drücken Sie einfach auf der rechten Geräteseite die Tasten Lautstärke-leiser/lauter.

Telefonie 67

5.1.4 Anruf aus dem Telefonbuch

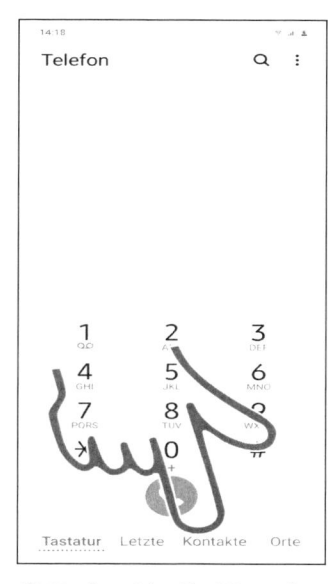

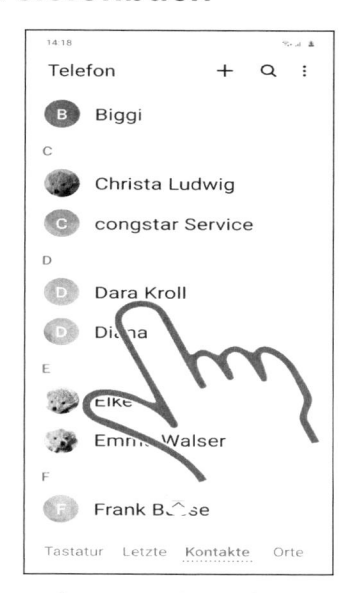

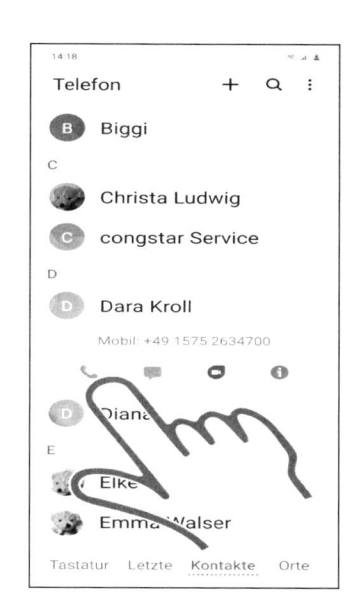

❶ Rufen Sie die Kontaktauflistung über *Kontakte* (Pfeil) auf.

❷ Tippen Sie einen Kontaktnamen an.

❸ Die Schaltleisten werden eingeblendet. Darüber zeigt das Handy die Rufnummer an, die angewählt wird, sobald Sie die ℂ-Schaltleiste (Pfeil) betätigen.

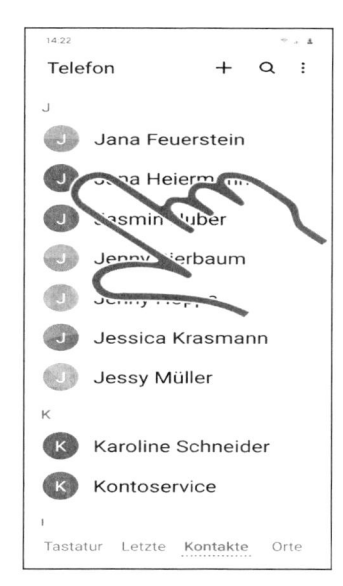

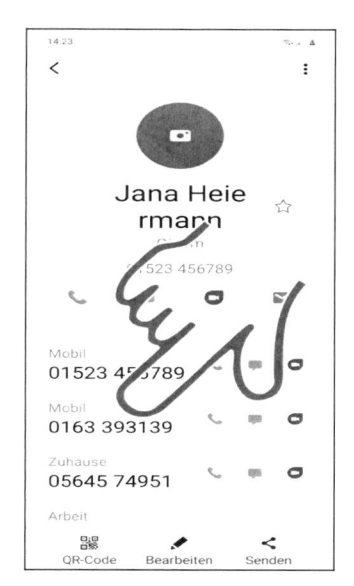

❶❷ Häufig hat ein Kontakt mehrere Rufnummern. Antippen des runden Symbols (Pfeil) öffnet dann die Kontaktdetails. Tippen Sie darin auf die anzuwählende Rufnummer (Pfeil).

> Das Telefonbuch beschreibt bereits Kapitel *7 Telefonbuch*.

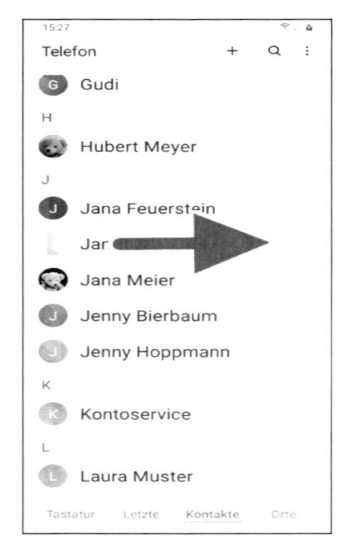

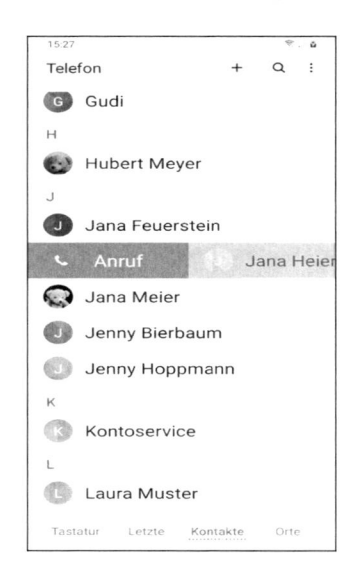

❶❷ Auch durch Ziehen des Fingers von links nach rechts auf einem Kontakt können Sie die Anwahl starten.

> Angewählt wird in diesem Fall die »Standardnummer«, welche das nachfolgende Kapitel beschreibt.

5.1.5 Die Standardnummer

Wenn Sie eine Rufnummer, beziehungsweise einen Namen, in der Telefonoberfläche eingeben, zeigt das Samsung Galaxy immer die sogenannte »Standardnummer« bei den im Telefonbuch gefundenen Kontakten an. Andere Rufnummern werden dagegen nicht berücksichtigt.

Beispiel: Der gefundene Kontakt *Hubert Meyer* besitzt mehrere Rufnummern, es wird aber nur die Standardnummer angezeigt.

Telefonie

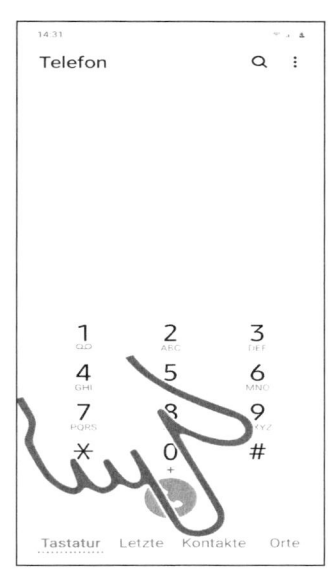

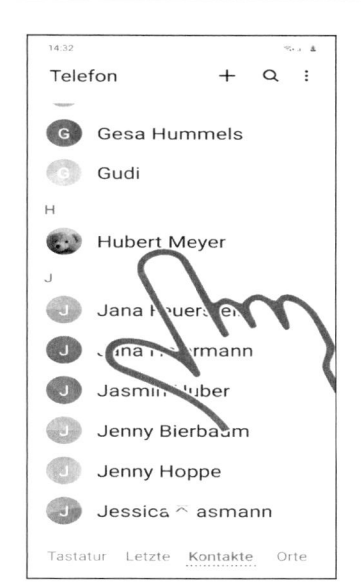

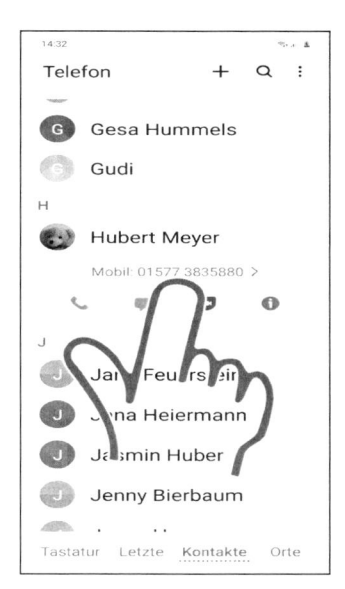

❶ So legen Sie die Standardnummer fest: Aktivieren Sie das *Kontakte*-Register.

❷ Den Namen des Kontakts, dessen Standardnummer Sie festlegen möchten, tippen Sie an.

❸ Die grün angezeigte Rufnummer ist die Standardnummer. Tippen Sie sie an.

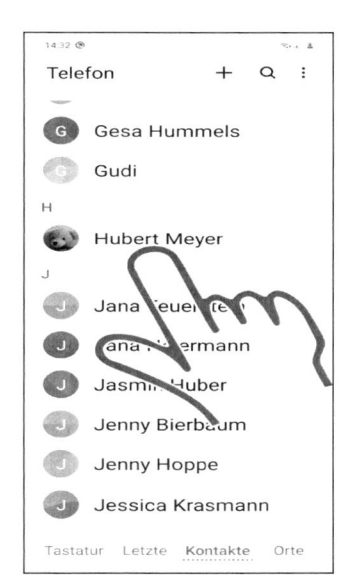

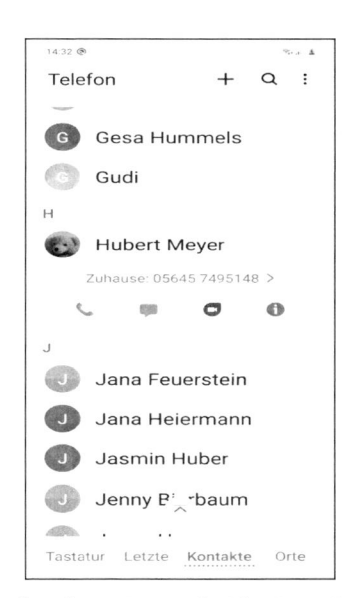

❶ Markieren Sie die gewünschte Standardnummer im Popup und gehen Sie auf *Als Standard festlegen*.

❷❸ Die Standardnummer wird nun im ausgewählten Kontakt angezeigt (Pfeil).

5.2 Kurzwahlen

Wenn man bestimmte Rufnummern häufig anwählt, ist es umständlich, sie jeweils immer von Hand einzugeben oder in der Kontaktverwaltung zu suchen. Deshalb gibt es die Kurzwahlen, bei denen man eine der Zahlen von 2 bis 9 mit einer Rufnummer belegt. Man braucht zur Anwahl dann nur noch beispielsweise als Kurzwahl die »2« einzugeben.

5.2.1 Kurzwahl erstellen

❶ Aktivieren Sie in der Telefonoberfläche oder im *Kontakte*-Register ⁞/*Kurzwahlnummern*.

❷ Geben Sie die Anfangsbuchstaben eines Kontakts aus dem Telefonbuch an, worauf das Handy Ihnen Vorschläge macht. Wählen Sie davon einen aus.

❸ Die Kurzwahl ist damit erstellt. Über die Minus-Schaltleiste hinter dem Kurzwahleintrag löschen Sie diese bei Bedarf wieder.

Die Kurzwahl »1« ist bereits für die Mailbox, siehe Kapitel *5.3 Mobilbox abrufen*, reserviert.

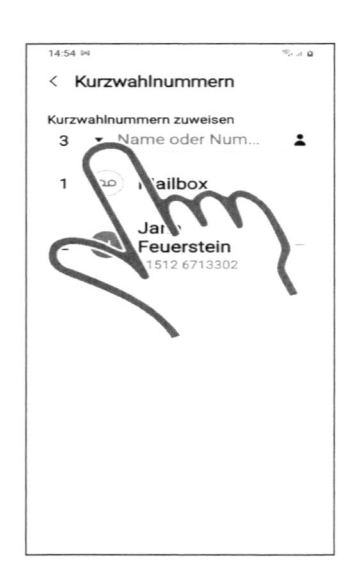

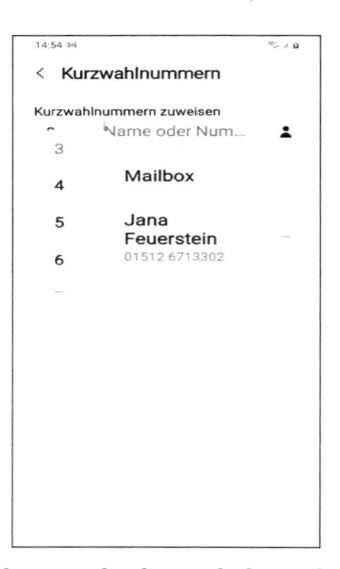

❶❷ Normalerweise gibt Ihnen das Handy die zu belegende Kurzwahl vor. Über das Auswahlmenü (Pfeil) ist es aber auch möglich, die Kurzwahl selbst einzustellen.

Telefonie   71

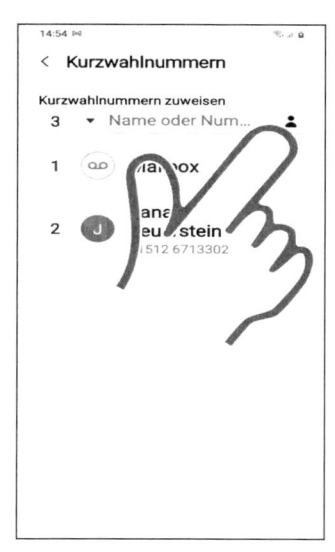

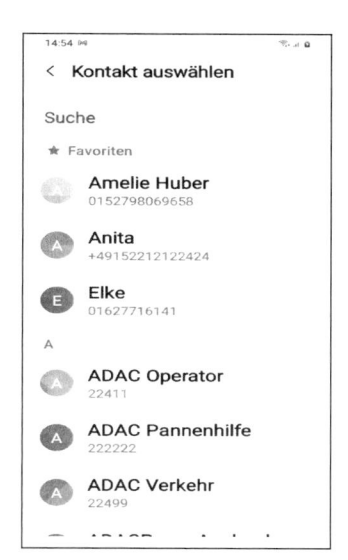

❶❷ Über die ♦-Schaltleiste öffnen Sie das Telefonbuch, in dem Sie einen Kontakt auswählen.

❶❷ So nutzen Sie die Kurzwahlen:

- Drücken und halten Sie die Kurzwahlnummer, worauf sofort die Anwahl startet.
- Bei mehrstelligen Kurzwahlen drücken und halten Sie die letzte Ziffer, bis die Anwahl durchgeführt wird. Beispielsweise würden Sie für die Kurzwahl 123 die ersten beiden Ziffern eingeben und dann die »3« gedrückt halten.

5.3 Mobilbox abrufen

Die Mobilnetzbetreiber bieten jedem Kunden eine »Mailbox« an, in der Anrufer wie auf einem Anrufbeantworter ihre Nachrichten hinterlassen können. Zum Abruf der Nachrichten wählen Sie entweder auf der Telefonoberfläche die Mailboxnummer, oder Sie nutzen die vom Handy angebotene Abruffunktion.

Zum Abruf der Mailbox tippen und halten Sie die »1«-Taste auf dem Telefontastenfeld, bis die Anwahl erfolgt. Es wird automatisch das Tastenfeld aktiviert.

> Die Mailbox ist auf der Kurzwahl »1« vordefiniert. Normalerweise wird die Mailbox-Rufnummer korrekt eingerichtet, wenn Sie eine neue SIM-Karte einlegen und die automatisch erscheinende Konfigurationsaufforderung bestätigen. Falls Sie eine andere Mailboxrufnummer eintragen möchten, lesen Sie im Kapitel *5.7.8 Mailboxeinstellungen* weiter.

5.4 Anruf annehmen

Wenn ein Anruf eingeht, gibt es drei mögliche Anzeigen:
- Rufnummer ist nicht im Telefonbuch vorhanden: Nur die Rufnummer wird angezeigt (❶).
- Rufnummer ist im Telefonbuch vorhanden: Das Handy zeigt den Kontaktnamen und die Rufnummer an (❷).

Läuft gerade eine Anwendung, dann erscheint nur ein Popup, in dem Sie den Anruf entgegen nehmen oder ablehnen.

Telefonie

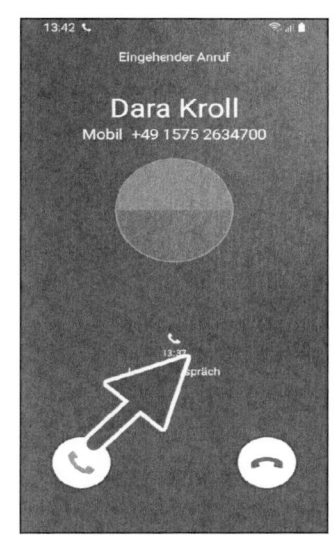

❶❷ Zum Annehmen eines Gesprächs ziehen Sie die grüne ☎-Schaltleiste mit angedrücktem Finger nach rechts. Während eines Gesprächs stehen die gleichen Funktionen zur Verfügung, die bereits im Kapitel *5.1.3 Funktionen während eines Gesprächs* vorgestellt wurden.

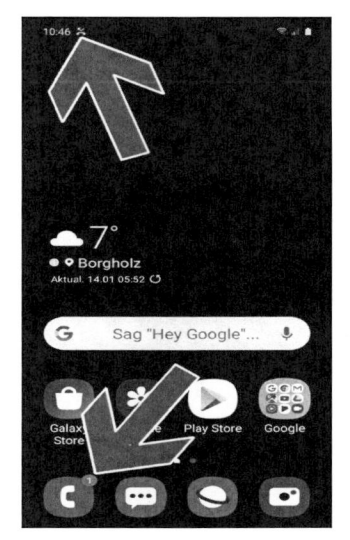

❶ Umgekehrt ziehen Sie die rote ☎-Schaltleiste nach links, um einen Anruf zu blocken. Der geblockte Anruf landet trotzdem in der Anrufverlauf-Liste, sodass sie ihn später zurückrufen können. Siehe auch Kapitel *5.5 Anrufliste*.

❷ Wenn Sie mal einen Anruf verpasst haben, erscheint oben in der Titelleiste ein ☎-Symbol (Pfeil). Dieses ist solange dort sichtbar, bis Sie die Anrufliste aufrufen. Eine Zahl beim *Telefon*-Schaltleiste (Pfeil) informiert zudem über die Anzahl der verpassten Anrufe.

❶❷ Ist das Display ausgeschaltet, beziehungsweise die Displaysperre aktiv, weist das Handy ebenfalls auf den verpassten Anruf hin. Zur Anzeige des Anrufprotokolls tippen sie zweimal hintereinander auf den Anrufeintrag.

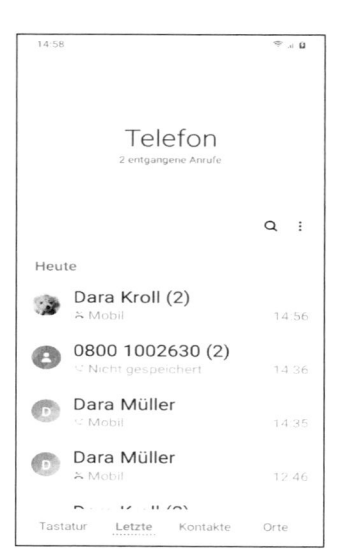

❶❷❸ Weitere Infos zum verpassten Anruf erhalten Sie ebenfalls, indem Sie das Benachrichtigungsfeld öffnen (Siehe *4.7.5 Titelleiste und Benachrichtigungsfeld*). Tippen Sie den Listeneintrag an, um die Anrufliste anzuzeigen.

> Einen Anruf, den Sie nicht entgegennehmen, beziehungsweise blocken, erscheint trotzdem in der Anrufverlauf-Liste, die Kapitel *5.5 Anrufliste* beschreibt.
>
> Betätigen der Lautstärke-leiser-Taste auf der rechten Geräteseite schaltet einen eingehenden Anruf stumm.

5.4.1 Anruf mit Mitteilung beantworten

Nicht immer ist es möglich, einen eingehenden Anrufer sofort entgegenzunehmen. Für solche Fälle bietet das Handy die Option, dem Anrufer eine SMS zu schicken.

❶ Ziehen Sie den Schieber am unteren Bildschirmrand nach oben.

❷ Es sind bereits einige Texte vorgegeben, von dem Sie einen auswählen. Der Anruf wird nun geblockt und die SMS verschickt.

> Falls Sie den Inhalt der SMS selbst eingeben möchten, betätigen Sie *Neue Nachricht schreiben*, worauf die Nachrichten-Anwendung startet und eine neue SMS an den Anrufer erstellt.

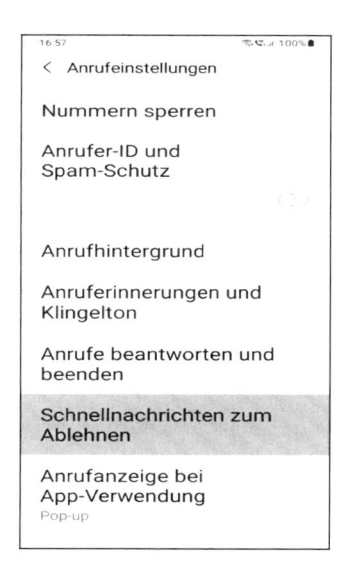

❶❷ Die vorgegebenen Textvorlagen lassen sich editieren. Gehen Sie dafür in der Telefonoberfläche auf ⋮/*Einstellungen/Schnellnachrichten zum Ablehnen*.

❶❷ Erfassen Sie einen Ablehnungstext und betätigen Sie +. Es bietet sich an, weitere Texte für verschiedenste Situationen anzulegen.

Falls Ihnen ein Text nicht mehr gefällt, tippen Sie ihn einfach in der Auflistung an, worauf er im Editor angezeigt wird. Sie können maximal sechs verschiedene Texte erstellen.

5.4.2 Klingelton und Klingeltonlautstärke

❶ Die Klingeltonlautstärke ändern Sie ganz einfach über die Lautstärketasten auf der rechten Geräteseite.

❷ Wenn Sie bereits die niedrigste Lautstärke eingestellt hatten und trotzdem weiter die Lautstärke-leiser-Taste drücken, schaltet das Handy auf Vibration (eingehende Anrufe merken Sie dann am Vibrieren des Geräts).

Ein Symbol informiert in der Titelleiste über den deaktivierten Klingelton.

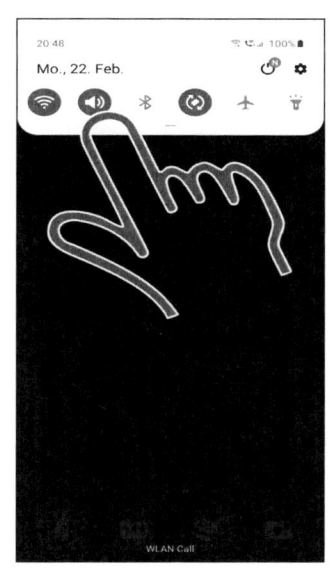

❶ Aktivieren Sie das Benachrichtigungsfeld, dann tippen und halten Sie die 🔊-Schaltleiste.

❷ Gehen Sie auf Klingelton.

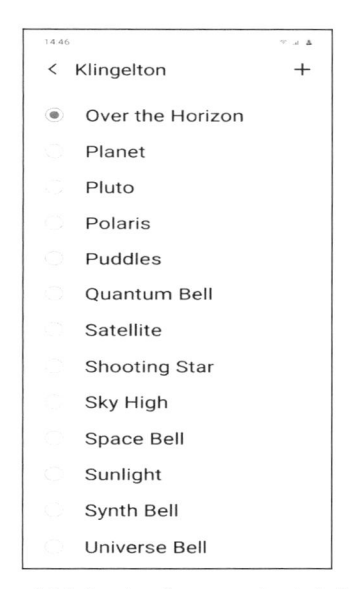

❶ Wählen Sie die SIM-Karte aus (abhängig davon, ob sich Ihre SIM-Karte im ersten oder zweiten Steckplatz befindet).

❷ Stellen Sie den gewünschten Klingelton ein.

5.5 Anrufliste (Protokoll)

In der Anrufliste legt das Handy alle ein- und ausgegangenen Anrufe, auch die nicht entgegengenommenen, ab.

5.5.1 Anrufliste in der Telefonoberfläche

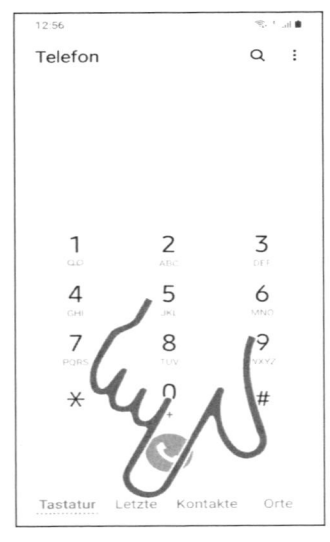

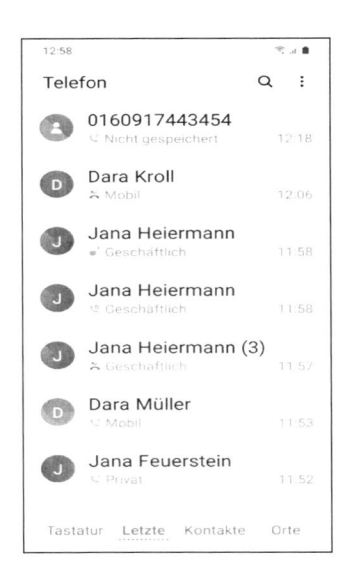

❶ Die Anrufliste zeigt die zuletzt ein- und ausgegangenen, sowie verpassten Gespräche an. Sie aktivieren sie über das *Letzte*-Register (Pfeil) in der Telefonoberfläche.

❷❸ Mit einer Wischgeste blättern Sie durch die Anrufliste.

5.5.2 Anzeige verpasster Anrufe

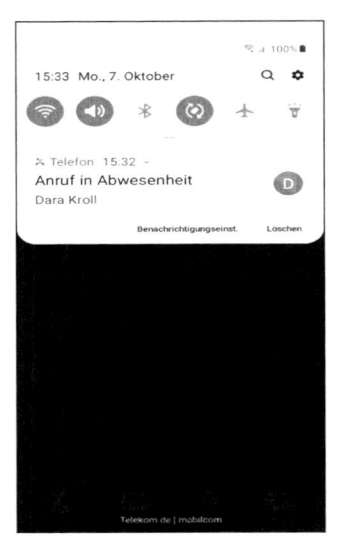

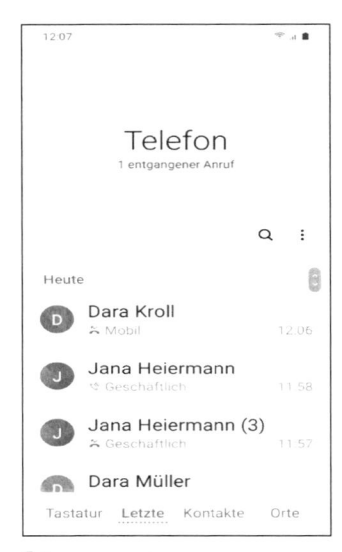

❶ Über verpasste oder von Ihnen geblockte Anrufe informiert ein ⤫-Symbol oben in der Titelleiste (Pfeil). Das Symbol bleibt solange sichtbar, bis Sie die Anrufliste aktivieren.

❷ Weitere Infos über den verpassten Anrufer erhalten Sie, indem Sie das Benachrichtigungsfeld öffnen (siehe Kapitel *4.7.5 Titelleiste und Benachrichtigungsfeld*). Tippen Sie den Listeneintrag an, um die Anrufliste anzuzeigen.

❸ Ein kleines Symbol informiert bei jedem Listeneintrag, welche Aktion stattgefunden hat:

   ↙   Eingehender Anruf, der angenommen wurde.
   ⤫   Eingehender Anruf, der nicht angenommen wurde.
   ↗   Ausgehender Anruf.
   ⊘   Von Ihnen geblockter Anruf.

Telefonie

5.5.3 Funktionen in der Anrufliste

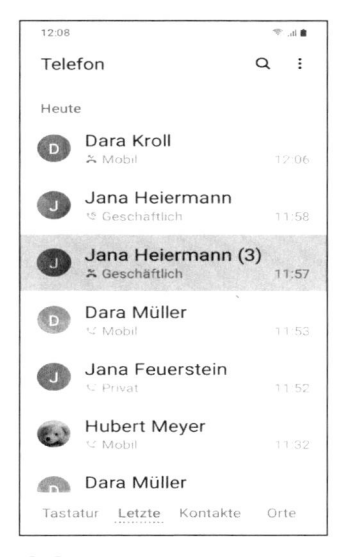

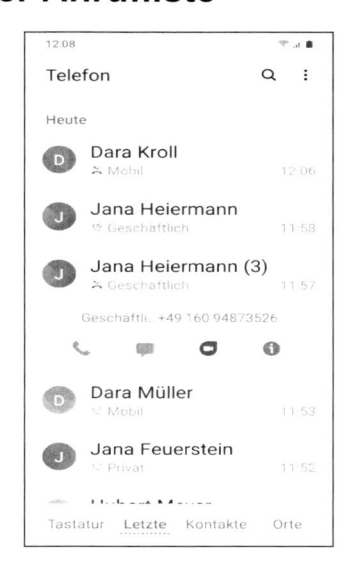

❶❷ Tippen Sie einen Namen an für die folgenden Schaltleisten:

- 📞 : *Anruf*: Kontakt anrufen.
- 💬 : *Nachricht*: SMS schreiben.
- 📹 : *Videoanruf*: Videotelefonat führen. Wegen der damit verbundenen hohen Kosten gehen wir in diesem Buch nicht näher darauf ein.
- ℹ️ : *Details*: Kontaktdetails anzeigen (nur wenn sich die Rufnummer im Telefonbuch befindet).

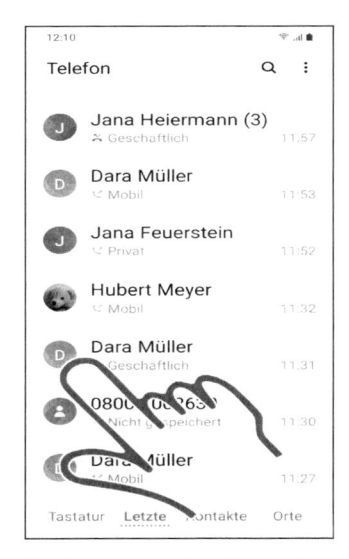

❶ Antippen des Kontaktsymbols (Pfeil) öffnet dagegen die Kontaktdetails.

❷❸ Mit einer Wischgeste rollen Sie durch die Kontaktdaten.

❶❷ Die *Anzeigen*-Schaltleiste betätigen Sie und schließen den folgenden Dialog mit *Zulassen*. Sie gestatten damit dem Handy, Kalendertermine und SMS, die den Kontakt betreffen, in den Kontaktdetails anzuzeigen.

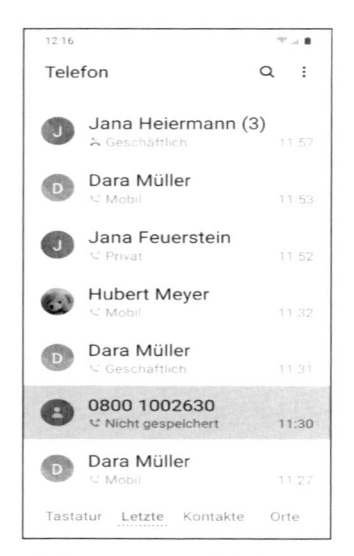

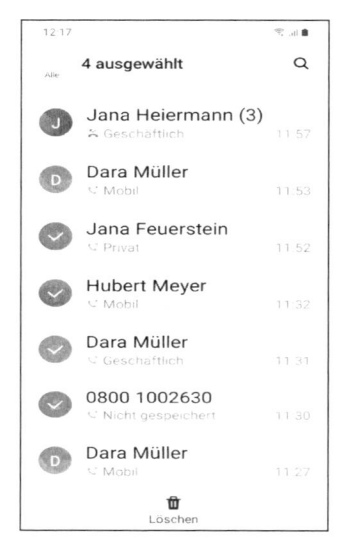

❶❷ Tippen und halten Sie den Finger über einem Listeneintrag, worauf der Markierungsmodus aktiviert wird. Sie können dann weitere Listeneinträge durch Antippen markieren und mit *Löschen* am unteren Bildschirmrand die markierten Einträge aus dem Anrufprotokoll entfernen.

❶❷ Haben Sie das Kontaktsymbol einer noch nicht im Telefonbuch vorhandenen Rufnummer angetippt, so ist die *Hinzufügen*-Schaltleiste verfügbar, die Sie betätigen. Im Popup wählen Sie

Telefonie 81

anschließend aus, ob die Rufnummer einem neuen oder bestehenden Kontakt zugewiesen wird.

5.5.4 Weitere Anzeigen

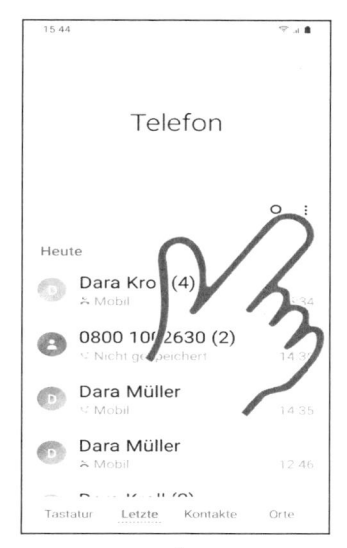

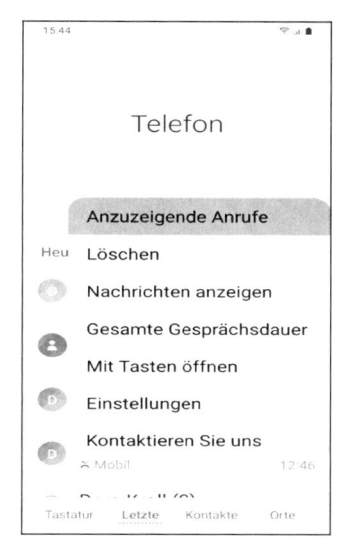

❶❷❸ Über ⋮/*Anzuzeigende Anrufe* schränken Sie die angezeigten Einträge auf verpasste oder abgelehnte Anrufe ein.

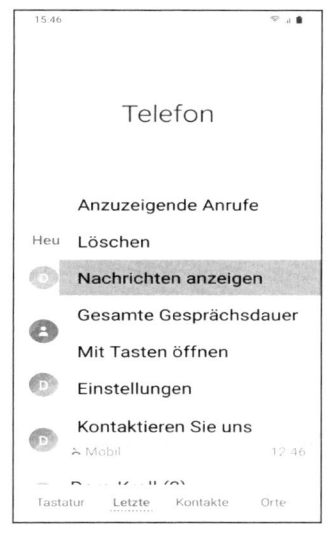

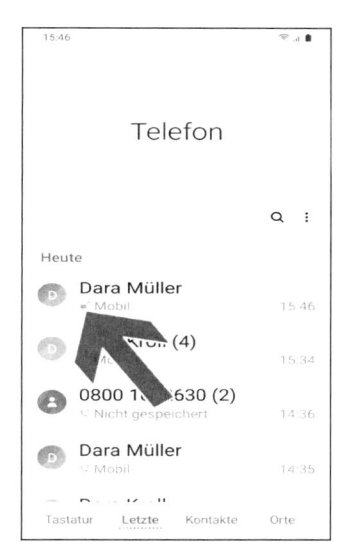

❶❷ ⋮/*Nachrichten anzeigen* blendet in der Auflistung auch alle empfangenen SMS ein. Sie erkennen diese am -Symbol.

5.6 Flugmodus (Offline-Modus)

In manchen Umgebungen, zum Beispiel Flugzeugen und Krankenhäusern, ist der Einsatz eines Handys untersagt. Für diesen Fall können Sie die Telefon-Funktionalität deaktivieren. Im Flugmodus sind neben dem Telefon, auch WLAN und Bluetooth deaktiviert.

❶ Öffnen Sie das Benachrichtigungsfeld und betätigen Sie darin die ✈-Schaltleiste.

❷ Ein ✈-Symbol macht auf den aktiven Flugzeugmodus in der Titelleiste aufmerksam (Pfeil). Erneutes Betätigen der ✈-Schaltleiste im Benachrichtigungsfeld schaltet den Mobilfunk wieder ein.

> Für den Netzbetreiber erscheint der Flugzeugmodus technisch so, als ob Sie Ihr Handy ausgeschaltet haben.

5.7 Anrufeinstellungen

In den Anrufeinstellungen finden Sie viele Funktionen, die meist nur selten benötigt werden, trotzdem aber sehr nützlich sein können.

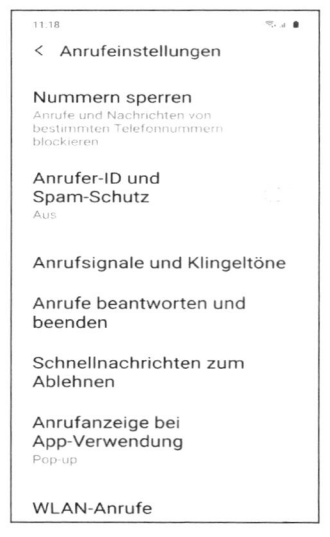

❶❷ Gehen Sie in ⁝/*Einstellungen*.

Telefonie

5.7.1 Anruf ablehnen

◆ *Einstellungen/Nummern sperren*

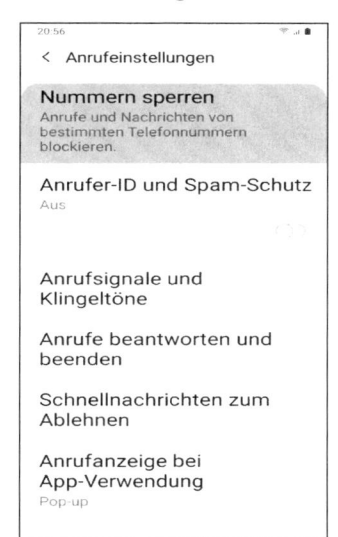

❶❷ Hiermit blockieren Sie unerwünschte Anrufer und SMS. Erfassen Sie einfach die entsprechenden Rufnummern.

5.7.2 Anrufer identifizieren

◆ *Einstellungen/Anrufer-ID und Spam-Schutz*

Eines der größten Ärgernisse der Telekommunikation sind unerwünschte Werbeanrufe. Das amerikanische Unternehmen Whitepages hat daher einen Mechanismus entwickelt, um Anrufer zu identifizieren und gegebenenfalls als Spam einzuordnen.

In Deutschland sind unerwünschte Werbeanrufe aufgrund strenger gesetzlicher Regulierung eher selten, weshalb sich die Whitepages-Anrufer-Identifizierung eigentlich erübrigt. Außerdem hat diese Funktion den Nachteil, dass Rufnummern an ein US-Unternehmen übertragen werden, das keinen europäischen Datenschutzregeln unterliegt. Die Nutzer der Anrufer-Identifizierung legen zudem selbst fest, welche Nummern sie als unerwünscht einstufen, was zu Missbrauch einlädt. Wir raten daher von der Anrufer-Identifizierung ab.

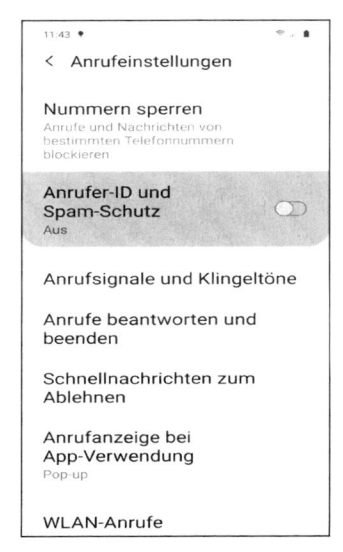

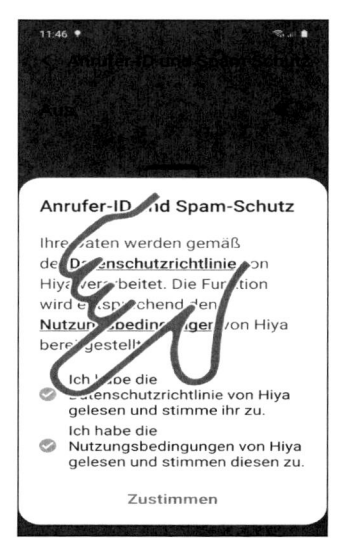

❶❷ Falls Sie trotz unserer Vorbehalte die Anruferidentifizierung nutzen möchten, gehen Sie auf *Anrufer-ID und Spam-Schutz* und aktivieren den Schalter oben rechts (Pfeil).

❸ Aktivieren Sie die Abhakkästchen und betätigen Sie *Zustimmen*.

5.7.3 Anrufsignale

◆ *Einstellungen/Anrufsignale*

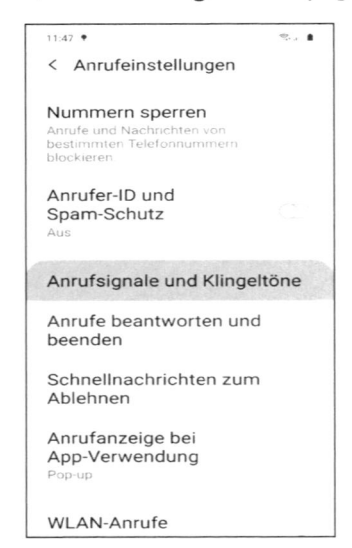

❶❷ Unter *Anrufsignale und Klingeltöne* stellen sie ein:

Unter *Anrufsignale*:

- *Beim Annehmen vibrieren:* Vibration, sobald der Angerufene das Gespräch annimmt.
- *Am Anrufende vibrieren:* Vibration, wenn Sie oder Ihr Gesprächspartner auflegen.
- *Bei Anrufverbindung Tonausgabe*: Wenn Sie jemanden anrufen, ertönt der Verbindungston nach der erfolgreichen Anwahl.
- *Bei Anrufende Tonausgabe*: Beim Gesprächsende ertönt ein Signal.
- *Während Anrufen benachrichtigen*: Während eines Telefongesprächs erhalten Sie weiterhin akustische Hinweise auf neu vorhandene E-Mails, SMS, usw.

Unter *Klingel- und Tastentöne*:

- *Klingeltöne:* Melodie für eingehende Anrufe.
- *Vibrationsmuster*: Legt für eingehende Anrufe eine Vibration fest. Beachten Sie bitte, dass Sie *Beim Klingeln vibrieren* aktivieren müssen, um die Vibration zu nutzen.
- *Beim Klingeln vibrieren*: Neben dem Klingelton vibriert das Handy bei eingehenden Anrufen.
- *Ton beim Tippen von Tasten; Bei Tastendruck vibrieren:* Antippen einer Taste im Tastenfeld der Telefon-Anwendung wird mit einem Signalton beziehungsweise Vibration quittiert.

Telefonie 85

5.7.4 Anrufe beantworten und beenden

◆ *Einstellungen/Anrufe beantworten und beenden*

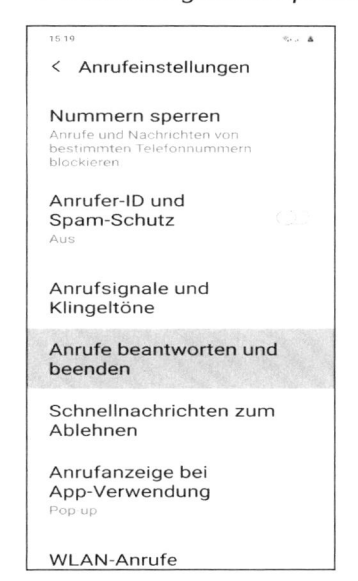

❶❷ Konfigurieren Sie unter *Anrufe beantworten und beenden*:

- *Anrufernamen vorlesen*: Sofern Sie ein Headset, beispielsweise über Bluetooth, angeschlossen haben, spricht das Handy den Anrufernamen aus.

- *Automatisch antworten*: Anrufe werden automatisch nach 2 Sekunden angenommen. Sie müssen dafür ein Bluetooth-Headset nutzen (siehe dazu auch das Kapitel *29.3 Bluetooth-Headset / Freispracheinrichtung verwenden*).

- *Mit Lauter-Taste annehmen*: Eingehende Anrufe nehmen Sie mit der Lautstärke-Lauter-Taste auf der rechten Geräteseite an.

- *Anrufe über Funktionstaste beenden*: Betätigen Sie den Ein-/Ausschalter auf der rechten Geräteseite, um Anrufe zu beenden.

5.7.5 Kurznachrichten zum Ablehnen

◆ *Einstellungen/Schnellnachrichten zum Ablehnen*

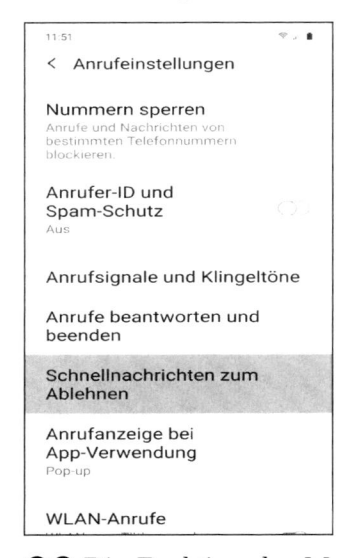

❶❷ Die Funktion des Menüs *Schnellnachrichten zum Ablehnen* beschreibt Kapitel *5.4.1 Anruf mit Mitteilung beantworten*.

5.7.6 Anrufe in Popups anzeigen

◆ *Einstellungen/Anrufanzeige bei App-Verwendung*

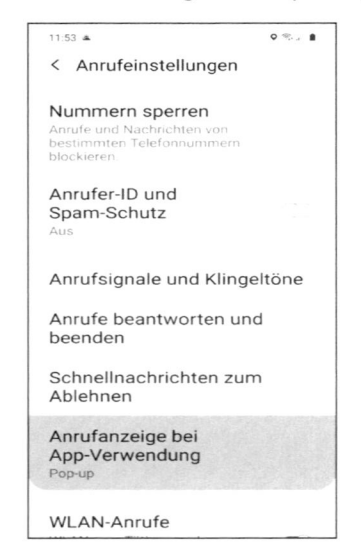

❶❷ *Anrufanzeige bei App-Verwendung* steuert die Anzeige angenommener Anrufe, wenn Sie gerade in einem Programm arbeiten. Sie können zwischen den Optionen wählen: *Vollbild*, *Pop-up* und *Mini-Pop-up*. Aktivieren Sie *Anrufe in Pop-ups behalten*, damit das Handy auch bei angenommenen Anrufen nicht auf den Vollbildschirm umschaltet.

Die verschiedenen Anzeigen von *Anrufanzeige bei App-Verwendung*:

- *Vollbild* (❶)
- *Pop-up* (❷)
- *Mini-Pop-up* (❸)

Telefonie

5.7.7 WLAN-Anrufe

◆ *Einstellungen/WLAN-Anrufe*

Sofern eine WLAN-Verbindung (siehe Kapitel 9 *WLAN*) besteht, können Telefonate auch darüber geführt werden, falls die Mobilfunkverbindung sehr schlecht ist. »WLAN-Anruf« wird auch als »WLAN-Call« bezeichnet. Eine SIM-Karte muss natürlich trotzdem im Handy eingelegt sein.

5.7.8 Mailboxeinstellungen

◆ *Einstellungen/Mailbox*

Jeder Mobilnetzbetreiber bietet eine Mailbox mit Anrufbeantworterfunktion für seine Kunden an. Um die Mailbox anzurufen, müssen Sie je nach Netzbetreiber eine andere Nummer anrufen. Beim Samsung Galaxy (und fast allen anderen Handys) ist die Kurzwahl »1« bereits auf die Mailbox eingestellt.

Sofern Sie eine Mailbox nicht benötigen, oder wenn deren Abruf Geld kostet, können Sie sie auch deaktivieren, was meist über das Sprachmenü in der Mailbox möglich ist.

Die Mailboxnummer stellt das Handy normalerweise automatisch nach dem ersten Einschalten korrekt ein, weshalb Sie wahrscheinlich nie irgendwelche Einstellungen daran vornehmen.

❶❷ Die Optionen im *Mailbox*-Menü:

- *Dienstanbieter*: Hier lassen sich keine Änderungen vornehmen.
- *Mailboxeinstellungen*: Mailboxrufnummer.
- *Benachrichtigungen*: Legt die Benachrichtigung über neu in der Mailbox vorhandene Sprachnachrichten fest.

5.7.9 Zusatzdienste

◆ *Einstellungen/Zusatzdienste*

❶❷ Unter *Zusatzdienste* legen Sie fest:

- *Anrufer-ID anzeigen*: Stellt ein, ob von Ihnen Angerufene Ihre Rufnummer sehen (»Rufnummernübermittlung«). Zur Auswahl stehen *Netzwerkstandard* (vorgegebene Einstellung des Mobilnetzbetreibers), *Nummer verbergen* (Rufnummer unterdrücken) und *Nummer anzeigen*.

- *Rufumleitung*: Weiterleitung von eingehenden Anrufen auf einen anderen Anschluss.

- *Anrufsperre*: Ermöglicht es, nur bestimmte ausgehende Anrufe, zum Beispiel internationale Anrufe zu erlauben. Sie benötigen dafür vom Netzbetreiber ein Kennwort. In diesem Buch wird deshalb nicht weiter darauf eingegangen.

- *Anklopfen*: Damit Sie während eines Gesprächs über einen weiteren eingehenden Ruf informiert werden, gibt es das Anklopfen-Merkmal: Geht, während Sie gerade ein Gespräch führen, ein weiterer Anruf ein, erscheint ein Hinweisdialog. Viele Handyverträge unterstützen leider kein Anklopfen.

- Verwenden Sie die *Feste Rufnummern*, um nur Anrufe auf bestimmten Rufnummern zu gestatten.

Telefonie   89

5.7.10 Andere Anrufeinstellungen

◆ *Einstellungen/Andere Anrufeinstellungen*

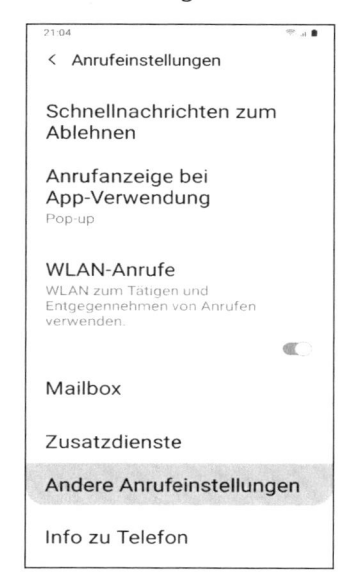

❶❷ Das *Andere Anrufeinstellungen*-Menü:

- *Kontakte ohne Nummern ausblenden*: Da es wenig Sinn macht, im *Kontakte*-Register Kontakte ohne Rufnummer anzuzeigen, blendet sie das Handy automatisch aus.

- *Anruferinfo anzeigen*: Diese Funktion ist nicht von Samsung dokumentiert.

- Der *Roaming-Assistent* ist nur für Anwender nützlich, die ihr Handy im Ausland nutzen:
    - *Land automatisch auswählen:* Fügt automatisch Ihre Ländervorwahl hinzu.
    - *Immer Roaming-Land anrufen*: Deaktiviert die automatische Ländervorwahl.
    - *Bei jedem Anruf fragen*

- *Personalisierter Dienst*: Was sich hinter dem personalisierten Dienst verbirgt, ist von Samsung nicht dokumentiert.

6. Nachrichten (SMS)

In der Nachrichten-Anwendung verwalten Sie Ihre SMS und MMS.

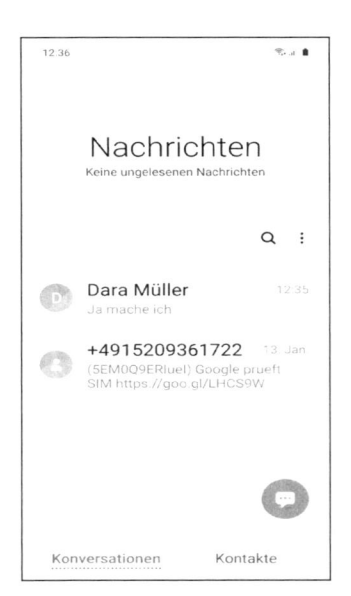

❶❷ Sie starten die Nachrichten-Anwendung, indem Sie einfach *Nachrichten* (Pfeil) im Startbildschirm oder Hauptmenü antippen.

6.1 Nachrichtenanzeige

Die von älteren Handys gewohnte Aufteilung nach den Ordnern »Posteingang« und »Postausgang« gibt es beim Galaxy nicht. Stattdessen werden alle Nachrichten nach Kontakt sortiert abgelegt.

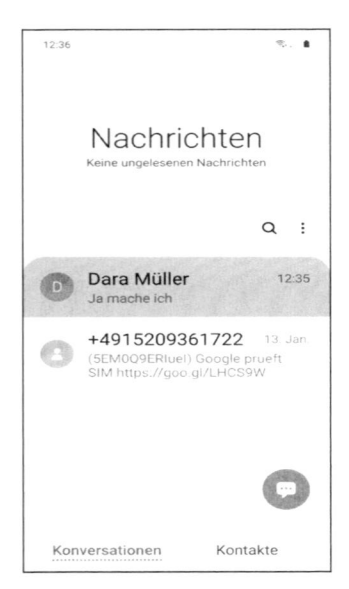

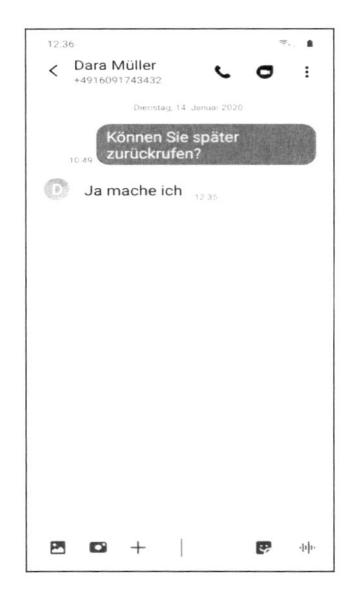

❶❷ Bereits im Hauptbildschirm zeigt die Nachrichten-Anwendung alle Kontakte beziehungsweise Rufnummern an, mit denen man geschrieben hat. Wählt man einen Kontakt aus, so zeigt das Handy alle empfangenen und gesendeten Nachrichten des Kontakts als Verlauf an.

> Im weiteren Verlauf der nächsten Kapitel erfahren Sie, wie man die Nachrichtenverläufe verwaltet.

Nachrichten (SMS)

6.2 Nachricht senden

SMS lassen sich beispielsweise aus dem Telefonbuch oder aus der Anrufliste senden.

❶ Gehen Sie in der Nachrichten-Anwendung auf 💬.

❷❸ Geben Sie nun entweder eine Handynummer oder einen Kontaktnamen aus dem Telefonbuch ein. Bei Letzterem listet das Galaxy alle gefundenen Kontakte mit deren Rufnummern unter dem Eingabefeld auf. Wählen Sie einen aus.

❶ Tippen Sie dann ins Eingabefeld.

❷ Erfassen Sie den Nachrichtentext. Nach Betätigen der ➤-Schaltleiste erfolgt der Versand und die Nachrichten-Anwendung schaltet auf den Nachrichtenverlauf um.

❸ Zweimaliges Antippen der ⌵- beziehungsweise ⟨-Taste unterhalb des Displays (beim ersten Antippen schließt sich das Tastenfeld) bringt Sie wieder in den Hauptbildschirm der Nachrichten-Anwendung zurück.

6.2.1 Kontakt aus Telefonbuch

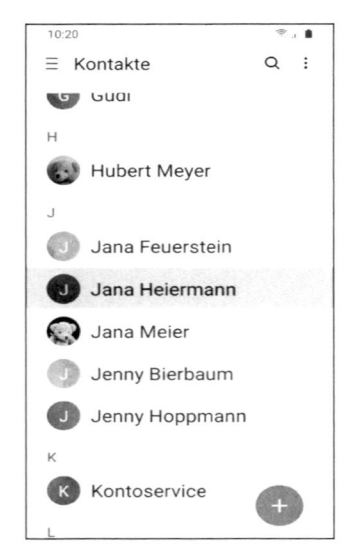

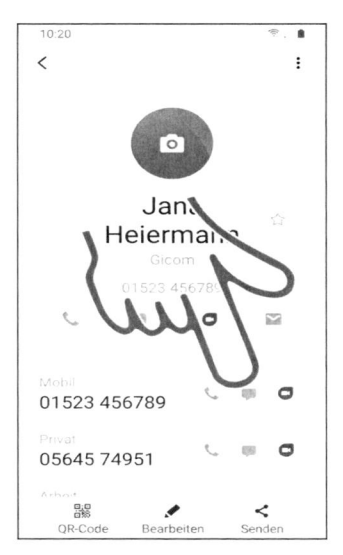

❶❷ Im einfachsten Fall tippen Sie im Telefonbuch (siehe Kapitel *7 Telefonbuch*) auf einen Kontakt, worauf die Kontaktdetails erscheinen. Betätigen Sie dann 💬.

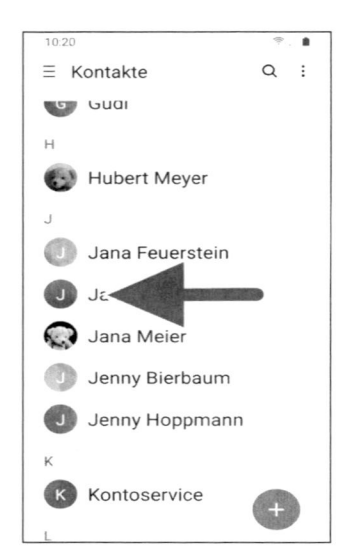

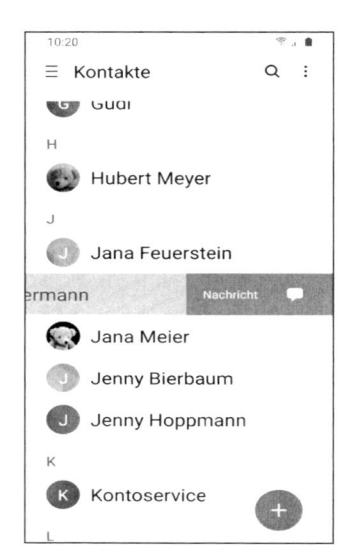

❶❷ Alternativ wischen Sie über dem Kontakteintrag von rechts nach links.

Nachrichten (SMS)

6.2.2 Nachricht aus Nachrichtenverlauf

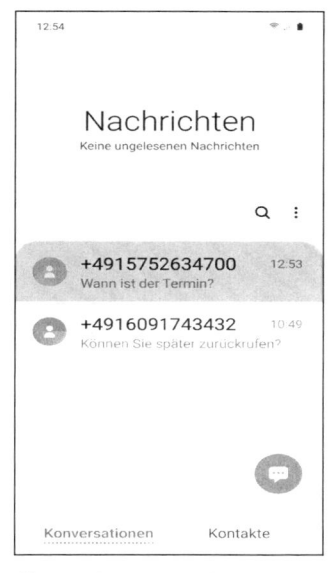

❶ Auch im Nachrichtenverlauf können Sie direkt eine Nachricht eingeben. Dazu tippen Sie den Verlauf an.

❷❸ Tippen Sie gegebenenfalls in das Eingabefeld und erfassen Sie Ihre Nachricht. Betätigen Sie nun ➤.

Damit ist Ihre SMS verschickt und eine weitere Sprechblase mit Ihrer Antwort erscheint im Nachrichtenverlauf.

Ihre SMS sollte nicht länger als 160 Zeichen sein. Wenn Sie dennoch einen längeren Text eingeben, erzeugt das Handy beim Versand automatisch mehrere Nachrichten, die beim Empfänger wieder zusammengesetzt werden. Der Netzbetreiber berechnet davon aber jede SMS einzeln, was zu sehr hohen Kosten führen kann.

6.2.3 Nachricht aus Anrufliste

Es gibt gleich mehrere Möglichkeiten, wie Sie eine SMS aus der Anrufliste (siehe Kapitel *5.5 Anrufliste (Protokoll)*) versenden.

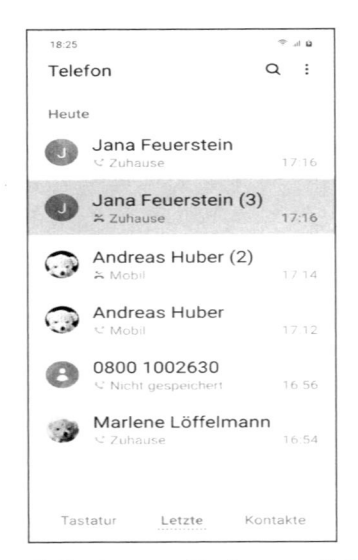

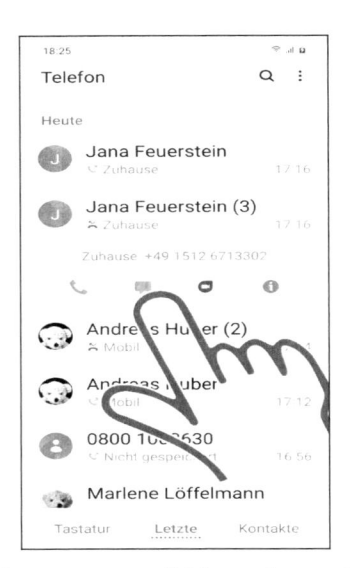

❶❷ Tippen Sie kurz auf den Eintrag, worauf hin mehrere Schaltleisten erscheinen. Tippen Sie auf 💬.

> SMS sind nicht nur ins Mobilnetz, sondern auch an Festnetznummern möglich. Wenn ein Festnetzanschluss mit SMS-fähigen Endgeräten (in der Regel DECT-Telefone) ausgestattet ist, lassen sich die Kurznachrichten dort abrufen und beantworten. Bei Festnetzanschlüssen ohne SMS-Unterstützung ruft eine Mailbox des Netzbetreibers an und liest die Kurznachricht vor.

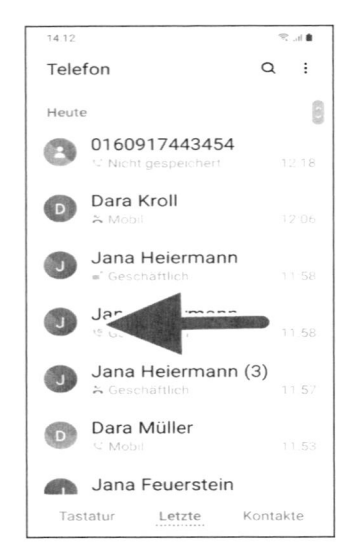

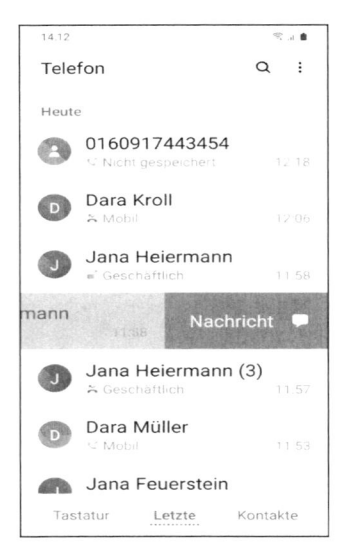

❶❷ Ziehen Sie den Finger auf einem Protokolleintrag von rechts nach links, um eine SMS neu zu erstellen (ziehen Sie in die umgekehrte Richtung, um einen Anruf zu tätigen).

Nachrichten (SMS)

6.3 Weitere Funktionen im Nachrichtenverlauf

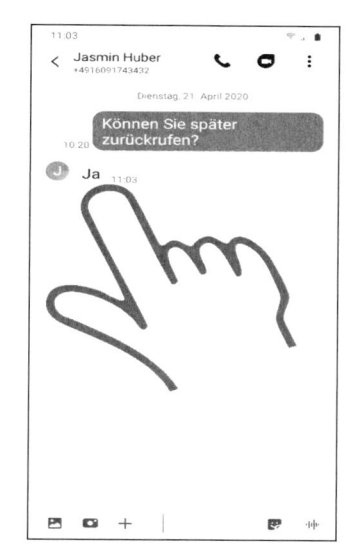

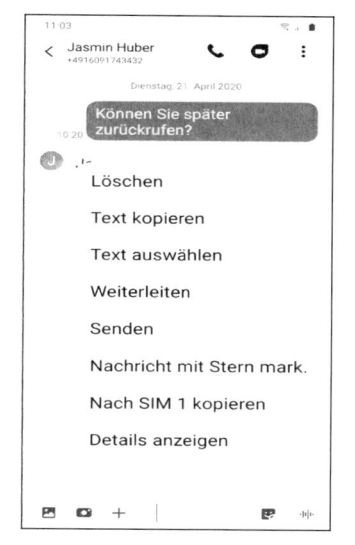

❶❷ Tippen und Halten Sie den Finger auf einer Nachricht für das Popup mit weiteren Funktionen:

- *Löschen*: Entfernt eine Nachricht unwiderruflich aus dem Speicher.

- *Text kopieren*: Kopiert den Nachrichtentext in die Zwischenablage. Man kann ihn dann in einer anderen Anwendung wieder einfügen.

- *Text auswählen:* Öffnet einen Bildschirm, in dem Sie den Textausschnitt zum Kopieren auswählen.

- *Weiterleiten*: Nachrichtentext an einen weiteren Empfänger per SMS weiterleiten.

- *Senden*: Nachrichtentext an jemand Dritten weiterleiten – kann auch per E-Mail oder einem anderen Versandweg erfolgen.

- *Nachricht mit Stern mark.*: Setzt eine Markierung, damit Sie wichtige SMS im Nachrichtenverlauf schnell erkennen.

- *Nach SIM 1 kopieren*: Legt den Nachrichtentext auf der SIM-Karte ab, was besonders für SMS interessant ist, die sehr wichtig sind. Auf diese Weise steht einem der Nachrichtentext auch bei einem Handyausfall weiter zur Verfügung. Beachten Sie allerdings, dass SIM-Karten in der Regel nur Platz für bis zu ca. 25 SMS haben.

- *Details anzeigen*: Zeigt Infos über Nachrichtentyp (SMS oder MMS), Rufnummer und Empfangs- beziehungsweise Sendedatum an (❸).

6.3.1 SMS-Vorlagen

❶ Sie können Textvorlagen in den Nachrichtenverlauf einfügen. Dazu betätigen Sie ✚.

❷ Gehen Sie auf *Schnellantwort*.

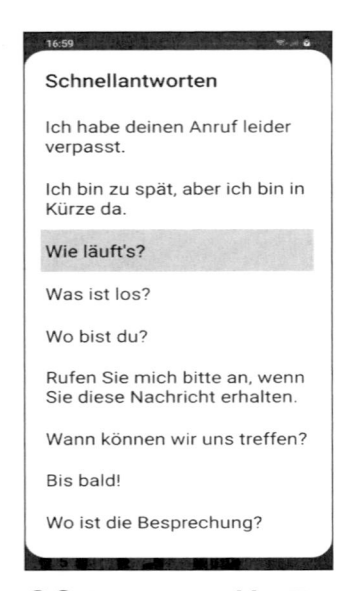

❶❷ Der ausgewählte Text erscheint in der Eingabezeile.

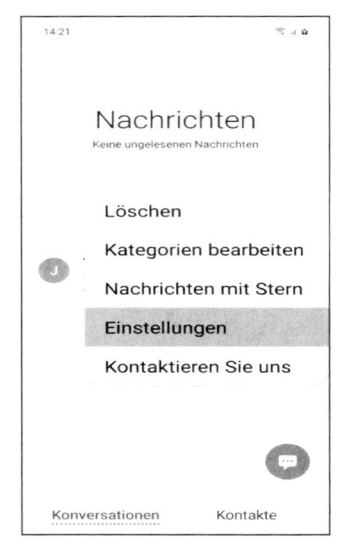

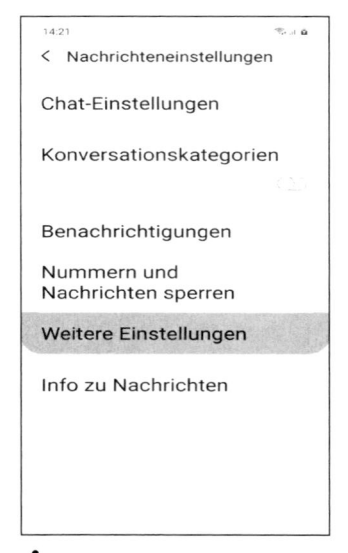

❶❷❸ Die Textvorlagen modifizieren Sie im Hauptmenü unter ⋮/*Einstellungen/Weitere Einstellungen*.

Nachrichten (SMS)

❶❷ Rufen Sie *Schnellantworten* auf. Hier geben Sie neue Textvorlagen ein beziehungsweise editieren die vorhandenen.

6.4 Entwürfe

❶ Manchmal ist es notwendig, eine Nachricht, die man erst später absenden möchte, als Entwurf zwischenzuspeichern. In diesem Fall geben Sie die Nachricht wie gewohnt ein, betätigen dann aber die ᐸ-Taste unterhalb des Displays (sofern das Tastenfeld eingeblendet ist, muss die ⌵- beziehungsweise ᐸ-Taste zweimal hintereinander betätigt werden).

❷ Die Nachrichtenanwendung wechselt nun in den Hauptbildschirm zurück. Die zuvor erstellte SMS wurde nicht gesendet und *Entwurf* (Pfeil) weist auf den Entwurfsstatus hin. Zum Versenden tippen Sie den Nachrichtenverlauf erneut an und betätigen dann *Senden*.

6.5 Empfangsbestätigung (Zustellbericht)

Nicht immer stellen die Netzbetreiber die SMS sofort zu. Wir haben beispielsweise schon erlebt, dass SMS erst einen Tag später ankamen, obwohl wir sie nicht zu »Stoßzeiten« wie beispielsweise Silvester versandt hatten. Deshalb bieten die Netzbetreiber eine kostenlose Empfangsbestätigung an, die auch als »Zustellbericht« bezeichnet wird. Zu beachten ist allerdings, dass damit noch nicht sicher ist, dass der Empfänger Ihre SMS auch liest!

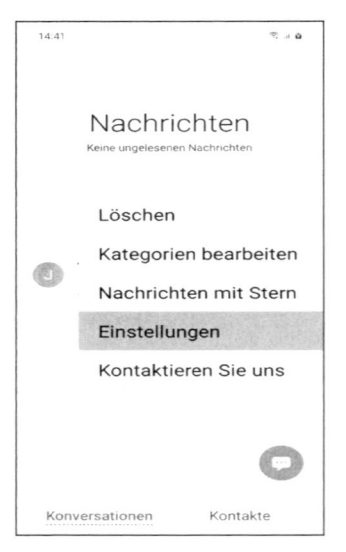

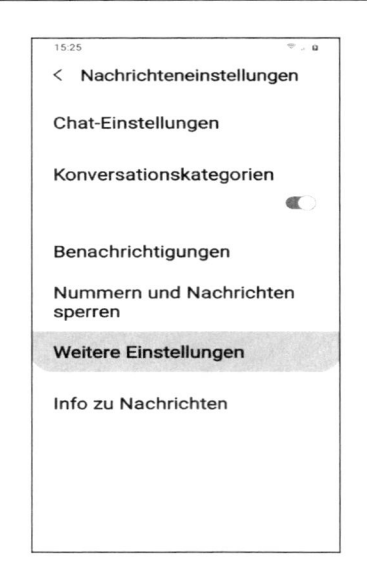

❶❷ So aktivieren Sie die Empfangsbestätigung: Rufen Sie im Hauptbildschirm der Nachrichten-Anwendung ⋮/*Einstellungen/Weitere Einstellungen/SMS* auf.

❸ Aktivieren Sie *Anzeigen, wenn empfangen* (Schalter muss blau sein).

Künftig erhalten Sie immer, wenn ein Empfänger Ihre SMS erhält, eine kurze akustische Rückmeldung und einen Hinweis in der Titelleiste.

❶ So lassen Sie sich den Zustellbericht einer SMS anzeigen: Tippen und halten Sie den Finger auf der gesendeten SMS im Nachrichtenverlauf.

❷❸ Im Popup gehen Sie nun auf *Details anzeigen*. Unter *Zustellbericht* informiert das Galaxy über den Zustellungszeitpunkt.

Nachrichten (SMS)

6.6 Alte Nachrichten löschen

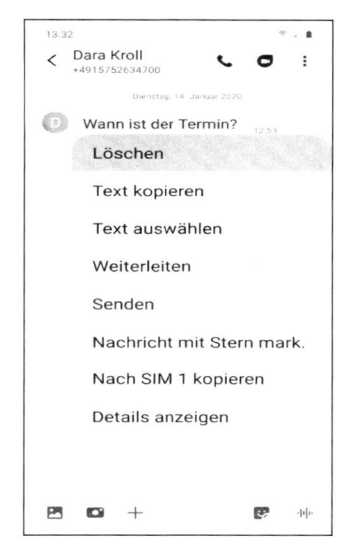

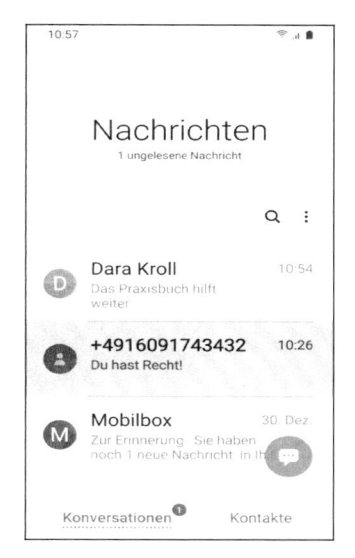

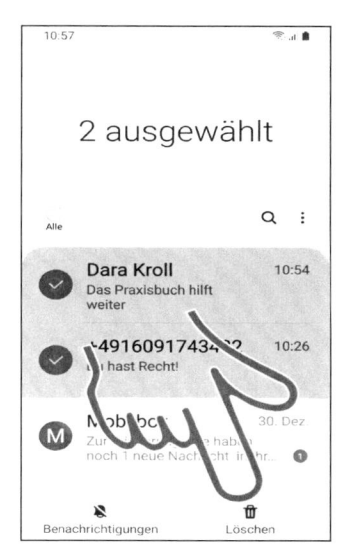

❶ Einzelne SMS löschen Sie, indem Sie den Finger darauf gedrückt halten, bis das Popup erscheint. Gehen Sie dann auf *Löschen*. Markieren Sie gegebenenfalls weitere Nachrichten, dann gehen Sie unten auf *Löschen*.

❷❸ Möchten Sie dagegen mehrere Nachrichtenverläufe auf einmal entfernen, so halten Sie den Finger auf einem Verlauf im Hauptmenü angedrückt. Der Verlauf ist nun markiert und Sie können weitere Verläufe markieren. Betätigen Sie dann *Löschen* (am unteren Bildschirmrand).

6.7 SMS empfangen

❶ Wenn Sie eine neue SMS erhalten haben, erscheint in der Titelleiste ein Symbol und bei *Nachrichten* sehen Sie die Nachrichtenanzahl.

❷ Sobald Sie eine Nachricht neu erhalten haben, weist Sie das Handy kurz mit einem Popup am oberen Bildschirmrand darauf hin.

❸ Alternativ erhalten Sie auch über das Benachrichtigungsfeld Infos zu den empfangenen Nachrichten. Das Benachrichtigungsfeld erscheint, wenn Sie den Finger auf die Titelleiste setzen und dann herunterziehen. Gehen Sie nun auf die Nachricht, was den zugehörigen Nachrichtenverlauf anzeigt.

❶❷ Sofern die Displaysperre aktiv ist, erscheint ein Hinweis auf dem Bildschirm. Tippen Sie zweimal schnell hintereinander auf den Eintrag.

6.7.1 Spam-Filter

Sofern Sie Ihre Handynummer an viele Kontakte weitergeben, wird früher oder später der Zeitpunkt kommen, ab dem Sie SMS von einigen Leuten erhalten, die nur nerven. Das Galaxy bietet dazu aber mit dem Spam-Filter Abhilfe. Der Begriff »Spam« ist übrigens von einem Sketch der Komikergruppe Monty Python abgeleitet, in dem während einer Restaurant-Szene das Gespräch zwischen Ober und Gast durch »Spam«-Zwischenrufe gestört wird.

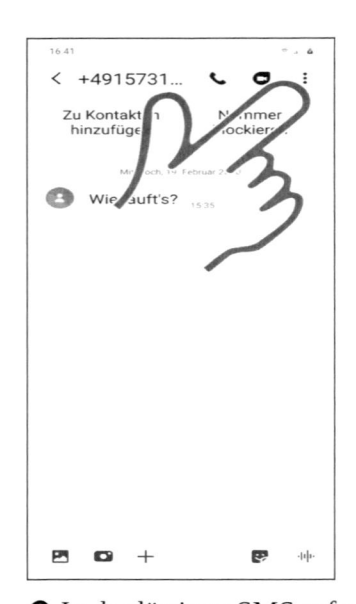

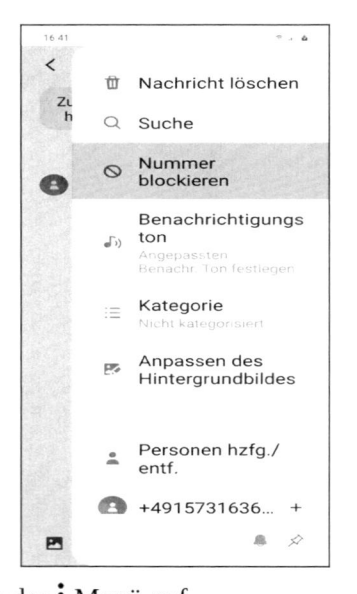

❶ In der lästigen SMS rufen Sie das ⁝-Menü auf.

❷❸ Betätigen Sie *Kontakt blockieren* beziehungsweise *Nummer blockieren* auf und schließen den Hinweis mit *OK*. Das Galaxy informiert Sie künftig nicht mehr über neu vorliegende SMS (und Anrufe) des Spam-Absenders und seine SMS werden nicht im SMS-Postfach angezeigt. Eine Rufnummer, die nicht mehr blockiert werden soll, lässt sich einfach wieder aus der Sperrliste herausnehmen, indem Sie ⁝/*Nummernblockierung aufheben* beziehungsweise *Kontaktblock. Aufheben* aufrufen.

Nachrichten (SMS) 101

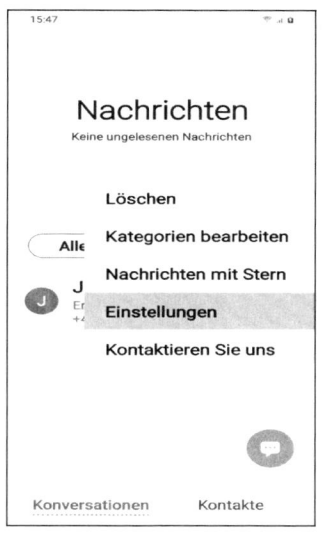

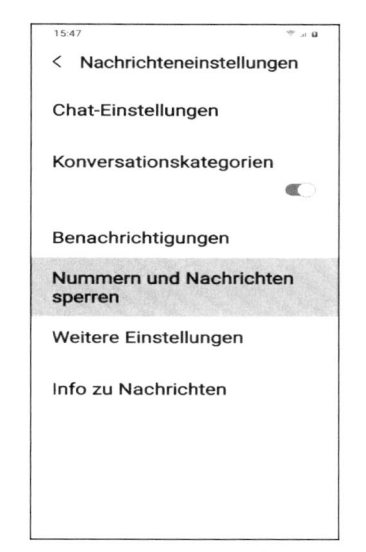

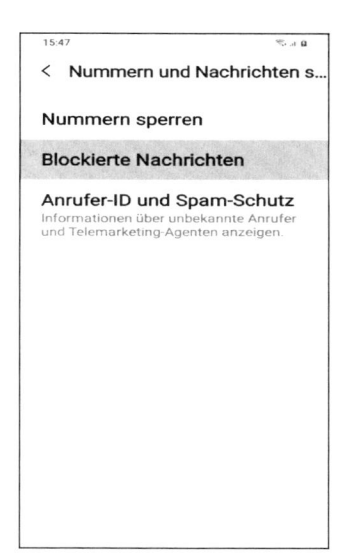

❶❷❸ Die Nachrichten der Spam-Absender zeigt ⋮*/Einstellungen/Nummern und Nachrichten sperren/Blockierte Nachrichten* aus dem Hauptmenü an.

6.8 Konfiguration

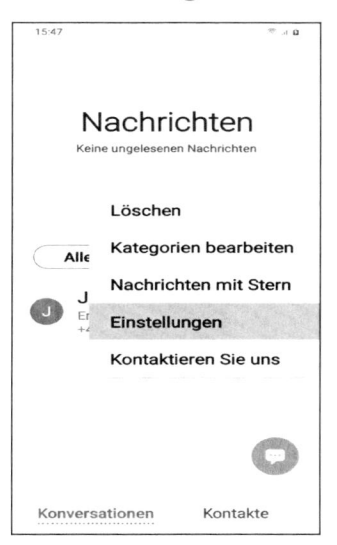

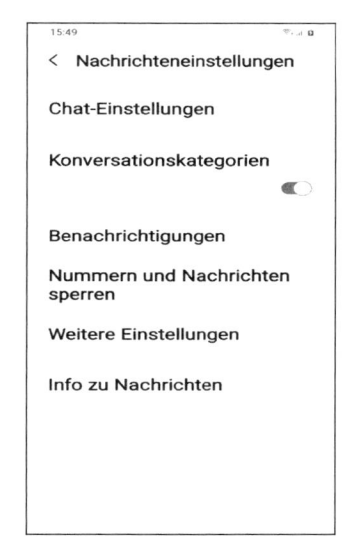

❶❷ Die SMS-bezogenen Optionen finden Sie unter ⋮*/Einstellungen*:

- *Chat-Einstellungen*: Diese betreffen die sogenannten Rich Communication Services (RCS), welche die SMS irgendwann mal ersetzen sollen. Je nach Mobilfunkvertrag sind damit allerdings von den gesendeten Nachrichten abhängige Kosten verbunden, weshalb wir darauf nicht weiter eingehen. Zudem stellt WhatsApp (siehe Kapitel *14 WhatsApp*) eine weiter verbreitete Alternative dar.

- *Konversationseinstellungen*: Sie können Ihre SMS verschiedenen Kategorien zuordnen, um sie später schneller wiederzufinden. In der Praxis macht das allerdings wenig Sinn.

- *Benachrichtigungen* (❸):
    - *Benachrichtungen anzeigen*: Benachrichtigungen ein/ausschalten.
    - *Notfallbenachrichtigungen*: Nicht von Samsung dokumentiert.
    - *Synchronisierung im Vordergrund*: Nicht von Samsung dokumentiert.
    - *Allgemeine Benachrichtigungen; Neue Nachrichten*: Wenn eine neue Nachricht vorliegt, zeigt das Galaxy ein Popup auf dem Bildschirm an und spielt einen Signalton ab.
    - *App-Symbolindikator*: Die Nachrichten-Verknüpfung im Startbildschirm und Hauptmenü informiert mit einer Zahl über die noch ungelesenen SMS.

- ○ *Einstellungen zu In-App-Benachr.*: In der Displaysperre eine Nachrichtenvorschau anzeigen.
- *Nummern und Nachrichten sperren*: Hiermit verwalten Sie den Spam-Filter für unerwünschte Nachrichten, worauf Kapitel *6.7.1 Spam-Filter* noch genauer eingeht.
- *Weitere Einstellungen*:
  - ○ *SMS:*
    - ▪ *Anzeigen, wenn empfangen*: Sie erhalten, wenn ein Empfänger Ihre SMS erhalten hat, eine Rückmeldung des Netzbetreibers. Zu beachten ist allerdings, dass damit noch nicht sicher ist, dass der Empfänger Ihre SMS auch liest. Bei anderen Handy-Modellen heißt der Zustellbericht manchmal auch »Übermittlungsbestätigung«. Siehe Kapitel *6.5 Empfangsbestätigung (Zustellbericht)*.
    - ▪ *Eingabemodus*: Legt die Zeichenkodierung fest. Sie haben dabei die Wahl zwischen *GSM-Alphabet*, *Unicode* und *Automatisch*. Wir empfehlen, die Voreinstellung *GSM-Alphabet* nicht zu ändern (der *Unicode*-Modus unterstützt zusätzliche ausländische Zeichensätze, wird aber von deutschsprachigen Anwendern nicht benötigt).
    - ▪ *Nachrichten auf SIM-Karte anzeigen*: Gibt Ihnen Zugriff auf alle SMS, die Sie manuell auf die SIM-Karte kopiert hatten.
    - ▪ *Nachrichtenzentrale*: Über die Nachrichtenzentrale erfolgt der Versand Ihrer Nachrichten. Normalerweise brauchen Sie diese Einstellung nicht zu bearbeiten, da sie automatisch beim ersten Einlegen einer SIM-Karte automatisch korrekt konfiguriert wird.
  - ○ *MMS*: Das MMS-Menü konfiguriert nur MMS, auf die dieses Buch nicht eingeht.
  - ○ *WAP-Push*: Betrifft nur MMS, auf die dieses Buch nicht eingeht.
  - ○ *Broadcast-Kanäle*: Cell Broadcast (CB) wird auch als »Videotext für Handys« bezeichnet. Dabei senden die Basisstationen (Sendemasten) diverse Infos, die von Nachrichten bis hin zur Position der Basisstation reichen. Weil der Cell Broadcast kostenlos ist, haben alle deutschen Anbieter ihren CB-Dienst wieder eingestellt. In diesem Buch wird deshalb nicht weiter darauf eingegangen. Um Nachrichten zu empfangen, müssen Sie den Kanal des Anbieters (jeder Netzbetreiber verwendet andere) eingeben.
  - ○ *Webvorschau anzeigen*: Lädt bei in SMS enthaltene Links die zugehörigen Webseiten.
  - ○ *Alte Nachrichten löschen*: Ältere SMS werden automatisch gelöscht, wenn die maximale Anzahl, standardmäßig 1000, erreicht ist.

6.9 MMS

Der Multimedia Messaging Service (MMS) sollte die Nachfolge der SMS antreten. Im Gegensatz zur SMS dürfen MMS nicht nur Zeichen, sondern auch Bilder, Melodien, Sprachmemos und andere Daten enthalten. In Deutschland spielt die MMS aus verschiedenen Gründen keine große Rolle: Zum einen ist die Handhabung der MMS auf vielen Handys relativ kompliziert und setzt einiges an Einarbeitung voraus, zum anderen stehen der weiteren Verbreitung die hohen Kosten von 39 Cent pro MMS im Wege. Hätten die Netzbetreiber schon bei der MMS-Einführung vor einigen Jahren eine faire und unkomplizierte Kostenstruktur eingeführt, würde die MMS heute wohl mehr genutzt werden. Die immer größere Verbreitung von Internetflatrates im Mobilfunk dürfte die MMS wohl für immer ins Mauerblümchendasein verbannen, denn mit E-Mails lassen sich Multimedia-Inhalte und Dateianhänge wesentlich einfacher versenden und empfangen. Aus den genannten Gründen gehen wir nicht weiter auf die MMS-Funktionen in der Nachrichten-Anwendung ein.

Nachrichten (SMS)

❶❷ **Wichtig:** Wie erwähnt, kosten MMS mit 39 Cent ein Vielfaches der SMS. Damit Sie nicht aus Versehen statt einer SMS eine MMS verschicken, sollten Sie **niemals** auf 🖼, 📷 oder ➕ gehen (einzige Ausnahme: ➕ für die Kurztexte, welche Kapitel *6.3.1 SMS-Vorlagen* beschreibt).

7. Telefonbuch

Das Telefonbuch speichert, wie der Name schon sagt, alle Kontakte und deren Rufnummern, E-Mail-Adressen und Adressen. Andere Anwendungen, beispielsweise die Nachrichten-Anwendung und die Telefonoberfläche, greifen auf diese Daten zurück.

Das Galaxy zeigt auch SIM-Kontakte (auf der SIM-Karte gespeicherte Rufnummern) im Telefonbuch an. Wir raten allerdings dazu, auf die Telefonkontakte (im Gerätespeicher abgelegte Kontakte) umzusteigen, denn diese bringen zahlreiche Vorteile mit sich. So dürfen Telefonkontakte im Gegensatz zu SIM-Kontakten viele Datenfelder (mehrere Rufnummern, Adresse, Kontaktfoto, Klingelton, usw.) enthalten und man kann ihnen ein Kontaktfoto zuweisen.

Vor der ersten Nutzung des Telefonbuchs sollten Sie das eigene Google-Konto auf dem Galaxy einrichten (siehe Kapitel *22 Das Google-Konto*). Ihre angelegten Kontakte werden dann nämlich im Google-Konto gesichert und lassen sich nach einem Zurücksetzen beziehungsweise Datenverlust jederzeit wieder herstellen.

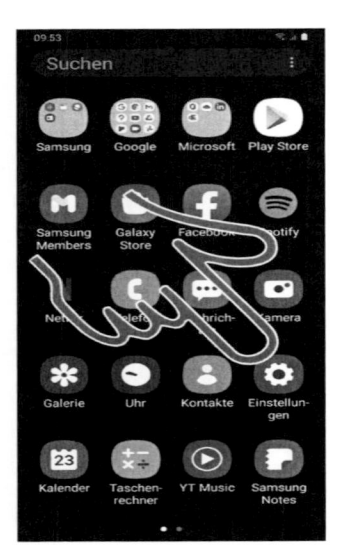

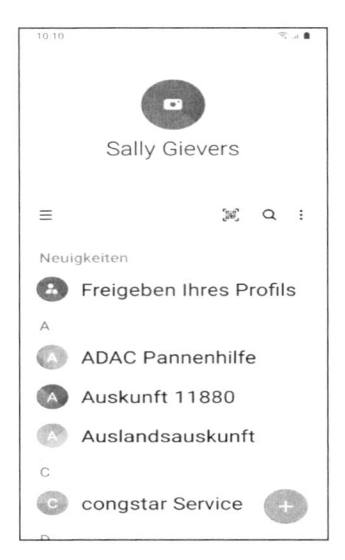

❶ So gelangen Sie ins Telefonbuch: Gehen Sie im Hauptmenü auf *Kontakte*.

❷❸ Alternativ aktivieren Sie in der Telefonoberfläche das *Kontakte*-Register (Pfeil). Bitte beachten Sie, dass hier nicht alle Funktionen des Telefonbuchs vorhanden sind.

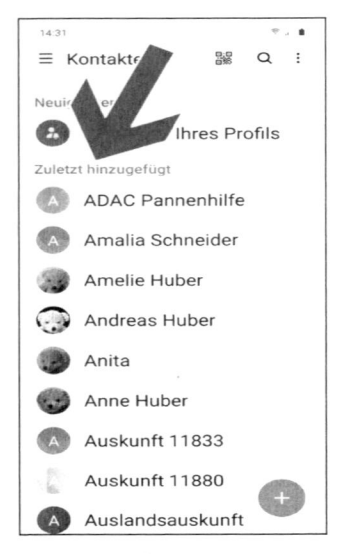

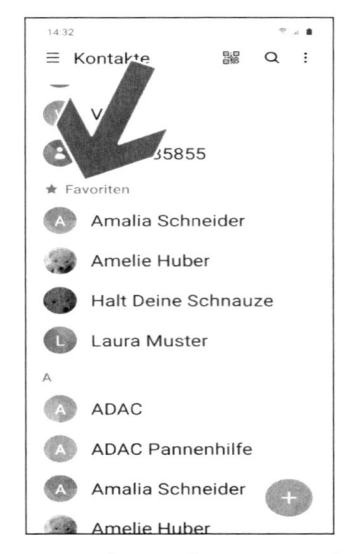

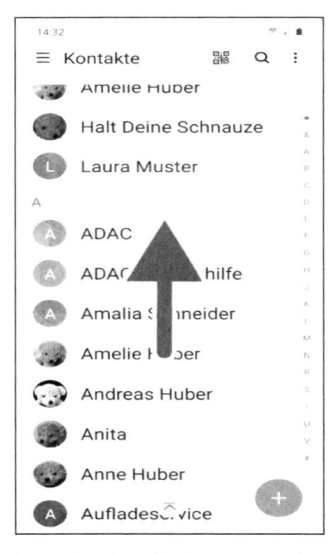

Die Kontaktanzeige ist etwas verwirrend. Wischen Sie einfach mehrmals durch die Kontaktauflistung, worauf Sie feststellen werden, dass viele Kontakte doppelt vorkommen:

- *Zuletzt hinzugefügt* (❶): Listet die zuletzt von Ihnen erstellten Kontakte auf.
- Unter *Favoriten* sind von Ihnen als wichtig eingestufte Kontakte zu finden, worauf Kapitel *7.7 Favoriten* noch eingeht (❷). Auf einem neu in Betrieb genommenen Handy

Telefonbuch 105

sind natürlich noch keine Favoriten vorhanden.
- Die eigentliche Kontaktliste, die Sie nach ein- oder mehrmaligen Wischen zu Gesicht bekommen, ist alphabetisch sortiert (❸).

Bei Kontakten, denen ein Foto zugewiesen wurde (siehe *7.5 Kontaktfoto und Klingelton*), erscheint dieses auch in der Auflistung statt des Platzhalters.

7.1 Kontakterfassung

Im Folgenden wird beschrieben, wie Sie Rufnummern im Telefonbuch speichern.

7.1.1 Kontakt im Telefonbuch eingeben

❶ Neue Kontakte werden über **+** (Pfeil) angelegt.

❷ Beim ersten Mal werden Sie gefragt, in welchem Speicher Ihre Kontakte landen sollen. Wir empfehlen auf jeden Fall dann Ihr Google-Konto (*Google*) einzustellen. Betätigen Sie *Als Standard festlegen*.

Die Option *Telefon* belässt alle Kontakte auf dem Handy. Geht dieses verloren, sind auch Ihre Kontakte weg! Die Option *SIM* hat den Nachteil, dass Sie darin nur eine Rufnummer und eine E-Mail-Adresse speichern können. Auch hier erfolgt keinerlei Datensicherung. Beim *Samsung-Konto* (nur angezeigt, wenn Sie beim Samsung-Konto angemeldet sind, siehe Kapitel *23 Das Samsung-Konto*) erfolgt die Datensicherung auf Samsung-Servern im Internet. Bei der *Google*-Einstellung haben Sie dagegen den Vorteil, dass nicht nur eine Datensicherung im Internet erfolgt, sondern Ihnen die Kontaktdaten auf jedem Android-Gerät zur Verfügung stehen, auf dem Sie sich mit Ihrem Google-Konto anmelden.

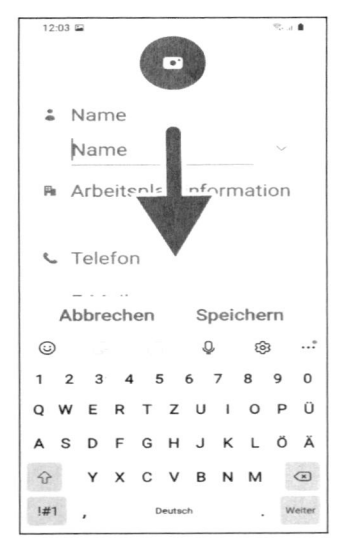

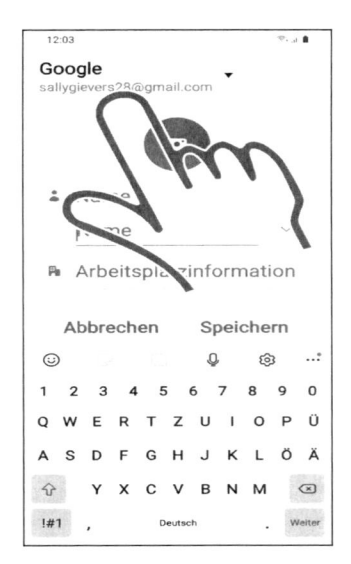

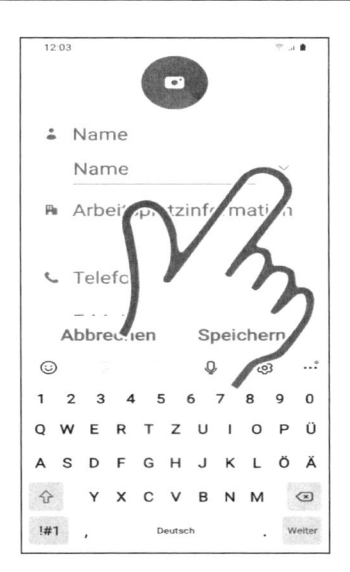

❶❷ Achten Sie darauf, dass als Speicherort Ihr Google-Konto (*IhrName@gmail.com*) eingestellt ist. Gegebenenfalls müssen Sie Ihr Konto erst festlegen. Wischen Sie dazu einmal auf dem Bildschirm nach unten.

❸ Füllen Sie nun die Eingabefelder aus. Sofern Sie mehrteilige Namen erfassen müssen (»Jasmina Maria Müller« oder »Max Graf von Strach und Witz«), tippen Sie die ⌄-Schaltleiste (Pfeil) an. Sie können nun den mehrteiligen Namen eingeben.

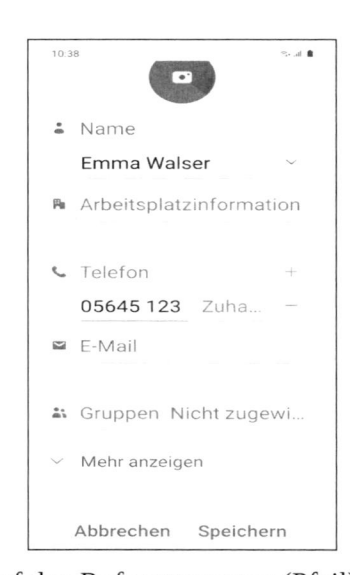

❶ Nachdem Sie eine Rufnummer eingegeben haben, tippen Sie auf den Rufnummerntyp (Pfeil).

❷ Stellen Sie die Art der Rufnummer ein, zum Beispiel *Privat*.

❸ Um das automatisch aufklappende Tastenfeld wieder zu schließen, betätigen Sie die ‹-Schaltleiste. Betätigen Sie *Speichern*, was den Kontakt ins Telefonbuch übernimmt.

7.1.2 Weitere Eingabefelder

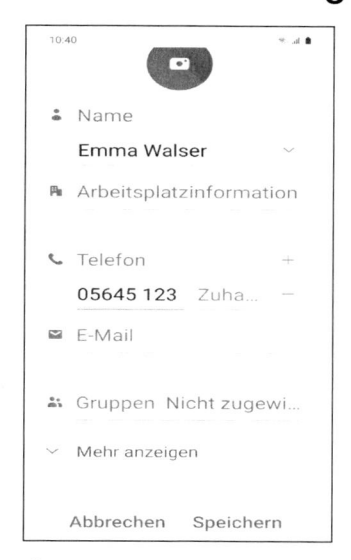

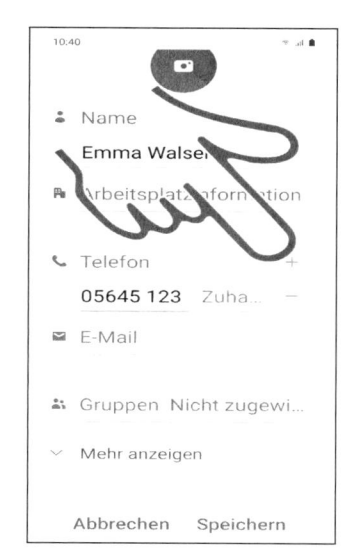

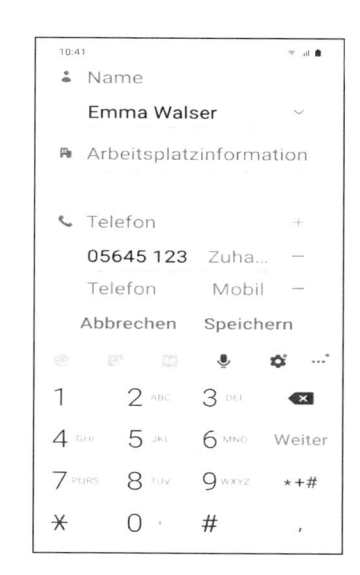

❶ Weitere Felder:

- *Arbeitsplatzinformation*: Beruf und Firma.
- *E-Mail:* E-Mail-Adresse des Kontakts.
- *Gruppen*: Weist den Kontakt einer Gruppe zu.

❷❸ Das Telefonbuch unterstützt mehrere Eingabefelder. Die **+**-Schaltleiste (Pfeil) blendet ein neues Eingabefeld ein. Die Minus-Schaltleiste entfernt dagegen ein Feld wieder.

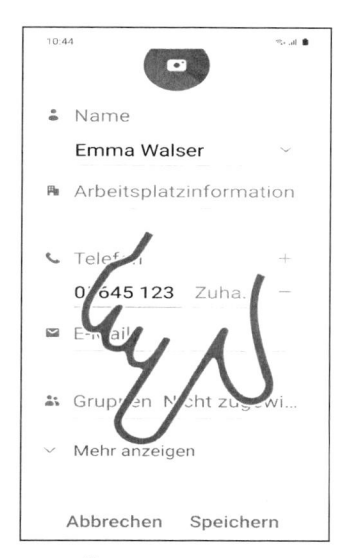

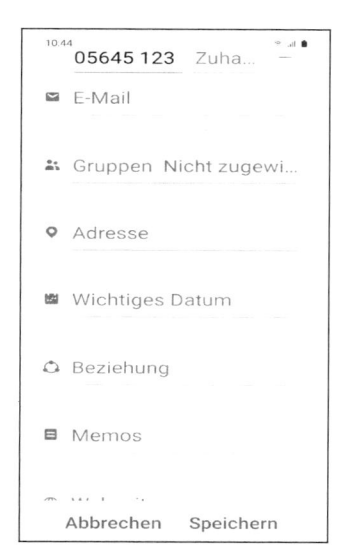

❶❷ Über *Mehr anzeigen* (Pfeil) erstellen Sie weitere Eingabefelder, beispielsweise mit der Kontaktadresse.

7.1.3 Kontakt aus Telefonoberfläche übernehmen

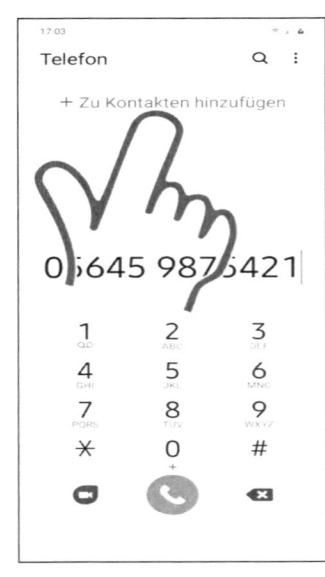

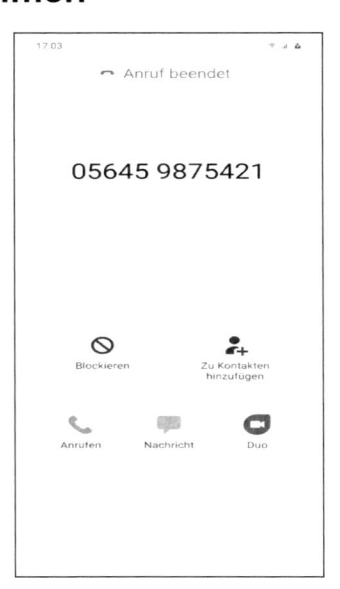

❶❷ Sie können in der Telefonoberfläche eine von Ihnen eingegebene Rufnummer über die *Zu Kontakten hinzufügen*-Schaltleiste (Pfeil) ins Telefonbuch übernehmen. Danach wählen Sie aus, ob ein neuer Kontakt erstellt oder die Nummer einem bestehenden Kontakt zugewiesen wird.

❸ Wenn Sie ein Telefonat mit jemandem geführt haben, der sich noch nicht in Ihrem Telefonbuch befindet, können Sie mit *Zu Kontakten hinzufügen* ebenfalls die Rufnummer speichern.

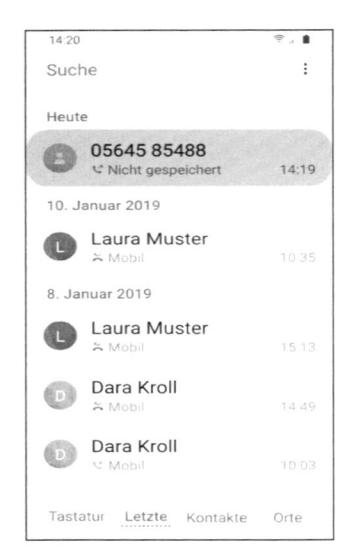

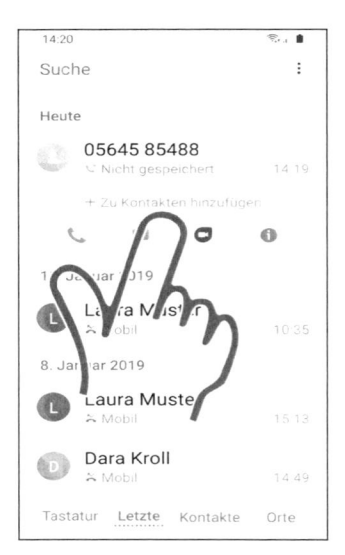

❶ Über die Anrufliste (siehe Kapitel *5.5 Anrufliste (Protokoll)*) der Telefonoberfläche ist es ebenfalls möglich, Rufnummern in die Kontaktverwaltung zu übernehmen. Tippen Sie dafür den Rufnummerneintrag an.

❷ Betätigen Sie *Zu Kontakten hinzufügen*.

7.2 Kontakt bearbeiten

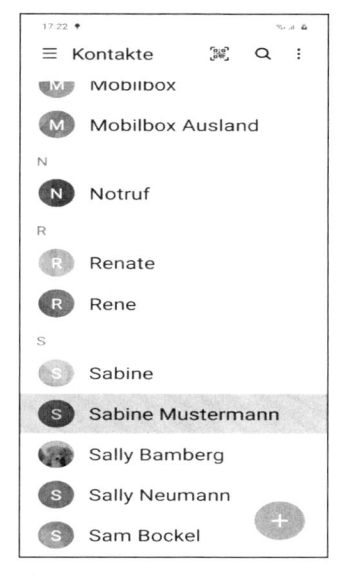

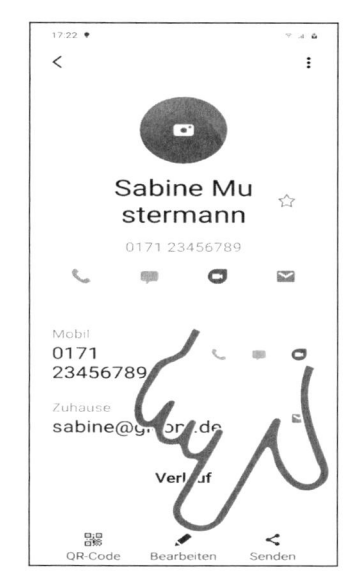

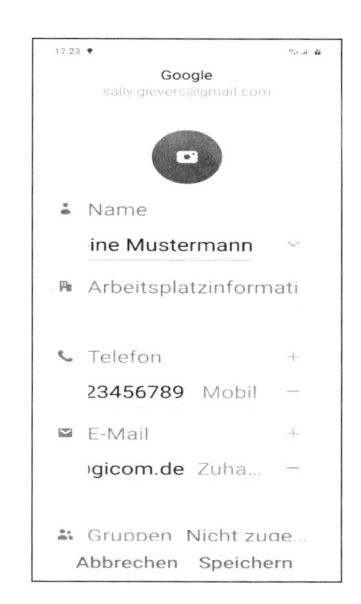

❶ Tippen Sie den Kontakteintrag an.

❷❸ Bearbeiten Sie den Kontakt mit *Bearbeiten*. Alternativ entfernen Sie ihn über ⋮/*Löschen*.

7.3 Listen- und Detailanzeige

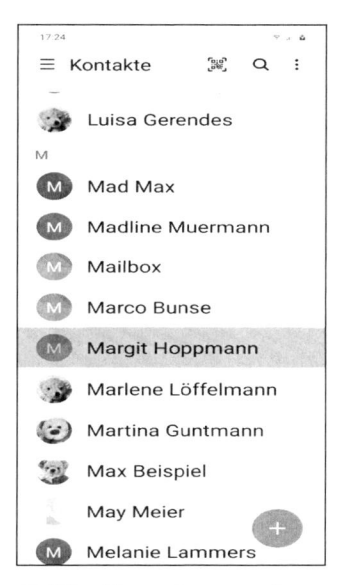

❶ Die Kontakte werden standardmäßig in einer alphabetisch sortierten Liste, nach Namen sortiert, angezeigt. Tippen Sie kurz auf einen Kontakteintrag.

❷ Es erscheinen nun die Kontaktdetails.

❶ *Verlauf* listet alle Anrufe und SMS des Kontakts auf.

❷ Sie müssen nun zweimal im Popup *Zulassen* betätigen.

❸ Antippen eines Anrufeintrags beschränkt die Auflistung auf die Telefonate des jeweiligens Tags. Tippen Sie auf eine SMS, wenn Sie den zugehörigen Nachrichtenverlauf anzeigen möchten.

7.4 SIM-Kontakte

Das Telefonbuch blendet die Telefonnummern auf der SIM-Karte (»SIM-Kontakte«) ein. Beachten Sie, dass Sie bei den SIM-Kontakten auf Komfortfunktionen darunter die Option, ein Kontaktfoto zuzuweisen, verzichten müssen.

Früher sprach für die SIM-Kontakte, dass man die SIM-Karte einfach aus dem Handy nahm, in ein anderes Handy einsteckte und dann sofort wieder die SIM-Kontakte im Telefonbuch hatte. Dies hat sich inzwischen geändert, denn die modernen Micro-SIM-Karten sind nicht für häufigen Handywechsel ausgelegt.

Android-Handys wie das Galaxy speichern die Telefonbuchkontakte im Google-Konto auf einem Internetserver ab; die Kontakte werden dann automatisch auf ein anderes Android-Handy übernommen, sobald man sich dort mit dem gleichen Google-Konto anmeldet (siehe dazu auch Kapitel *22 Das Google-Konto*).

Die meisten SIM-Karten enthalten vordefinierte SIM-Kontakte, beispielsweise mit Rufnummern von Auskunftsdiensten, ADAC-Pannenhilfe, Hotelvermittler oder diverse Service-Hotlines. Weil die Nutzung der SIM-Kontakte auf einem modernen Handy keinen Sinn macht, zeigen wir in diesem Kapitel nur, wie Sie die bereits vom Mobilnetzbetreiber vordefinierten SIM-Kontakte anzeigen und nutzen.

❶❷ Sie finden die SIM-Nummern in der Kontaktverwaltung und Telefonoberfläche zwischen den »normalen« Telefonkontakten. Im Beispiel handelt es sich um »*Aufladeservice*«.

❸ Erst beim Bearbeiten erkennt man, dass es sich um einen SIM-Kontakt handelt, denn es gibt meistens nur ein Eingabefeld für die Rufnummer.

7.5 Kontaktfoto und Klingelton

Jedem Kontakt können Sie ein Kontaktfoto und einen Klingelton zuordnen, welche bei eingehenden Anrufen angezeigt beziehungsweise abgespielt werden. Dank des für jeden Kontakt unterschiedlich festgelegten Klingeltons wissen Sie sofort, wer anruft, ohne das Handy aus der Tasche zu nehmen.

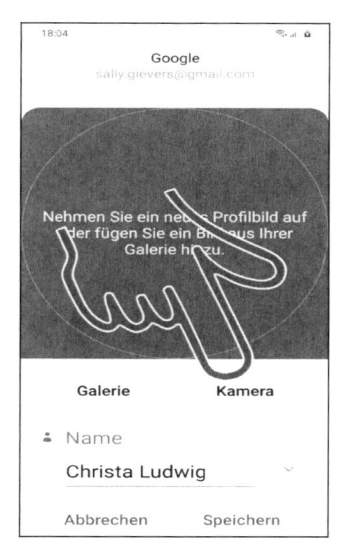

❶ Um ein Kontaktfoto zuzuweisen, tippen Sie im Bearbeitungsbildschirm auf 📷 (Pfeil).

❷ Gehen Sie auf *Kamera* (mit *Galerie* übernehmen Sie dagegen ein bereits mit der Kamera erstelltes Foto aus dem Gerätespeicher).

❸ Schließen Sie den einmaligen Hinweis mit *Zulassen*.

❶ Erstellen Sie mit der großen weißen Schaltleiste eine Aufnahme.

❷ Betätigen Sie *OK*.

❸ Verschieben Sie den Rahmen mit angedrücktem Finger. Zum Verkleinern des Bildausschnitts ziehen Sie die Ecken mit angedrücktem Finger. Schließen Sie den Vorgang mit *Fertig* und dann *Speichern* ab.

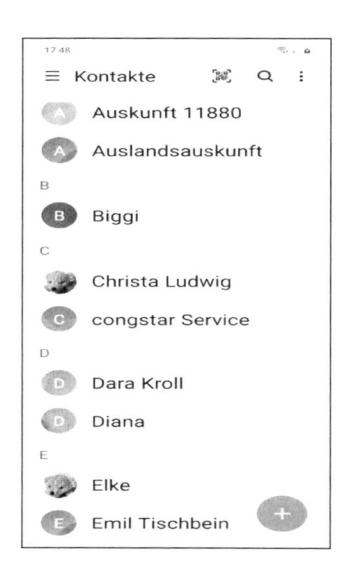

❶❷ In den Kontaktdetails und der Kontaktauflistung erscheint das Kontaktfoto.

Sie können ein Kontaktfoto auch mit der Galerie-Anwendung erstellen. Siehe Kapitel *17.3.1 Einzelnes Bild bearbeiten*.

Telefonbuch

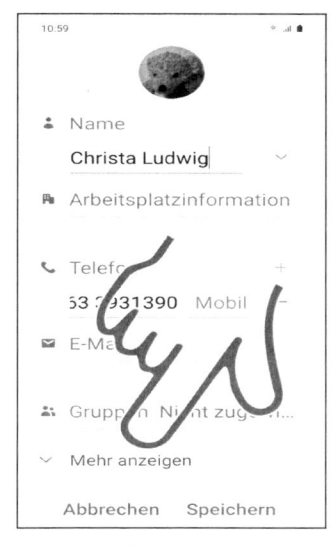

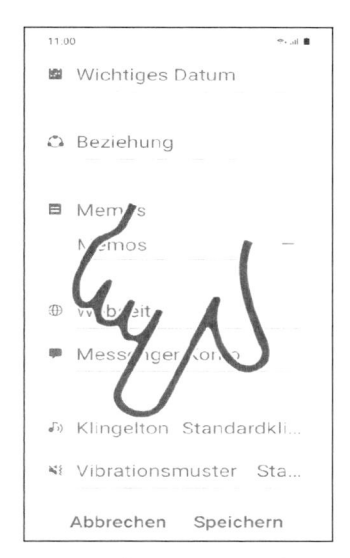

❶ Das *Klingelton*-Feld müssen Sie erst aktivieren. Gehen Sie dafür im Bearbeitungsmodus auf *Mehr anzeigen*.

❷ Betätigen Sie *Klingelton* und stellen Sie eine Melodie ein. Vergessen Sie nicht, den Vorgang mit *Speichern* abzuschließen. Über *Nachrichtenton* können Sie auch für empfangene SMS des Kontakts ein Signal festlegen.

❸ Geht ein Anruf ein, wird das Kontaktfoto angezeigt und der zugehörige Klingelton abgespielt.

> Wie Sie eigene Audiodateien als Klingeltöne auf dem Galaxy einrichten, erfahren Sie im Kapitel *4.12.1 Signaltöne*.
>
> Der kontaktabhängige Klingelton funktioniert natürlich nur, wenn der Anrufer seine Rufnummer nicht unterdrückt.

7.6 Suchen

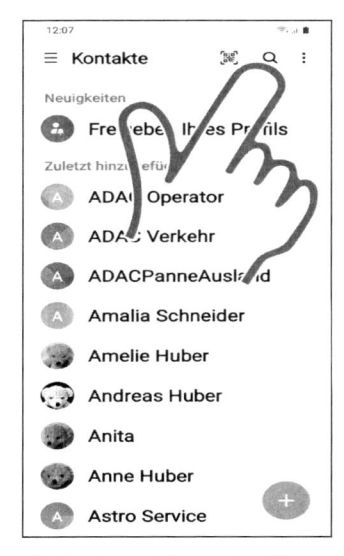

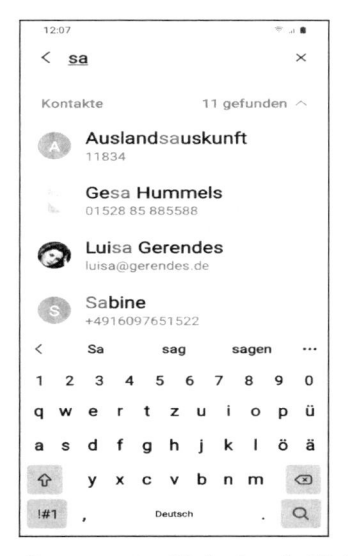

❶ Es ist nicht unbedingt notwendig, umständlich durch Halten und Ziehen des Fingers in der Kontaktauflistung zu blättern. Tippen Sie oben auf ⌕.

❷ Geben Sie den aufzufindenden Namen ein. Zu den eingegebenen Buchstaben, beziehungsweise Namen, zeigt das Handy die passenden Kontakte an. Dabei werden Nach- und Vorname der Kontakte durchsucht. Tippen Sie eine der Fundstellen an, um dessen Details anzuzeigen. Die Suche beenden Sie mit der ✕-Schaltleiste neben dem Suchfeld.

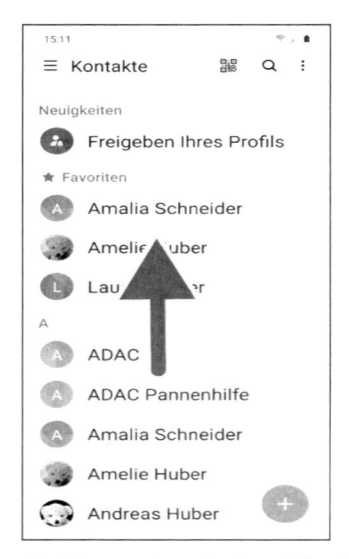

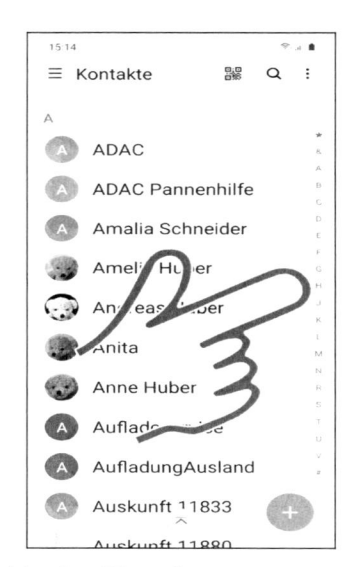

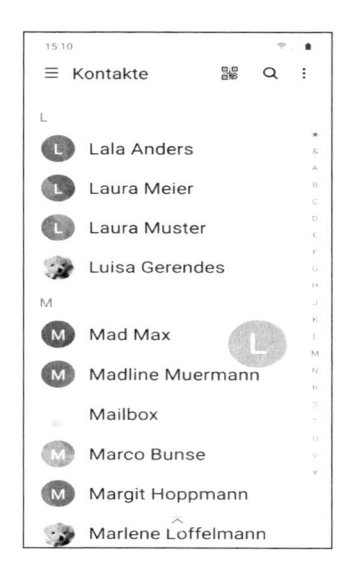

❶ Alternativ wischen Sie einmal in den Kontakten.

❷❸ Auf der rechten Seite erscheint eine Buchstabenleiste. Halten Sie dort den Finger angedrückt und ziehen Sie nun nach oben oder unten. In der Bildschirmmitte zeigt das Telefonbuch währenddessen den Anfangsbuchstaben an, zu dem Sie nach Loslassen des Fingers springen. Alternativ tippen Sie direkt einen Buchstaben an, zu dem Sie springen möchten.

7.7 Favoriten

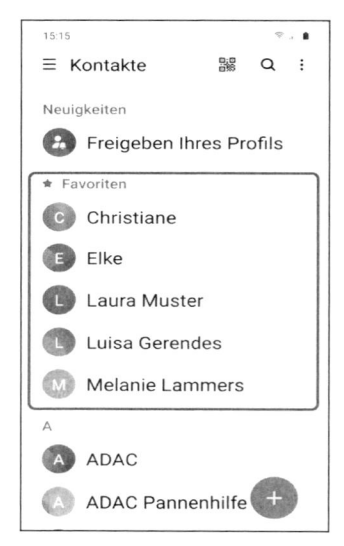

❶ Kontakte, mit denen Sie häufiger zu tun haben, sollten Sie als Favoriten markieren. Dazu aktivieren Sie in den Kontaktdetails jeweils den Stern. Erneutes Antippen des Sterns deaktiviert den Favoritenstatus wieder.

❷ Das Telefonbuch zeigt die Favoriten ganz oben in der Kontaktauflistung an.

7.8 Kontakte im Startbildschirm

Im Startbildschirm lassen sich Verknüpfungen auf Kontakte anlegen, um den Zugriff zu erleichtern. Zum Einsatz kommen dabei sogenannte Widgets (weitere Infos zu den Widgets finden Sie im Kapitel *4.7.2 Widgets*).

7.8.1 Direktwahl

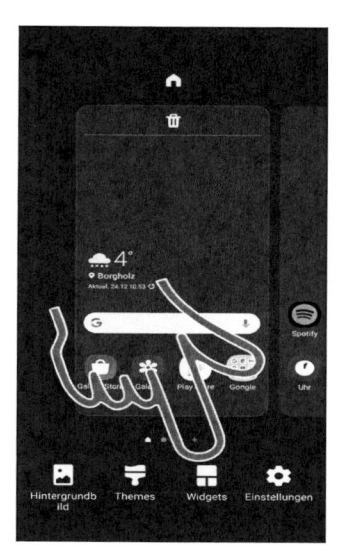

❶ Wechseln Sie zuerst mit mehreren Wischgesten nach links oder rechts in eine freie Seite des Startbildschirms (löschen Sie gegebenenfalls, wie im Kapitel *4.7.1 Schnellzugriffe anlegen und verwalten* beschrieben, nicht benötigte Widgets auf einer Startbildschirmseite). Führen Sie dann eine Kneifgeste durch und rufen Sie *Widgets* auf.

❷ Aktivieren Sie das *Widgets*-Register.

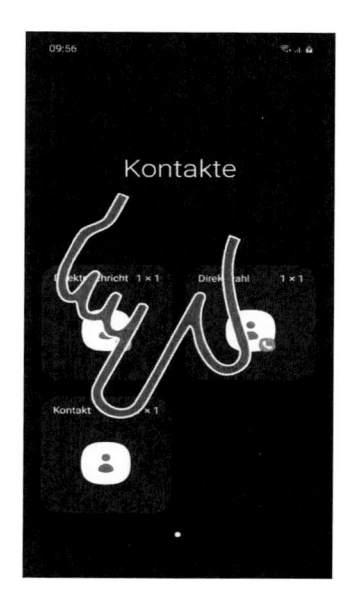

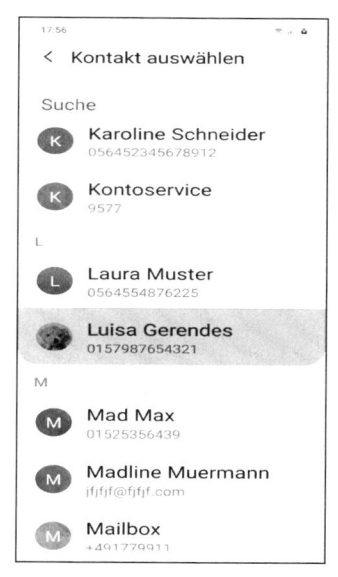

❶ Blättern Sie mit einer Wischgeste nach rechts/links durch die Widgets. Tippen Sie dann auf *Kontakte*.

❷ Zur Auswahl stehen drei Widgets:
- *Direktnachricht*: Neue SMS an den Kontakt erstellen.
- *Direktwahl*: Das Handy wählt die Kontaktrufnummer an.
- *Kontakt*: Anzeige der Kontaktdetails.

In unserem Beispiel tippen und halten wir den Finger auf *Kontakt*. Platzieren Sie das Widget in den gewünschten Bildschirmbereich und lassen Sie den Finger los.

❸ Sie müssen nun den Kontakt auswählen.

❶❷ Antippen des Kontakts im Startbildschirm öffnet die Kontaktdetails.

7.9 QR-Code

Die QR-Codes sind zweidimensionale Barcodes, die von vielen Handys ohne zusätzliche Software über die Kamera eingelesen und weiterverarbeitet werden können. Das Samsung Galaxy bietet die Möglichkeit, Kontaktdaten aus einem QR-Code einzulesen und umgekehrt Kontaktdaten als QR-Code darzustellen.

QR-Codes müssen nicht unbedingt gedruckt auf Papier vorliegen, sondern lassen sich auch direkt von einem Bildschirm einlesen.

❶❷ In unserem Beispiel möchten wir einen QR-Code von einem Kontakt erzeugen. Dazu gehen wir in die Kontaktdetails und betätigen *QR-Code*. Eine andere Person muss nun sein QR-Code-Leseprogramm auf seinem Handy aktivieren und hält dann dessen Kamera auf den angezeigten QR-Code. Bei einem iPhone erkennt die Kamera-Anwendung automatisch QR-Codes und bietet den Import ins Telefonbuch an.

Telefonbuch

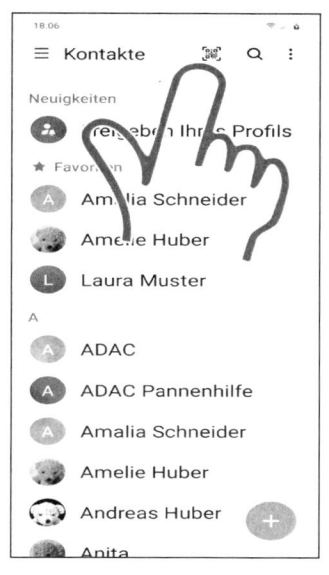

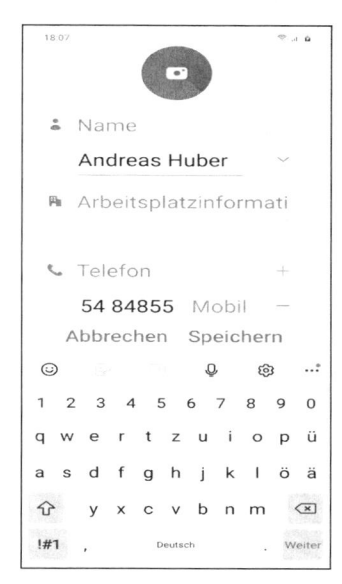

❶❷❸ Das Einlesen eines QR-Codes erfolgt über 🔲 in der Kontaktauflistung (Pfeil).

7.10 Einstellungen

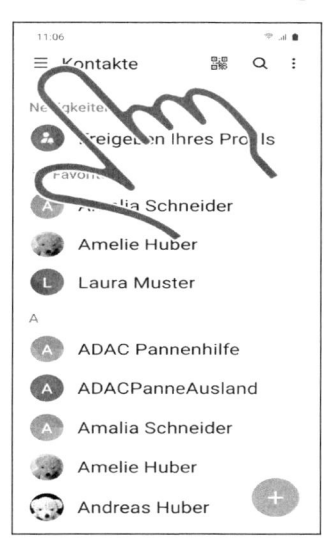

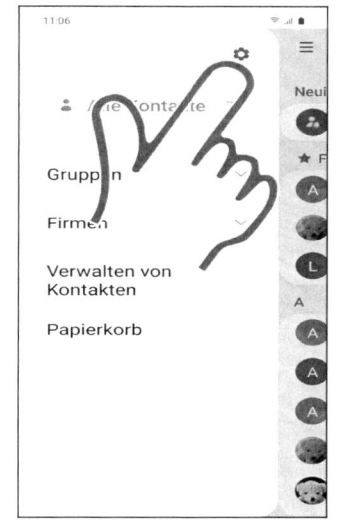

❶❷ Öffnen Sie das Ausklappmenü und gehen Sie auf ⚙.

❸ Die verfügbaren Optionen:

- *Profilfreigabe*: Über die *Profilfreigabe* können Sie Ihre persönlichen Daten den Kontakten in Ihrem Telefonbuch zugänglich machen. Weil dies nur mit Samsung-Handys funktioniert, gehen wir in diesem Buch nicht darauf ein.

- *Papierkorb*: Wenn Sie einen Kontakt löschen, werden Sie gefragt, ob er endgültig gelöscht oder in den Papierkorb abgelegt werden soll. Letzteres hat den Vorteil, dass Sie einen gelöschten Kontakt später »retten« können. In der Praxis nicht benötigt.

Unter *Kontaktliste*:

- *Sortieren nach*: Sortierung der Kontaktliste nach *Vorname* oder *Nachname*.

- *Namensformat*: Namen nach Vorname, Nachname oder umgekehrt auflisten.

- *Häufig kontaktiert anzeigen*: Diese Option listet alle Kontakte, die Sie mehrmals angerufen haben als erstes in der Kontaktliste auf.

Unter *Weitere Einstellungen*:

- *Mehrere Kontakte teilen*: Eine inzwischen nicht mehr relevante Funktion.

- *Personalisierter Dienst*: Der personalisierte Dienst setzt Ihre Anmeldung bei Samsung (siehe Kapitel *23 Das Samsung-Konto*) voraus. Nicht von Samsung dokumentiert.

8. Internet einrichten und nutzen

Ihr Galaxy ist ein wahres Kommunikationsgenie. Sie können damit im Internet surfen, E-Mails und SMS verarbeiten. Um die Konfiguration des Internetzugangs brauchen Sie sich in der Regel nicht zu kümmern, da dies vom Galaxy automatisch erledigt wird.

> Sie brauchen dieses Kapitel nicht durchzuarbeiten, um Internet über Ihren Mobilnetzbetreiber zu nutzen. Lesen Sie aber mindestens Kapitel *8.2 Umschaltung WLAN und Mobilfunk-Internet* durch, wo erklärt wird, wie Sie zwischen WLAN- und Mobilfunk-Internet umschalten.

8.1 Internetzugang einrichten

Alle Mobilfunknetzbetreiber haben heutzutage jeweils einen eigenen Internetzugang im Programm, der sich ohne Grundgebühr und vorherige Anmeldung nutzen lässt.

8.1.1 Tipps zum Internetzugang

Zwar können Sie bei allen Mobilfunkanbietern nach dem Einlegen der SIM-Karte sofort das Internet nutzen, empfehlenswerter ist es aber, sich nach einem geeigneten Mobilfunktarif mit Internetzugang umzusehen.

8.1.1.a Kostenfalle Standardvertrag

In den Standardverträgen wird der Internetzugang zeit- oder datenmengenabhängig abgerechnet, was selbst bei unregelmäßiger Nutzung schnell teuer wird. Besser dran ist man mit Internetpaketen, die nur wenige Euro pro Monat kosten und häufig 512 Megabyte bis 1 Gigabyte Transfervolumen (»Traffic«) beinhalten. Überschreitet man das inkludierte Transfervolumen, so wird die Übertragungsgeschwindigkeit meist gedrosselt. Sie sollten auf jeden Fall die Vertragskonditionen Ihres Netzbetreibers genau studieren, um nicht in die Kostenfalle zu tappen.

8.1.1.b Die Alternative: WLAN

Heutzutage gibt es an vielen Orten beispielsweise Flughäfen, Hotels oder Bars, WLAN-Hotspots, über die Sie kostenlos online gehen können. Auch in Innenstädten findet man häufig »offene« WLANs, die kostenlos nutzbar sind, weil einige DSL-Kunden ihr WLAN absichtlich oder unabsichtlich unverschlüsselt zur Verfügung stellen. Im Kapitel *8.2 Umschaltung WLAN und Mobilfunk-Internet* erläutern wir Ihnen daher, wie Sie das Internet zwischen Mobilfunkverbindung und WLAN umschalten.

8.1.1.c Teuer! Teuer! Teuer!

WICHTIG: Das Galaxy ist wegen seiner Kommunikationsfunktionen auf eine dauerhafte Internetverbindung über das Mobilfunkinternet angewiesen. Sofern Sie ihr Gerät im Handy-Shop erworben haben, wird Sie der Verkäufer mit Sicherheit darauf aufmerksam gemacht haben, dass ein Vertrag mit Internet-Flatrate notwendig ist. Nehmen Sie deshalb das Galaxy am besten nicht in Betrieb, wenn Sie noch keine Internetflatrate bei Ihrem Mobilnetzbetreiber haben.

Zwar ist es möglich, die Option »*Mobile Daten*« zu deaktivieren (siehe Kapitel *8.2.2 Mobilfunk-Internet aktivieren/deaktivieren*), damit kein Mobilfunk-Internet genutzt wird, damit geht aber ein großer Teil des Charms vom Galaxy verloren.

8.1.2 Automatische Einrichtung

Sobald Sie das Handy nach dem Einlegen einer neuen SIM-Karte einschalten, werden alle Mobilnetz-abhängigen Einstellungen, darunter Mailbox, SMS-Konfiguration und mobiles Internet automatisch konfiguriert.

Internet einrichten und nutzen 119

8.2 Umschaltung WLAN und Mobilfunk-Internet

Sie können einstellen, dass alle Internetverbindungen über WLAN oder eine Mobilfunkverbindung ablaufen. Beachten Sie aber, dass Sie unterwegs nur bei einer Mobilfunkverbindung immer das Internet nutzen können, da WLAN nur an bestimmten Orten, beispielsweise in Hotels, Bars, Flughäfen, usw. zur Verfügung steht. Meist finden Sie an den mit WLAN ausgestatteten Orten auch entsprechende Hinweisschilder.

8.2.1 WLAN aktivieren/deaktivieren

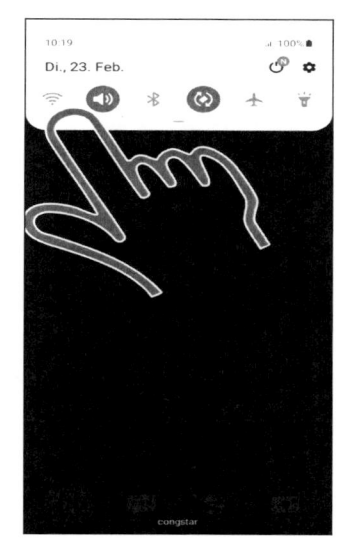

❶ Nach Aktivierung des Benachrichtigungsfelds betätigen Sie 📶 (Pfeil).

❷❸ Wählen Sie einen der gefundenen WLAN-Zugangspunkte aus. Sofern dieser verschlüsselt ist, fragt Sie das Galaxy nach dem Passwort, das Sie eventuell vom WLAN-Betreiber erfragen müssen. Betätigen Sie dann *Verbinden*.

Sofern Sie zuhause ein verschlüsseltes WLAN nutzen (was zu empfehlen ist!), haben Sie vielleicht das benötigte Passwort nicht parat. Rufen Sie in dem Fall auf einem PC oder Notebook, das mit dem WLAN verbunden ist, die Weboberfläche des WLAN-Routers auf und lassen Sie sich dort das Passwort anzeigen. Bei einer Fritz-Box müssten Sie beispielsweise *fritz.box* als Webadresse aufrufen und dann auf *WLAN/Sicherheit* gehen.

Weitere Hinweise zur WLAN-Nutzung finden Sie im Kapitel *9 WLAN*.

Wenn Sie WLAN am Galaxy deaktivieren und dann nochmals eine Verbindung zu einem verschlüsselten WLAN aufbauen, wird das benötigte Passwort nicht erneut abgefragt.

8.2.2 Mobilfunk-Internet aktivieren/deaktivieren

Haben Sie keinen Mobilfunkvertrag mit Datenflatrate, dann sollten Sie das Mobilfunk-Internet am Galaxy ausschalten.

❶ Die Aktivität des Mobilfunk-Internets steuern Sie über das Benachrichtigungsfeld. Führen Sie zuerst eine Wischgeste über den Schaltleisten nach unten durch.

❷ Deaktivieren Sie ↓↑, um das Mobilfunk-Internet abzuschalten (auf dem gleichen Wege lässt sich Mobilfunk-Internet auch wieder aktivieren).

8.3 Empfangsstärke Mobilfunk und WLAN

Für eine gute und unterbrechungsfreie Datenübertragung über WLAN oder Mobilfunknetz ist eine hohe Signalstärke jeweils Voraussetzung.

Die Mobilfunknetzsignalstärke erkennen Sie ▰ in der Titelleiste (Pfeil). Wenn ein oder mehrere der Balken fehlen, besteht kein optimaler Empfang, das heißt, Sie befinden sich zu weit vom Mobilfunkmast entfernt. Die Balkenangaben sind naturgemäß recht ungenau, was aber meistens keinen Beinbruch darstellt.

9. WLAN

Schon seit einigen Jahrzehnten bieten verschiedene Hersteller Produkte zur drahtlosen Kopplung von Netzwerken an. War das Einsatzgebiet zuvor auf professionelle Anwender wie Telekommunikationsunternehmen beschränkt, die aus der Portokasse einige zehntausend Euro auf den Tisch legten, um noch teurere Erdleitungen zu vermeiden, so ist die Funkübertragung seit einiger Zeit auch für Privatanwender erschwinglich. Möglich gemacht haben dies die Einführung von weltweit genormten Funkstandards für WLAN (Wireless Local Area Network) und die behördliche Freigabe von Frequenzen. Die verschiedenen Standards zur Computervernetzung bezeichnet man auch als »Wireless Fidelity« oder kurz »Wifi«. WLAN wird im Privatbereich meist ausschließlich dazu genutzt, um PCs, Notebooks, Handhelds, usw. ans Internet anzuschließen. Dazu benötigt man nur einen sogenannten WLAN-DSL-Router, wie er heute schon für weniger als hundert Euro zu haben ist. Unterwegs kann man auch sogenannte WLAN-Hotspots (»WLAN-Zugangspunkte«) nutzen, die man in zahlreichen Hotels, Flughäfen, Bars, usw. findet. In Städten finden Sie zudem häufig »offene« WLAN-Zugangspunkte, bei denen absichtlich oder unabsichtlich Privatleute die Nutzung Ihres WLAN-Routers erlauben. Kommerzielle WLAN-Zugangspunkte sind dagegen häufig nur nach Bezahlung nutzbar. Dazu verwenden die Zugangspunkte eine Verschlüsselung, für die man ein Passwort eingeben muss.

9.1 WLAN-Verbindung aufbauen

In den meisten Haushalten und Büros ist ein WLAN anzutreffen, denn heute bekommt man mit der Einrichtung des DSL-Anschlusses auch gleich einen sogenannten WLAN-Router »hinterher geworfen«. Für den WLAN-Zugriff sind im Handel USB-Adapter für den PC verfügbar. Aktuelle Notebooks und praktisch alle Handys und Tablets wie das Galaxy sind schon von Haus aus mit einem WLAN-Modul ausgestattet.

Wenn Sie das erste Mal WLAN nutzen, müssen Sie erst das WLAN-Modul am Galaxy einschalten und dann eine Verbindung zum WLAN-Router aufbauen, was in diesem Kapitel beschrieben wird.

Beachten Sie auch Kapitel *8.2 Umschaltung WLAN und Mobilfunk-Internet*, in dem erläutert wird, wie Sie zwischen WLAN- und Mobilfunk-Internet umschalten.

9.1.1 WLAN über die Einstellungen einrichten

❶ Nach Aktivierung des Benachrichtigungsfelds tippen Sie 🛜 an (Pfeil). Das 🛜-Symbol sollte sich von grau nach hellblau färben. Falls WLAN bereits aktiv war, müssen Sie also erneut 🛜 betätigen.

❷ Warten Sie, bis die gefundenen WLANs anzeigt werden, wovon Sie einen auswählen.

Vielleicht haben Sie bereits einen WLAN-Zugangspunkt auf dem Galaxy eingerichtet? In diesem

Fall erscheint nicht das WLAN-Auswahlmenü, sondern das Handy baut die Verbindung zum WLAN-Zugangspunkt auf. Wie Sie einen anderen WLAN-Zugangspunkt verwenden, zeigt Ihnen Kapitel *9.2 WLAN-Zugangspunkte verwalten*.

❸ Sofern das WLAN verschlüsselt ist, fragt Sie das Galaxy nach dem Passwort, das Sie eventuell vom WLAN-Betreiber erfragen müssen. Betätigen Sie dann *Verbinden*.

9.2 WLAN-Zugangspunkte verwalten

Im *WLAN*-Menü wechseln Sie zwischen den genutzten WLAN-Zugangspunkten.

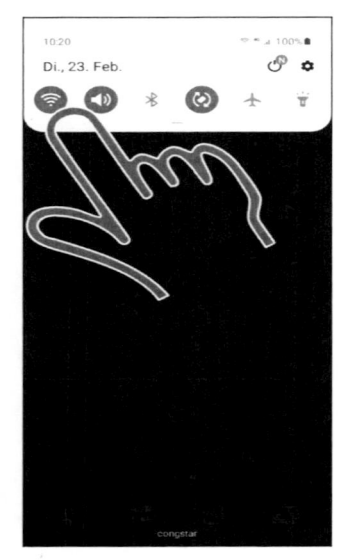

❶ Aktivieren Sie das Benachrichtigungsfeld, dann tippen und halten Sie die 🛜-Schaltleiste.

❷ Nun gehen Sie auf ⋮/*Erweitert*.

❸ Die Optionen:

Unter *Intelligent Wi-Fi*:

- *Zu mobilen Daten wechseln*: Bei schlechter WLAN-Verbindung wechselt das Handy automatisch auf das Mobilfunkinternet. Diese Option ist nur aktiv, wenn Sie *Mobile Daten* (= Internet über die Mobilfunkverbindung) aktiviert haben (siehe Kapitel *8.2.2 Mobilfunk-Internet aktivieren/deaktivieren*).

- *WLAN automatisch aktivieren*: Wenn Sie sich im Empfangsbereich eines WLANs befinden, den Sie schon mal genutzt haben, aktiviert sich WLAN automatisch.

- *Verdächtige Netzwerke erkennen*: Das Handy erkennt Aktivitäten, die auf Datendiebstahl hinweisen und blockiert diese.

- *Netzwerkqualitätsinfos anzeigen*: Zu jedem im WLAN-Bildschirm aufgelisteten WLAN-Zugangspunkt erhalten Sie Informationen über Geschwindigkeit und Stabilität.

- *WLAN-Energiesparmodus*: Das WLAN wird bei Nichtnutzung automatisch deaktiviert. Wir raten davon ab, weil dann eventuell einige Anwendungen nicht korrekt funktionieren.

Unter *Netzeinstellungen*:

- *Netzwerke verwalten*: Listet die bereits von Ihnen genutzten WLAN-Zugangspunkte auf.

- *WLAN-Steuerungsverlauf*: Einige Programme, die hier aufgelistet werden, können selbsttätig das WLAN ein- und ausschalten.

- *Hotspot 2.0*: Dieser Standard soll den Verbindungsaufbau mit WLAN-Zugangspunkten von Drittanbietern, beispielsweise von Mobilfunkunternehmen, erleichtern. Derzeit gibt es allerdings noch keinen Anbieter, der diese Funktion unterstützt.

- *Netzwerkzertifikate installieren*: Einige Programme benötigen Verschlüsselungszertifikate, beispielsweise in Unternehmensnetzwerken, welche Sie hiermit installieren.

10. Gmail

Wie bereits im Kapitel *2.1 Das ist bei Android anders* erläutert, dient das von Ihnen angelegte Google-Konto – im Format *(Ihr Name)@gmail.com* auch als E-Mail-Adresse. Mit der in diesem Kapitel vorgestellten Gmail-Anwendung können Sie E-Mails senden, empfangen und verwalten.

Falls Sie bereits eine eigene E-Mail-Adresse (beispielsweise von Ihrem Arbeitgeber, oder ein E-Mailkonto bei GMX, T-Online, usw.) besitzen, verwenden Sie die im Kapitel *11 Outlook E-Mail* vorgestellte Anwendung. Die Gmail-Anwendung dürfte nur für Nutzer interessant sein, die Gmail bereits auf ihrem vorherigen Handy im Einsatz hatten.

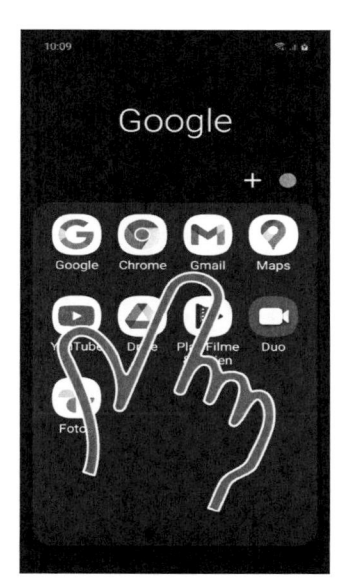

❶❷ Gehen Sie im Hauptmenü oder Startbildschirm in den *Google*-Ordner und dann auf *Gmail*.

❶❷ Betätigen Sie beim ersten Start *OK* und dann *WEITER ZU GMAIL*.

Gmail startet zunächst mit einer vereinfachten Benutzeroberfläche, die nach einiger Zeit aktualisiert wird. Damit Sie schon zu Anfang mit der neuen Benutzeroberfläche arbeiten können, sollten Sie **nun das Handy neu starten**. Siehe dazu auch unsere Anleitung im Kapitel *4.14 Handy ausschalten oder neu starten*. Rufen Sie dann Gmail erneut auf.

❶❷ Einmalig werden Sie beim ersten Aufruf gefragt, ob Sie die Automatiken nutzen möchten. Aktivieren Sie *Intelligente Funktionen nutzen*, betätigen Sie *Weiter*, danach aktivieren Sie *Andere Google-Produkte mit Ihren Daten aus Gmail, Google Chat und Mett personalisieren* und gehen auf *Fertig*.

> Google wertet künftig die E-Mail-Inhalte aus und ordnet beispielsweise E-Mails den Kategorien *Werbung* oder *Soziale Netzwerke* zu.

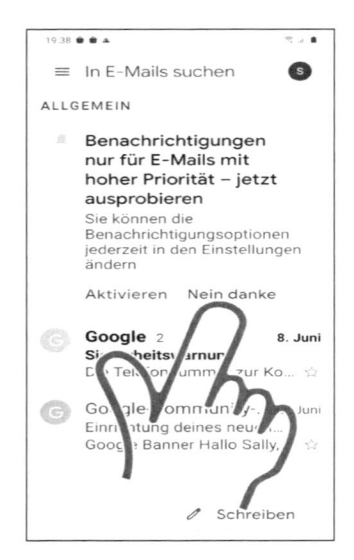

❶ Beim ersten Start erscheint ein Hinweis auf die Benachrichtigungsfunktion, die Sie mit *Nein danke* ablehnen.

❷ Die großen bunten Symbole vor den einzelnen Nachrichten enthalten jeweils den ersten Buchstaben des Absenders, im Beispiel also »G« für Google, usw.

> Sie sollten Ihren Bekanntenkreis bitten, Ihnen E-Mails an Ihr Gmail-E-Mail-Adresse (= Ihr Google-Konto) zu senden. Auf diesem Wege können Sie die folgenden Bedienungsweisungen direkt nachvollziehen.

10.1 Meet-Funktion

Google aktualisiert die Gmail-Anwendung regelmäßig. Die auf Ihrem Galaxy vorinstallierte Gmail-Version wird dann automatisch ersetzt. Wundern Sie sich also bitte nicht, falls bei Ihnen die Benutzeroberfläche zunächst anders aussieht, als in diesem Buch beschrieben!

Damit Sie schon zu Anfang mit der neuen Benutzeroberfläche arbeiten können, sollten Sie nach dem ersten Aufruf von Gmail das Handy neu starten. Dazu halten Sie für einige Sekunden den

Gmail

Ein-/Ausschalter auf der rechten Geräteseite gedrückt und wählen im Menü *Neustart*.

❶ Die neue Gmail-Version macht sich nach der Installation mit einem Popup bemerkbar, das Sie mit *OK* schließen.

❷❸ Am unteren Bildschirmrand sind nun zwei Register vorhanden, mit denen Sie zwischen *E-Mail* und der Videokonferenzfunktion *Meet* umschalten. Wir gehen auf Letzteres noch im Kapitel *10.6 Meet* ein.

10.2 Gmail in der Praxis

10.2.1 E-Mails abrufen

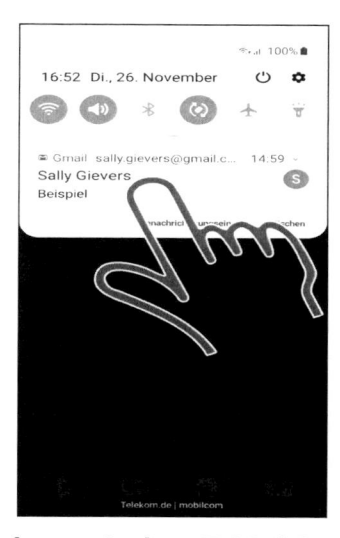

❶ Für die Synchronisierung der E-Mails in der Gmail-Anwendung mit dem E-Mail-Konto führen Sie eine Wischgeste von oben nach unten in der E-Mail-Oberfläche durch (dies ist in der Regel aber nicht nötig, weil neue Nachrichten automatisch abgerufen werden).

❷❸ Alternativ können Sie sich die neuen E-Mails auch auf einem weiteren Wege anzeigen: Wenn neue Nachrichten vorliegen, erscheint in der Titelleiste ein ✉-Symbol (Pfeil). Öffnen Sie das Benachrichtigungsfeld (siehe Kapitel *4.7.5 Titelleiste und Benachrichtigungsfeld*) und tippen Sie auf *x neue Nachrichten*, worauf der Gmail-Posteingang angezeigt wird. Sofern nur eine neue Nachricht empfangen wurde, zeigt Gmail diese statt des Posteingangs an. Auch das Archivieren (siehe Kapitel *10.3.4 Archivieren*) und Beantworten einer Nachricht ist direkt über zwei Schaltleisten im Benachrichtigungsfeld möglich.

Die Gmail-Anwendung arbeitet speicheroptimiert, das heißt beim Blättern in der Nachrichtenauflistung lädt sie automatisch die als nächstes anzuzeigenden Mails nach. Dies kann bei einer langsamen Mobilfunkverbindung manchmal einige Sekunden dauern. Sie sehen dann »*Konversationen werden geladen*«.

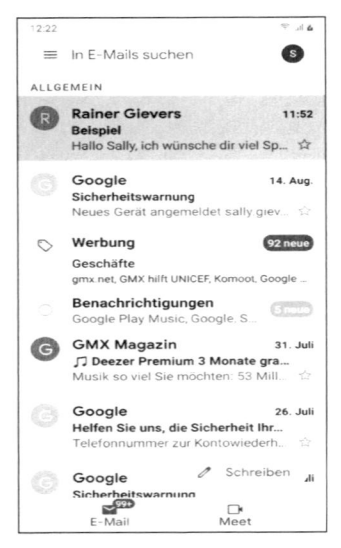

❶ Alle noch ungelesenen Nachrichten erscheinen in Fettschrift. Tippen Sie nun eine Nachricht an, die Sie lesen möchten.

❷ Die Bedeutung der Schaltleisten am oberen Bildschirmrand:

- (Archivieren): Entfernt eine Nachricht aus dem Posteingang, ohne sie zu löschen. Siehe auch Kapitel *10.3.4 Archivieren*.
- : Nachricht löschen.
- (Ungelesen): Setzt den Nachrichtenstatus auf »ungelesen« und schaltet wieder auf den Posteingang um.

❸ Über eine Kneifgeste (zwei Finger, beispielsweise Daumen und Zeigefinger, gleichzeitig auf das Display drücken), können Sie die Ansicht vergrößern/verkleinern. Verschieben Sie bei Bedarf dann mit dem Finger den angezeigten Bildschirmausschnitt. Alternativ tippen Sie zweimal schnell hintereinander auf den Nachrichtentext.

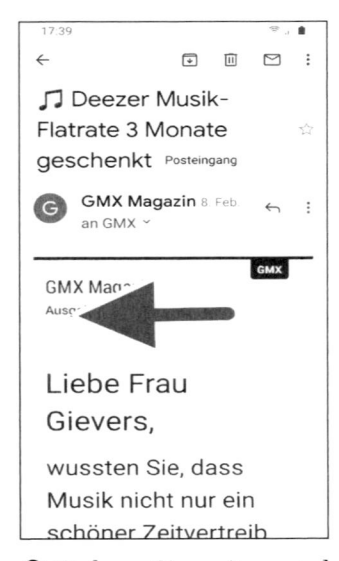

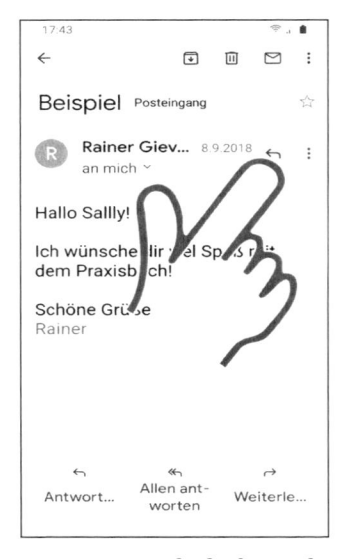

❶ Ziehen Sie mit angedrücktem Finger nach links/rechts, um zur nächsten älteren/neueren Nachricht zu blättern.

❷ Die ↰-Schaltleiste erstellt eine Antwort-Nachricht an den Absender.

❸ Das ⋮-Menü:

Gmail

- *Allen antworten*: Sofern die E-Mail mehrere Empfänger enthält, können Sie Ihre Antwort-Nachricht an alle Empfänger senden. Wir raten davon aber ab, weil dies unter Umständen zu peinlichen Situationen führen kann, beispielsweise, wenn ein Kunde die interne Kommunikation eines Unternehmens zugesandt bekommt.
- *Weiterleiten*: Erstellt eine neue Nachricht mit dem Nachrichtentext.
- *Markieren; Markierung entfernen*: Markiert eine Nachricht als Favoriten beziehungsweise entfernt die Markierung wieder. Siehe Kapitel *10.3.7 Markierungen*.
- *Drucken*: Auf die Druckausgabe geht dieses Buch nicht ein.
- *Ab hier als ungelesen markieren*: Setzt den »Gelesen«-Status für diese und alle früher empfangenen Nachrichten wieder zurück.
- *xxx blockieren*: Künftig landen alle E-Mails des Absenders im *Spam*-Ordner.

Die Funktionen zum Antworten und Weiterleiten finden Sie auch am Ende der E-Mail.

10.2.2 Dateianlagen

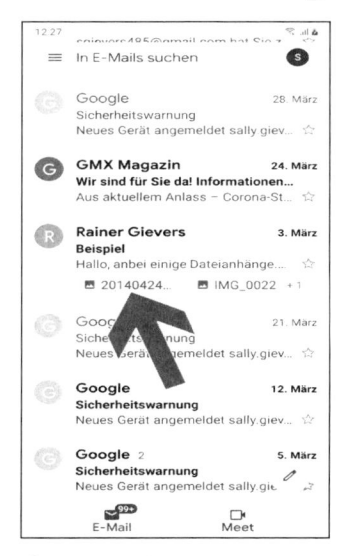

❶ Nachrichten mit Dateianlagen erkennen Sie am an den Symbolen (Pfeil) in der Nachrichtenauflistung.

❷❸ Bild-Dateianlagen zeigt Gmail in einer Vorschau. Tippen Sie sie jeweils für eine Vollbildanzeige an. Über ⋮/*Speichern* beziehungsweise ⋮/*Alle speichern* landen die Dateien im Gerätespeicher.

Heruntergeladene Dateianlagen landen im Verzeichnis *Download* auf dem Handy.

10.2.3 Labels

Labels haben bei Gmail die gleiche Funktion wie Ordner. Deshalb werden auch die klassischen E-Mail-Ordner *Postausgang, Entwürfe, Gesendet*, usw. bei Gmail als »Label« bezeichnet. Man darf einer Mail mehrere Labels gleichzeitig zuweisen.

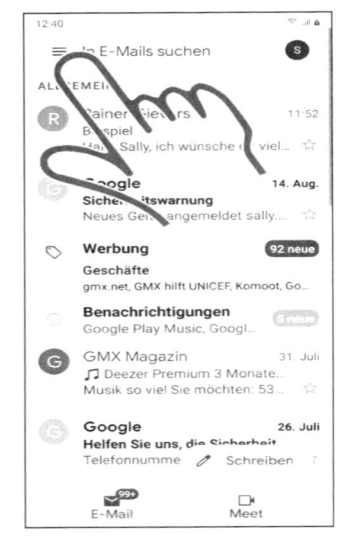

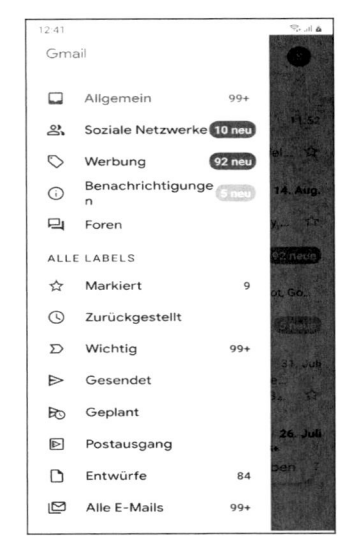

❶❷ Zur Anzeige der E-Mails eines Labels tippen Sie oben links (Pfeil) für das Ausklappmenü:

Die Nachrichten sind eingeteilt nach:

- *Alle Posteingänge*: Falls Sie mehrere Google-Konten nutzen, zeigen Sie diese alle zusammen an.
- *Allgemein:* Nachrichten von Freunden und Verwandten sowie sonstige Nachrichten, die nicht in einem der anderen Labels angezeigt werden.
- *Soziale Netzwerke*: E-Mails aus sozialen Netzwerken, Plattformen zum Teilen von Inhalten, Online-Partnervermittlungen, Spieleplattformen oder anderen sozialen Websites.
- *Werbung*: Werbeaktionen, Angebote und sonstige Werbe-E-Mails.
- *Benachrichtigungen:* Benachrichtigungen wie Bestätigungen, Belege, Rechnungen und Kontoauszüge.
- *Foren:* E-Mails aus Online-Gruppen, Diskussionsforen und Mailinglisten.

Unter *Alle Labels* finden Sie:

- *Markiert*: Der »Markiert«-Status kann Nachrichten oder Konversationen zugewiesen werden. Siehe dazu auch Kapitel *10.3.7 Markierungen*.
- *Zurückgestellt*: Sie können sich an Nachrichten, die Sie erst später bearbeiten wollen, erinnern lassen. Siehe Kapitel *10.3.3 Zurückstellen*.
- *Wichtig*: Gmail erkennt automatisch Nachrichten, die für Sie interessant oder wichtig sind und ordnet sie unter *Wichtig* ein. Siehe auch Kapitel *10.3.6 Wichtig-Ordner*.
- *Gesendet*: Versandte Nachrichten.
- *Postausgang*: Zum Versand bereitstehende Nachrichten.
- *Entwürfe*: Nachrichten, die bereits vorbereitet, aber noch nicht versandt wurden.
- *Alle E-Mails*: Zeigt alle Mails sortiert als sogenannte Konversationen an.
- *Spam*: Als Spam erkannte Mails.
- *Papierkorb*: Von Ihnen gelöschte Mails.

Tippen Sie ein Label, deren zugeordneten E-Mails Sie ansehen möchten, an.

❸ Am oberen Bildschirmrand (Pfeil) sehen Sie, in welchem Ordner Sie sich gerade befinden.

Auf die Funktion der einzelnen Label gehen die folgenden Kapitel ein. Nicht genutzte Label blendet die Gmail-Anwendung aus.

Befinden Sie sich in einem anderen Ordner als *Allgemein*, dann kehren Sie mit der ⟨-Taste wieder zu *Allgemein* zurück.

❶ Im Beispiel wurden E-Mails von Gmail automatisch dem Label *Werbung* zugewiesen (Markierung).

❷❸ Tippen Sie ein Label an, um dessen Inhalt aufzulisten.

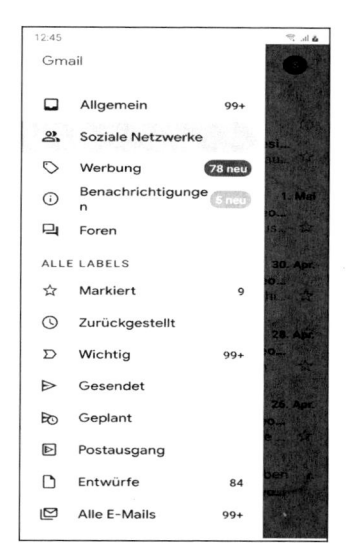

❶❷ Alternativ gehen Sie im Ausklappmenü auf das Label.

Die ⟨-Taste bringt Sie wieder in die E-Mail-Gesamtansicht zurück.

10.2.4 E-Mails beantworten

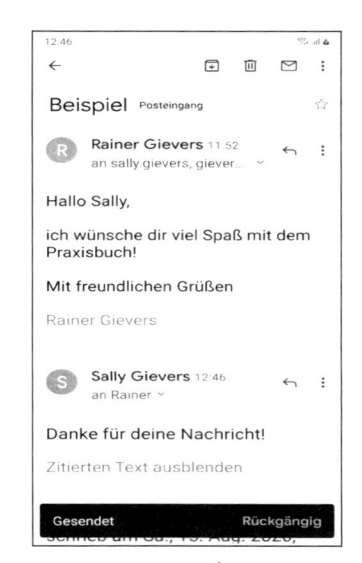

❶ Zum Beantworten einer gerade angezeigten E-Mail betätigen Sie einfach die ↰-Schaltleiste (Pfeil). Alternativ gehen Sie auf *Antworten* am Ende des E-Mail-Textes.

❷ Geben Sie nun den Nachrichtentext ein und betätigen Sie ▷. Es erscheint dann für einige Sekunden der Hinweis »*Nachricht wird gesendet*«, während die Nachricht verschickt wird.

❸ Die von Ihnen verschickte E-Mail erscheint unter dem Nachrichtentext der beantworteten. Verlassen Sie den Bildschirm mit der ←-Taste.

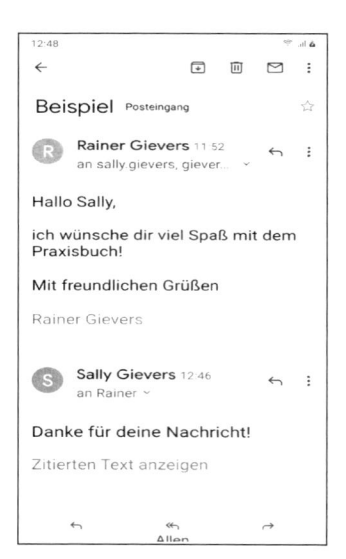

❶ Gmail verwaltet die Nachrichten als »Konversationen«, das heißt, alle Nachrichten, die Sie mit einem Kommunikationspartner austauschen, werden unter einem Eintrag zusammengefasst. Sie erkennen die Konversationen daran, dass beim Betreff ein »*ich*« und die Zahl der ausgetauschten Nachrichten erscheint. Tippen Sie den Betreff an, um die Konversation anzuzeigen.

❷❸ Es erscheinen Karteireiter mit den Nachrichten, die Sie mit dem Kommunikationspartner ausgetauscht haben. Tippen Sie einen Karteireiter an, um die zugehörige Nachricht auszufalten. Erneutes Antippen eines Karteireiters blendet die Nachricht wieder aus. Mit einer vertikalen Wischgeste können Sie zudem durch die aufgeklappten Nachrichten rollen.

Gmail

❶❷ Mitunter sind in einer Konversation sehr viele Nachrichten enthalten, die Gmail dann hinter einem Kreis-Symbol verbirgt (Pfeil). Tippen Sie darauf, um die Nachrichten einzublenden.

10.2.5 E-Mail neu schreiben

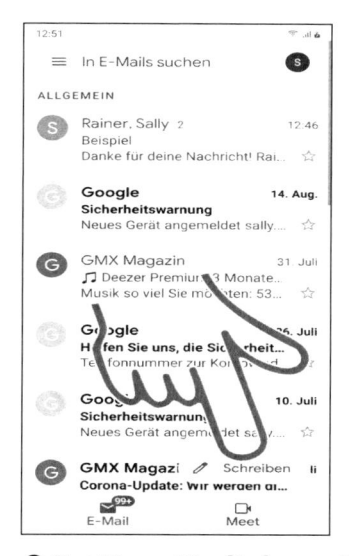

❶ Betätigen Sie die bunte *Schreiben*-Schaltleiste (Pfeil).

❷ Im *An*-Feld erfassen Sie nun den Empfänger.

❶ Gmail sucht bereits bei der Eingabe des Kontaktnamens passende E-Mail-Adressen und listet diese auf. Tippen Sie einfach die Gewünschte an.

❷ Die E-Mail-Adresse landet im Empfängerfeld. Falls Sie einen weiteren Empfänger hinzufügen möchten, geben Sie diesen einfach dahinter ein. Geben Sie nun Betreff und Nachrichtentext ein und betätigen Sie ▷ (oben rechts) zum Senden.

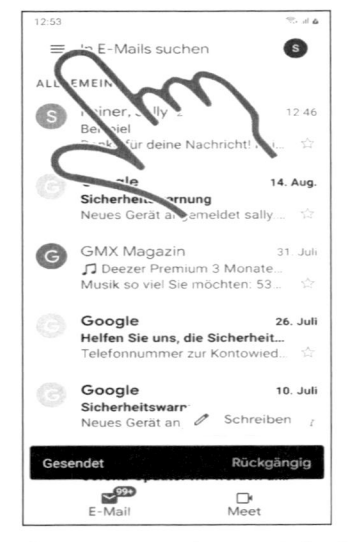

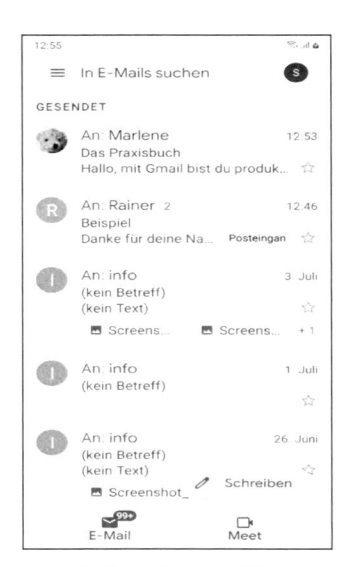

❶ Die versandte Mail finden Sie im *Gesendet*-Ordner. Aktivieren Sie dafür das Ausklappmenü (Pfeil).

❷❸ Wählen Sie *Gesendet* aus, worauf die versandten Nachrichten aufgelistet werden.

10.2.6 Weitere Funktionen bei der E-Mail-Erstellung

❶ Im E-Mail-Editor finden im ⋮-Menü folgende Optionen:

- *Senden planen*: E-Mail nicht sofort versenden, sondern zu einem anderen Zeitpunkt.
- *Aus Kontakten hinzufügen*: Weiteren Empfänger hinzufügen (nur wenn Sie sich gerade im Empfänger-Eingabefeld befinden).
- *Modus "Vertraulich"*: Damit schränken Sie den Handlungsspielraum des Empfängers ein. Dies kann die E-Mail nicht weiterleiten und benötigt zum Öffnen gegebenenfalls einen Sicherheitscode. Hat der Empfänger keine Gmail-Adresse, so erhält er einen Link, über den er die E-Mail auf der Gmail-Webseite öffnet.
- *Entwurf speichern*: Speichert die E-Mail als Entwurf. Siehe Kapitel *10.2.7 Entwürfe*.
- *Verwerfen*: Nachricht ohne zu senden verwerfen.
- *Einstellungen*: Die Einstellungen beschreibt bereits Kapitel *10.4 Einstellungen*.

Gmail 133

- *Hilfe & Feedback* (❷): Ausführliche Hilfeseiten. Falls Ihnen etwas an Gmail auffällt, das Ihnen nicht gefällt können Sie es außerdem an Google senden.

10.2.6.a Cc/Bcc

❶❷ Über ˅ (Pfeil) hinter dem *An*-Eingabefeld aktivieren Sie zusätzliche Eingabefelder. Deren Bedeutung:

- *Cc*: Der Begriff Cc steht für »Carbon Copy«, zu deutsch »Fotokopie«. Der ursprüngliche Adressat (im *An*-Eingabefeld) sieht später die unter *Cc* eingetragenen weiteren Empfänger. Die *Cc*-Funktion ist beispielsweise interessant, wenn Sie ein Problem mit jemandem per E-Mail abklären, gleichzeitig aber auch eine zweite Person von Ihrer Nachricht Kenntnis erhalten soll.
- *Bcc*: Im *Bcc* (»Blind Carbon Copy«)-Eingabefeld erfassen Sie weitere Empfänger, wobei der ursprüngliche Adressat im *An*-Feld nicht mitbekommt, dass auch noch andere Personen die Nachricht erhalten.

10.2.6.b Dateianlage

❶ Mit ⊜ (Pfeil) fügen Sie Ihrer E-Mail eine Datei als Anhang hinzu.

❷ Wählen Sie dann aus:

- *Datei anhängen*: Eine beliebige Datei (zum Beispiel ein Word-Dokument).
- *Aus Drive einfügen*: Eine Datei aus dem Online-Speicherdienst Google Drive (siehe Kapitel *21.2 Google Drive*) übernehmen.

In unserem Beispiel gehen wir auf *Datei anhängen*.

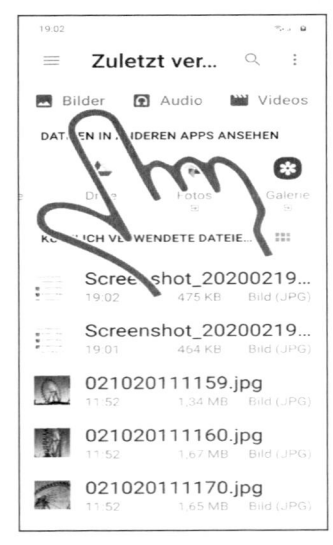

❶ Gmail listet die zuletzt auf das Gerät kopierten beziehungsweise genutzten Dateien auf, wovon Sie die gewünschte antippen. Alternativ wählen Sie einen Dateityp aus, in unserem Beispiel *Bilder*.

❷ Tippen und halten Sie den Finger über der ersten Datei, bis diese markiert ist, danach markieren Sie weitere Dateien durch kurzes Antippen. Betätigen Sie dann oben rechts im Bildschirm *Auswählen*.

❸ Zum Entfernen der Bilddatei tippen Sie auf die ✕-Schaltleiste (Pfeil).

10.2.7 Entwürfe

Manchmal kommt es vor, dass man eine fertige Nachricht erst später verschicken möchte. Dafür bietet sich die Entwürfe-Funktion an.

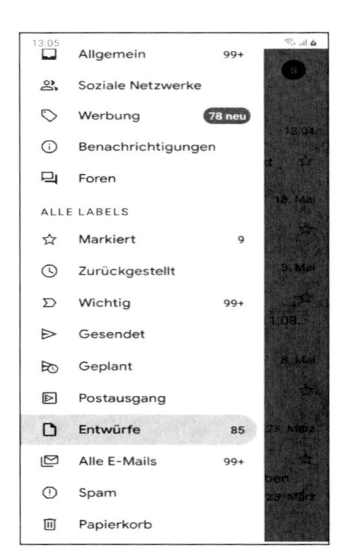

❶ Geben Sie die Nachricht wie gewohnt ein. Danach betätigen Sie zweimal die ∨- beziehungsweise ◁-Taste, woraufhin die Meldung »*Nachricht als Entwurf gespeichert*« erscheint und Gmail zur Nachrichtenübersicht zurückkehrt.

❷❸ Aktivieren Sie das Ausklappmenü und rufen Sie darin *Entwürfe* auf.

❶ Tippen Sie in der Auflistung des *Entwürfe*-Ordners eine Nachricht an, die Sie bearbeiten und später verschicken möchten.

❷ Eine Besonderheit gibt es bei Nachrichten, die man als Antwort geschrieben hat und dann als Entwurf speichert: In diesem Fall wird der Entwurf in die Konversation eingebettet und es erscheint dort der Hinweis »*Entwurf*«. Zum Bearbeiten und späteren Senden des Entwurfs tippen Sie ✏ an.

10.2.8 E-Mails löschen

❶ Zum Entfernen einer E-Mail oder Konversation verwenden Sie in der E-Mail-Detailansicht 🗑.

❷ Die Nachricht ist dann entfernt und Gmail schaltet in den Posteingang um. Falls Sie sich mit dem Löschen vertan haben, ist es noch möglich, den Löschvorgang durch Antippen von *Rückgängig machen* am unteren Bildschirmrand rückgängig zu machen. Dieser Hinweis verschwindet allerdings, wenn Sie im E-Mail-Programm weiterarbeiten, also beispielsweise eine Nachricht öffnen oder den E-Mail-Ordner wechseln.

> Wenn Sie zum ersten Mal eine Nachricht löschen, fragt Sie das Handy, wie nach dem Löschen verfahren werden soll. Tippen Sie *Konversationsliste* an, damit Gmail dann in die Nachrichtenansicht zurückkehrt.

❶❷ Die gelöschten Mails sind aber noch nicht verloren, sondern werden im *Papierkorb*-Ordner zwischengespeichert. Diesen erreichen Sie, indem Sie ins Ausklappmenü gehen (Pfeil), dann das *Papierkorb*-Label auswählen.

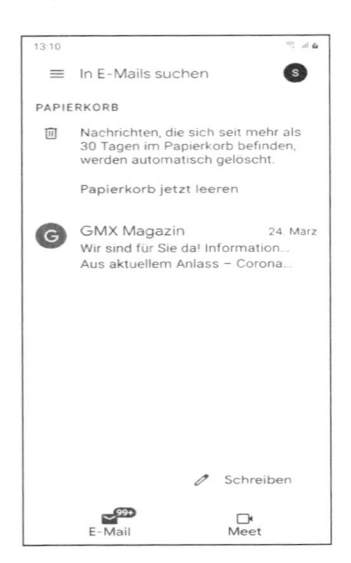

❶ Im Prinzip verhält sich der *Papierkorb*-Ordner ähnlich wie der *Posteingang*, das heißt sie können hier die Nachrichten noch einmal ansehen. Die gelöschten Nachrichten werden im Papierkorb für 30 Tage vorgehalten.

❷❸ Zum »Retten« einer Nachricht aus dem Papierkorb verschieben Sie sie einfach wieder in den Posteingang. Gehen Sie in der Nachrichtenansicht auf ⁝/*Verschieben nach* und wählen Sie *Allgemein* aus.

10.3 Weitere Funktionen

10.3.1 Nachrichten durchsuchen

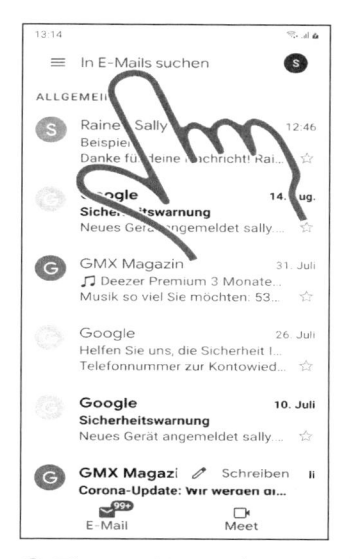

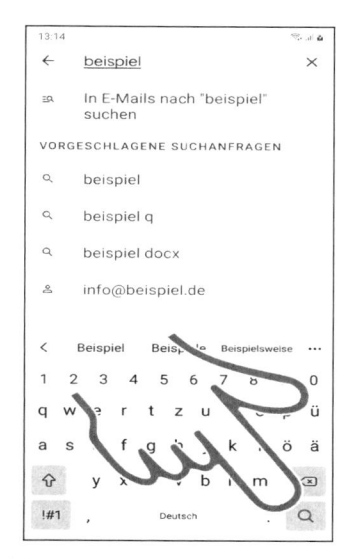

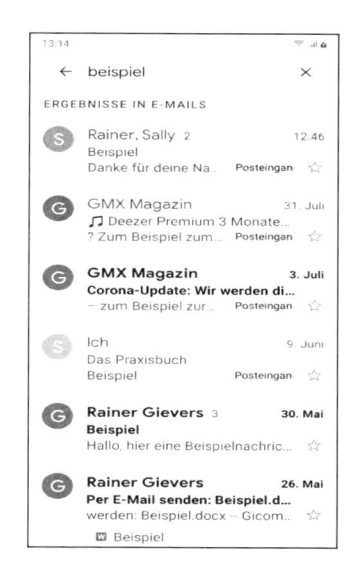

❶ Tippen Sie in das Eingabefeld am oberen Bildschirmrand, wenn Sie die Nachrichten eines Ordners durchsuchen möchten.

❷ Die Q-Taste (Pfeil) im Tastenfeld führt dann die Suche durch. Alternativ wählen Sie einen der Suchvorschläge aus.

❸ Tippen Sie eine Nachricht an, die Sie lesen möchten. Die ⟨-Taste bringt Sie wieder in die Nachrichtenauflistung zurück.

10.3.2 E-Mail aus Telefonbuch senden

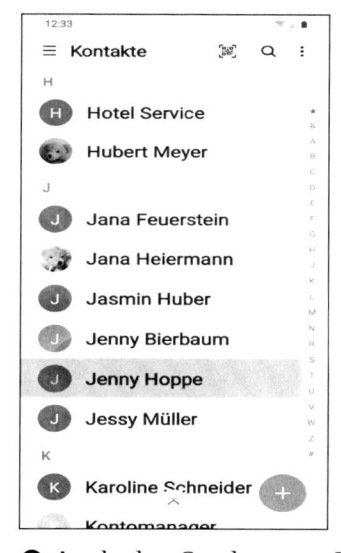

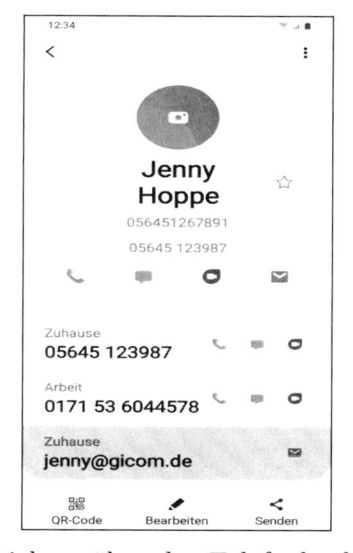

❶ Auch das Senden von Nachrichten über das Telefonbuch (siehe Kapitel *7 Telefonbuch*) ist möglich. Tippen Sie einfach kurz einen Kontakteintrag an.

❷ Gehen Sie dann auf die E-Mail-Adresse.

❸ Wählen Sie den *Gmail*-Eintrag aus (falls Sie die im Kapitel *11 Outlook E-Mail* beschriebene E-Mail-Anwendung verwenden, gehen Sie auf *Outlook*). Betätigen Sie dann *Nur diesmal* beziehungsweise *Immer*. Wenn Sie Letzteres wählen, wird künftig keine Abfrage mehr zur gewünschten E-Mail-Anwendung stattfinden.

10.3.3 Zurückstellen

Sie kennen das Szenario, dass Sie häufig Nachrichten erhalten, die zum aktuellen Zeitpunkt nicht relevant sind. Damit Sie nicht den Überblick verlieren, können Sie sie zurückstellen. Die jeweilige Nachricht verschwindet dann für einen einstellbaren Zeitraum aus dem Posteingang.

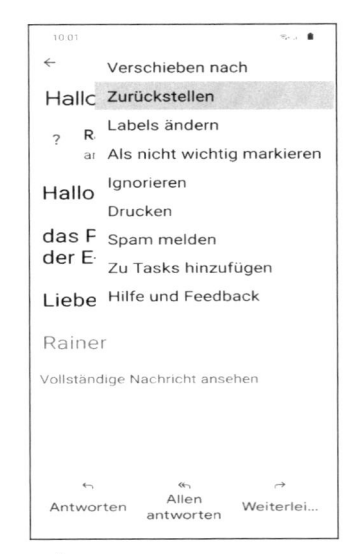

❶❷ In der Nachricht gehen Sie auf ⋮/*Zurückstellen*.

❸ Wählen Sie den Zeitraum aus. Die Nachricht verschwindet aus dem Posteingang und wird nach einiger Zeit wieder eingeblendet.

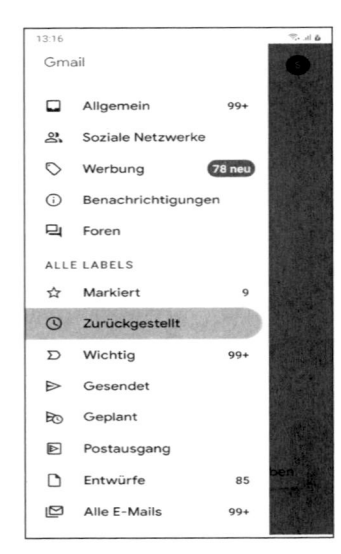

❶❷ Die zurückgestellten Nachrichten finden Sie im Ausklappmenü unter *Zurückgestellt*. Dort können Sie sie auch bearbeiten beziehungsweise beantworten.

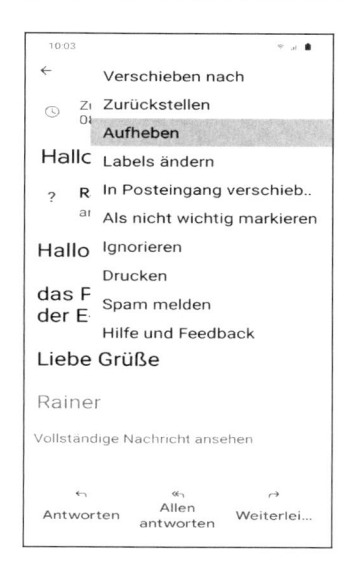

❶❷ Eine zurückgestellte Nachricht können Sie jederzeit über ⋮/*Aufheben* vorzeitig wieder in den Posteingang zurückbefördern. Alternativ verändern Sie mit ⋮/*Zurückstellen* den Zurückstellungszeitpunkt.

10.3.4 Archivieren

Obwohl Gmail Nachrichten, die mit dem gleichen Empfänger ausgetauscht wurden als »Konversationen« in einem Eintrag zusammenfasst, kann der Posteingang unübersichtlich werden. Unwichtige Nachrichten/Konversationen lassen sich deshalb im Posteingang ausblenden, was mit der Archivieren-Funktion geschieht.

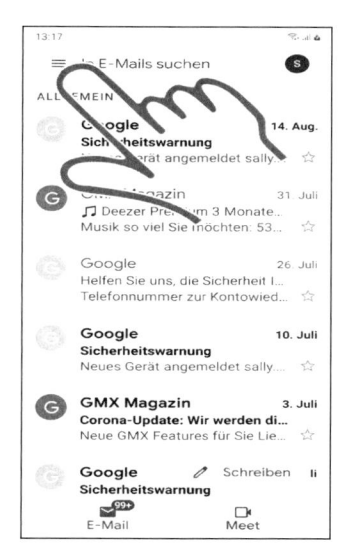

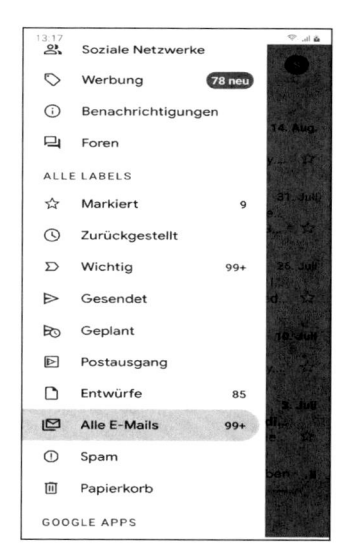

❶ Betätigen Sie in der E-Mail-Detailansicht 🗅 (Pfeil). Die Nachricht ist nun »archiviert« und Gmail schaltet wieder auf den Posteingang um.

❷ Zum Anzeigen der archivierten Nachrichten aktivieren Sie das Ausklappmenü.

❸ Wählen Sie *Alle E-Mails* aus.

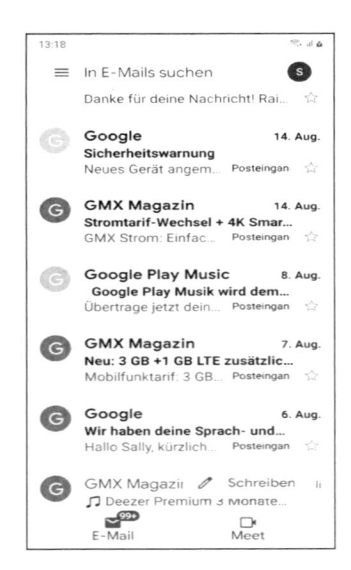

Gmail zeigt nun alle Nachrichten, das heißt, neben den archivierten auch die aus *Entwürfe*, *Gesendet*, usw. an.

> Alle Nachrichten, die im Posteingang vorhanden sind, sind mit einem grauen »*Posteingang*« markiert.
>
> Über Betätigen der ❮-Taste oder erneutes Aktivieren des Ausklappmenüs und Auswahl von *Allgemein* bringt Sie wieder in den Posteingang zurück.
>
> Antwortet jemand auf eine archivierte Nachricht/Konversation, so verschiebt Gmail diese automatisch wieder in den Posteingang.

❶❷ Das Archivieren ist auch über eine Wischgeste in der Nachrichtenauflistung möglich. Wischen Sie dort einfach über einem E-Mail-Eintrag von rechts nach links beziehungsweise umgekehrt.

10.3.5 Unterdrücken

Die zuvor erwähnte Archivieren-Funktion mag zwar sehr praktisch sein, wenn Sie aber laufend Nachrichten einer Konversation (beispielsweise auf einer Mailing-Liste) erhalten, die Sie überhaupt nicht interessieren, ist es sehr lästig, immer wieder erneut die einzelnen Nachrichten zu archivieren.

Mit der Unterdrücken-Funktion lassen sich dagegen alle Nachrichten einer Konversation automatisch archivieren, das heißt, wenn neue Nachrichten in einer unterdrückten Konversation eingehen, werden diese automatisch ebenfalls archiviert. Sie sollten die Unterdrücken-Funktion aber vorsichtig einsetzen, weil Sie ja von neuen Nachrichten einer unterdrückten Konversation nichts mitbekommen. Dies ist aber meist nicht weiter schlimm, denn ist Ihre E-Mail-Adresse im Feld »*An*« oder »*Cc*« enthalten, wird die Konversation wieder in Ihren Posteingang eingeordnet. Sie verpassen also keine Nachrichten, die direkt an Sie adressiert sind.

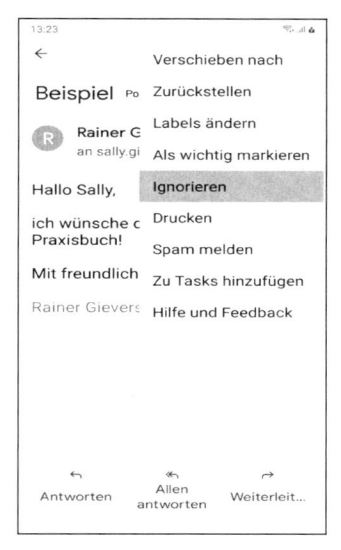

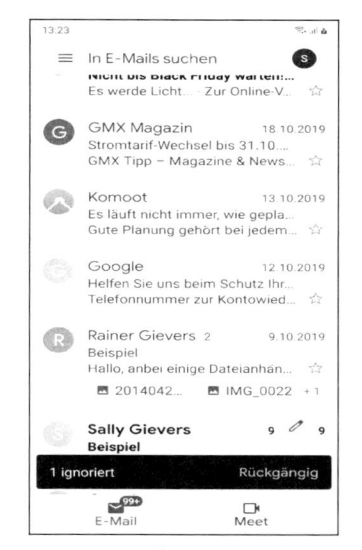

❶❷ In der Nachrichtenansicht rufen Sie ⋮/*Ignorieren* auf. Die Nachricht/Konversation verschwindet aus dem Posteingang.

❶ Zum Anzeigen der ignorierten Nachrichten aktivieren Sie das Ausklappmenü (Pfeil).

❷ Wählen Sie *Alle E-Mails* aus.

❸ Unterdrückte Nachrichten sind mit dem Label *Ignoriert* markiert (Pfeil).

So verschieben Sie unterdrückte Nachrichten wieder in den Posteingang: Gehen Sie in die Nachrichtenansicht und rufen Sie ⋮/*In den Posteingang verschieben* auf.

10.3.6 Wichtig-Ordner

Erhalten Sie extrem viele Nachrichten, unterstützt Sie Gmail dabei, die lesenswerten von den weniger lesenswerten Nachrichten zu unterscheiden. Die Lesenswerten landen dann im *Wichtig*-Ordner. Aber wie funktioniert diese Filterung genau? Dazu schreibt Google in seiner Online-Hilfe (*support.google.com/mail/answer/186543*):

Gmail berücksichtigt automatisch eine Reihe von Signalen, um festzustellen, welche eingehenden Nachrichten wichtig sind, unter anderem:

- An wen Sie E-Mails senden: Falls Sie viele E-Mails an Thomas senden, sind E-Mails von Thomas höchstwahrscheinlich wichtig.
- Welche Nachrichten Sie öffnen: Nachrichten, die Sie öffnen, sind höchstwahrscheinlich wichtiger als ungeöffnete Nachrichten.
- Welche Themen Ihre Aufmerksamkeit wecken: Falls Sie Nachrichten über Fußball immer lesen, ist eine E-Mail zum Thema Fußball höchstwahrscheinlich wichtig.
- Welche E-Mails Sie beantworten: Falls Sie Nachrichten von Ihrer Mutter immer beantworten, sind ihre Nachrichten an Sie höchstwahrscheinlich wichtig.
- Wie Sie die Funktionen "Markieren", "Archivieren" und "Löschen" verwenden: Nachrichten, die Sie markieren, sind höchstwahrscheinlich wichtiger als Nachrichten, die Sie ungeöffnet archivieren.

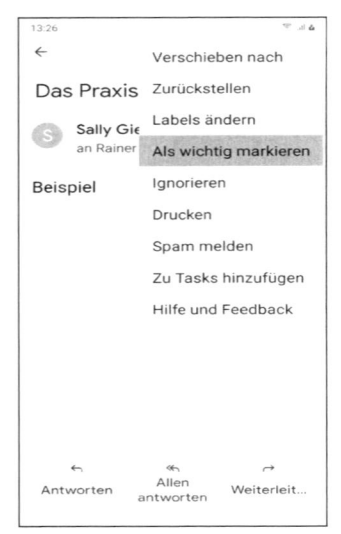

❶❷ Über ⋮/*Als wichtig markieren*, beziehungsweise ⋮/*Als nicht wichtig markieren* in der Nachrichtenansicht nehmen Sie Einfluss auf die automatische Einordnung weiterer E-Mails vom gleichen Absender.

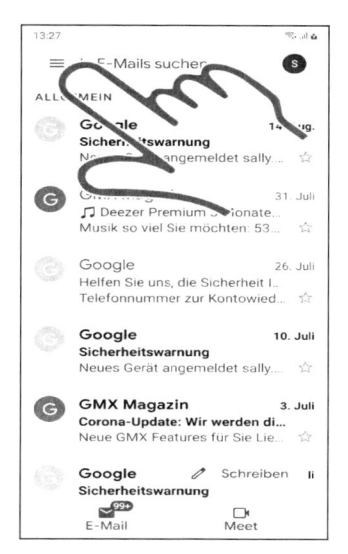

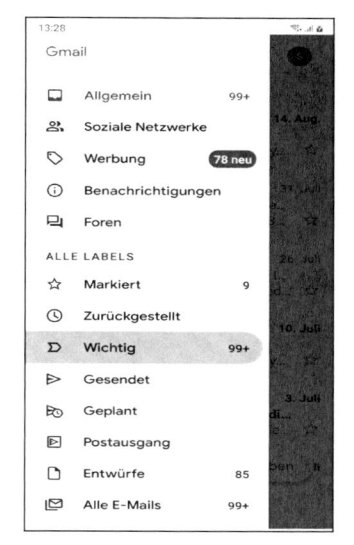

❶❷❸ Möchten Sie, dass Gmail nur die als wichtig eingestuften Nachrichten auflistet, dann rufen Sie das Ausklappmenü auf und wählen *Wichtig*. Umgekehrt zeigen Sie mit *Allgemein* wieder alle Nachrichten an.

10.3.7 Markierungen

Nachrichten, die für Sie wichtig sind, heben Sie einfach durch Markierung mit einem »Stern« hervor.

❶ Um einen Stern zu setzen, tippen Sie einfach den ausgeblendeten Stern hinter einer Nachricht an. Ein zweites Antippen deaktiviert den Stern wieder.

❷ Auch in der Nachrichtenanzeige können Sie den Stern setzen/entfernen (Pfeil).

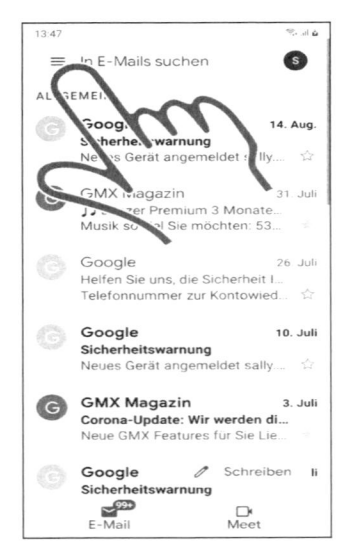

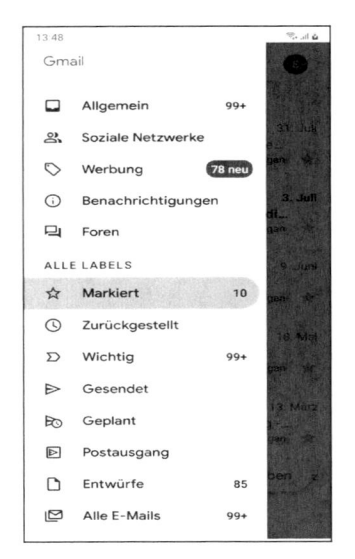

❶❷❸ Die Anzeige beschränken Sie mit *Markiert* im Label-Ausklappmenü auf die markierten Nachrichten.

10.3.8 Spam

Unter Spam versteht man unerwünschte Werbemails. Abhängig davon, ob Sie Ihre E-Mail-Adresse irgendwo mal auf einer Website hinterlassen haben oder durch Zufall ein Spam-Versender Ihre Gmail-Adresse mit Ausprobieren erraten hat, können pro Tag einige dutzend oder hundert Werbemails in Ihrem E-Mail-Konto auflaufen. Damit Ihre wichtige Kommunikation nicht im ganzen Spam untergeht, verfügt Ihr Gmail-Konto über einen automatischen Spam-Filter. Alle Spam-Mails landen dabei im *Spam*-Ordner.

Damit Google weiß, was für Sie Spam ist, müssen sie die unerwünschten Mails einzeln als Spam markieren.

❶ Rufen Sie in der Nachrichtenansicht ⁝/*Spam melden* auf.

❷ Beim ersten Mal werden Sie in einem Popup gefragt, ob Sie *Spam melden und Nachrichten löschen* oder nur *Spam melden möchten*. Wir empfehlen Letzteres, weil sonst nie mehr E-Mails des jeweiligen Absenders erhalten.

❸ Die betreffende Nachricht wird aus dem *Posteingang* entfernt und landet im *Spam*-Ordner.

> Nutzen Sie ⁝/*Phishing melden*, wenn Sie eine Spam-Nachricht erhalten, mit deren Hilfe Dritte Daten beispielsweise zum Aufruf einer möglicherweise gefährlichen Webseite auffordern. Beliebt sind dabei unter anderem vorgeschobene Warnungen vor Kontosperrungen, weshalb man seine Kontodaten eingeben müsse. Weitere nützliche Hinweise zum wichtigen Thema »Phishing« finden Sie online unter *support.google.com/mail/answer/8253*.

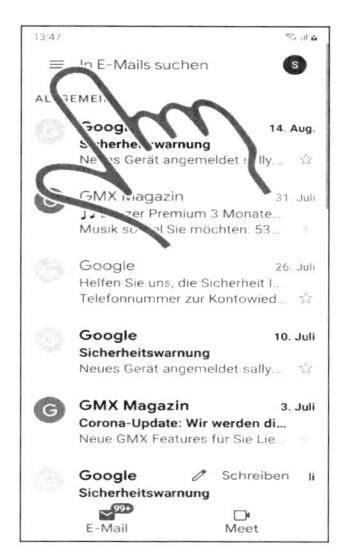

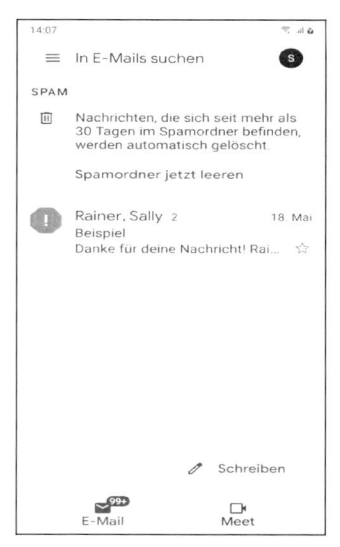

❶❷❸ So zeigen Sie den *Spam*-Ordner an: Aktivieren Sie das Label-Ausklappmenü, worin Sie *Spam* auswählen.

Wenn Sie meinen, dass eine Nachricht doch kein Spam ist, dann rufen gehen Sie in die Nachricht und betätigen die *Kein Spam*-Schaltleiste.

Es ist sehr **wichtig**, dass im *Spam*-Ordner wirklich nur unerwünschte Mails enthalten sind. Gmail vergleicht nämlich eingehende Nachrichten mit denen im Spam-Ordner und ordnet sie als Spam ein, wenn eine große Ähnlichkeit besteht. Schauen Sie deshalb ab und zu mal in Ihren *Spam*-Ordner, um falsche Einordnungen wieder rückgängig zu machen.

10.3.9 Stapelvorgänge

Wenn eine Aktion, wie Label ändern, Löschen, Markierung hinzufügen, usw. auf mehrere Nachrichten anzuwenden ist, verwenden Sie die Stapelvorgänge.

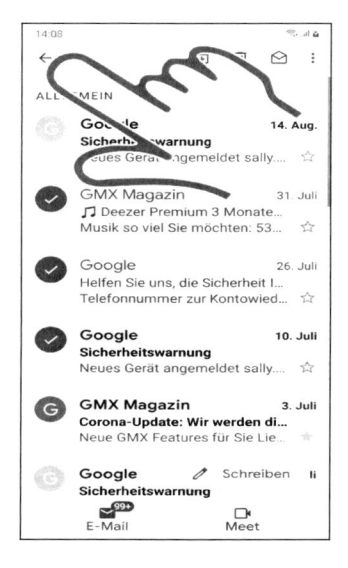

❶ Zum Markieren tippen Sie auf die bunten Symbole vor den Nachrichten. Über die Schaltleisten am oberen Bildschirmrand können Sie dann die Nachrichten archivieren, löschen, einem Label zuweisen, auf gelesen/ungelesen setzen oder als Favoriten markieren.

❷ Den Markierungsmodus verlassen Sie gegebenenfalls mit der ←-Schaltleiste (Pfeil). Alternativ betätigen Sie die ◁-Taste.

Die Funktion »Stapelvorgänge« können Sie in den Einstellungen über *Kontrollkästchen ausblenden* deaktivieren, siehe Kapitel *10.4 Einstellungen*.

10.3.10 Wischgeste zum Archivieren

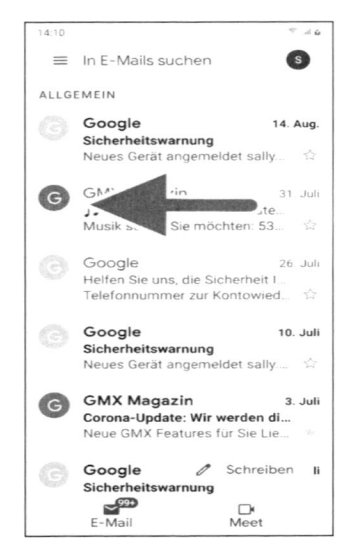

❶ Mit einer Wischgeste nach links oder rechts über einer Nachricht archivieren Sie diese.

❷ Über die *RÜCKGÄNGIG MACHEN*-Schaltleiste können Sie den Vorgang wieder zurücksetzen.

Welche Aktion die Wischgeste durchführt, legen Sie in ⋮*/Einstellungen/Allgemeine Einstellungen* fest. Gehen Sie dort auf *Gmail-Standardaktion*, bei der Sie die Wahl zwischen *Löschen* und *Archivieren* haben.

10.4 Einstellungen

10.4.1 Allgemeine Einstellungen

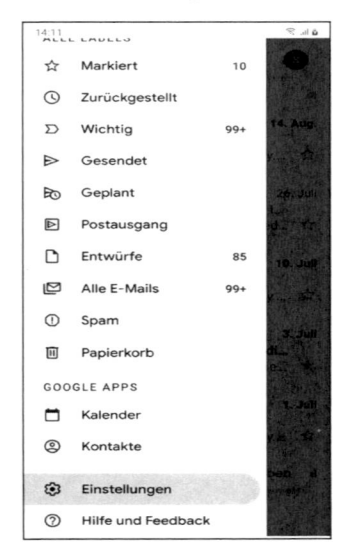

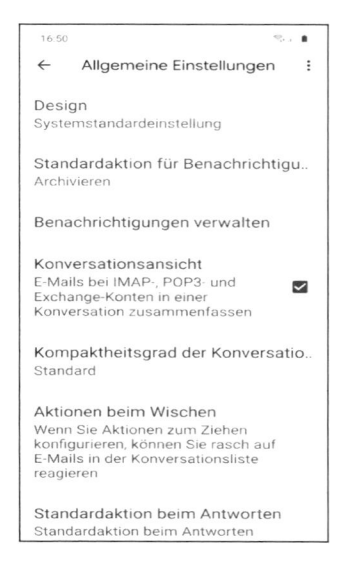

❶❷❸ Rufen Sie zunächst *Einstellungen* im Ausklappmenü auf und gehen dann auf *Allgemeine Einstellungen*.

- *Design*: Schaltet die Bildschirmanzeige um zwischen heller und invertierter Darstellung. Letzteres ist sinnvoll, wenn Sie das Handy in einer dunklen Umgebung nutzen, um nicht geblendet zu werden. Siehe auch Kapitel *26.5 Dunkelmodus (Dark Mode)*.

- *Standardaktion für Benachrichtigungen:* Nicht von Google dokumentiert.

- *Benachrichtigungen verwalten*: Hier können Sie einstellen, ob bei eingegangenen Nachrichten ein Signalton ertönt und ein Hinweis in der Titelleiste erscheint. Wir raten davon ab, Änderungen an den Voreinstellungen vorzunehmen.

- *Konversationsansicht*: Wenn Sie E-Mails beantworten beziehungsweise jemand auf Ihre E-Mails antwortet, so fasst Gmail diese in einer sogenannten Konversation zusammen.

- *Kompaktheitsgrad der Konversationsliste*: Wählen Sie die Auflistung im Posteingang aus:
  - *Standard*: Zeigt die Kontaktsymbole vor den Nachrichten und enthaltene Dateianhänge an.
  - *Normal*: War bis Ende 2018 die Standardansicht. Dateianhänge werden nicht in der Auflistung angezeigt.
  - *Schmal*: Verzichtet auf die Kontaktsymbole in der Auflistung.

- *Aktionen beim Wischen*: Konfiguriert die Wischgeste (siehe *10.3.10 Wischgeste zum Archivieren*). Wählen Sie aus, was passiert, wenn Sie in der Nachrichtenauflistung auf einem Eintrag nach links oder rechts wischen. Standardmäßig ist *Archivieren* aktiv.

- *Standardaktion beim Antworten*: Sofern in einer beantworteten Nachricht mehrere weitere Empfänger enthalten sind, können Sie diesen mit der *Allen-Antworten*-Option neben dem ursprünglichen Empfänger ebenfalls Ihre Antwort-Mail zukommen lassen. Wir raten allerdings davon ab, *Allen Antworten* zu aktivieren, da sonst Außenstehende Ihre E-Mails erhalten könnten, die nicht für sie bestimmt sind.

- *Nachrichten automatisch anpassen*: Normalerweise zeigt die Gmail-Anwendung alle Nachrichten in Originalgröße an, sodass Sie im Nachrichtentext mit dem Finger rollen müssen. Aktivieren Sie *Nachrichten autom. anpassen*, wenn stattdessen die Nachrichten auf Bildschirmbreite verkleinert werden sollen.

- *Automatisch fortfahren*: Konfiguriert, wie sich Gmail verhält, wenn Sie eine Nachricht archivieren oder löschen. Standardmäßig landen Sie dann wieder in der Nachrichtenauflistung (*Konversationsliste*).

- *Weblinks in Gmail öffnen*: Die Anzeige von angetippten Links erfolgt nicht in einem Webbrowser, sondern direkt in der Gmail-Anwendung.

Unter *Aktionsbestätigungen:*

- *Vor dem Löschen bestätigen; Vor dem Archivieren bestätigen; Vor dem Senden bestätigen*: Die Aktionen Archivieren, Löschen und Senden erfolgen bei Gmail ohne Rückfrage. Falls Sie das stört, aktivieren Sie hierüber die Sicherheitsabfrage.

10.4.1.a Kompaktheitsgrad der Konversationsliste

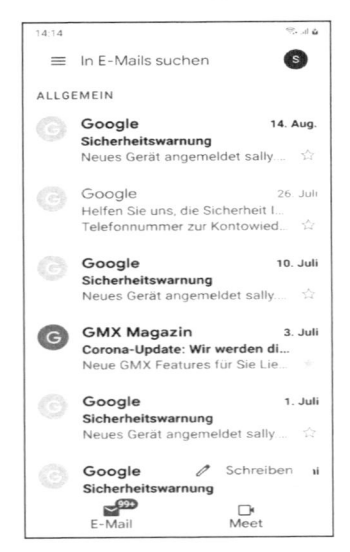

Die Unterschiede zwischen *Standard* (❶) und *Schmal* (❷) bei der Option *Kompaktheitsgrad der Konversationsliste*.

10.4.2 Konto-Einstellungen

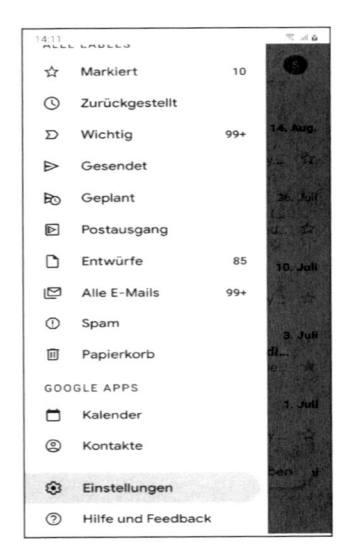

❶ Aktivieren Sie das Ausklappmenü und wählen Sie *Einstellungen*.

❷❸ Über *(Ihr Google-Konto)* konfigurieren Sie:

Unter *Konto*:

- *Google-Konto verwalten*: Diverse Sicherheitseinstellungen, die nichts mit der Gmail-Anwendung zu tun haben.

Unter *Posteingang:*

- *Art des Posteingangs*: Wählen Sie darin *Sortierter Eingang*, dann zeigt Gmail nicht mehr alle erhaltenen Nachrichten an, sondern nur solche, die als *Wichtig* markiert sind (siehe dazu Kapitel *10.3.6 Wichtig-Ordner*).
- *Posteingangskategorien:* Gmail sortiert Werbung, Nachrichten sozialer Netzwerke, usw. automatisch unter bestimmte Label ein. Siehe auch Kapitel *10.4.2.b Automatisch zugewiesene Labels*.

Unter *Benachrichtigungen*:

- *Benachrichtigungen*: Wenn neue Nachrichten empfangen wurden, meldet Gmail dies in der Titelleiste. Deaktivieren Sie *E-Mail-Benachrichtigung*, um diese Benachrichtigungen auszuschalten.

- *Posteingangsbenachrichtigungen*: Benachrichtigungseinstellungen für Gmail.
  - *Labelbenachrichtigungen*: Muss aktiv sein, damit Sie Gmail über neue Nachrichten informiert.
  - *Bei jeder E-Mail benachrichtigen*: Nicht von Google dokumentiert.
- *Labels verwalten*: Legen Sie fest, welche Label mit Ihrem Gmail-Konto synchronisiert werden. Normalerweise brauchen Sie hier nichts zu ändern.
- *Benachrichtigungen verwalten*: Hier können Sie einstellen, ob bei eingegangenen Nachrichten ein Signalton ertönt und ein Hinweis in der Titelleiste erscheint. Wir raten davon ab, Änderungen an den Voreinstellungen vorzunehmen.

Unter *Allgemein*:

- *Standardaktion beim Antworten*: Die Voreinstellung *Antworten* sollten Sie nicht ändern. In E-Mails können mehrere Empfänger enthalten sein, die ihre Antwort, ebenfalls erhalten, wenn Sie *Allen antworten* einstellen. Dies kann den unerwünschten Effekt haben, dass Außenstehende Ihre Nachricht erhalten.
- *Mobile Signatur*: Die Signatur ist ein Text, den Gmail automatisch beim Erstellen einer neuen Nachricht einfügt. Nutzen Sie sie, um den Empfängern Ihrer E-Mails auf weitere Kontaktmöglichkeiten per Telefon, oder ähnlich hinzuweisen.
- *Konversationsansicht*: Wenn Sie E-Mails beantworten beziehungsweise jemand auf Ihre E-Mails antwortet, so fasst Gmail diese in einer sogenannten Konversation zusammen.
- *Intelligente Funktionen und Personalisierung*: Wertet den E-Mail-Kontext aus, um automatisiert E-Mails in die Kategorien *Soziale Netzwerke*, *Werbung* und *Benachrichtigungen* einzuordnen.
- *Intelligente Funktionen und Personalisierung in anderen Google-Produkten*: Nutzt die Daten aus Ihren E-Mails in anderen Google-Anwendungen. Beispielsweise werden Restaurant-Reservierungen in Google Maps (siehe Kapitel *15 Google Maps*) angezeigt oder Google Assistant (siehe Kapitel *19 Google Assistant*) weist auf die Fälligkeit von Rechnungen hin.
- *Intelligentes Schreiben; Intelligente Antwort*: Wenn Sie eine Nachricht anzeigen, schlägt Gmail automatisch drei mögliche Antworten vor. Diese sind vom Nachrichtenkontext abhängig. Derzeit funktioniert diese Funktion nur in englischer Sprache.
- *Abwesenheitsnotiz*: Ein sehr nützliches Feature, wenn Sie mal nicht erreichbar sind und Personen, die Ihnen geschrieben haben, automatisch über Ihre Abwesenheit informieren möchten.

Unter *Meet*:

- *Google Meet-Tab für Videoanrufe anzeigen*: damit deaktivieren Sie die zwei Register *E-Mail* und *Meet* am unteren Bildschirmrand in der Benutzeroberfläche.
- *Weitere Diagonoseinformationen*: Sendet Meet-Nutzungsdaten an Google.

Unter *Automatische Erinnerungen*:

- *Antworten und abklären*: Gmail erkennt den Nachrichtenkontext und macht Ihnen Beantwortungsvorschläge. Zur Zeit wird diese Funktion nur im englischen Sprachraum unterstützt.

Unter *Tipps im Posteingang:*

- *Einstellungen für Inbox-Tipps*: Bei einigen Massen-E-Mail-Sendungen blendet Gmail eine Schaltleiste ein, über die Sie sich aus dem E-Mail-Verteiler abmelden.

Unter *Datenverbrauch:*

- *Gmail synchronisieren*: Diese Schaltleiste führt Sie in die Kontenverwaltung, welche Kapitel *22.2 Google-Konto entfernen* beschreibt, worin Sie unter anderem den Datenabgleich mit dem Google-Konto steuern. Für die meisten Nutzer dürfte es aber keinen Sinn machen, dort den E-Mail-Abruf vom Google-Mail-Konto zu deaktivieren.
- *E-Mails: Zu synchronisierende Tage*: Legt fest, wie lange empfangene Nachrichten von

der Gmail-Anwendung aufbewahrt werden. Ältere Nachrichten werden natürlich nicht gelöscht, sondern sind weiterhin über die Weboberfläche von Gmail (*mail.google.com*) im Webbrowser anzeigbar.

- *Anhänge herunterladen*: Dateianhänge sind häufig mehrere Megabyte groß, weshalb diese nur automatisch heruntergeladen werden, wenn eine WLAN-Verbindung besteht. Lassen Sie diese Option am Besten aktiviert, da sonst beim Öffnen von Dateianhängen längere Wartezeiten entstehen.

- *Bilder*: Standardmäßig lädt Gmail immer alle eingebetteten Bilder aus dem Posteingang herunter und zeigt diese an. Dies betrifft vor allem Werbe-E-Mails von Unternehmen (Newsletter, u.ä.). Sie können aber auch diese Einstellung auf *Vor dem Anzeigen erst fragen* stellen, sodass Sie die Bilderanzeige in jeder betroffenen E-Mail erst bestätigen müssen.

- *Dynamische E-Mails aktivieren*: Der Absender Mail kann interaktive Inhalte in einer E-Mail bereitstellen, beispielsweise Kataloge, die man durchblättern kann oder editierbare Dokumente. In der Praxis machen nach unseren Informationen nur einige wenige Werbetreibende Unternehmen davon Gebrauch.

10.4.2.a Abwesenheitsnotiz

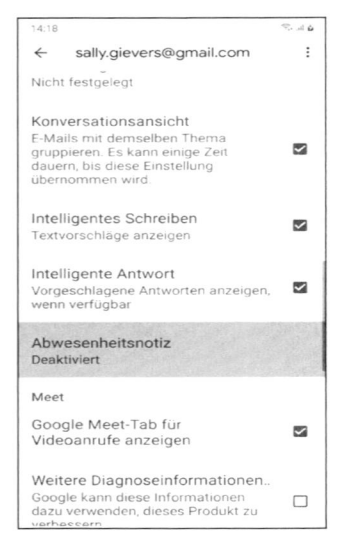

❶❷ Unter *Abwesenheitsnotiz* geben Sie einen Text ein, der während des eingestellten Zeitraums an alle E-Mail-Sender geschickt wird. Aktivieren Sie *Nur an meinen Kontakte senden*, damit nur Ihnen bekannte (im Telefonbuch gespeicherte) Kontakte die Abwesenheitsnotiz erhalten. Vergessen Sie nicht, zum Schluss die Abwesenheitsnotiz über den Schalter oben rechts zu aktivieren!

10.4.2.b Automatisch zugewiesene Labels

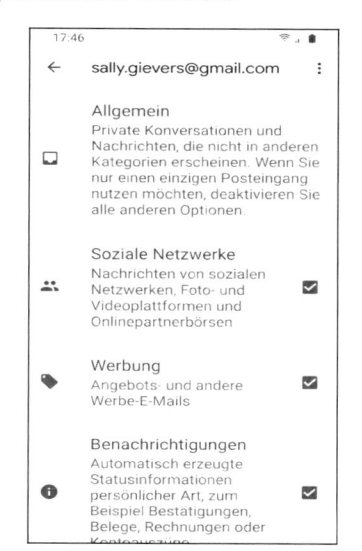

❶❷ Gmail weist Nachrichten, die von einem bestimmten Typ sind, automatisch Labeln zu. Dazu zählen laut Google:

- *Allgemein*: Nachrichten von Freunden und Verwandten sowie sonstige Nachrichten, die nicht in einem der anderen Tabs angezeigt werden
- *Werbung*: Werbeaktionen, Angebote und sonstige Werbe-E-Mails
- *Soziale Netzwerke*: E-Mails aus sozialen Netzwerken, Plattformen zum Teilen von Inhalten, Online-Partnervermittlungen, Spieleplattformen oder anderen sozialen Websites
- *Benachrichtigungen*: Benachrichtigungen wie Bestätigungen, Belege, Rechnungen und Kontoauszüge
- *Foren*: E-Mails aus Online-Gruppen, Diskussionsforen und Mailinglisten.

Die automatisch zugewiesenen Labels listet Gmail als erstes im Ausklappmenü auf. Labels, die keine Nachrichten enthalten, werden ausgeblendet.

Haben Sie dagegen alle automatisch zugewiesenen Labels deaktiviert, ordnet Gmail die empfangenen Nachrichten dem Label *Posteingang* zu.

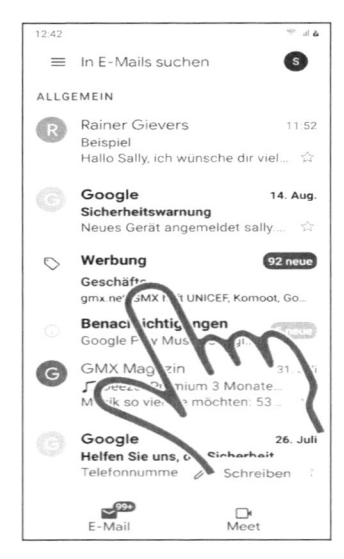

❶❷ Der *Allgemein*-Ordner erscheint sehr aufgeräumt, wenn die automatisch zugewiesenen Labels aktiv sind. Schaltflächen weisen dann im Allgemein-Ordner auf neu vorhandene Nachrichten in den Labels hin. Wählen Sie ein Label aus, um die zugewiesenen Nachrichten anzuzeigen.

10.5 Zugriff auf Gmail vom Startbildschirm

Auf dem Samsung Galaxy lässt sich ein direkter Zugriff auf die Gmail-Ordner/Labels vom Startbildschirm aus einrichten.

Beachten Sie zu den Widgets auch Kapitel *4.7.2 Widgets*.

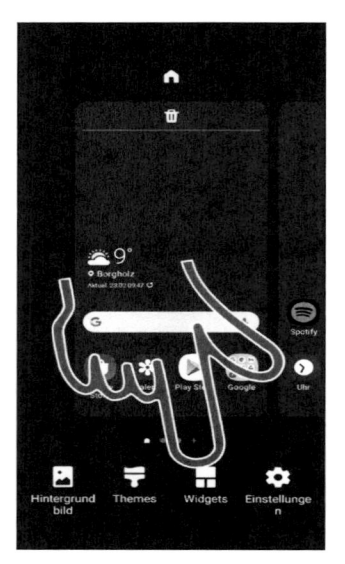

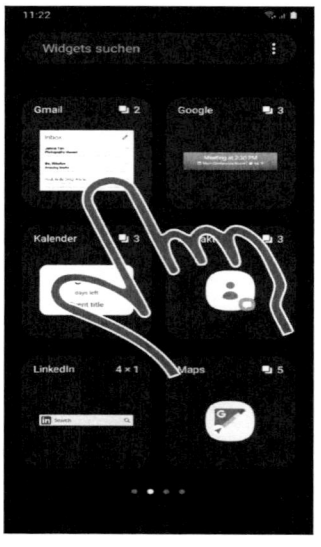

❶ Blättern Sie mit einer Wischgeste nach links oder rechts im Startbildschirm zu einem noch freien Bildschirm beziehungsweise entfernen Sie nicht benötigte Widgets (siehe auch Kapitel *4.7.2 Widgets*). Rufen Sie mit einer Kneifen-Geste (zwei Finger auf das Display halten und zusammen ziehen) den Bearbeitungsbildschirm auf. Beim ersten Mal benötigen Sie dazu mit Sicherheit mehrere Versuche.

❷ Betätigen Sie *Widgets* (Pfeil).

❸ Tippen Sie auf *Gmail* (gegebenenfalls müssen Sie vorher mit einer Wischgeste nach links mehrmals durch die aufgelisteten Widgets blättern).

Gmail

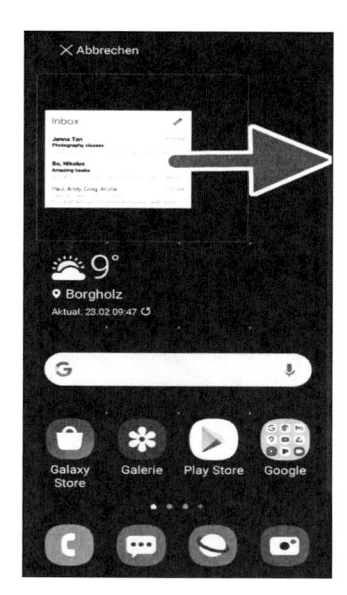

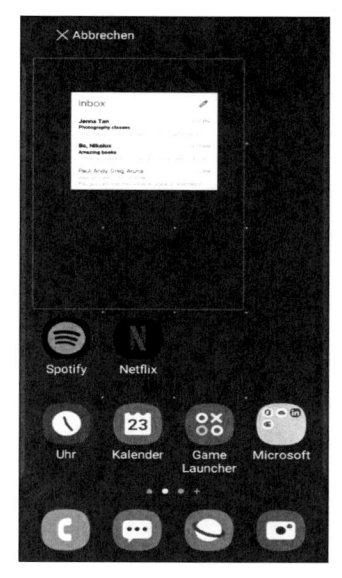

❶ Tippen und halten Sie den Finger auf dem Gmail-Vorschaubild. Lassen Sie den Finger aber noch nicht los!

❷❸ Auf dem Startbildschirm ist standardmäßig kaum Platz für das Widget. Halten Sie daher den Finger auf dem Display gedrückt und ziehen Sie ihn zusammen mit dem Widget an den Bildschirmrand. Das Handy erstellt eine neue Bildschirmseite. Hier lassen Sie dann den Finger los.

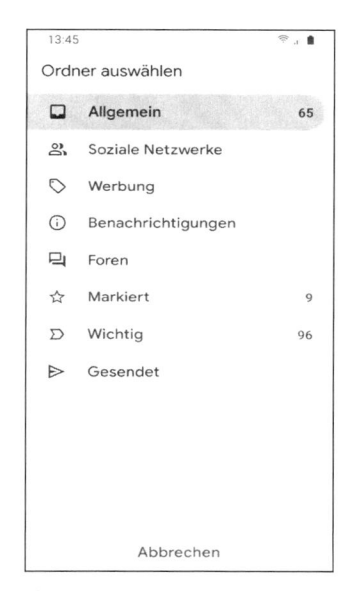

❶ Wählen Sie einen Ordner, idealerweise *Allgemein*, aus.

❷❸ Zum Schluss sollten Sie noch die Widget-Größe anpassen: Halten und ziehen Sie die hellblauen Ränder nach außen. Schließen Sie mit der ⟨-Taste den Vorgang ab.

> Auch nachträglich ist jederzeit eine Größenänderung des Gmail-Widgets möglich, indem Sie den Finger auf dem Widget halten, bis es hervorgehoben ist und dann loslassen.

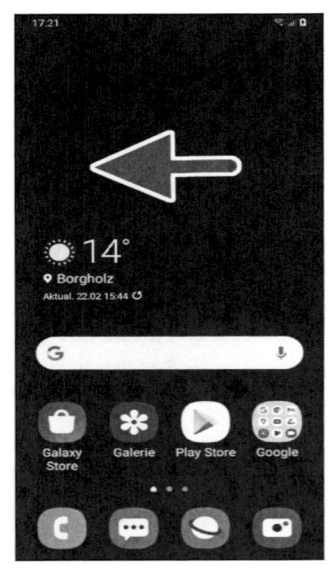

❶❷ Zur Anzeige der zweiten Bildschirmseite wischen Sie im Startbildschirm einfach nach links.

10.6 Meet

Meet (engl. »Treffen«) ist eine Videotelefonielösung für bis zu 100 Teilnehmer (in der Profiversion werden bis zu 250 Teilnehmer unterstützt). Videotelefonie hat gegenüber normalen Telefonaten den Vorteil größerer Initimität, da man sich ja von Angesicht zu Angesicht sieht. Kosten fallen übrigens keine an, denn die Übertragung erfolgt über das Internet.

Damit andere mit Ihnen über Meet kommunizieren können, müssen sie Gmail auf Ihrem Handy installiert haben. Die ist bei Android immer der Fall; auf dem iPhone muss Gmail aus dem App Store installiert werden. Alternativ nutzt man Meet im Webbrowser, wobei der jeweilige PC mit Kamera und Mikrofon ausgestattet sein muss. Ideal sind dafür deshalb Notebooks, die bereits entsprechende Hardware besitzen.

10.6.1 Videokonferenz einleiten

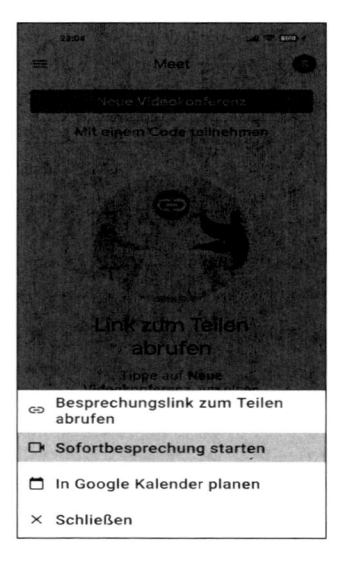

❶ Aktivieren Sie das *Meet*-Register.

❷ In unserem Fall möchten wir selbst ein Videotelefonat beginnen und gehen daher auf *Neue Videokonferenz*.

❸ Wählen Sie *Sofortbesprechung starten*.

Gmail

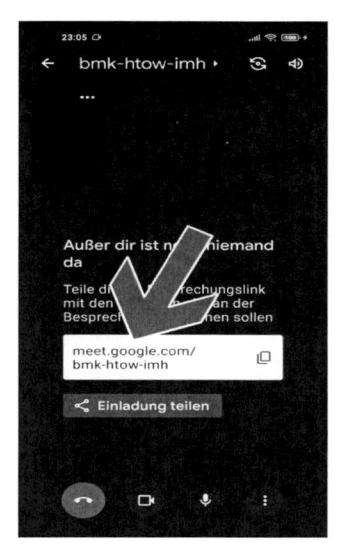

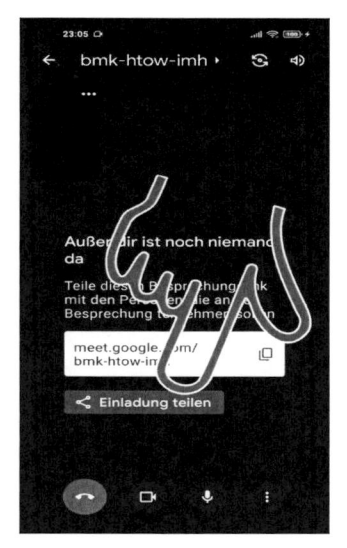

❶ Sie erhalten eine Webadresse angezeigt, über die andere Personen teilnehmen können (Pfeil).

❷❸ Wenn Sie möchten, geben Sie die Webadresse über *Einladung teilen* beispielsweise per E-Mail weiter.

> Die angezeigte Webadresse *meet.google.com/vuw-gufr-ryk* enthält übrigens den Freigabecode, in unserem Beispiel *vuw-gufr-ryk*. Darauf kommen wir noch zurück.

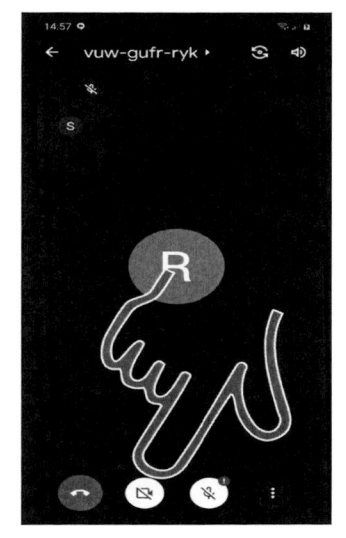

❶ Sobald jemand anders sich an Ihrer Videokonferenz anmeldet, müssen sie ihn erst mit *Erlauben* freigeben.

❷ Über die vier Schaltleisten am unteren Bildschirmrand steuern Sie das Telefonat:

- Auflegen (Videokonferenz beenden)
- Eigenes Kamerabild ein/ausschalten
- Mikro ein/ausschalten

> Achtung: Machen Sie die anderen Teilnehmer darauf aufmerksam, dass sie ihr Mikro immer ausgeschaltet lassen und es erst aktivieren, wenn sie sprechen möchten. Danach sollten sie es wieder ausschalten. Es kommt sonst zu sehr unangenehmen Rückkopplungen.

10.6.2 An Videokonferenz teilnehmen

❶❷ So nimmt jemand Ihre Videokonferenz an: Nach dem Gmail-Aufruf aktiviert er das *Meet*-Register und betätigt *Mit einem Code teilnehmen*.

❶ Nun ist der oben erwähnte Code einzugeben und *Teilnehmen* zu betätigen.

❷❸ *Teilnehmen* aktiviert die Videokonferenz.

11. Outlook E-Mail

Über die E-Mail-Anwendung verwalten, senden und empfangen Sie E-Mails. Zuvor müssen Sie den Internetzugang, wie im Kapitel *8 Internet einrichten und nutzen* beschrieben, richtig konfiguriert haben. Anwender, die mehrere E-Mail-Konten, zum Beispiel privat und geschäftlich nutzen, können problemlos auch mehrere Konten anlegen.

❶❷ Starten Sie die *Outlook*-Anwendung aus dem *Microsoft*-Ordner des Hauptmenüs.

❸ Gehen Sie auf KONTO HINZUFÜGEN.

11.1 E-Mail-Einrichtung

11.1.1 E-Mail-Konto automatisch einrichten

Die E-Mail-Anwendung kennt bereits die wichtigsten kostenlosen E-Mail-Dienste wie beispielsweise GMX, Outlook.de, Web.de und T-Online. Sie brauchen für diese Anbieter nur Ihre E-Mail-Adresse und das Passwort eingeben.

Besitzen Sie dagegen eine Website mit eigener E-Mail-Adresse, ist häufig eine automatische Einrichtung nicht möglich. Lesen Sie in diesem Fall im Kapitel *11.1.2 E-Mail-Konto manuell einrichten* weiter.

> Von einigen E-Mail-Anbietern wird im Google Play Store (siehe Kapitel *24.1 Play Store*) auch eine spezielle E-Mail-Anwendung angeboten. Suchen Sie im Play Store einfach nach dem Namen des E-Mail-Anbieters.

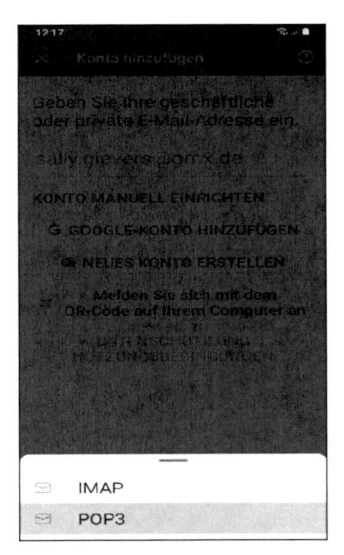

❶ Im Beispiel wird ein E-Mail-Konto für den kostenlosen E-Mail-Anbieters GMX eingerichtet: Geben Sie Ihre E-Mail-Adresse ein und betätigen Sie *WEITER*.

❷ Falls nach dem E-Mail-Protokoll gefragt wird, wählen Sie *POP3*.

❶ In den meisten Fällen kennt Outlook bereits Ihren E-Mail-Anbieter und füllt die verschiedenen Eingabefelder korrekt aus. Sie selbst müssen nur noch eingeben:

- *Anzeigename*: Wird in Ihren E-Mails als Absender angegeben.
- *POP-Kennwort*: Passwort Ihres E-Mail-Kontos für den Nachrichtenabruf.
- *SMTP-Kennwort*: Passwort Ihres E-Mail-Kontos für das Nachrichtensenden. Das *SMTP-Kennwort* entspricht fast immer dem *POP-Kennwort*.

❷ Gehen Sie zum Schluss auf ✓.

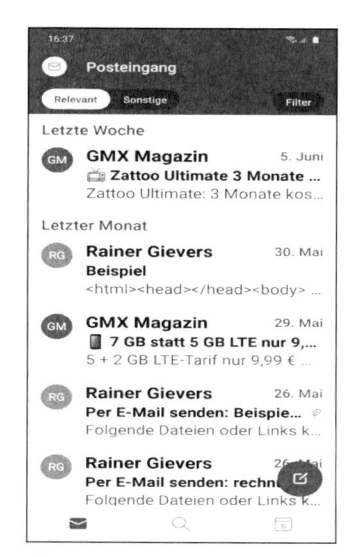

Outlook E-Mail

❶ Betätigen Sie *VIELLEICHT SPÄTER*.

❷ Ihr Posteingang wird geladen und Sie können nun mit dem Programm arbeiten.

11.1.2 E-Mail-Konto manuell einrichten

Hier wird beschrieben, wie Sie eine E-Mail-Adresse einrichten, wenn Sie eine Website mit eigenem E-Mail-Konto besitzen.

❶ Geben Sie zuerst Ihre E-Mail-Adresse ein, danach betätigen Sie *WEITER*.

❷ Zur Auswahl stehen nun als Kontotyp *POP3-Konto* und *IMAP-Konto*. Wir wählen *POP3-Konto*, das im Gegensatz zum IMAP von jedem E-Mail-Betreiber unterstützt wird.

❸ In den meisten Fällen kennt Outlook bereits Ihren E-Mail-Anbieter und füllt die verschiedenen Eingabefelder korrekt aus. Sie selbst müssen nur noch eingeben:

- *Anzeigename*: Wird in Ihren E-Mails als Absender angegeben.
- *POP-Kennwort*: Passwort Ihres E-Mail-Kontos für den Nachrichtenabruf.
- *SMTP-Kennwort*: Passwort Ihres E-Mail-Kontos für das Nachrichtensenden. Das *SMTP-Kennwort* entspricht fast immer dem *POP-Kennwort*.

❶ Gehen Sie zum Schluss auf ✓.

❷ Betätigen Sie *VIELLEICHT SPÄTER*.

11.1.3 Mehrere E-Mail-Konten verwalten

❶❷ In der Outlook-Anwendung dürfen Sie mehrere E-Mail-Konten verwenden. Aktivieren Sie dafür das Ausklappmenü und tippen Sie auf ⚙.

❸ Gehen Sie auf *E-MAIL-KONTO HINZUFÜGEN* und erfassen Sie, wie bereits in den vorherigen Kapiteln beschrieben, die Kontodaten.

Outlook E-Mail

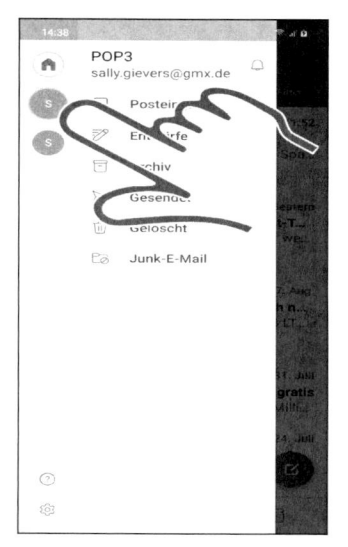

❶❷ So schalten Sie später zwischen den Konten um: Aktivieren Sie das Ausklappmenü und tippen Sie ein Kontosymbol an.

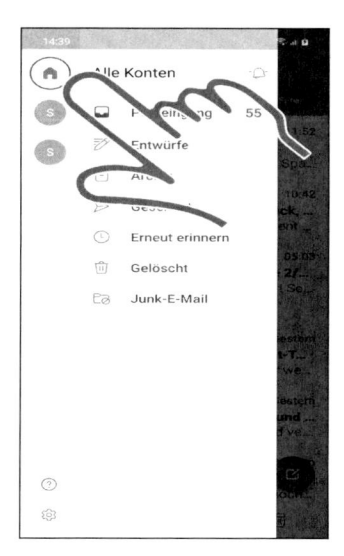

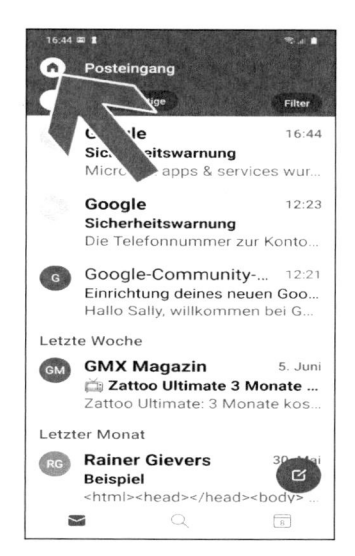

❶ Eine Besonderheit ist *Alle Konten*, das Sie ebenfalls im Ausklappmenü aktivieren können (Pfeil).

❷ Am oberen Bildschirmrand informiert 🏠 darüber, dass nun Nachrichten aus allen E-Mail-Konten zusammen aufgelistet werden.

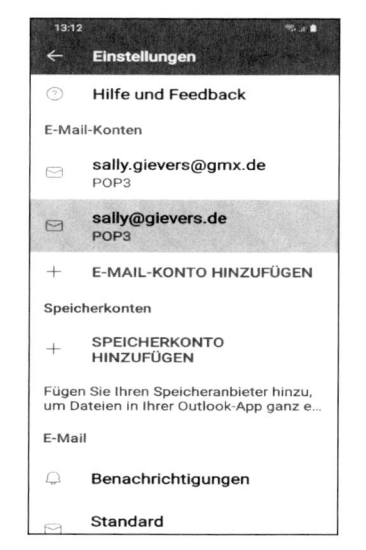

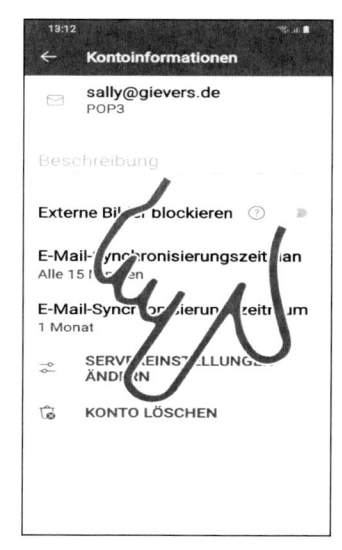

❶❷ Zum Entfernen eines Kontos rufen Sie ⚙ im Ausklappmenü auf und gehen auf das zu löschende Konto.

❸ Tippen Sie auf *KONTO LÖSCHEN*.

> Die Nachrichten in Ihrem E-Mail-Konto bleiben beim E-Mail-Anbieter erhalten. Wenn Sie also beispielsweise erneut das E-Mail-Konto auf dem Handy einrichten, sind auch Ihre Nachrichten wieder vorhanden.

11.2 E-Mail-Konto bearbeiten

11.2.1 Allgemeine Einstellungen

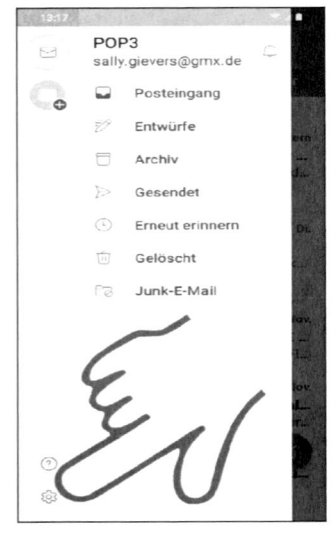

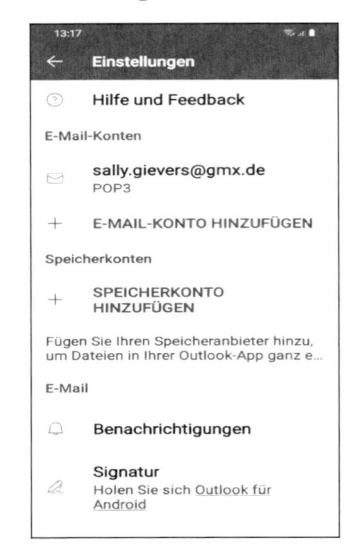

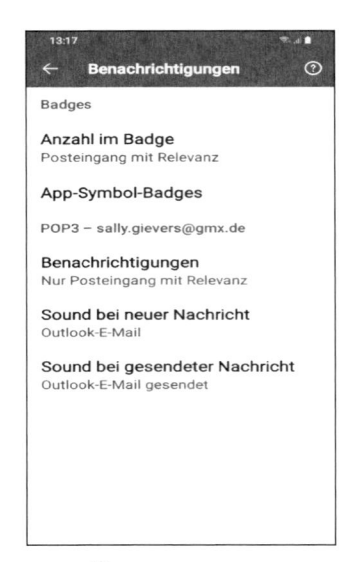

❶❷ Die für **alle** Konten verwendeten Voreinstellungen finden Sie unter ⚙ im Ausklappmenü.

Unter *E-Mail-Konten*:

- Die von Ihnen angelegten E-Mail-Konten. Wird bereits im Kapitel *11.2 E-Mail-Konto bearbeiten* beschrieben.

Unter *Speicherkonten*:

- Zugriff auf sogenannte Cloud-Speicher wie *OneDrive*, *Dropbox*, *box* oder *Google Drive*. Für die E-Mail-Nutzung nicht relevant.

Unter *E-Mail*:

- *Benachrichtigungen* (❸)*:* Stellen Sie für die verwendeten E-Mail-Konten ein, ob Sie eine Benachrichtigung bei neu vorliegenden Nachrichten erhalten möchten. Wir raten von Änderungen in diesem Menü ab.
- *Standard*: Falls Sie mehrere E-Mail-Konten nutzen, fungiert eines davon als Standard-Konto und wird automatisch bei neu von Ihnen erstellen Nachrichten als Absender eingesetzt. *Standard* ändert dies. Dieser Menüpunkt ist nur sichtbar, wenn Sie mehrere E-Mail-Konten in Outlook eingerichtet haben.
- *Signatur*: Die Signatur erscheint unter allen von Ihnen erstellten E-Mails. Geben Sie darin beispielsweise alternative Kontaktmöglichkeiten an.
- *Wischoptionen*: Konfiguriert, welche Aktion Outlook bei einer Wischgeste im Posteingang durchführt. Darauf gehen wir im Kapitel *11.3.12 Wischgeste* ein.
- *Posteingang mit Relevanz*: Outlook erkennt anhand Ihres Nutzungsverhaltens relevante (=wichtige) Nachrichten. Siehe Kapitel *11.3.10 Relevante Nachrichten*.
- *E-Mails in Threads organisieren*: Fasst alle mit einem Dritten ausgetauschten Nachrichten in einem Eintrag zusammen, was die Übersicht im Posteingang erhöht.

… die weiteren Menüpunkte sind für die tägliche Arbeit mit Outlook nicht relevant.

11.2.2 Konto-Einstellungen

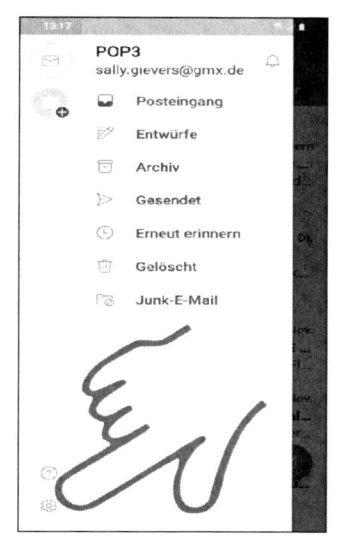

❶ Rufen Sie das Ausklappmenü auf und gehen Sie darin auf ⚙.

❷❸ Wählen Sie ein Konto aus.

Die Parameter:

- *Externe Bilder blockieren*: Aus Datenschutzgründen lädt Outlook standardmäßig keine Bilder aus dem Internet, weil damit der Absender weiß, dass Sie seine Nachricht gelesen haben. Mitgeschickte Bilder zeigt Outlook dagegen an.

- *E-Mail-Synchronisationszeitplan:* Lassen Sie diese Option aktiv, damit der automatische, zeitgesteuerte Abruf erfolgt. Wenn Sie sie dagegen deaktivieren, müssen Sie neuen die Nachrichten von Hand herunterladen (indem Sie im Posteingang eine Wischgeste von oben nach unten durchführen).

- *E-Mail-Synchronisationszeitraum*: Stellen Sie hier ein, wie alt abgerufene Nachrichten sein dürfen. Die Voreinstellung ist *1 Monat*.

- SERVEREINSTELLUNGEN ÄNDERN: Konfiguriert die Abruf- beziehungsweise Sendeeinstellungen. Hier sollten Sie nichts ändern.

- KONTO LÖSCHEN: Löscht das E-Mail-Konto in der Outlook-Anwendung. Alle E-Mails im Internet-E-Mail-Konto bleiben dabei erhalten.

11.3 E-Mail-Anwendung in der Praxis

11.3.1 E-Mail-Ordner

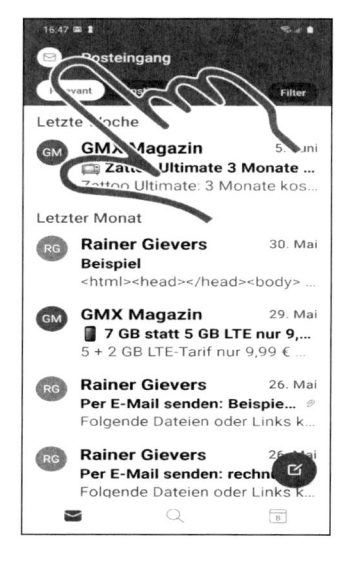

❶ Die Nachrichten verwaltet die E-Mail-Anwendung in Ordnern, zwischen denen man über das Ausklappmenü (Pfeil) umschaltet.

❷ Das Menü ist unterteilt in:

- *Posteingang*: Empfangene E-Mails.
- *Entwürfe*: E-Mails, die Sie für späteren Versand erstellt haben.
- *Archiv*: E-Mails, die Sie gelesen haben und für spätere Weiterverwendung abgelegt haben.
- *Gesendet:* Verschickte E-Mails
- *Papierkorb*: Gelöschte E-Mails.
- *Spam*: Als Spam eingeordnete Nachrichten.

11.3.2 E-Mails abrufen

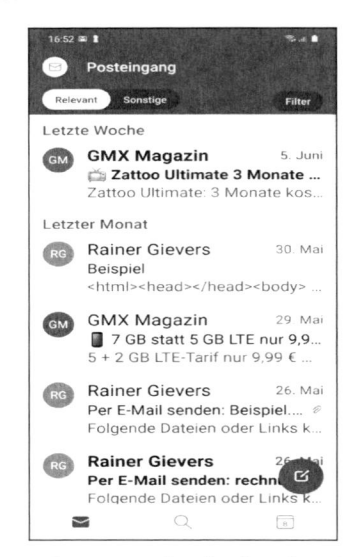

❶ Führen Sie eine Wischgeste nach unten durch für den E-Mail-Abruf. Alternativ können Sie auch in den Einstellungen (siehe Kapitel *11.2.2 Konto-Einstellungen*) festlegen, wie häufig der automatische Mail-Abruf erfolgt.

❷ Hat der Abruf geklappt, dürfte es im Fenster ungefähr so wie hier aussehen. Alle Nachrichten werden mit Absender, Empfangsdatum und Betreff anzeigt. Gelesene Nachrichten hebt die E-Mail-Anwendung mit grauer Schrift hervor. Tippen Sie eine Nachricht an, so wird sie angezeigt.

11.3.3 E-Mails lesen und beantworten

Outlook E-Mail

❶❷ Tippen Sie die anzusehende E-Mail an.

❶❷ Weitere Funktionen erhalten Sie über die Schaltleisten (Pfeil):

- *Antworten*: Erstellt eine Antwort-Nachricht an den Absender.
- ↩ ˅:
    - *Antworten*
    - *Weiterleiten*: E-Mail an einen weiteren Empfänger weiterleiten.
    - *Empfänger bearbeiten*: E-Mail beantworten, vorher aber weitere Empfänger hinzufügen.

❸ *Allen Anworten* steht zur Verfügung, wenn die empfangene E-Mail weitere Empfänger hat. Diese erhalten dann ebenfalls Ihre Anwort. Bitte kontrollieren Sie vor dem Absenden, ob wirklich alle Empfänger Ihre Nachricht erhalten sollten.

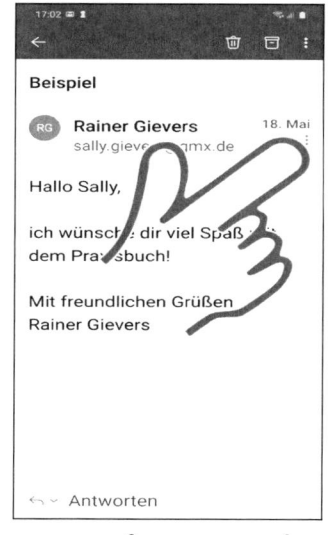

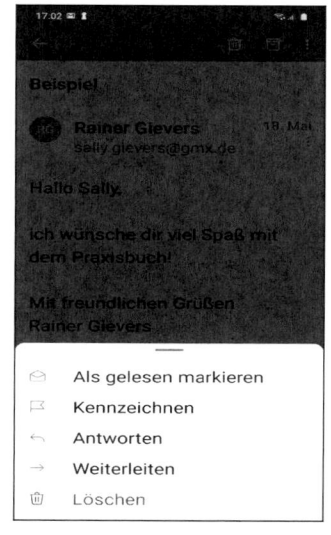

❶❷ Das ⋮-Menü (das ⋮-Symbol ist schwer mit dem Finger zu treffen; gegebenenfalls mehrfach probieren):

- *Als ungelesen markieren*: Setzt den Lesestatus auf »ungelesen« zurück.
- *Kennzeichnen*: Hebt eine Nachricht farbig im Posteingang hervor.
- *Antworten; Weiterleiten; Löschen*

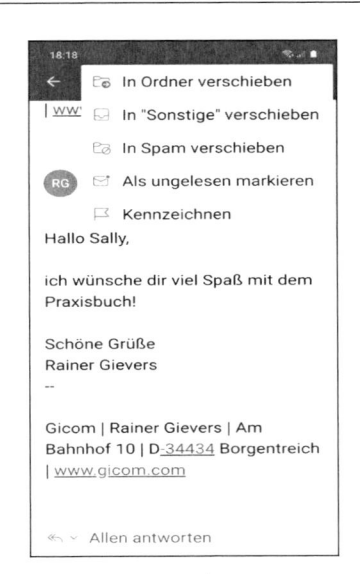

❶❷ Die Schaltleisten am oberen Bildschirmrand:

- 🗑: Nachricht löschen.
- 🗄: Nachricht archivieren (siehe Kapitel *11.3.13 Archiv*).
- Das ⋮-Menü:
  - *In Ordner verschieben*: E-Mail zwischen den Ordnern verschieben.
  - *In "Sonstige" verschieben*: Darauf geht Kapitel *11.3.10 Relevante Nachrichten* ein.
  - *In Spam verschieben*: Siehe Kapitel *11.3.11 Spam*.
  - *Als ungelesen markieren*: Setzt den Lesestatus auf »ungelesen« zurück (anschließend Wechsel zum Posteingang).
  - *Kennzeichnen*: Nachricht farbig im Posteingang hervorheben.

❶ Zur nächsten/vorherigen Nachricht wechseln Sie mit einer Wischgeste.

❷ Ziehen Sie zwei gleichzeitig auf dem Display gedrückte Finger auseinander beziehungsweise zusammen, so vergrößert/verkleinert das Handy die Nachrichtenanzeige. Mit einem Fingerwischen ändern Sie dann den angezeigten Bildausschnitt.

Outlook E-Mail 167

11.3.4 E-Mails löschen

Das Löschen in der E-Mail-Anwendung ist eine Philosophie für sich... Empfangene E-Mails werden standardmäßig nicht vom Internet-E-Mail-Konto gelöscht und lassen sich somit erneut mit dem E-Mail-Programm auf dem Desktop-PC abrufen oder auf der Weboberfläche des E-Mail-Anbieters anzeigen.

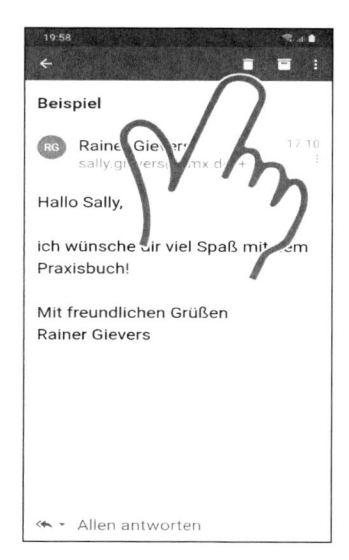

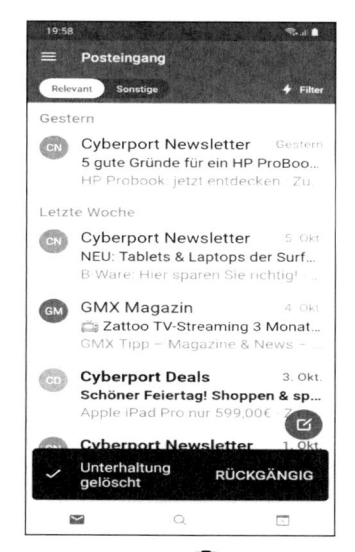

❶ Löschen Sie eine E-Mail, beispielsweise mit 🗑 in der Nachrichtenansicht, so verschwindet die E-Mail nicht sofort aus der Nachrichten-Anwendung, sondern landet im *Papierkorb*-Ordner.

❷ Falls Sie sich übrigens beim Löschen vertan haben, können Sie es mit *RÜCKGÄNGIG* widerrufen.

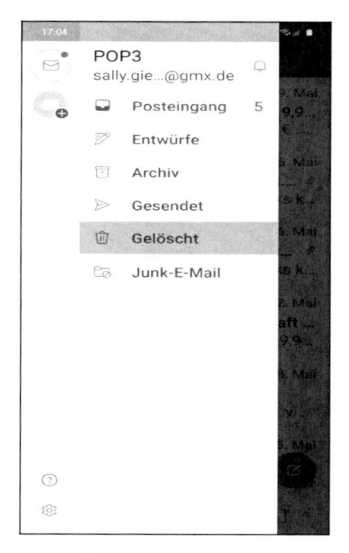

❶❷❸ Sie können sich davon auch selbst überzeugen, indem Sie das Ausklappmenü aktivieren und dann auf *Gelöscht* gehen.

> Viele E-Mail-Programme auf dem PC löschen standardmäßig alle empfangenen Mails vom Internet-E-Mail-Konto. Die E-Mail-Anwendung auf dem Galaxy erkennt das und entfernt bei sich die gelöschten Nachrichten ebenfalls. Wundern Sie sich also nicht, wenn auf dem Galaxy nach dem E-Mail-Abruf plötzlich Mails verschwunden sind!

11.3.5 Dateianlagen

In E-Mails enthaltene Dateianlagen kann man anzeigen und weiterverarbeiten.

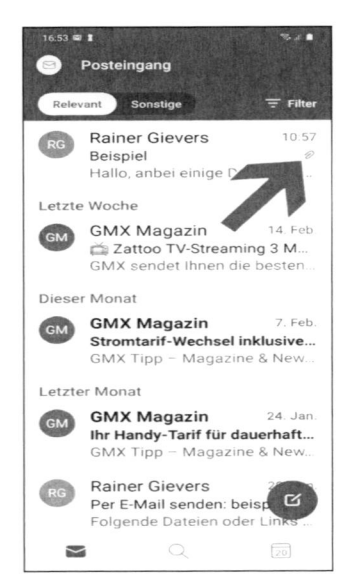

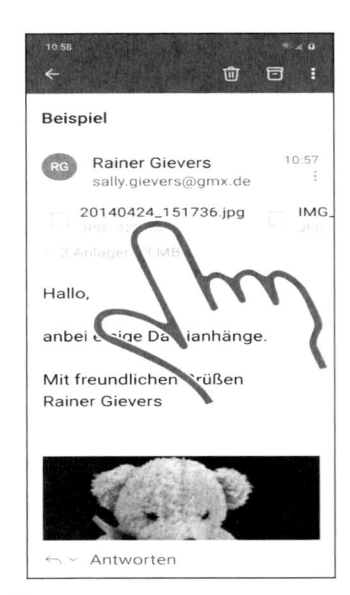

❶ Über Dateianlagen informiert 📎 (Pfeil) in der Nachrichtenauflistung.

❷ Zum Anzeigen in der jeweiligen Anwendung tippen Sie die Datei an.

11.3.6 Favoriten (»gekennzeichnet«)

Sie können Nachrichten, die in irgendeiner Weise wichtig sind, als »Favoriten« kennzeichnen, um sie später schneller wiederzufinden.

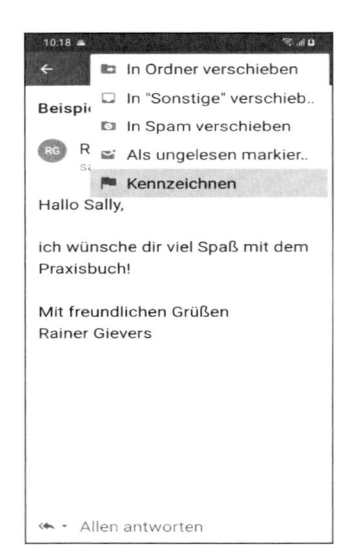

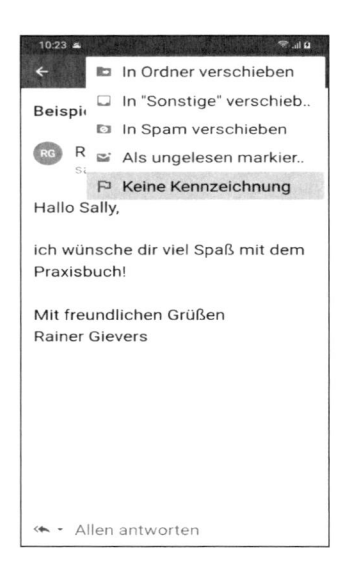

❶❷ Rufen Sie das ⋮-Menü auf und gehen Sie auf *Kennzeichnen*.

❸ Erneuter Aufruf des ⋮-Menüs und Auswahl von *Keine Kennzeichnung* entfernt dagegen später die Favoriten-Kennzeichnung.

Outlook E-Mail

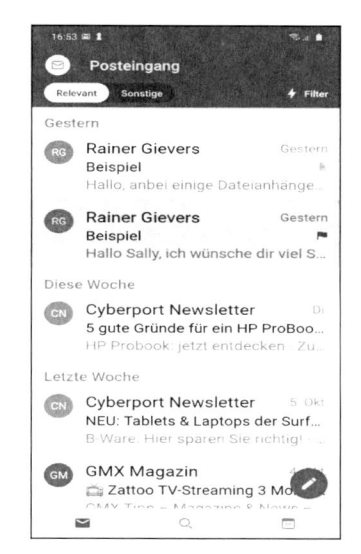

❶❷ Eine »Flagge« informiert über die Favoriten-Kennzeichnung und auch im Posteingang wird die Nachricht hervorgehoben.

Tipp: Mit der im Kapitel *11.3.7 Filter* beschriebenen Funktion beschränken Sie die Nachrichtenauflistung im Posteingang auf gekennzeichnete.

11.3.7 Filter

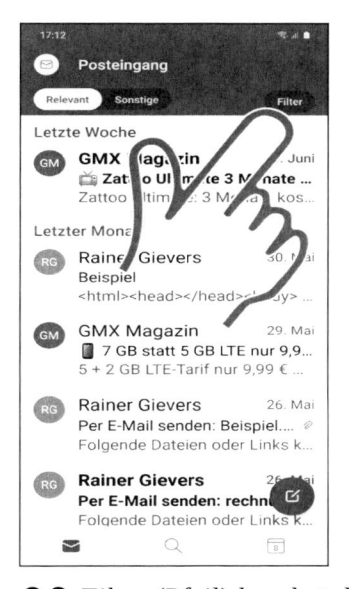

❶❷ *Filter* (Pfeil) beschränkt die Anzeige auf ungelesene, gekennzeichnete (siehe Kapitel *11.3.6 Favoriten (»gekennzeichnet«)*) oder Nachrichten mit Dateianhang (siehe Kapitel *11.3.5 Dateianlagen*)

❸ Antippen (Pfeil) beendet die Filterung.

11.3.8 Suche

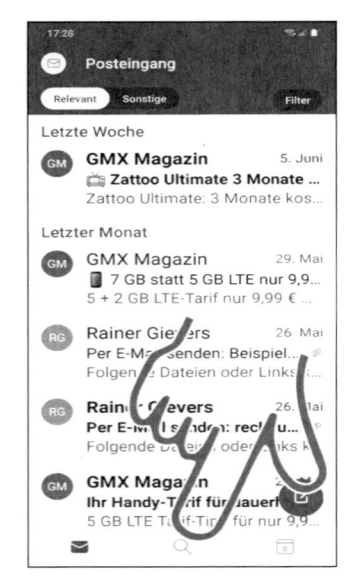

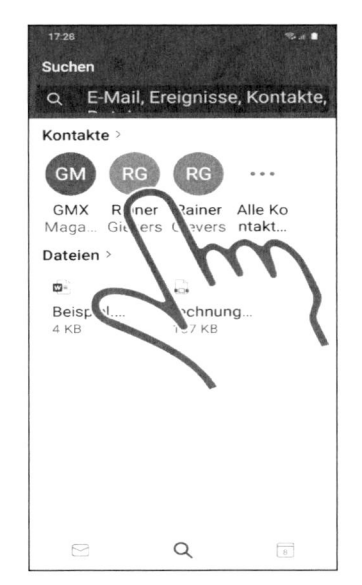

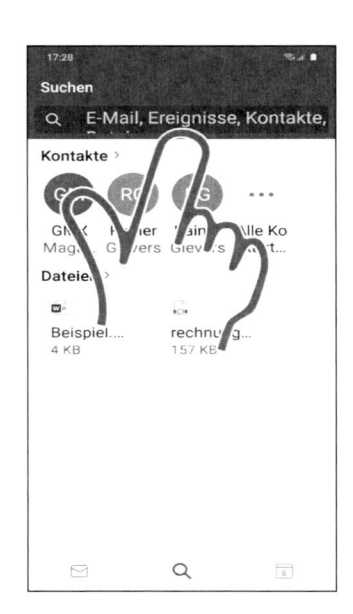

❶ Gehen Sie auf 🔍 am unteren Bildschirmrand.

Sie haben nun zwei Möglichkeiten: Entweder tippen Sie auf eine der aufgelisteten E-Mail-Adressen (❷), was nur die damit ausgetauschten Nachrichten anzeigt, oder Sie tippen ins Eingabefeld und erfassen dort den Suchbegriff (❸).

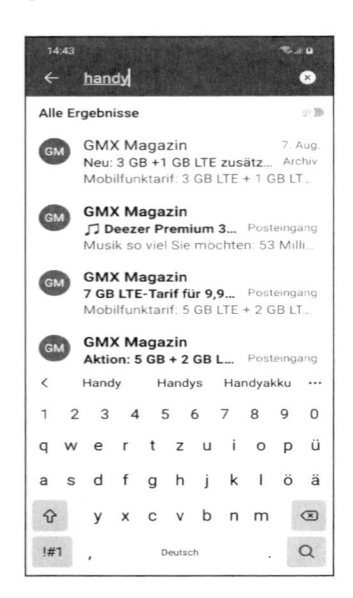

Schon bei der Eingabe des Suchbegriffs aktualisiert Outlook die Fundliste.

Mehrmaliges Betätigen der ‹-Taste schließt den Suchbildschirm und kehrt in den Posteingang zurück.

11.3.9 Stapelvorgänge

Wenn eine Aktion wie Löschen, Favoriten-Kennzeichnung hinzufügen, Archivierung, usw. auf mehrere Nachrichten anzuwenden ist, verwenden Sie die Stapelvorgänge.

Outlook E-Mail

❶❷ Zum Markieren tippen Sie auf das runde Symbol vor einer Nachricht, was diese »abhakt«.. Danach lassen sich weitere Nachrichten durch Antippen markieren. Über die 🗑-Schaltleiste am oberen Bildschirmrand können Sie dann die Nachrichten entfernen. Den Markierungsmodus verlassen Sie gegebenenfalls mit der ‹-Taste.

11.3.10 Relevante Nachrichten

Für Überblick in den E-Mails sorgt eine automatische Filterfunktion, die E-Mails als »relevant« oder »andere« einordnet. Dabei wertet Outlook aus, mit welchen Absendern Sie interagieren.

Falls Sie die Funktion »relevante Nachrichten« nicht nutzen möchten, deaktivieren Sie sie in den Einstellungen (siehe Kapitel *11.2.1 Allgemeine Einstellungen*, Option *Posteingang mit Relevanz*).

❶❷ Über die Schaltleisten *Relevant* (für Sie wichtig) und *Sonstige* (für Sie unwichtig) schalten Sie die Anzeige um.

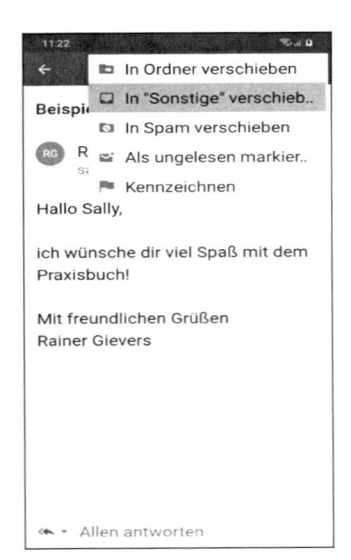

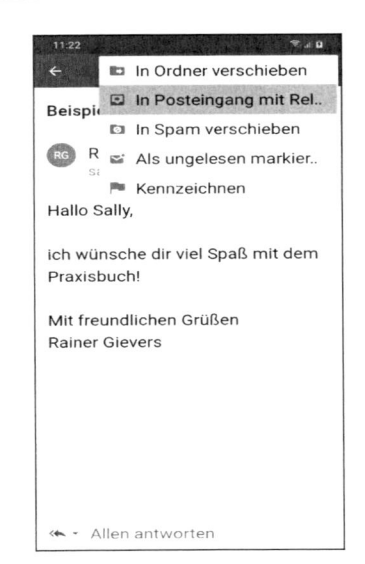

❶❷ ⁝/*In "Sonstige" verschieben* beziehungsweise *In Posteingang mit Relevanz verschieben* sortieren die Nachrichten in den Relevant/Sonstige-Ordner ein.

11.3.11 Spam

Als »Spam« bezeichnet man unerwünschte E-Mails, meistens von Werbetreibenden.

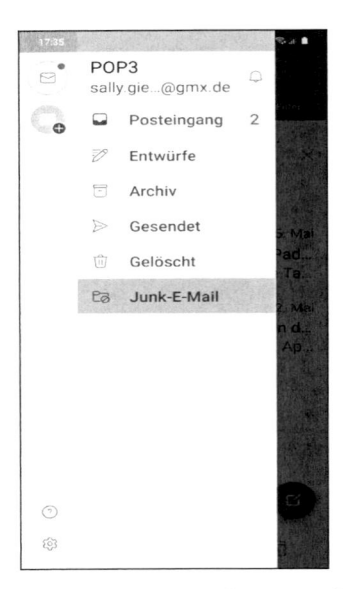

❶ Rufen Sie ⁝/*In Spam verschieben* bei unerwünschten Nachrichten auf. Künftig ordnet Outlook alle ähnlichen Nachrichten ebenfalls als Spam ein. Die Spam-Nachricht verschwindet zudem aus dem Posteingang.

❷❸ Ab und zu sollten Sie kontrollieren, ob nicht aus Versehen legitime Nachrichten als Spam eingeordnet wurden. Dazu gehen Sie auf *Junk-E-Mail* im Ausklappmenü.

Outlook E-Mail

❶❷ Sie möchten den Spam-Status rückgängig machen? Dann rufen Sie die Nachricht auf und gehen auf ⁝/*Kein Spam*. Die Nachricht landet wieder im Posteingang.

11.3.12 Wischgeste

❶❷ Wischen Sie auf einer Nachricht nach links, um sie zu archivieren (siehe Kapitel *11.3.13 Archiv*)

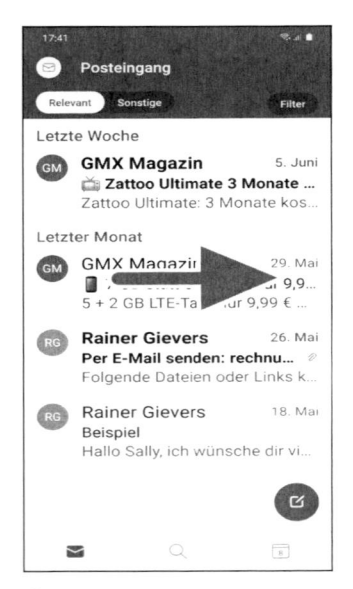

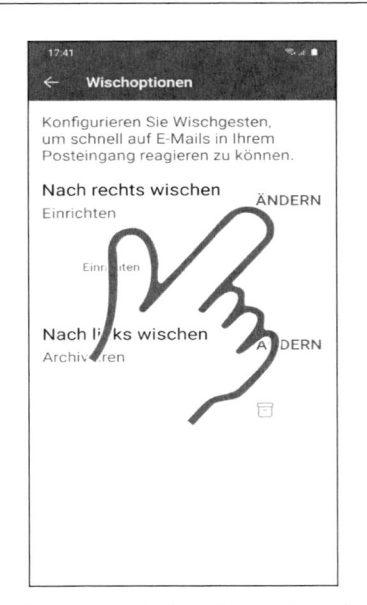

❶ Wischen Sie im Posteingang über eine Nachricht nach rechts.

❷❸ Sie können nun über *ÄNDERN* (Pfeil) festlegen, welche Aktion Outlook bei einer Wischgeste nach rechts durchführen soll. Wir empfehlen die Option *Löschen*.

11.3.13 Archiv

Outlook bietet die Option, E-Mails, die Sie vielleicht später noch einmal benötigen, aus dem Posteingang ins Archiv zu verschieben.

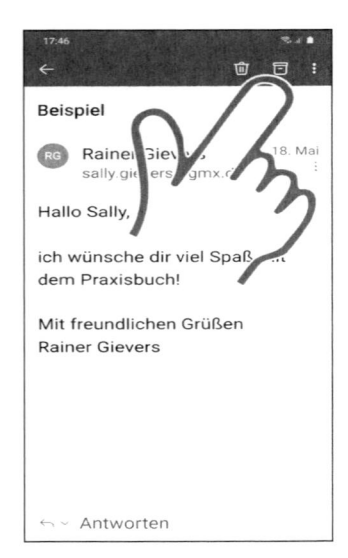

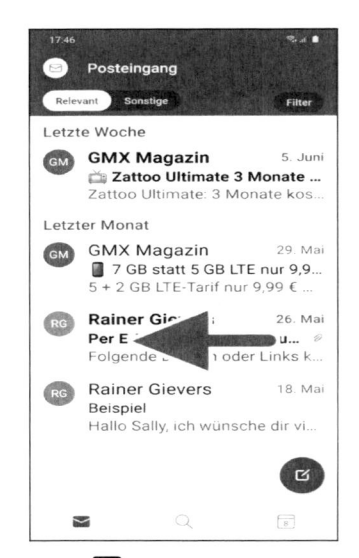

❶ Betätigen Sie in einer Nachricht die 🗁-Schaltleiste.

❷ Alternativ wischen Sie im Posteingang über einer Nachricht nach links.

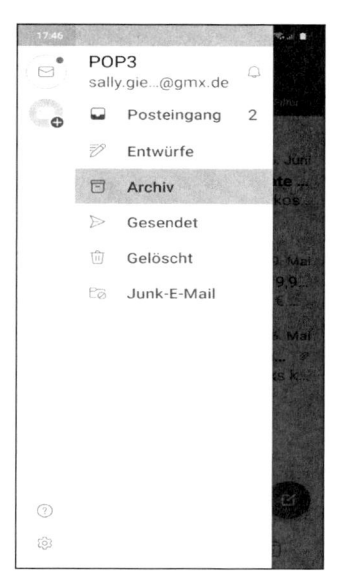

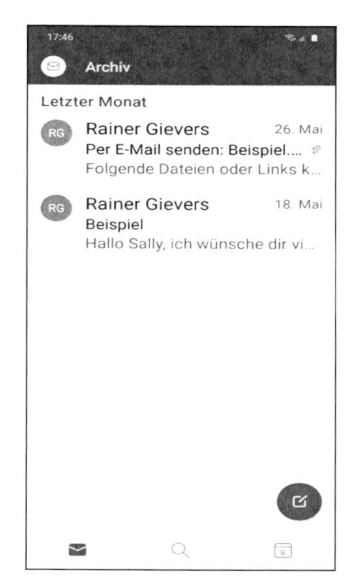

❶❷ Die archivierten Nachrichten zeigt *Archiv* im Ausklappmenü an.

11.4 E-Mail erstellen und senden

❶ Die blaue Schaltleiste (Pfeil) erstellt eine neue Nachricht.

❷ Sobald Sie einige Buchstaben in das *An*-Feld eingetippt haben, öffnet sich die Empfängerliste. Dabei greift Outlook allerdings nicht auf das Telefonbuch (siehe Kapitel *7 Telefonbuch*) zu, sondern nur auf E-Mail-Adressen, mit denen Sie schon mal Nachrichten ausgetauscht haben.

❸ Geben Sie noch Betreff und Nachrichtentext ein, dann betätigen Sie ➤. Outlook schaltet wieder auf den Posteingang um, während der Versand im Hintergrund erfolgt.

❶❷ Weitere Empfänger lassen sich bei Bedarf übrigens hinzufügen, indem Sie in das *An*-Eingabefeld (Pfeil) tippen und dann einfach die Mail-Adresse eingeben.

11.4.1 Cc/Bcc

❶❷ Eine Besonderheit sind die *Cc/Bcc*-Eingabefelder, die Sie über die ∧-Schaltleiste (Pfeil) aktivieren:

- *Cc*: Der Begriff Cc steht für »Carbon Copy«, zu deutsch »Fotokopie«. Der ursprüngliche Adressat (im *An*-Eingabefeld) sieht später die unter *CC* eingetragenen weiteren Empfänger. Die *CC*-Funktion ist beispielsweise interessant, wenn Sie ein Problem mit jemandem per E-Mail abklären, gleichzeitig aber auch eine zweite Person von Ihrer Nachricht Kenntnis erhalten soll.

- *Bcc*: Im Bcc (»Blind Carbon Copy«)-Eingabefeld erfassen Sie weitere Empfänger, wobei der ursprüngliche Adressat im *An*-Feld nicht mitbekommt, dass auch noch andere Personen die Nachricht erhalten.

Outlook E-Mail 177

11.4.2 Entwürfe

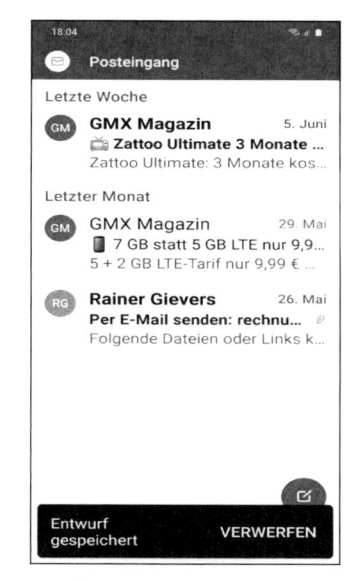

❶❷ Betätigen Sie während der Nachrichtenerstellung statt ➤ die ✕-Schaltleiste (Pfeil). Die Nachricht wird als Entwurf gespeichert und Outlook kehrt in den Posteingang zurück.

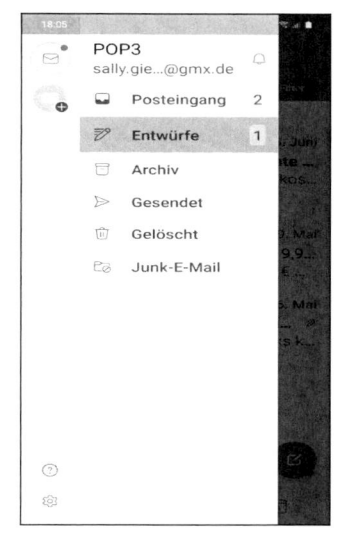

❶ Möchten Sie den Entwurf später senden, rufen Sie das Ausklappmenü auf.

❷❸ Dann gehen Sie in den *Entwürfe*-Ordner. Die hier abgelegten Nachrichtenentwürfe können Sie nach dem Antippen wie gewohnt bearbeiten und dann verschicken.

11.4.3 E-Mail-Anhänge

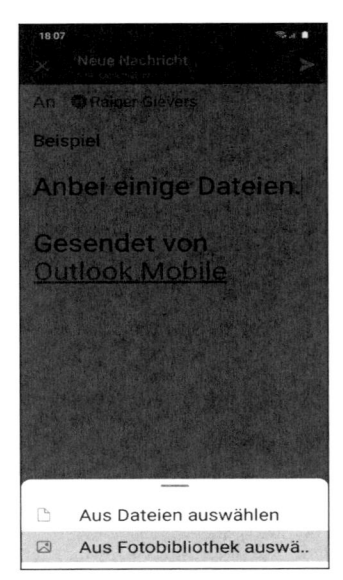

❶ Über 📎 fügen Sie eine Datei als Anhang hinzu.

❷ Zur Auswahl stehen:
- *Aus Dateien auswählen*: Stellt Dateien zur Verfügung, die Sie zuvor mal in E-Mails empfangen hatten.
- *Aus Fotobibliothek auswählen*: Fotos im Kameraordner zur Auswahl auflisten.

In unserem Beispiel gehen wir auf *Aus Fotobibliothek auswählen*.

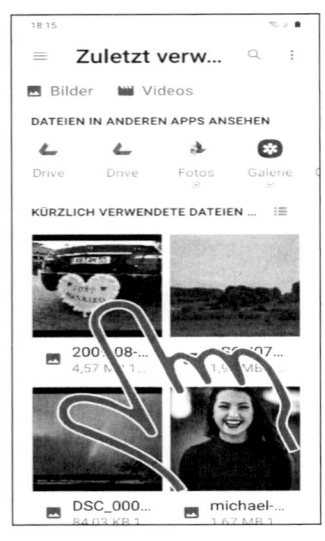

❶ Tippen Sie auf ein Bild.

❷ Wählen Sie anschließend aus, ob das Bild verkleinert werden soll, was bei langsamen Mobilfunkverbindungen empfehlenswert ist.

❸ Gegebenenfalls wiederholen Sie den Einfügevorgang mit weiteren Dateien. Das Bild befindet sich in der E-Mail und können verschickt werden.

11.5 E-Mails auf dem Startbildschirm

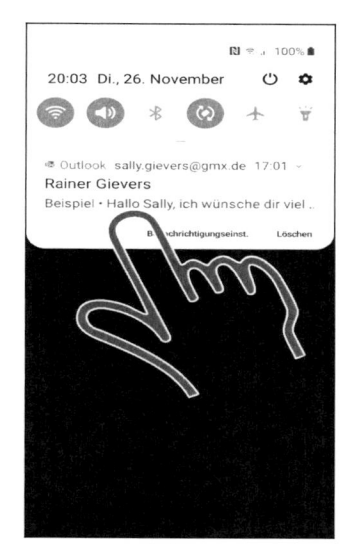

❶ Über neu vorhandene E-Mails informiert die Titelleiste (Pfeil).

❷❸ Öffnen Sie das Benachrichtigungsfeld und gehen Sie auf den E-Mail-Eintrag, worauf die Nachricht anzeigt wird.

❶ Verwenden Sie das *Outlook*-Widget, um den Posteingang direkt im Startbildschirm anzuzeigen (wie Sie Widgets anlegen, erfahren Sie im Kapitel *4.7.2 Widgets*). Wählen Sie erst *Outlook* aus.

❷ Dann tippen und halten Sie den Finger auf das *E-Mail*-Widget…

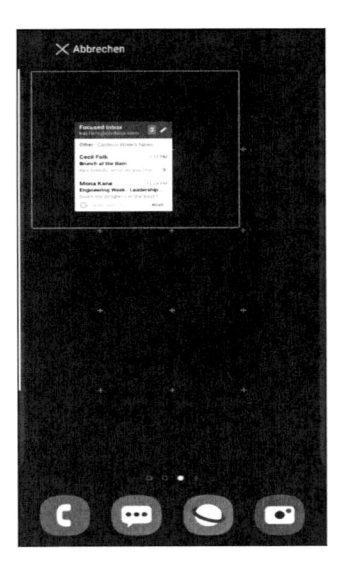

❶❷ ... und weil auf dem Startbildschirm eventuell zu wenig Platz ist, lassen Sie das Widget nicht los, sondern ziehen es an den Bildschirmrand, bis das Handy auf eine weitere Bildschirmseite umschaltet. Erst dann lassen Sie den Finger los.

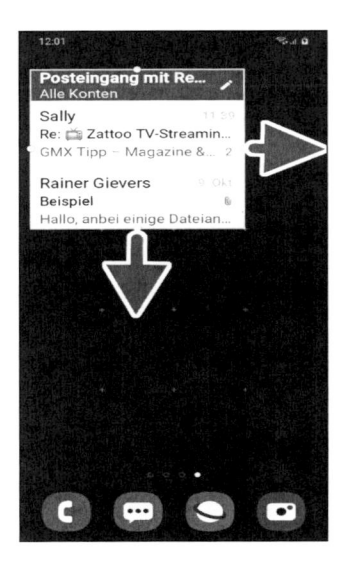

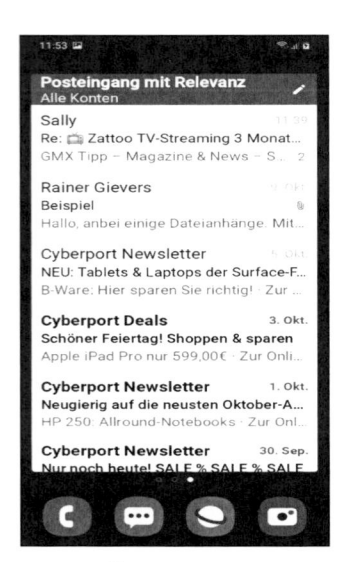

❶ Schließen Sie den Konfigurationsbildschirm mit der *WIDGET HINZUFÜGEN*.

❷ Jetzt können Sie noch die Widget-Größe einstellen, indem Sie an dessen Rändern ziehen. Wenn Sie damit fertig sind, tippen Sie entweder in einen freien Bildschirmbereich oder betätigen die ❮-Taste.

❸ Damit ist das Widget auf der Startbildschirmseite eingerichtet.

Outlook E-Mail

❶❷ Vergessen Sie nicht, dass Sie mit Wischgesten auf dem Startbildschirm zur Bildschirmseite mit dem Widget wechseln.

12. Webbrowser

Das Galaxy besitzt, neben dem hier vorgestellten Webbrowser »Internet«, mit »Chrome« gleich zwei verschiedene Webbrowser, die sich funktionell kaum unterscheiden.

> Eine Beschreibung des Chrome-Webbrowsers finden Sie im Kapitel *13 Chrome-Webbrowser*.
>
> Damit man den Browser nutzen kann, muss eine Internetverbindung (siehe Kapitel *8 Internet einrichten und nutzen*) aktiv sein.

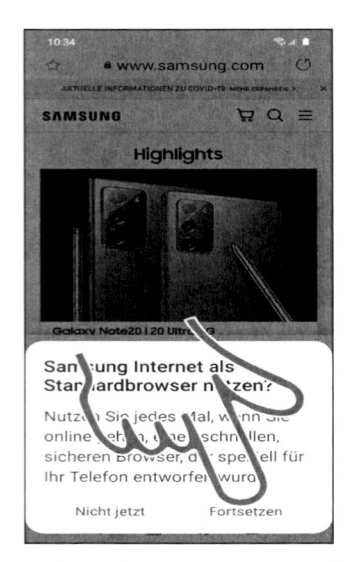

❶ Sie starten den Webbrowser unter *Internet im* Startbildschirm beziehungsweise aus dem *Samsung*-Ordner im Hauptmenü.

❷ Beim ersten Aufruf betätigen Sie *Weiter*.

❸ *Die Frage »Samsung Internet als Standardbrowser benutzen?« beantworten Sie mit Fortsetzen*. Wenn Sie künftig in einer E-Mail (siehe Kapitel *10 Gmail* beziehungsweise *11 Outlook E-Mail*) einen Link antippen, wird er im Samsung-Webbrowser geöffnet.

❶❷ Beim ersten Start lädt der Browser eine Samsung-Webseite als Startseite. Tippen Sie in die Adresszeile, um eine Webadresse einzugeben (wenn gerade eine größere Webseite angezeigt wird, ist eventuell die Adresszeile nicht sichtbar, führen Sie dann eine vertikale Wischgeste von oben nach unten durch). Betätigen Sie dann die *Öffnen*-Taste (Pfeil) auf dem Tastenfeld.

❸ Die Webadresse wird geladen und angezeigt. Sie sehen natürlich nur einen Teilausschnitt, den Sie einfach ändern, indem Sie mit dem Finger auf den Bildschirm drücken und dann in die gewünschte Richtung ziehen.

> Besonders bei der Webseitenanzeige kann eine horizontale Bildschirmorientierung optimaler sein. Halten Sie dafür einfach das Galaxy waagerecht statt aufrecht.

Auch das sogenannte »Kneifen« wird unterstützt: Tippen und halten Sie Mittelfinger und Daumen gleichzeitig auf dem Bildschirm und ziehen Sie beide auseinander, was in die Webseite herein zoomt. Ziehen Sie dagegen die beiden Finger zusammen, zoomen Sie wieder heraus. Es ist egal, ob Sie nun vertikal oder waagerecht »kneifen«.

❶ Mit der ≋-Schaltleiste schalten Sie den Textmodus ein/aus, was allerdings nicht bei allen Webseiten möglich ist. Die blenden damit alle Navigationselemente aus, sodass Sie längere Texte problemlos lesen können.

❷❸ T aktiviert ein Menü, über das Sie Schriftgröße und Schriftart anpassen.

❶❷ Einem Link folgen Sie, indem Sie ihn antippen.

❸ Tippen und halten Sie den Finger über einem Link für weitere Funktionen:

- *In neuer Registerkarte öffnen*: Öffnet den Link in einem neuen Browser-Tab und zeigt diesen an.

- *In Hintergrund-Registerkarte öffnen*: Öffnet den Link in einem neuen Browser-Tab im Hintergrund.

- *In anderem Fenster öffnen*: Der Browser-Bildschirm wird zweigeteilt und der Link im unteren Bildschirmbereich geöffnet.

- *In geheimen Modus öffnen*: Im geheimen Modus werden keine Website-Daten (Cookies) gespeichert und einige weitere Sicherheitsmaßnahmen aktiviert. Wenn Sie den geheimen Modus verlassen löscht der Browser alle Website-Daten.

- *Link senden*: Link an jemand anders senden, beispielsweise per E-Mail.

- *Link speichern*: Speichert die Webseite als HTML-Datei im Verzeichnis *Download* des Gerätespeichers.

- *Link kopieren*: Kopiert die Webadresse des Links in die Zwischenablage, von wo man sie später in andere Anwendungen wieder einfügen kann.

- *Text auswählen*: Markiert die Link-Beschreibung, damit Sie diese in die Zwischenablage einfügen können. Siehe Kapitel *32.4 Texte kopieren, ausschneiden und einfügen*.

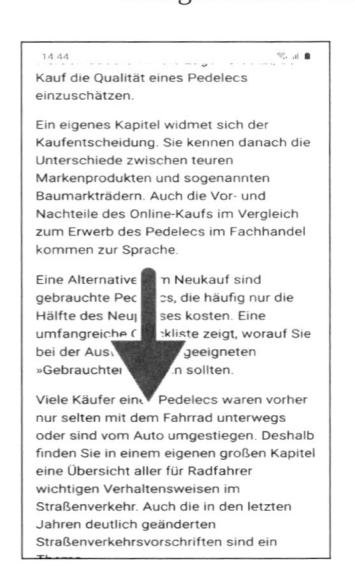

❶❷ Die Schaltleisten am unteren Bildschirmrand sind häufig ausgeblendet und erscheinen erst nach einer Wischgeste von oben nach unten.

Die Schaltleisten:

Webbrowser   185

- ❮ (Zurück): Zur letzten Webseite zurückkehren. Verwenden Sie dafür alternativ die ❮-Taste. Beachten Sie aber, dass der Browser verlassen wird, wenn Sie die ❮-Taste drücken, während die zuerst aufgerufene Seite angezeigt wird.
- ❯ (Vorwärts): Bringt Sie eine Seite vorwärts (dies funktioniert nur, wenn Sie zuvor eine Seite zurückgeblättert hatten).
- ⌂ (Startseite): Startseite, standardmäßig die Samsung-Website, anzeigen. Die Startseite ändern Sie in den Einstellungen (siehe Kapitel *12.4.2 Startseite*).
- ⎕ (Tabs): Geöffnete Browser-Tabs auflisten (siehe Kapitel *12.1 Tabs (Registerkarten)*).
- ≡ (Menü): Diverse Einstellungen, auf die Kapitel *12.4 Einstellungen* eingeht.

❸ Bereits während der Eingabe einer Webadresse macht der Browser Vorschläge, wobei Sie anhand der vorangestellten Symbole erkennen, woher diese stammen:

- ★: Lesezeichen (»Favorit«).
- ⏲: Verlauf (eine bereits von Ihnen besuchte Webseite).
- ⌕: Suchvorschlag von Google aufrufen. Tippen Sie das dahinter stehende ↖ an, um weitere Vorschläge zum Suchbegriff zu erhalten.

Wählen Sie in der Liste einfach die anzuzeigende Webseite aus.

12.1 Tabs (Registerkarten)

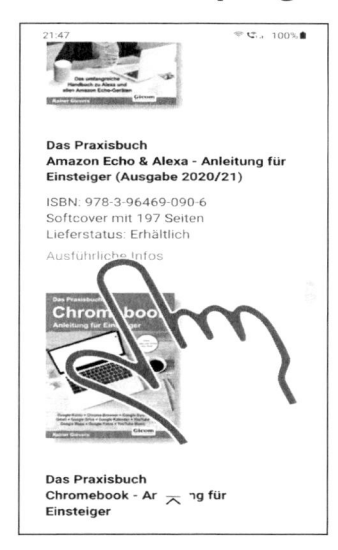

❶❷ Manchmal ist es sinnvoll, mehrere Browserfenster (»Tabs«) gleichzeitig offen zu haben. In diesem Fall tippen und halten Sie einen Finger über dem Link, bis das Popup-Menü erscheint. Wählen Sie dann *In neuer Registerkarte öffnen*.

❸ Sie befinden sich nun im neu geöffneten Browserfenster.

❶ So wechseln Sie zwischen den Browser-Tabs: Gehen Sie auf ▢ (Tabs) am unteren Bildschirmrand.

❷ Beim ersten Aufruf können Sie die Anzeige auswählen. Wir empfehlen die voreingestellte *Listenansicht*. Betätigen Sie dann *OK*.

❸ Es erscheint die Vorschau der aktiven Fenster, worin Sie das anzuzeigende antippen. Die ✕-Schaltleisten schließen jeweils einen Tab.

Weitere Funktionen erhalten Sie über die Schaltleisten am unteren Bildschirmrand:

- *Geheimen Modus einschalten*: Aktiviert den sogenannten Inkognito-Modus. Sie browsen anonym, das heißt, der Browser speichert nach Verlassen des Inkognito-Tabs keine Daten und löscht von Websites angelegte Cookies.
- *Neue Registerkarte*: Öffnet einen neuen leeren Tab.

Es dürfen maximal 16 Browser-Tabs gleichzeitig geöffnet sein.

❶❷ Zwischen den Tabs schalten Sie alternativ mit einer Geste um: Wischen Sie über die Adressleiste nach links beziehungsweise rechts.

Webbrowser

12.2 Lesezeichen

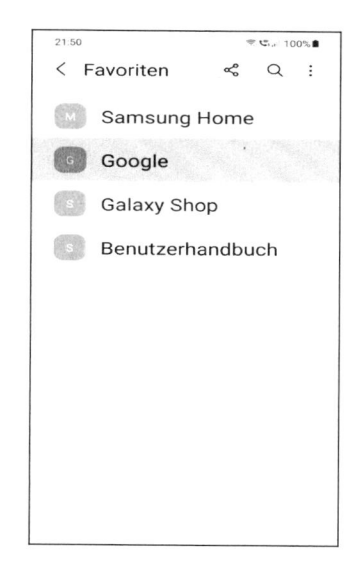

❶ Für die Lesezeichenverwaltung (Favoriten) betätigen Sie die ☆-Schaltleiste (Pfeil).

❷❸ Kurzes Antippen eines Lesezeichens öffnet die zugehörige Webseite.

❶ Tippen und halten Sie den Finger über einem Lesezeichen, worauf die Lesezeichenverwaltung auf den Markierungsmodus umschaltet.

❷ Markieren Sie bei Bedarf weitere Lesezeichen durch Antippen, anschließend entfernt *Löschen* die markierten Lesezeichen.

❶❷ Tippen Sie auf den Stern neben der Adressleiste, um eine angezeigte Webseite als Lesezeichen zu speichern.

12.3 Dateien herunterladen

❶❷ Wenn Sie einen Link antippen, der auf eine Datei verweist, müssen Sie beim ersten Mal das Herunterladen zulassen.

❸ Wählen Sie anschließend das Anzeigeprogramm aus beziehungsweise ob die Datei in den Gerätespeicher heruntergeladen wird.

Alle heruntergeladenen Dateien landen im Verzeichnis *Download* im Gerätespeicher.

12.4 Einstellungen

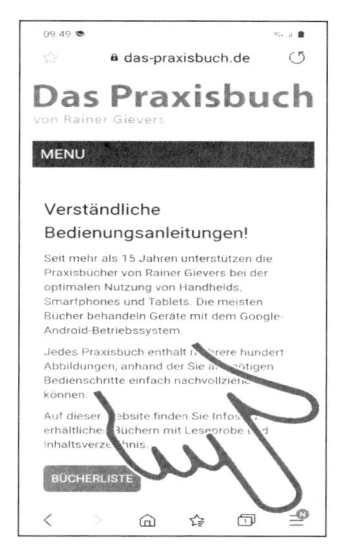

❶ Für die Browserkonfiguration gehen Sie auf die ☰-Schaltleiste

❷ Die hier angebotenen Optionen:

- *Downloads*: Von Ihnen heruntergeladene Dateien (siehe Kapitel *12.3 Dateien herunterladen*).

- *Verlauf*: Listet die zuletzt besuchten Webseiten auf.

- *Gespeicherte Seiten*: Von Ihnen auf das Handy heruntergeladene Webseiten.

- *Seite hinzufügen zu*: Aktion auf die gerade geöffnete Webseite durchführen:
    - *Favoriten*: Als Lesezeichen (siehe Kapitel *12.2 Lesezeichen*) speichern.
    - *Schnellzugriff*: Die Schnellzugriffe werden aufgelistet, wenn Sie oben in das Adressfeld tippen. Siehe Kapitel *12.5 Schnellzugriffe*.
    - *Startbildschirm*: Lesezeichen als Verknüpfung auf dem Startbildschirm ablegen.
    - *Gespeicherte Seiten*: Webseite auf dem Gerät abspeichern.

- *Senden*: Webadresse per E-Mail, SMS, usw. senden.

- *Dark Mode*: Zwischen Nachtmodus (dunkle Bildschirmfarben) und Tagmodus umschalten. Damit dies funktioniert, müssen Sie *Dark Mode* in Benachrichtigungsfeld aktiviert haben (siehe Kapitel *4.7.6 Schaltleisten im Benachrichtigungsfeld*).

- *Werbesperren*: Aktivieren Sie einen der angebotenen Werbeblocker, damit keine Werbeanzeigen mehr angezeigt werden. Beachten Sie bitte, dass viele Webseiten Werbeblocker erkennen und dann nur eingeschränkt nutzbar sind.

- *Auf Seite suchen*

- *Desktop-Webseite*: Schaltet zwischen der Handyansicht (*Mobile Version*) und Desktop-Ansicht (*Desktopversion*) um. Siehe Kapitel *12.4.1 Desktop-Anzeige*.

- *Textgröße*: Die Textgröße sollten Sie nicht ändern, weil sonst einige Webseiten nicht mehr korrekt angezeigt werden.

- *Add-Ons*: Über Add-Ons (engl. Erweiterungen) erweitern Sie die Funktionalität des Webbrowsers. Derzeit stehen *Amazon Assistant* (Preissuche im Amazon Online-Shop) und *Werbesperren* (Addblocker) zur Verfügung.

- *Drucken/PDF*: Auf die Druckausgabe gehen wir in diesem Buch nicht weiter ein.

- *Einstellungen*: Darauf gehen wir unten ein.

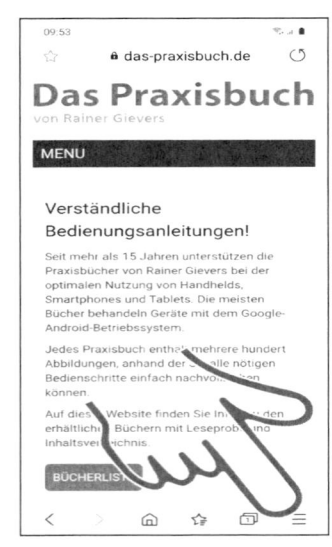

❶❷ Gehen Sie auf *Einstellungen* im ☰-Menü:

- *Mit Samsung Cloud synchronisieren*: Die Lesezeichen legt der Browser im Samsung-Konto ab, auf das Kapitel *23 Das Samsung-Konto* eingeht.
- *Startseite*: Sie stellen hier ein, welche Webseite beim Browserstart als Startseite angezeigt wird. Sie können sie jederzeit auch über die ⌂-Taste am unteren Bildschirmrand aufrufen.
- *Suchmaschine*: Zu Ihren Eingaben in der Adressleiste macht der Browser Vorschläge von der hier eingestellten Suchmaschine. Die Voreinstellung ist dabei Google.
- *Erscheinungsbild*: Angezeigte Bildschirmelemente:
  - *Statusleiste ausblenden*: Blendet die Titelleiste aus. Wenn Sie eine Webseite durchrollen, wird die Titelleiste wieder angezeigt.
  - *Zoom auf Webseiten steuern*: Manche für Mobilgeräte optimierte Webseiten werden standardmäßig in einer auf das Gerät abgestimmten Größe geöffnet und ermöglichen dann eventuell keinen Zoom. Aktivieren Sie diese Option, um das Zoomen trotzdem auf allen Webseiten zu ermöglichen.
  - *Textgröße der Webseite*: Falls Sie Probleme mit der Lesbarkeit von einigen Webseiten haben, können Sie hier die Größe bis auf 200% verändern. Beachten Sie bitte, dass Sie dann noch mehr durch die Webseiten rollen müssen, weil nicht mehr soviel Text auf den Bildschirm passt.
  - *Desktop-Webseiten anfordern*: Aktiviert die im Kapitel *12.4.1 Desktop-Anzeige* beschriebene Anzeige.
  - *Menü anpassen:* Sie können das ☰-Menü an Ihre Vorlieben anpassen.
  - *Tabs unter Adressleiste anzeigen*: Wenn Sie hier *Ein* auswählen, werden unter der Adressleiste die vom PC-Webbrowser gewohnten Tabs angezeigt, mit denen Sie zwischen den im Hintergrund geöffneten Webseiten umschalten.
- *Datenschutz und Sicherheit*: Auf die Datenschutzeinstellungen gehen wir als nächstes weiter unten ein.
- *Webseiten und Downloads*: Erweiterte Optionen, auf die wir unten eingehen.
- *Nützliche Funktionen*:
  - *Automatische Videowiedergabe zulassen*: In Webseiten eingebettete Videos spielt der Browser sofort ab.
  - *Videoassistent*: Steuerungsschaltleisten bei Videos in Webseiten einblenden.
  - Aktivieren Sie *Schaltfläche „Nach oben" anzeigen*, damit eine zusätzliche Schaltfläche erscheint, über die Sie in der angezeigten Webseite zum Anfang springen.
  - *Bildlaufleiste*: Wenn Sie mit einer Wischgeste durch längere Webseiten rollen, er-

scheint auf der rechten Seite eine Schaltleiste, welche die gleiche Funktion erfüllt. Wählen Sie unter *Bildlaufleiste* aus, ob und wo diese Schaltleiste erscheint.

- *QR-Code-Scanner*: Blendet in der Adressleiste ein ▦-Symbol ein. Tippen Sie darauf, um mit der Kamera einen sogenannten QR-Code einzulesen.

- *Links in Apps öffnen; Erlaubte Apps*: Es gibt einige zum Download angebotene Dateien, die sich direkt in den zugehörigen Android-Anwendungen öffnen lassen. Wir raten davon aus Sicherheitsgründen ab

• *Modus für hohen Kontrast*: Invertierter Bildschirm, damit Sie das Handydisplay bei Dunkelheit nicht blendet.

• *Kontaktieren Sie uns; Info zu Samsung Internet*

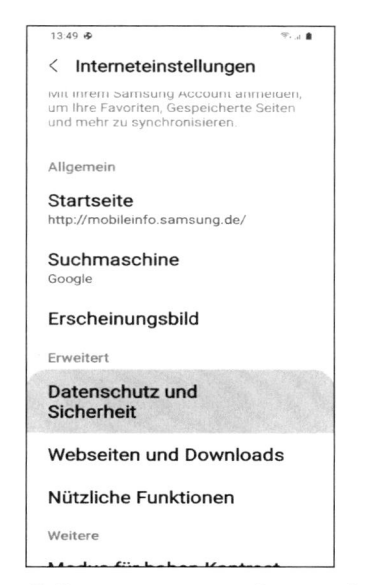

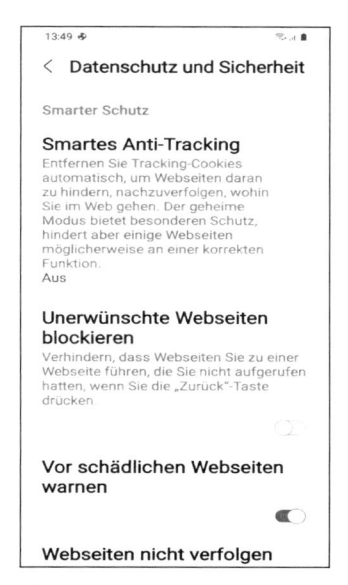

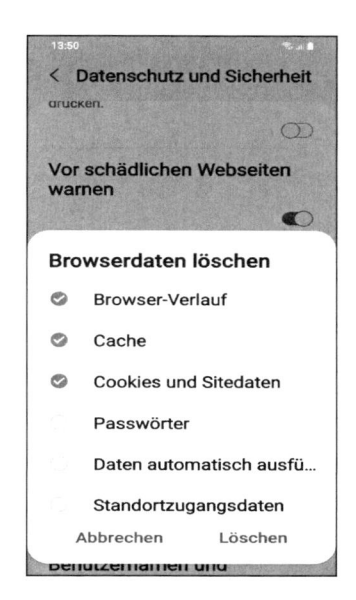

❶❷ Unter *Datenschutz* und Sicherheit stellen Sie ein:

Unter *Smarter Schutz:*

- *Smartes Anti-Tracking*: Blockiert Versuche von Werbetreibenden, Ihre Webseitenbesuche zu verfolgen. Sie haben die Wahl zwischen *Ein, Nur „Geheimer Modus"* (siehe Kapitel *12.1 Tabs (Registerkarten)*) oder *Aus*. Sollte es Fehlermeldungen geben oder Webseiten nicht wie gewünscht funktionieren, sollten Sie das *Smartes Anti-Tracking* deaktivieren.

- *Unerwünschte Webseiten blockieren*: Einige betrügerische Websites bieten keine Rückkehr auf die zuvor besuchten Seiten an. Auf dieses Problem werden Sie aber nur sehr selten stoßen.

- *Vor schädlichen Webseiten warnen*: Der Browser zeigt eine Warnung an, wenn Sie eine Webseite öffnen, die möglicherweise Schadcode enthält.

- *Webseiten nicht verfolgen lassen*: Fordert besuchte Webseiten auf, keine Daten zu erfassen. Sie können leider davon ausgehen, dass sich kein Webseitenanbieter daran hält.

Unter *Persönliche Daten*:

- *Browserdaten löschen* (❸): Löscht vom Browser gespeicherte Daten wie den Verlauf, Cache, Cookies, usw.

- *Automatisches Ausfüllen von Formularen*: Sie können Ihren Namen, Telefonnummer und E-Mail-Adresse angeben. Der Browser füllt dann automatisch Eingabefelder in Formularen damit aus.

- *Benutzernamen und Passwörter*: Verwaltet die von Ihnen während der täglichen Browser-Nutzung in Formularen eingegebenen Logins und Passwörter. Diese werden bei erneutem Besuch der Anmelde-Formulare automatisch eingefügt.

Unter *Weitere*:

- *Cookies akzeptieren*: Wie bereits oben erwähnt, sind Cookies wichtig, damit man von Webseiten eindeutig zugeordnet werden kann. Insbesondere Websites, in die man sich über Login und Passwort einloggen kann, sowie Webshops, sind häufig auf Cookies angewiesen. Sie sollten also die Option *Cookies akzeptieren* nicht deaktivieren.
- *Einstellungen für geheimen Modus*: Falls Sie den im Kapitel *12.1 Tabs (Registerkarten)* beschriebenen Geheimmodus nutzen, können Sie diesen über ein Passwort schützen. Im Hintergrund geöffnete Webseiten können Sie dann erst nach Passworteingabe anzeigen.

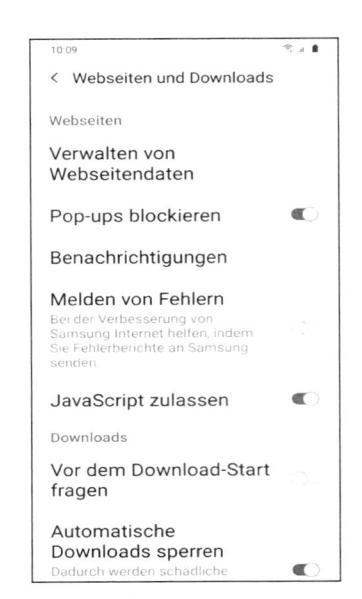

❶❷ Das *Webseiten und Dowloads*-Menü konfiguriert:

Unter *Webseiten*:

- *Verwalten von Webseitendaten*: Webseiten können sogenannte Cookies hinterlegen, die Sie hierüber löschen. Dies dürfte in der Praxis nie nötig sein.
- *Pop-ups blockieren*: Viele Websites öffnen Popup-Fenster, beispielsweise mit Werbung, wenn man sie besucht. Deshalb werden Popup-Fenster standardmäßig blockiert.
- *Benachrichtigungen:* Einige Websites nutzen sogenannte Web-Benachrichtigungen, um Sie über Dinge zu informieren, die Ihre Aufmerksamkeit erfordern. Beispielsweise könnte eine Kalender-Website Sie über Termine informieren.
- *Melden von Fehlern*: Damit unterstützen Sie Samsung bei der Verbesserung des Browsers. Beachten Sie, dass dabei eventuell persönliche Daten übertragen werden.
- *JavaScript zulassen*: JavaScript ist eine Programmiersprache, die in Webseiten eingebettet sein kann, um dort interaktive Funktionen zu realisieren. Dazu gehören zum Beispiel Eingabefeldprüfungen. Weil sonst viele Webseiten nicht mehr funktionieren, sollten Sie JavaScript immer aktiviert haben.

Unter *Downloads*:

- *Vor dem Download-Start fragen*: Vor jedem Download, beispielsweise von PDF- oder Word-Dateien, erscheint eine Sicherheitsabfrage.
- *Download-Dateien speichern unter*: Falls Sie eine SD-Karte eingelegt haben, können Sie diese als Speicherort für Downloads festlegen.
- *Automatische Downloads sperren*: Einige Websites starten ungefragt Downloads, die Sie hiermit blockieren.

12.4.1 Desktop-Anzeige

Viele Websites werten den verwendeten Browser aus und optimieren dann die Webseitenanzeige für die Besucher entsprechend. Ein gutes Beispiel ist Ebay, wo man mit Smartphones nur eine vereinfachte Weboberfläche zu sehen bekommt.

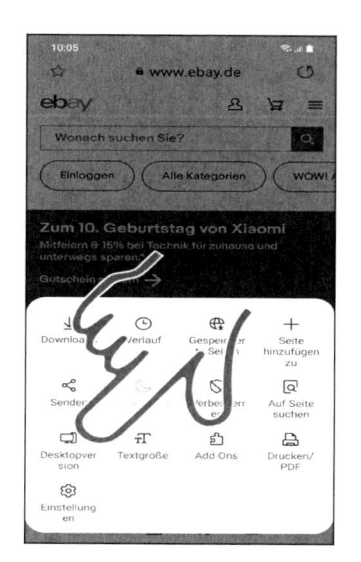

❶❷ Aktivieren Sie das ☰-Menü und gehen Sie auf *Desktopversion*.

❸ Die für PC-Browser optimierte Webseite wird angezeigt. *Mobilversion* aus dem ☰-Menü schaltet die Darstellung wieder auf die Handybrowser-Version um.

12.4.2 Startseite

Sie haben mit Sicherheit eine Lieblingswebseite, die Sie regelmäßig besuchen. Dies kann beispielsweise eine Seite mit Lokalnachrichten oder ein soziales Netzwerk sein. Wenn Sie Ihre Lieblingswebseite als sogenannte Startseite festlegen, können Sie sie mit einer Schaltleiste schnell aufrufen.

❶❷ Gehen Sie auf *Einstellungen* im ☰-Menü.

❸ Wählen Sie *Startseite*.

❶ In unserem Beispiel möchten wir die gerade angezeigte Webseite als Startseite übernehmen und gehen daher auf *Aktuelle Seite*. Sie können nun das Menü verlassen.

❷ Antippen der ⌂-Schaltleiste öffnet die zuvor eingestellte Startseite.

12.5 Schnellzugriffe

Der Webbrowser unterstützt zwar Lesezeichen (»Favoriten«), in der Praxis werden Sie aber meistens die Schnellzugriffe nutzen.

❶ Die Schnellzugriffe zeigt der Browser an, sobald Sie in die Adressleiste tippen.

❷ Hier wählen Sie die aufzurufende Webseite aus.

> Die vorgegebenen Lesezeichen wurden von den jeweiligen Unternehmen »gekauft«, weshalb nur große Online-Shops vertreten sind.

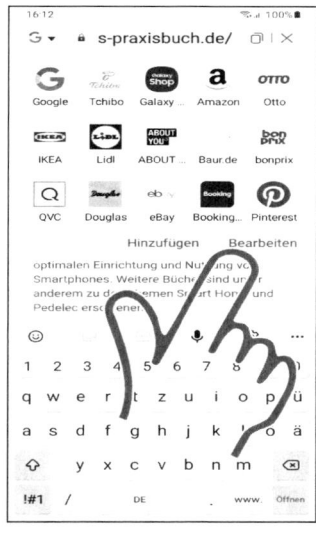

❶ So passen Sie die Schnellzugriffe an: Gehen Sie auf *Bearbeiten* (schließen Sie eventuell vorher das Tastenfeld mit der ⌄-Taste).

❷ Im Beispiel markieren wir einige nicht benötigte Schnellzugriffe, die wir mit *Löschen* entfernen.

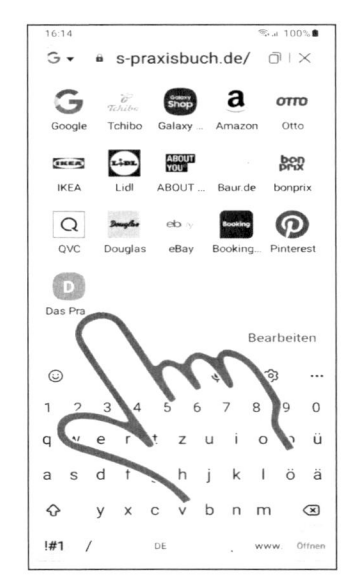

❶ Weitere Webseiten lassen sich einfach den Schnellzugriffen hinzufügen. Tippen und halten Sie den Finger auf der ☆≣-Schaltleiste.

❷ Wählen Sie *Schnellzugriff*.

❸ Künftig rufen Sie die Webseite aus den Schnellzugriffen direkt auf.

Sie müssen erst einige der Schnellzugriffe löschen (wie zuvor beschrieben), bevor Sie weitere hinzufügen können.

13. Chrome-Webbrowser

Den Chrome-Browser werden Sie vermutlich nur verwenden, wenn Sie ihn bereits auf dem PC nutzen. Sonst empfehlen wir Ihnen die im Kapitel *12 Webbrowser* vorgestellte Anwendung.

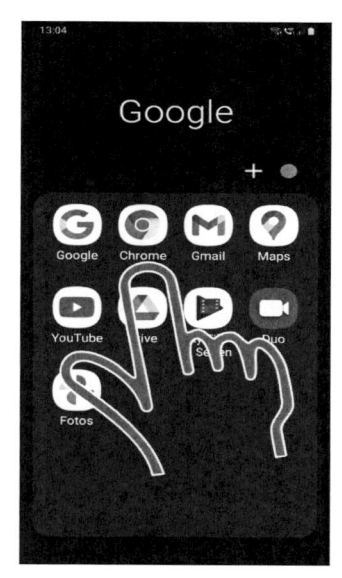

❶❷ Gehen Sie in den *Google-Ordner* und rufen Sie *Chrome* auf.

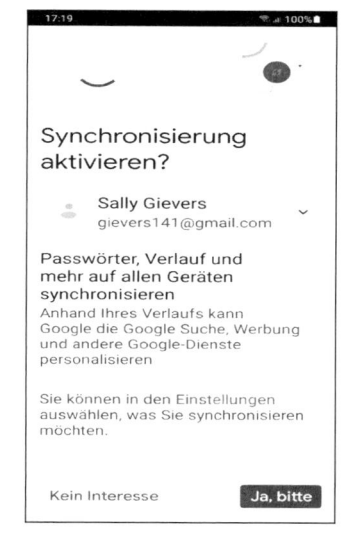

❶ Beim ersten Aufruf müssen Sie die Nutzungsbedingungen akzeptieren, indem Sie *Akzeptieren & Weiter* betätigen.

❷ Betätigen Sie *Ja, bitte*.

❶❷ Beim ersten Aufruf erscheint die Google-Suchmaschine. Tippen Sie dort ins Eingabefeld, worauf Sie Suchbegriffe oder eine Webadresse eingeben können.

Nach einiger Nutzungszeit wird Sie der Chrome-Browser auf den Lite-Modus aufmerksam machen. Dieser beschleunigt die Datenübertragung, indem aufgerufene Webseiten zuerst von Google selbst eingeladen, komprimiert und dann im Chrome geladen werden. Dies ist nicht möglich für verschlüsselte Websites (beispielsweise beim Online-Banking). Sofern Sie auf Ihren Datenschutz Wert legen, sollten sie auf diese Funktion verzichten und *Kein Interesse* auswählen.

❶ Das Adressfeld steht Ihnen am oberen Bildschirmrand zur Verfügung. Tippen Sie einfach dort hinein, wenn Sie eine andere Webseite aufrufen möchten.

❷❸ Erfassen Sie eine Webadresse oder Suchbegriffe, wobei unter dem Eingabefeld Vorschläge erscheinen, von denen Sie einen antippen.

Chrome-Webbrowser

❶❷ Wird eine umfangreichere Webseite angezeigt, müssen Sie später eventuell erst mit dem Finger auf dem Bildschirm nach unten ziehen (Wischgeste), um die Adressleiste anzuzeigen. Tippen Sie dann in das Eingabefeld.

❶ Durch »Kneifen« ändern Sie die Anzeige: Tippen und halten Sie Mittelfinger und Daumen gleichzeitig auf dem Bildschirm und ziehen Sie beide auseinander, was in die Webseite hereinzoomt. Ziehen Sie dagegen die beiden Finger zusammen, zoomen Sie wieder heraus. Es ist egal, ob Sie nun vertikal oder waagerecht »kneifen«.

❷ Die ↖-Schaltleiste bei den Vorschlägen verzweigt auf weitere Vorschläge.

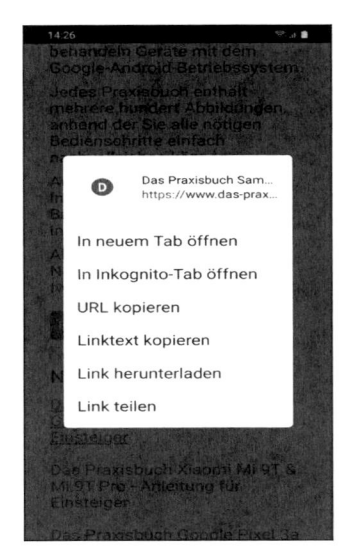

❶ Einem Link folgen Sie, indem Sie ihn antippen.

❷ Tippen und halten Sie den Finger über einem Link für weitere Funktionen:

- *Im neuen Tab öffnen*: Öffnet den Link in einem neuen Browser-Tab.
- *In Inkognito-Tab öffnen*: Öffnet den Link im privaten Modus, bei der alle Cookies oder andere Daten wieder gelöscht werden, wenn man den Tab später schließt.
- *URL kopieren; Linktext kopieren*: Kopiert die Webadresse beziehungsweise den Linktext in die Zwischenablage, von wo man sie später in andere Anwendungen wieder einfügt.
- *Link herunterladen*: Speichert die Webseite auf dem Gerät im Verzeichnis *download*.
- *Link teilen*: Webadresse an jemand anders per E-Mail, Bluetooth, usw. senden.

Verwenden Sie die ‹-Taste, um zur letzten angezeigten Seite zurückzukehren. Beachten Sie aber, dass der Browser verlassen wird, wenn Sie die ‹-Taste drücken, während die zuerst aufgerufene Seite angezeigt wird.

❶ Viele Websites werten den verwendeten Browser aus und optimieren dann die Webseiten für die Besucher entsprechend. Ein gutes Beispiel ist Ebay, wo man mit Smartphones eine vereinfachte Weboberfläche zu sehen bekommt.

❷❸ Eine vollwertige Anzeige erhalten Sie im Browser, wenn Sie ⋮/*Desktopwebsite* aktivieren. Beachten Sie, dass sich dann die Ladezeiten erhöhen.

Chrome-Webbrowser

13.1 Tabs

Jeder PC-Webbrowser bietet die Möglichkeit, mehrere Webseiten gleichzeitig anzuzeigen, wobei die sogenannten Tabs zum Einsatz kommen. Dies ist auch mit dem Chrome-Browser möglich.

❶❷ Tippen und halten Sie einen Finger über dem Link, bis das Popup-Menü erscheint. Wählen Sie dann *In neuem Tab öffnen*. Der Browser-Tab wird im Hintergrund geöffnet.

Einen leeren Tab öffnen Sie mit ⋮/*Neuer Tab*.

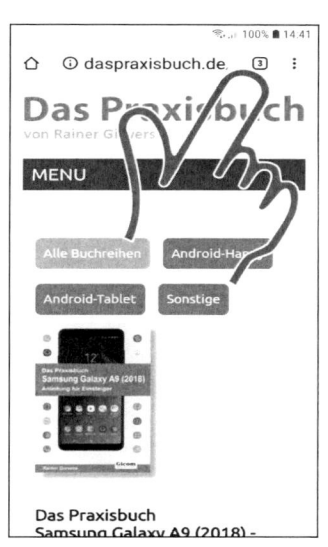

❶ Die geöffneten Tabs zeigt dann die ②-Schaltleiste (Pfeil) an.

❷ Eine Wischgeste blättert durch die Tabs. Tippen Sie einen Tab an, den Sie wieder im Browser anzeigen möchten.

❸ Wischen nach links oder rechts schließt einen Tab. Alternativ betätigen Sie eine der ✕-Schaltleisten.

❶❷ Eine Besonderheit ist der Inkognito-Modus, den Sie über ⋮/*Neuer Inkognito-Tab* aktivieren: In diesem Tab surfen Sie anonym, das heißt, der Browser speichert nach Verlassen des Inkognito-Tabs keine Daten und löscht von Websites angelegte Cookies.

❶❷ Den Inkognito-Modus verlässt man, indem Sie die ②-Schaltleiste (Pfeil) antippen und dann die ✕-Schaltleiste betätigen.

13.2 Lesezeichen

Häufig besuchte Webseiten werden Sie als sogenanntes Lesezeichen abspeichern, damit Sie die entsprechende Webadresse nicht immer neu eingeben müssen. Stattdessen rufen Sie einfach das Lesezeichen auf.

Chrome-Webbrowser

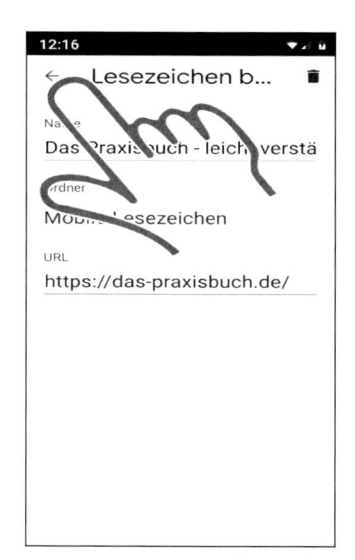

❶ So speichern sie ein Lesezeichen: Aktivieren Sie das ⋮-Menü und tippen Sie darin ★ an.

❷❸ Das Lesezeichen wird angelegt. Falls Sie es noch bearbeiten möchten (zum Beispiel einen anderen Namen geben) dann betätigen Sie *Bearbeiten*. Schließen Sie den Bildschirm anschließend über die ←-Schaltleiste oben links.

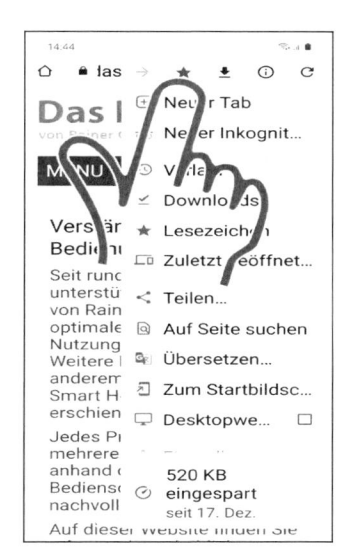

❶❷ Das Bearbeiten des Lesezeichens ist alternativ auch über das ⋮-Menü möglich. Tippen Sie darin ★ an.

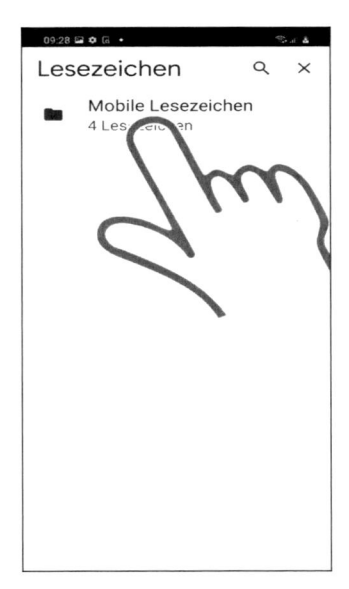

❶ Mit ⋮/*Lesezeichen* öffnen Sie die Lesezeichenverwaltung.

❷❸ Gehen Sie auf *Mobile Lesezeichen*, sofern Sie sich noch nicht darin befinden.

❶ Tippen Sie in der Lesezeichenverwaltung ein Lesezeichen an, damit die zugehörige Webadresse im Browser geladen wird.

❷ Halten Sie den Finger über einem Lesezeichen für den Markierungsmodus gedrückt. Bei Bedarf können Sie nun weitere Lesezeichen durch kurzes Antippen markieren. Die Bedeutung der Schaltleisten:

- ♦: Lesezeichen bearbeiten (es darf nur ein Lesezeichen markiert sein).
- ▶: Lesezeichen in einen anderen Ordner verschieben. Auf die Ordner-Funktion geht dieses Buch nicht ein.
- 🗑: Lesezeichen löschen.

Die ⟨-Taste beendet den Markierungsmodus.

> Die Lesezeichen werden mit Ihrem Google-Konto synchronisiert, das heißt, wenn Sie sich auf einem anderen Android-Gerät bei Ihrem Google-Konto anmelden, sind dort im Browser Ihre Lesezeichen verfügbar.

Chrome-Webbrowser

13.3 Dateien herunterladen

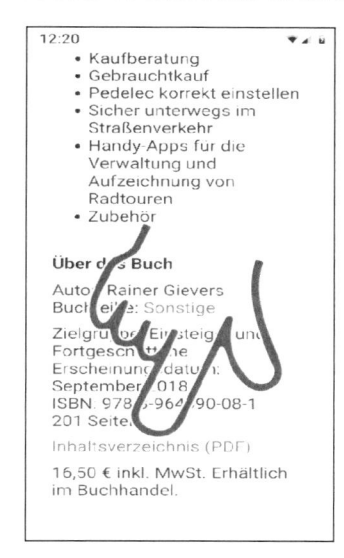

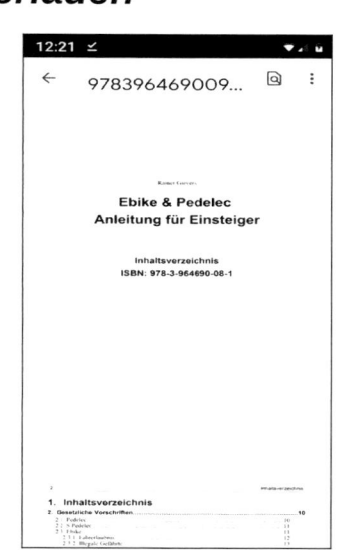

❶❷ Wenn Sie einen Link antippen, der auf eine Datei verweist, lädt der Browser diese automatisch herunter und öffnet sie im passenden Programm.

> Alle heruntergeladenen Dateien landen im Verzeichnis *Download* im Gerätespeicher.
>
> Nach dem Download fragt Sie das Galaxy eventuell nach dem Programm, mit dem Sie die Datei öffnen möchten. Dies geschieht immer, wenn mehr als eine vorinstallierte Anwendung den gleichen Dateityp verarbeiten kann. Wählen Sie eine der Optionen aus.

13.4 Zum Suchen tippen

Die »Zum Suchen tippen«-Funktion liefert zu von Ihnen in Webseiten markierten Wörtern Suchergebnisse.

❶ Tippen und halten Sie den Finger auf einer Webseite über einen Begriff an, zu dem Sie mehr wissen möchten.

❷ Am unteren Bildschirmrand gehen Sie dann auf den Begriff.

❶❷ Der Webbrowser zeigt die Google-Suchergebnisse an. Ziehen Sie diese mit einer Wischgeste nach unten, um sie zu schließen, oder nach oben, was sie im Vollbildschirm anzeigt.

13.5 Einstellungen

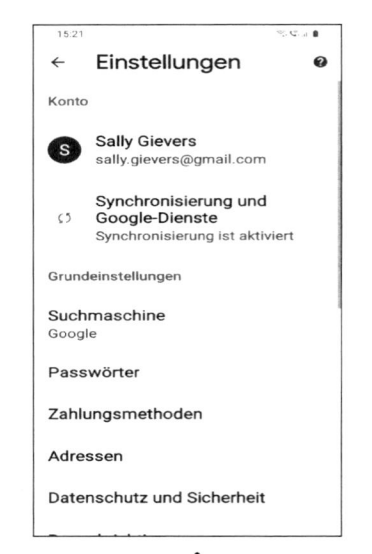

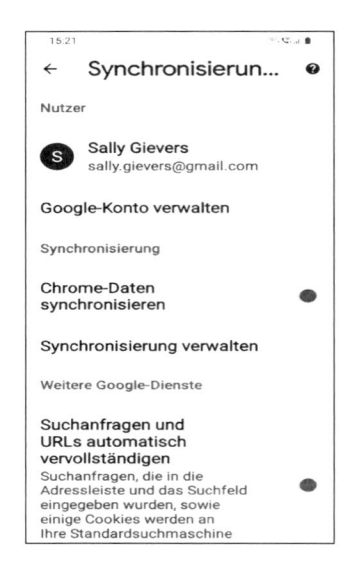

❶ Für die Browserkonfiguration gehen Sie auf ⋮/*Einstellungen*.

❷ Die hier angebotenen Optionen:

- *(Ihr Konto)@gmail.com*: Verwaltet die Synchronisation der Lesezeichen mit Ihrem Google-Konto.
- *Synchronisierung und Google-Dienste* (❸):
  - *Chrome-Daten synchronisieren*: Muss aktiv sein, damit Lesezeichen und Einstellungen des Chrome-Browsers in Ihrem Google-Konto gesichert werden.
  - *Synchronisierung verwalten*: Hier können Sie festlegen, welche Daten im Google-Konto abgelegt werden. Die Option *Alles synchronisieren* sollten Sie nicht ändern.
  - *Suchanfragen und URLs automatisch vervollständigen*: Schon während der Eingabe einer Webadresse beziehungsweise von Suchbegriffen macht der Browser Vorschläge zu den möglicherweise gesuchten Webseiten, die man dann direkt anzeigen lassen kann.
  - *Vorschläge für ähnliche Seiten anzeigen, wenn eine Seite nicht gefunden werden kann*: Wenn Sie eine Webadresse falsch eingeben, sodass sie nicht geladen werden kann, erscheint normalerweise die Meldung »Diese Webseite ist nicht verfügbar«. Aktivieren Sie *Vorschläge für ähnliche Seiten anzeigen...*, so macht der Chrome-Browser Vorschläge wie die Webadresse korrekt lauten könnte.

- *Helfen, die Funktionen und die Leistung von Chrome zu verbessern:* Legt fest, ob der Chrome-Browser anonyme Nutzungsberichte an Google senden darf, die Google dann für Optimierungen verwendet.
- *Suchanfragen und das Surfen verbessern*: Überträgt alle Ihre besuchten Webseiten an Google.
- *Zum Suchen tippen*: Infos zu einem angetippten Begriff anzeigen. Siehe Kapitel *13.4 Zum Suchen tippen.*

Unter *Grundeinstellungen*:

- *Suchmaschine*: Stellt die zu verwendende Suchmaschine ein (die Suche erfolgt automatisch, wenn Sie einen Begriff in der Browser-Adresszeile eingeben).
- *Passwörter*: Verwaltet alle Passwörter, die zwischengespeichert und das nächste Mal automatisch eingefügt werden. Sofern das Motorola von mehreren Personen genutzt wird, sollten Sie diese Option deaktivieren.
- *Zahlungsmethoden*: Wenn Sie online einkaufen, füllt Ihnen der Chrome-Browser automatisch Eingabefelder aus, in denen nach Ihrer Kreditkarte gefragt wird. Weil in Europa meistens per Überweisung oder PayPal bezahlt wird, macht dieses Menü keinen Sinn.
- *Adressen*: Die hier erfassten Texte mit Ihren Adressdaten schlägt der Browser automatisch vor, wenn Sie in ein passendes Eingabefeld tippen (zum Beispiel Adressfelder in einem Online-Shop).
- *Datenschutz & Sicherheit*: Löschen Sie hier vom Chrome-Browser gespeicherte Daten und stellen Sie ein, ob der Browser bei der Adresseingabe Vorschläge macht.
- *Benachrichtigungen*: Die Benachrichtigungen sollten Sie nicht ändern, zumal sie ohnehin nur selten stattfinden.
- *Sicherheitscheck*: Überprüft, ob der Chrome-Browser aktuell ist und ob Ihre Passwörter sicher sind.
- *Benachrichtigungen*: Die Benachrichtigungen sollten Sie nicht ändern, zumal sie ohnehin nur selten stattfinden.
- *Design*: Anzeige zwischen dunkel und hell umschalten. Siehe Kapitel *26.5 Dunkelmodus (Dark Mode)*.

Unter *Erweitert*:

- *Startseite*: Die Startseite lädt der Chrome-Browser beim ersten Aufruf. Sie können hier eine beliebige andere Webseite einstellen.
- *Bedienungshilfen*: Standardschriftgröße bei den angezeigten Webseiten.
- *Website-Einstellungen*: Cookies, Übermittlung des Standorts, JavaScript, usw. zulassen.
- *Sprachen*: Bei jedem Abruf einer Webseite übermittelt der Chrome-Browser die gewünschte Sprachversion, in der Regel *Deutsch*. Einige Websites werten dies aus und stellen dann die deutsche Sprachversion zur Verfügung.
- *Lite-Modus*: Beschleunigt die Datenübertragung, indem aufgerufene Webseiten zuerst von Google selbst eingeladen, komprimiert und dann im Chrome geladen werden. Dies ist nicht möglich für verschlüsselte Websites (beispielsweise beim Online-Banking). Sofern Sie auf Ihren Datenschutz Wert legen, sollten sie auf diese Funktion verzichten.
- *Downloads*: Legen Sie fest, in welchem Verzeichnis heruntergeladene Dateien (siehe Kapitel *13.3 Dateien herunterladen*) abgelegt werden.
- *Über Google Chrome*

13.5.1 Datenschutz und Sicherheit

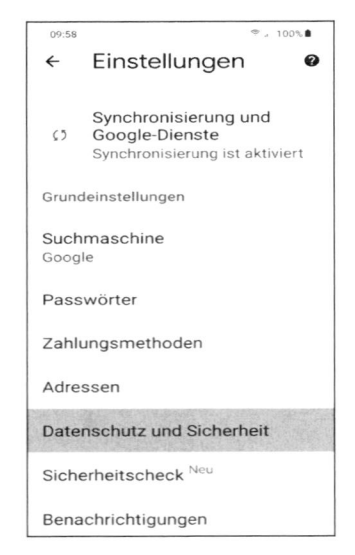

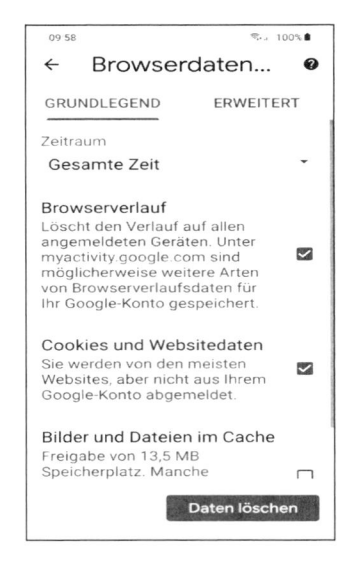

❶❷ Das *Datenschutz und Sicherheit*-Menü konfiguriert:

- *Browserdaten löschen*: Darauf gehen wir unten ein.
- *Safe Browsing*: Schützt Sie vor Angriffen durch bösartige Webseiten. Die Voreinstellung sollten Sie nicht ändern.
- *Auf Zahlungsmethoden zugreifen*: Nicht von Google dokumentiert.
- *Seiten vorab laden, um das Surfen und die Suche zu beschleunigen*: Der Browser lädt alle verlinkten Webseiten vorab, die Sie vermutlich als nächstes durch Antippen öffnen.
- *Sicheres DNS verwenden*: Das DNS-Protokoll wird verwendet, um Websites im Internet zu finden und anzuzeigen (Umsetzung von Website-Namen in IP-Adressen). Sie sollten die Voreinstellung nicht ändern.
- *"Do Not Track"*: Der Browser sendet an aufgerufene Webseiten einen Befehl, dass diese keine Benutzerdaten auswerten darf (beispielsweise für Werbung). In der Praxis hat dies aber keine Auswirkungen, weil sich kein Webseitenbetreiber daran hält.

❸ Rufen Sie *Browserdaten löschen* auf für das Auswahlmenü:

- *Browserverlauf*: Die Adressen einmal besuchter Seiten speichert der Browser zwischen und zeigt sie dann als Auswahl an, wenn Sie eine ähnliche Webadresse in der Adresszeile angeben.
- *Cookies und Websitedaten*: Cookies sind Daten, die von Webseiten auf Ihrem Gerät abgelegt werden, um Sie bei einem späteren Besuch wiedererkennen zu können. Es dürfte nur sehr selten Sinn machen, die vom Browser angelegten Cookies zu löschen.
- *Bilder und Dateien im Cache*: Zwischengespeicherte Dateien.

Nachdem Sie die gewünschten Optionen eingestellt haben, betätigen Sie *Daten löschen*.

13.5.2 Bedienungshilfen

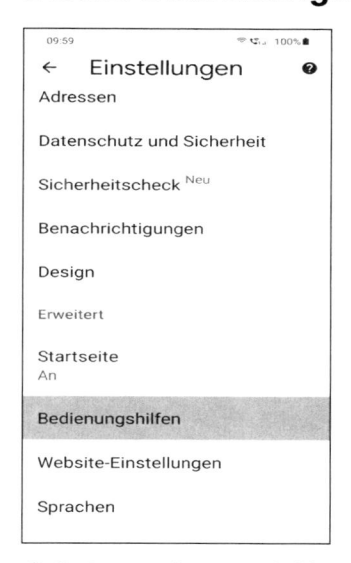

❶❷ Das *Bedienungshilfen*-Menü sind für Personen mit eingeschränkter Sehkraft gedacht:

- *Text-Skalierung*: Vergrößert die Textdarstellung.
- *Zoom zwingend aktivieren*: Manche für Handys optimierte Webseiten lassen sich nicht durch Doppeltippen oder eine Kneifgeste vergößern. Wenn Sie das stört, aktivieren Sie diese Option.
- *Vereinfachte Ansicht für Webseiten; Untertitel*: Nicht von Google dokumentiert.

13.5.3 Website-Einstellungen

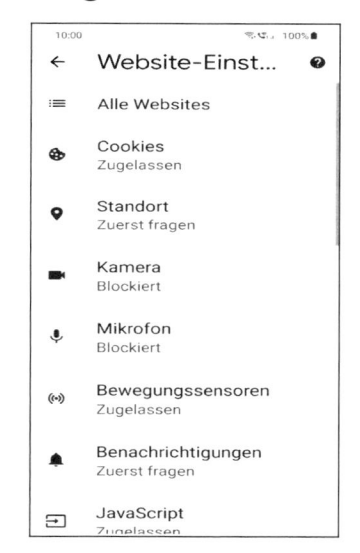

❶❷ In den *Website-Einstellungen* legen Sie fest, welche Daten oder Funktionen von Ihnen besuchte Websites nutzen dürfen. Sofern Sie nicht genau wissen, was Sie tun, sollten Sie die Voreinstellungen nicht verändern:

- *Cookies*: Wie bereits oben erwähnt, sind Cookies wichtig, damit man von Webseiten eindeutig zugeordnet werden kann. Insbesondere Websites, in die man sich über Login und Passwort einloggen kann, sowie Webshops, sind häufig auf Cookies angewiesen. Sie sollten also die Option *Cookies* nicht deaktivieren.
- *Standort*: Google kann für Suchanfragen Ihren aktuellen (GPS-)Standort auswerten, genauso verwenden manche Websites Ihren Standort, um für Ihre Standort optimierte Angebote bereitzustellen. Ein Beispiel dafür ist die Google-Suchmaschine selbst.
- *Kamera; Mikrofon*: Nur wenige Websites dürften den Zugriff auf Ihre Kamera oder das Mikrofon benötigen. Uns fällt jedenfalls kein Grund dafür ein.

- *Benachrichtigungen*: Auch wenn die angezeigte Webseite sich gerade im Hintergrund befindet (in einem anderen Browser-Tab), kann sie auf Ereignisse aufmerksam machen.
- *JavaScript*: JavaScript ist eine Programmiersprache, die in Webseiten eingebettet sein kann, um dort interaktive Funktionen zu realisieren. Dazu gehören zum Beispiel Eingabefeldprüfungen. Weil sonst viele Webseiten nicht mehr funktionieren, sollten Sie JavaScript immer aktiviert haben.
- *Pop-ups*: Viele Websites öffnen Popup-Fenster (Tabs), beispielsweise mit Werbung, wenn man sie besucht. Deshalb werden Popup-Fenster standardmäßig blockiert.
- *Hintergrund-Sync*: Auch wenn sich eine angezeigte Webseite im Hintergrund befindet, kann sie die Anzeige aktualisieren.
- *Medien*: Wählen Sie aus, ob kopiergeschützte Videos abgespielt werden dürfen. Auch das Autoplay, mit dem Videos sofort abgespielt werden, sobald sie eine Webseite aufrufen, stellen Sie hier ein.
- *Google Übersetzer*: Der Chrome-Browser unterstützt die automatische Übersetzung von fremdsprachlichen Texten. Sobald sie eine ausländische Webseite aufrufen, werden Sie gefragt, ob eine Übersetzung gewünscht wird.
- *Speicher*: Listet die von den bisher besuchten Websites angelegten Cookies auf.
- *USB*: Listet die Dateien auf einem angeschlossenem USB-Stick auf.
- *Zwischenablage*: Eine Website darf Daten aus der Zwischenablage (siehe Kapitel *32.4 Texte kopieren, ausschneiden und einfügen*) übernehmen.

13.6 Lesezeichen auf dem Startbildschirm

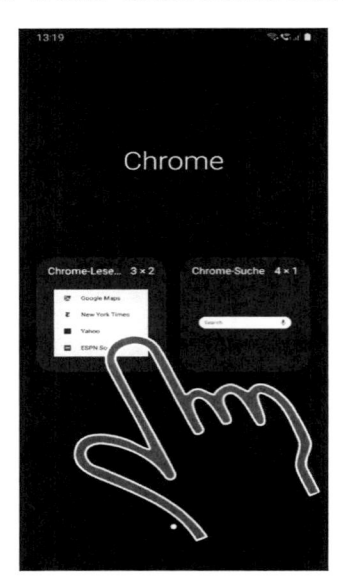

❶❷ Der schnelle Aufruf von Lesezeichen aus dem Startbildschirm ist über das *Chrome-Lesezeichen*-Widget möglich. Gehen Sie dazu auf *Chrome* und dann erneut auf *Chrome* in den Widgets. Wie Sie Widgets auf dem Startbildschirm anlegen, erfahren Sie im Kapitel *4.7.2 Widgets*.

❸ Das Chrome-Widget ist aktiv.

Chrome-Webbrowser

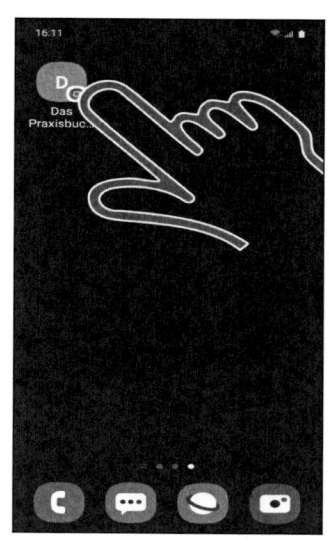

❶❷ Alternativ rufen Sie ⋮/*Zum Startbildschirm hinzufügen* auf, während eine Webseite angezeigt wird. Ändern Sie gegebenenfalls den Namen und betätigen Sie *Hinzufügen* und dann erneut *Hinzufügen*.

❸ Die Webseite können Sie nun direkt über den Schnellzugriff im Startbildschirm aufrufen.

14. WhatsApp

WhatsApp ist ein sogenannter Messenger (engl. »Botschafter«), über den Sie Nachrichten an andere Personen senden und von diesen empfangen können. Im Prinzip ähnelt die WhatsApp-Funktionsweise dem SMS-Versand, wobei allerdings für die Kommunikation eine Internetverbindung benötigt wird und keine zusätzlichen Kosten anfallen.

Nutzer von WhatsApp müssen sich nicht mit einem Login und Passwort bei WhatsApp anmelden, sondern identifizieren sich durch ihre Handynummer. Dies bringt leider den Nachteil mit sich, dass eine Nutzung nur über Handys und Tablets mit SIM-Karte möglich ist.

14.1 Erster Start

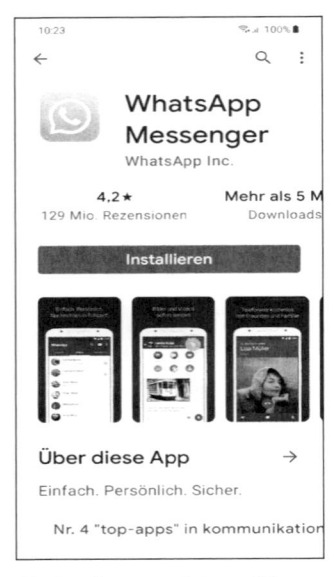

❶ Suchen und installieren Sie *WhatsApp Messenger* aus dem Google Play Store (siehe Kapitel *24.1 Play Store*).

❷❸ Sie finden das installierte Programm im Hauptmenü. Wechseln Sie gegebenenfalls mit einer Wischgeste nach links auf die zweite Bildschirmseite. Dort starten Sie dann *WhatsApp*.

❶ Beim ersten Start des Programms betätigen Sie *ZUSTIMMEN UND FORTFAHREN*.

❷ Dann müssen Sie sich erst beim WhatsApp-Netzwerk identifizieren, was über eine SMS geschieht. Geben Sie Ihre Handynummer ein und schließen Sie den Vorgang mit der grünen Schaltleiste neben dem Eingabefeld ab.

❸ Betätigen Sie die Sicherheitsabfrage mit *OK*. Warten Sie, während der Bestätigungsvorgang abläuft.

❶ Falls Sie bisher noch kein WhatsApp genutzt haben, betätigen Sie hier *NICHT JETZT* – ansonsten gehen Sie auf *WEITER*.

❷ Betätigen Sie zweimal *Zulassen*. Eventuell müssen Sie danach noch Ihr Google-Konto auswählen. Anschließend betätigen Sie *Zulassen*.

❶❷ Sollten Sie bereits mal WhatsApp genutzt haben, so veranlassen Sie mit *WIEDERHERSTELLEN* eine Rücksicherung. Schließen Sie dann den Vorgang mit *WEITER* ab.

❶ Erfassen Sie Ihren Namen und tippen Sie auf *WEITER*.

❷ WhatsApp macht Sie auf die Datenschutzrichtlinien aufmerksam. Betätigen Sie *WEITER*.

❸ Aktivieren Sie das Abhakkästchen bei *Bestätige, dass du mindestens 16 Jahre alt bist und gehen Sie auf ZUSTIMMEN*.

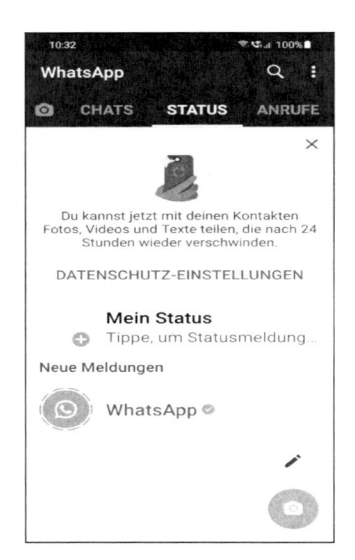

❶ Die Register am oberen Bildschirmrand schalten um zwischen:

- ◉: Foto/Video erstellen/versenden.

- *CHATS*: Schreiben Sie mit anderen WhatsApp-Nutzern. Dabei ist es auch möglich, Sprachaufnahmen und Dateien zu versenden.

- *STATUS* (❷): Stellen Sie ein Foto beziehungsweise einen Text ein, den andere für eine bestimmte Zeitspanne zu Gesicht bekommen. Falls Sie die Snapchat-Anwendung kennen, dürfte Ihnen diese Funktion bekannt vorkommen.

- *ANRUFE*: Sie können mit anderen WhatsApp-Nutzern telefonieren. Dabei baut das Handy keine Sprachverbindung über das Mobilfunknetz auf, sondern die Sprachübertragung erfolgt über das Internet. Deshalb fallen keine Telefonkosten an.

14.2 Nachrichten schreiben

Damit Sie einer anderen Person per WhatsApp schreiben können, muss er sich mit seiner Handynummer in Ihrem Telefonbuch (siehe Kapitel *7 Telefonbuch*) befinden. Außerdem ist es notwendig, auf seinem Handy oder Tablet ebenfalls WhatsApp zu installieren.

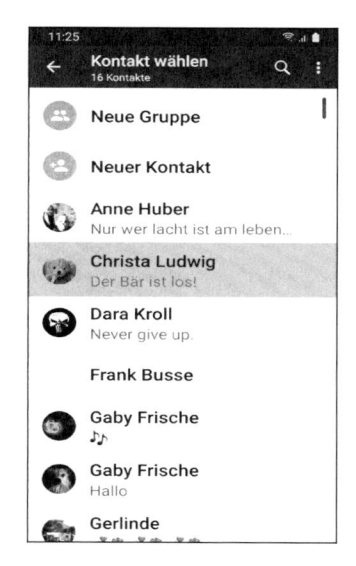

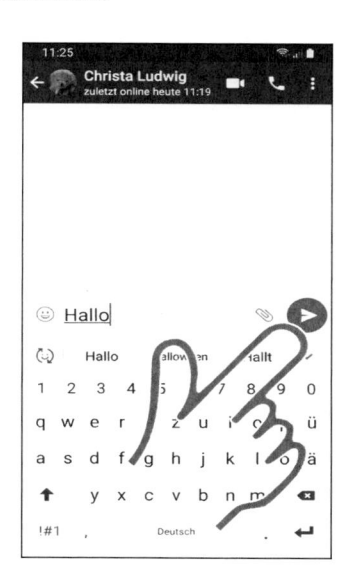

❶ Betätigen Sie ▤.

❷ WhatsApp listet alle Kontakte auf, die das soziale Netzwerk nutzen, aus denen Sie einen auswählen.

❸ Nach Eingabe eines Textes versenden Sie ihn mit ➤.

❶ Ein Haken hinter jeder Ihrer Nachrichten informiert über den Versandstatus:

- ✓: Nachricht wurde erfolgreich versandt, aber noch nicht dem Empfänger zugestellt (beispielsweise weil er sich in einem Funkloch befindet oder sein Handy abgestellt hat).
- ✓✓: Der Doppelhaken erscheint zunächst grau, sobald die Nachricht den Empfänger erreicht. Hat der Empfänger sie gelesen, wir der Doppelhaken blau eingefärbt.

❷ Der Hinweis »online« beziehungsweise das Datum (Pfeil) informiert am oberen Bildschirmrand darüber, ob und wann der Empfänger zuletzt online war.

14.3 Nachrichten empfangen

❶ Sie müssen die WhatsApp-Anwendung nicht permanent geöffnet haben, denn auch wenn Sie gerade nicht damit arbeiten, informiert Sie das Galaxy mit akustischem Signal und Hinweis in der Titelleiste (Pfeil) über neu vorliegende Nachrichten.

❷❸ Starten Sie dann entweder die WhatsApp-Anwendung oder gehen Sie im Benachrichtigungsfeld auf den WhatsApp-Eintrag.

14.4 Weitere Funktionen

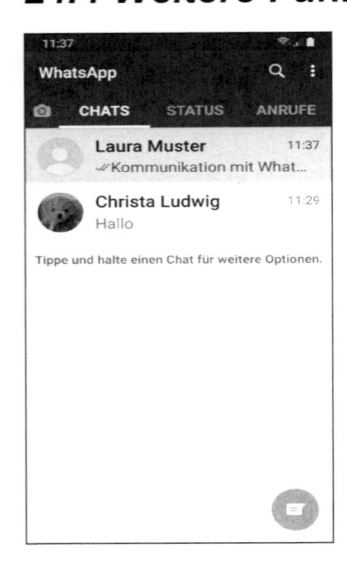

❶❷ Auf die Konversationen mit Ihren Kontakten greifen Sie über die Auflistung im Hauptmenü zu.

WhatsApp

❶ Besonders beliebt ist die Option, Fotos oder Sprachaufnahmen zu verschicken, was über die Schaltleisten am unteren Bildschirmrand (Pfeil) erfolgt.

❷❸ Beim Fotoversand knipsen Sie zunächst mit der blauen Schaltleiste (Pfeil) ein Bild, danach erfolgt mit ✓ der Versand.

❶❷ Andere Dateien, darunter auch bereits auf dem Handy vorhandene Fotos, verschicken Sie dagegen über die ⌀-Schaltleiste.

14.5 Telefonie über WhatsApp

Wie bereits erwähnt, bietet WhatsApp eine Telefonie-Funktion, welche über das Internet statt über eine Mobilfunk-Sprachverbindung erfolgt und deshalb kostenlos ist.

❶❷ Anrufe führen Sie jederzeit in einem Chat über die ☏-Schaltleiste (Pfeil) durch (die Schaltleiste daneben dient Videoanrufen). Schließen Sie die folgenden Popups mit *ANRUF* beziehungsweise *ZULASSEN*.

❸ Die rote Schaltleiste im unteren Bildschirmdrittel beendet später das Gespräch.

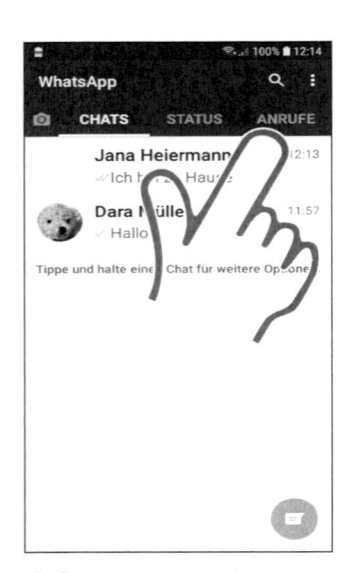

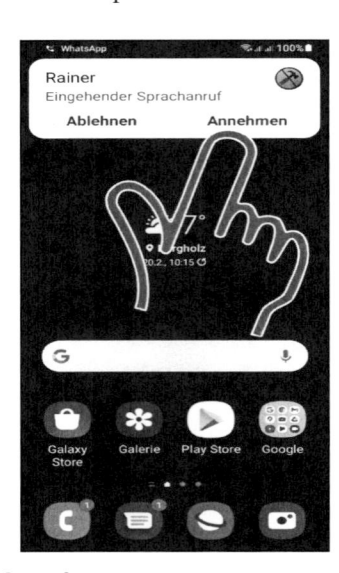

❶❷ Die durchgeführten Anrufe listet das *ANRUFE*-Register (Pfeil) auf.

❸ Nehmen Sie eingehende Anrufe über *Annehmen* im Popup am oberen Bildschirmrand an.

14.6 Videotelefonie

Die Videotelefonie ähnelt der oben vorgestellten Telefonie, allerdings sehen Sie die beiden Kommunikationspartner. Dadurch wird das Gespräch persönlicher.

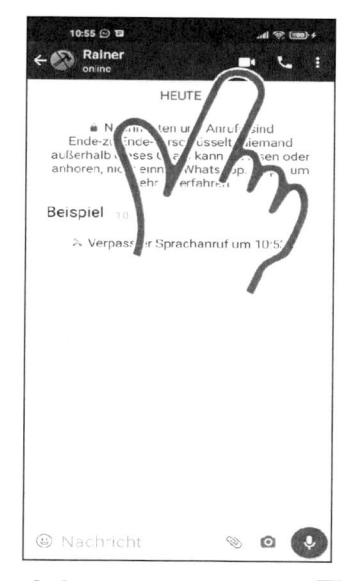

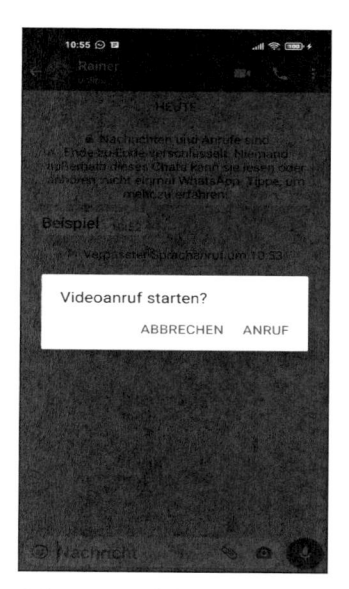

❶❷ Betätigen Sie die ◼◀-Schaltleiste und bestätigen Sie mit *ANRUF*.

❶ Während Sie warten, dass der Angerufene annimmt, sehen Sie bereits Ihr eigenes Videobild.

❷ Antippen Ihres Videobilds (Pfeil) bringt Ihr eigenes Bild in den Vordergrund, während das Bild Ihres Gegenübers als »Briefmarke« erscheint.

Die Schaltleisten am unteren Bildschirmrand:

- 🔄: Videoanzeige umschalten
- 📵: Eigenes Videobild ausschalten
- 🎤: Eigenes Video stumm schalten

❸ Die rote Schaltleiste beendet das Gespräch.

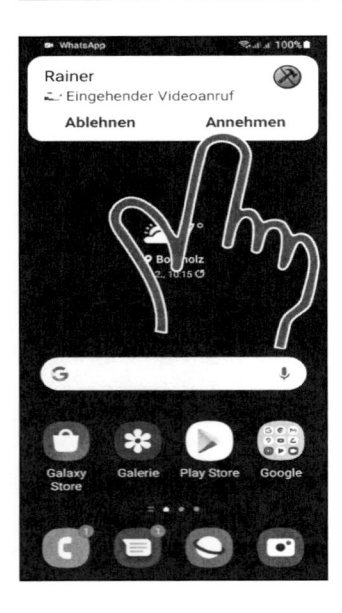

Das Handy informiert über eingehende Videoanrufe mit einem Popup. Betätigen Sie dort *Annehmen*.

14.7 Eigene Kontaktinfos

Sie haben die Möglichkeit, Ihr eigenes WhatsApp-Konto zu personalisieren.

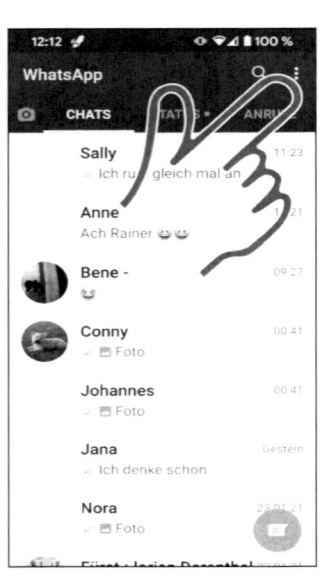

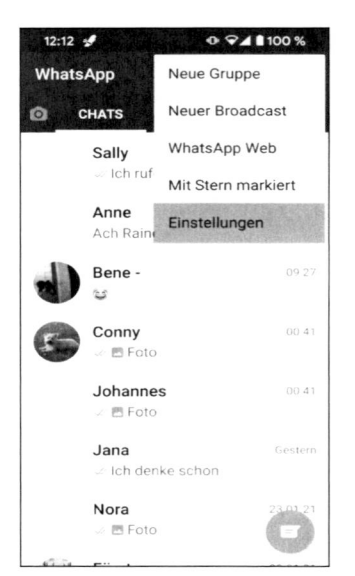

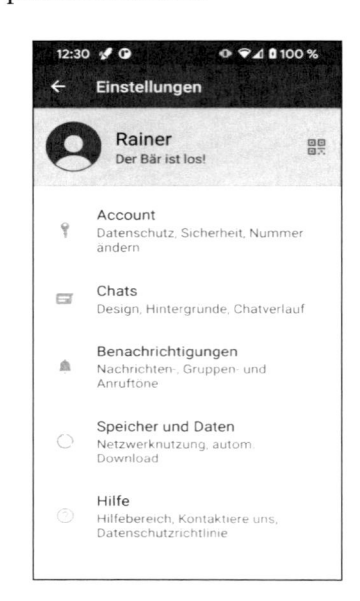

❶❷ Rufen Sie ⋮/*Einstellungen* auf.

❸ Hier gehen Sie auf das erste Menü.

WhatsApp

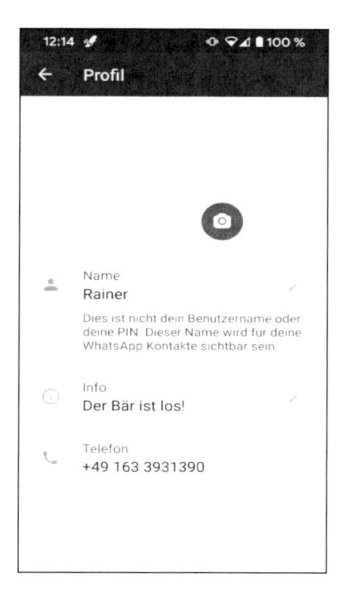

❶ In diesem Bildschirm können Sie bei Bedarf Ihren Namen (den Sie bei der Ersteinrichtung von WhatsApp eingegeben hatten) ändern. Unter *Info* erfassen Sie weitere Infos, beispielsweise Hinweise zur Erreichbarkeit oder über Ihre Person.

❷ Sie möchten Ihr Foto bei WhatsApp hinterlegen, damit Gesprächspartner sofort wissen, wer Sie sind? Dann tippen Sie oben ins runde Kontaktsymbol.

❸ Wählen Sie aus, ob Sie ein bereits vorhandenes Foto (*Galerie*) verwenden oder lieber mit *Kamera* eins neu erstellen möchten.

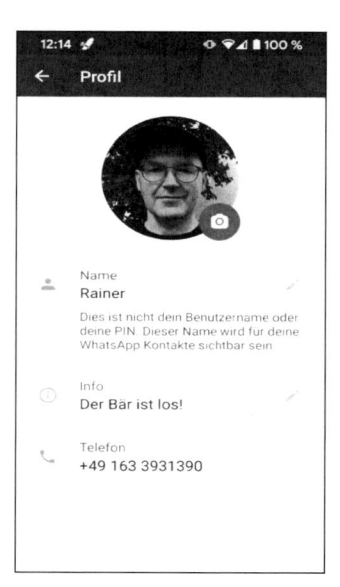

❶❷ Verschieben Sie die Begrenzungen auf den gewünschten Bildausschnitt und gehen Sie auf *FERTIG*.

❸ Das Profilfoto ist nun bei allen Ihren Gesprächspartnern sichtbar.

15. Google Maps

Google Maps zeigt nicht nur Straßenkarten, sondern auch Satellitenansichten an und dient als mobiles Navigationsgerät. Beachten Sie, dass Google Maps die Kartenausschnitte jeweils aus dem Internet lädt, also eine WLAN- oder Mobilfunkverbindung bestehen muss.

Google Maps können Sie auch auf dem Desktop-PC im Webbrowser nutzen: Geben Sie dort *maps.google.de* als Webadresse ein.

15.1 Google Maps nutzen

❶❷ Gehen Sie auf den *Google*-Ordner und darin auf *Maps*.

❶ Sind am unteren Bildschirmrand nur zwei Schaltleisten zu sehen, dann wurde Google Maps nicht korrekt installiert. Wir haben die Erfahrung gemacht, dass in diesem Fall meistens ein Neustart des Handys hilft (siehe Kapitel *4.14 Handy ausschalten oder neu starten*).

❷ Am unteren Bildschirmrand sollten nun – wie hier zu sehen – fünf Schaltleisten sichtbar sein, damit Sie mit dem Programm arbeiten können.

❸ Schließen Sie jetzt mit einer Wischgeste nach unten das Ausklappmenü.

Google Maps

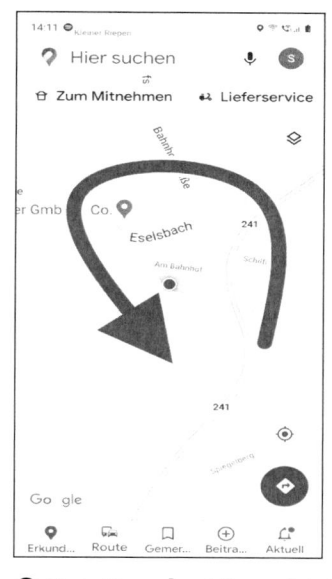

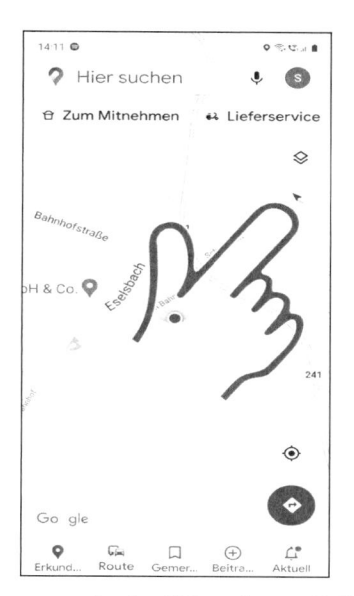

❶ Bei Google Maps ist Norden standardmäßig oben. Fußgänger dürften deshalb die Drehfunktion begrüßen: Tippen Sie mit zwei Fingern, zum Beispiel Daumen und Zeigefinger, auf das Display und drehen Sie beide Finger dann um sich selbst. Der Kartenausschnitt dreht sich mit. Als Fußgänger richten Sie so den Kartenausschnitt genau in Gehrichtung aus.

❷ Eine Kompassnadel oben rechts zeigt nun die Nord/Süd-Achse an. Tippen Sie darauf, richtet sich der Kartenausschnitt wieder nach Norden aus.

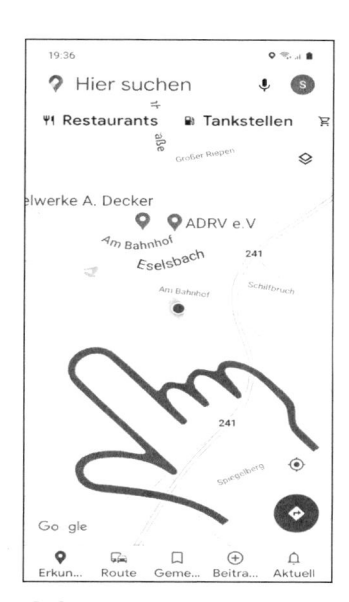

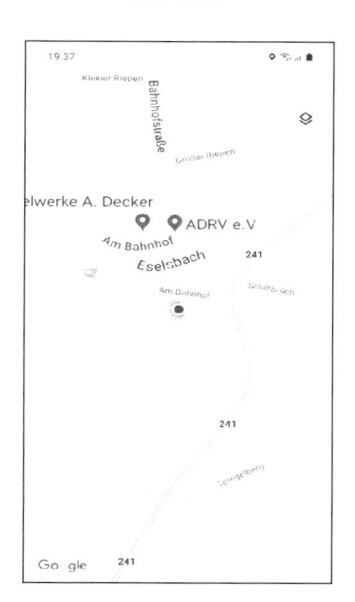

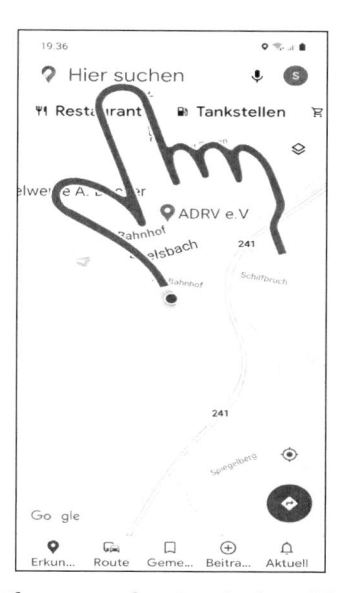

❶❷ Kurzes Tippen in die Karte – auf einen Bereich ohne Beschriftungen oder Symbole – blendet die Bedienelemente ein/aus.

❸ Die Bedienelemente:

- Suchfeld (Pfeil): Nach Orten, Firmen, Adressen oder Sehenswürdigkeiten suchen.

- 🎤 (Sprachsteuerung): Sprechen Sie einen Ort oder einen Point of Interest, nach dem Google Maps suchen soll.

- ⊙ (»Mein Standort«, unten rechts im Bildschirm): Zeigt nach Antippen Ihre vom GPS-Empfänger ermittelte Position auf der Karte an. Dazu muss allerdings der GPS-Empfang (siehe nächstes Kapitel) aktiviert sein.

- ◆ (»*Los*«): Plant eine Route und gibt Ihnen eine Wegbeschreibung.

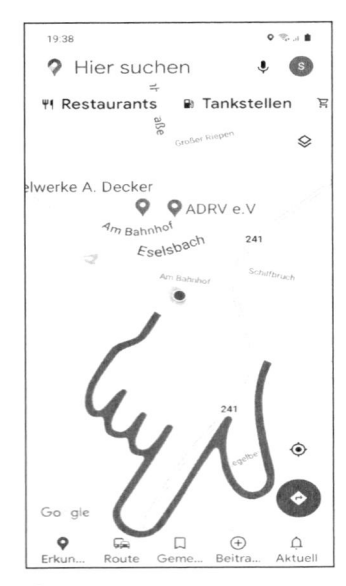

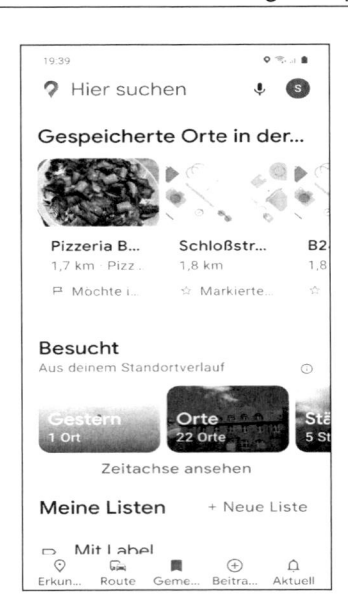

❶ Die Register am unteren Bildschirmrand:

- *Erkunden*: Die standardmäßige Kartenanzeige.
- *Route* (❷): Hinterlegen Sie in Google Maps Ihre Heim- und Arbeitsadresse, dann werden Sie hier über Fahrzeit und optimale Route informiert.
- *Gemerkt* (❸): Verwaltet die von Ihnen als Favoriten markierten Points of Interest, worauf Kapitel *15.8.1 Markierungen* noch eingeht.
- Beiträge: Google legt großen Wert auf Nutzerbeteiligung. Beispielsweise dürfen Sie fehlerhafte Daten melden und Rezensionen zu Restaurants, Läden, usw. schreiben.
- *Aktuell*: Weist auf besondere Ereignisse und Veranstaltungen für Ihren Standort hin.

Für die in diesem Buch beschriebene Kartennutzung aktivieren Sie das *Erkunden*-Register.

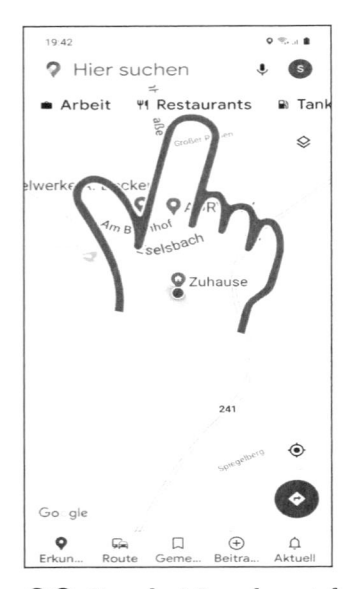

❶❷ Google Maps kennt fast alle Firmen, Geschäfte und Gastronomiebetriebe. Die Schaltleisten am oberen Bildschirmrand listen diese auf – aber darauf kommen wir noch später (Kapitel *15.8 Google Local*).

15.2 Eigene Position

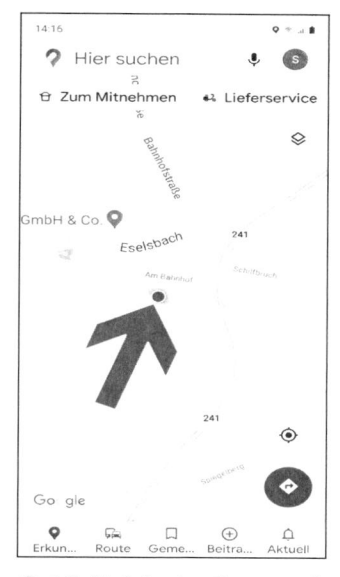

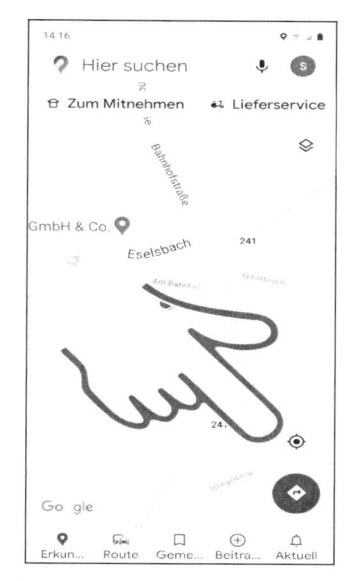

❶ Vielleicht ist Ihnen schon der kleine blaue Punkt aufgefallen, der Ihren aktuellen Standort anzeigt. Der vom blauen Punkt ausgehende Schweif zeigt Ihre ungefähre Blickrichtung (genauer: die Richtung, in die Sie das Handy halten) an.

❷ Sie haben mit Wischgesten die Kartenansicht geändert? Dann bringt Sie einmaliges Antippen von ⌖ wieder zum aktuellen Standort zurück.

❸ Beim ersten Mal wird Sie das Handy zur Kompasskalibrierung auffordern, dem Sie nachkommen sollten. Betätigen Sie dann *FERTIG*.

15.3 Parken

Falls Sie häufiger an verschiedenen Orten mit Ihrem Auto parken müssen, dürften Sie manchmal nach Ihrem Gefährt später länger gesucht haben. Abhilfe schafft die Parken-Funktion von Google Maps.

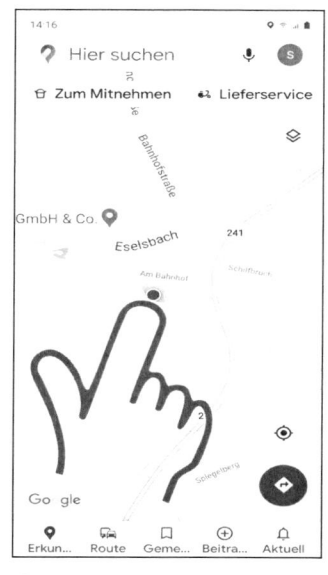

❶ Tippen Sie auf die blaue Standortanzeige.

❷ Im folgenden Bildschirm können Sie:

- *Orte in der Nähe suchen*: Listet alle Sehenswürdigkeiten, Unternehmen, Restaurants, usw. in der Nähe auf.
- *Standort teilen*: Senden Sie Ihre Position an andere Personen, damit sie Sie finden.

- *Als Parkplatz speichern*: Markiert die aktuelle Position als Ihren Parkplatz.

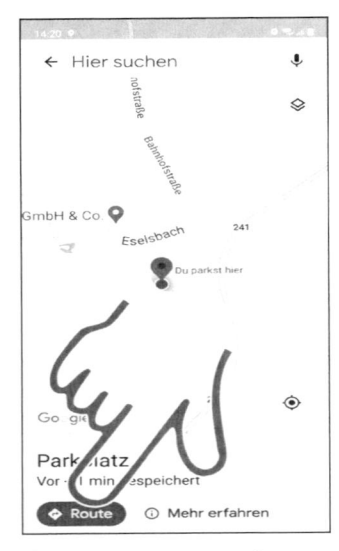

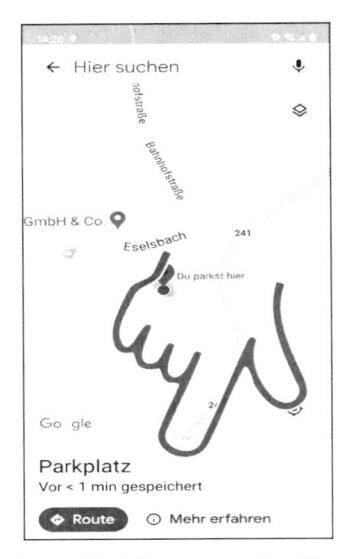

❶ Google Maps informiert mit einer Markierung in der Karte über Ihren Parkplatz. *ROUTE* am unteren rechten Bildschirmrand führt Sie später wieder zu Ihrem Gefährt zurück.

❷❸ Antippen von *Parkplatz* öffnet das Menü, in dem Sie unter *Verbleibende Zeit* einen nützlichen »Wecker« einstellen, damit Sie kein Strafticket erhalten. *LÖSCHEN* beendet die Parkplatz-Funktion.

15.4 Kartenausschnitt auf dem Gerät speichern

Google Maps hat gegenüber normalen Navis den Vorteil, immer tagesaktuelle Karten bereitzustellen, welche aus dem Internet nachgeladen werden. Problematisch wird es nur, wenn man das Handy unterwegs nutzt, da dann ja das Fehlen des WLAN-Empfangs die Kartenaktualisierung verlangsamt, denn häufig steht dann nur eine langsame Mobilfunkverbindung zur Verfügung, mit der Google Maps kaum Spaß macht. Deshalb unterstützt Google Maps die lokale Speicherung der Kartendaten auf dem Gerät.

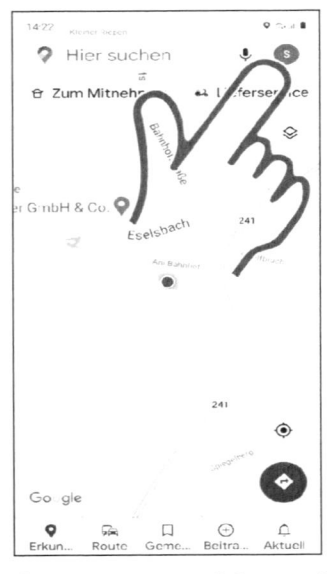

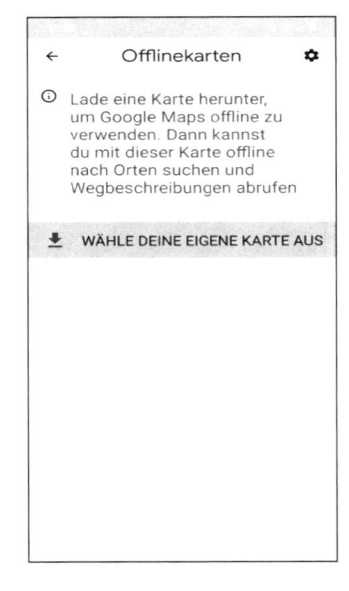

❶ Tippen Sie auf das runde Kontosymbol.

❷ Rufen Sie *Offlinekarten* auf.

❸ Tippen Sie auf *WÄHLE DEINE EIGENE KARTE AUS*.

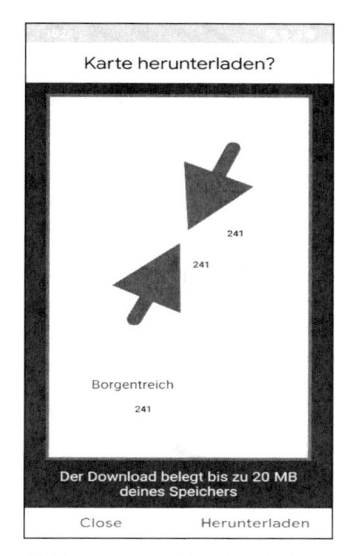

❶❷ Die Größe des lokal gespeicherten Kartenausschnitts stellen Sie ein, indem Sie den Kartenausschnitt vergrößern, beziehungsweise verkleinern (mit zwei Fingern auf das Display halten und dann beide auseinander-/zusammenziehen). Betätigen Sie dann *Herunterladen*. Schließen Sie den Bildschirm mit der ‹-Taste. Während des Herunterladens können Sie ganz normal mit Ihrem Handy weiterarbeiten.

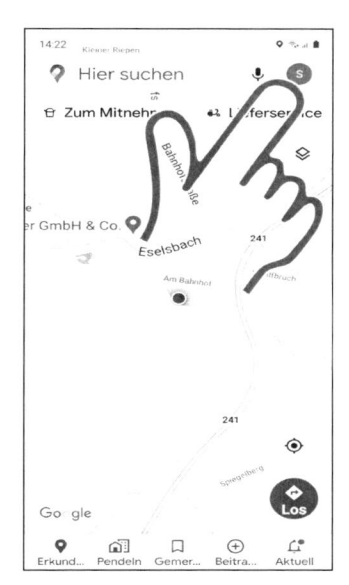

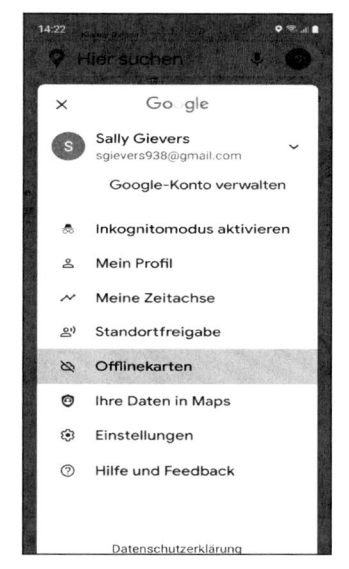

❶ So aktualisieren beziehungsweise löschen Sie die Kartendaten: Tippen Sie auf das runde Kontosymbol.

❷ Rufen Sie *Offlinekarten* auf.

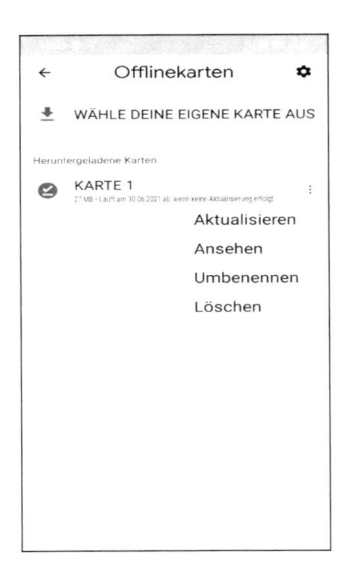

❶❷ Öffnen Sie das ⋮-Menü. Sie können die Kartendaten nun löschen oder aktualisieren.

15.5 Suche

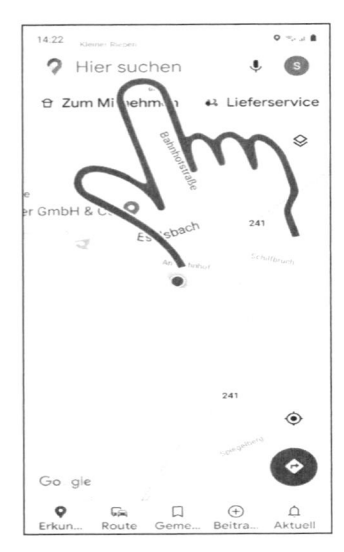

❶ Gehen Sie ins Suchfeld (Pfeil), um Adressen oder Sehenswürdigkeiten (Points of Interest) aufzufinden.

❷ Geben Sie eine Adresse ein und bestätigen Sie mit 🔍 im Tastenfeld. Google Maps macht hier während der Eingabe auch Vorschläge, die Sie direkt auswählen können.

Google Maps

❶ Google Maps zeigt die Adresse mit einer Markierung in der Karte an. Am unteren Bildschirmrand erscheint ein Ortshinweis, daneben die Fahrtzeit mit dem Auto. Tippen Sie auf den Ortshinweis (Pfeil).

❷ Es öffnet sich ein Dialog mit weiteren Bedienelementen:

- *ROUTE*: Zum Ort navigieren (siehe Kapitel *15.6 Navigation*).
- *SPEICHERN*: Den Ort als Favorit speichern. Siehe Kapitel *15.8.1 Markierungen*.
- *ORT TEILEN*: GPS-Position als Web-Link per Bluetooth, SMS oder E-Mail versenden.
- *HERUNTERLADEN*: Karte offline verfügbar machen (siehe Kapitel *15.4 Kartenausschnitt auf dem Gerät speichern*).

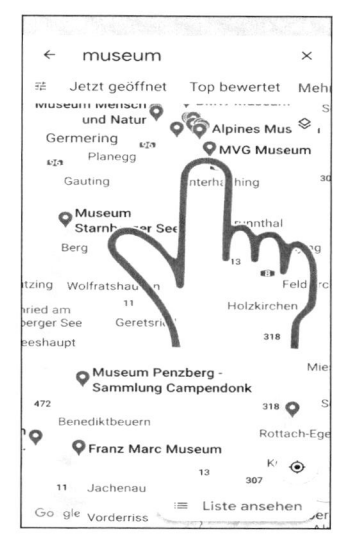

❶ Häufig findet Google Maps auch mehrere Orte oder Points of Interest, die dann aufgelistet werden. Führen Sie in der Liste eine Wischgeste von unten nach oben durch, um die Listeneinträge zu durchblättern. Tippen Sie einen Eintrag für weitere Infos an.

❷❸ Umgekehrt schließen Sie die Liste, indem Sie (gegebenenfalls mehrfach) von oben nach unten wischen, worauf Sie wieder zur Kartenansicht gelangen. Hier stellt Google Maps alle Fundstellen mit Symbolen dar. Wenn Sie weitere Infos über einen Point of Interest haben möchten, tippen Sie ihn an.

Tipp 1: Geben Sie im Suchfeld auch die Postleitzahl ein, wenn zu vermuten ist, dass eine gesuchte Stadt mehrfach vorkommt.

Tipp 2: Möchten Sie beispielsweise wissen, welche Sehenswürdigkeiten es in einer bestimmten Region/Stadt gibt, dann wechseln Sie zuerst den entsprechenden Kartenausschnitt (Sie können auch die Stadt suchen) und geben dann im Suchfeld einen allgemeinen Begriff wie »Museum« ein.

Zum Löschen der Suchergebnisse in der Karte tippen Sie oben rechts neben dem Suchfeld die ✕-Schaltleiste an.

❶ Tippen Sie in der Auflistung am unteren Bildschirmrand für weitere Infos zum Standort, Öffnungszeiten, Bewertungen, usw..

❷❸ Weitere Infos stehen Ihnen mit einer Wischgeste von unten nach oben zur Verfügung.

✗ (Pfeil) beendet die Suche.

15.5.1 Suche über Schaltleisten

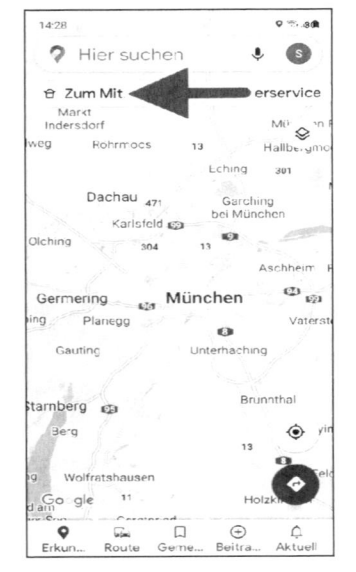

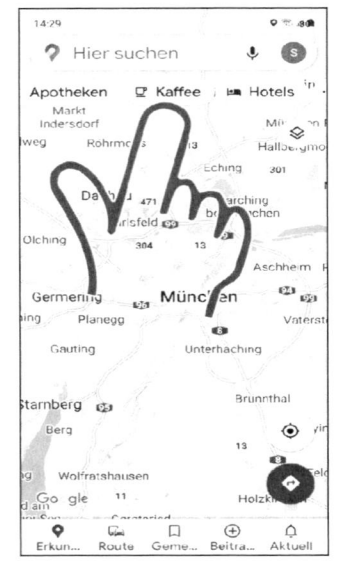

❶ Häufig gesuchte Handels- und Gastronomiebetriebe zeigen die Schaltleisten am oberen Bildschirmrand an. Mit einer Wischgeste nach links/rechts blättern Sie darin.

❷❸ Tippen Sie den gesuchten Begriff, im Beispiel *Kaffee*, für die Auflistung aller Cafés an.

15.6 Navigation

Google Maps Navigation stellt eine vollwertige Alternative zu Autonavigationsgeräten dar, wobei man allerdings den Nachteil in Kauf nehmen muss, dass laufend Kartenmaterial aus dem Internet nachgeladen wird. Für den Praxiseinsatz empfiehlt sich der Kauf einer Universal-Halterung für das Auto.

15.6.1 Routenplaner

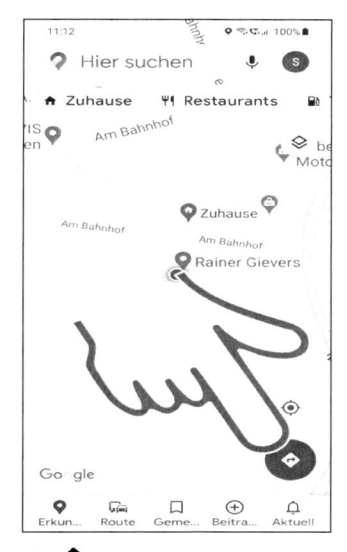

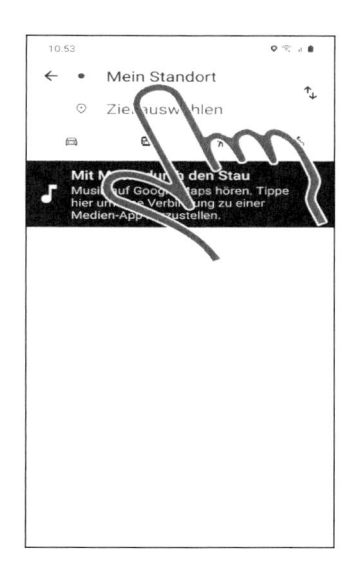

❶ ◆ (Pfeil) berechnet den optimalen Fahrtweg zwischen zwei Orten.

❷❸ Tippen Sie auf das erste Eingabefeld *Mein Standort*. **Achtung:** Dies ist nur nötig, wenn Sie nicht Ihren aktuellen Standort (der per GPS ermittelt wird), als Ausgangspunkt verwenden möchten. Geben Sie anschließend den Startort ein. Betätigen Sie Q auf dem Tastenfeld oder wählen Sie einen der Vorschläge unter dem Eingabefeld aus.

> **Wichtig:** Wenn Sie tatsächlich anschließend navigieren möchten, müssen Sie *Mein Standort* **leer lassen**, weil sonst nur eine Routenvorschau möglich ist.

❶ Danach tippen Sie auf *Ziel auswählen*.

❷ Geben Sie auch hier eine Adresse beziehungsweise eine Stadt ein und schließen mit Q auf dem Tastenfeld ab.

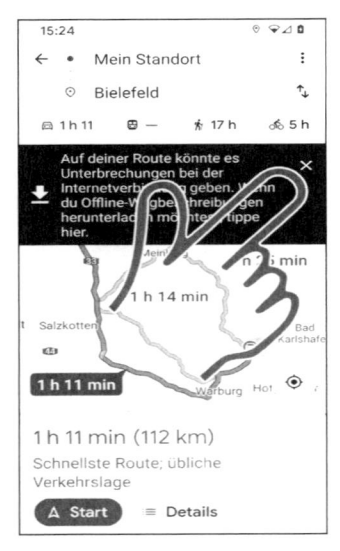

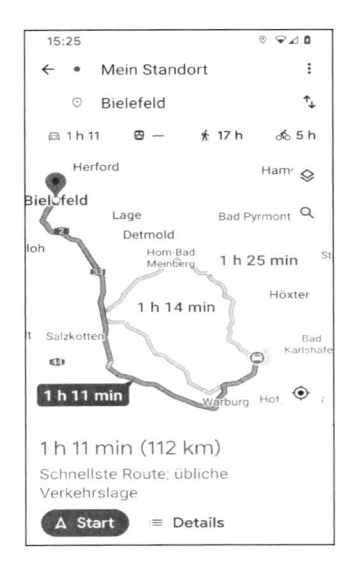

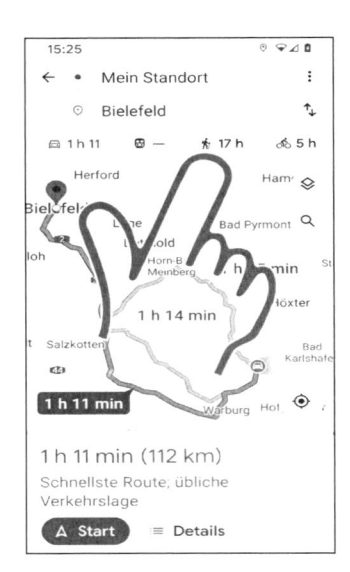

❶ Normalerweise lädt Google Maps das benötigte Kartenmaterial während der Navigation automatisch im Hintergrund aus dem Internet. Für den Fall, dass mal keine Internetverbindung besteht, sollten Sie aber die Kartendaten vor dem Fahrtbeginn herunterladen. Dazu tippen Sie auf den Hinweis am oberen Bildschirmrand. Sollte dieser nicht erscheinen, dann liegen die Kartendaten bereits auf dem Gerät vor.

❷ Die Route wird berechnet und angezeigt.

❸ Über die Piktogramme am oberen Bildschirmrand (Pfeil) wählen Sie die Art Ihres Fahrzeugs (Auto, öffentliche Verkehrsmittel, Fußgänger oder Fahrrad), was direkte Auswirkungen auf die empfohlene Route hat.

Hinweis: Die farbigen Strecken (schwarz, rot, orange oder grün) weisen auf die aktuelle Verkehrslage hin. Die Daten stammen von Android-Handys/Tablets, welche in anonymer Form ihre Position an Google-Server übermitteln, woraus Google den Verkehrsfluss ermittelt.

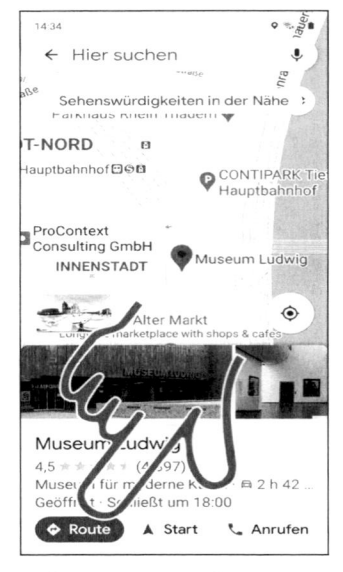

❶ Alternativ tippen und halten Sie den Finger auf einem Point of Interest beziehungsweise Kartenbereich, bis am unteren Bildschirmrand das Popup erscheint.

❷ Danach gehen Sie auf *Route*, worauf der zuvor im Popup angezeigte Ort als Zielort übernommen wird. Wählen Sie, falls nötig wie zuvor bereits beschrieben, einen der Routenvorschläge aus.

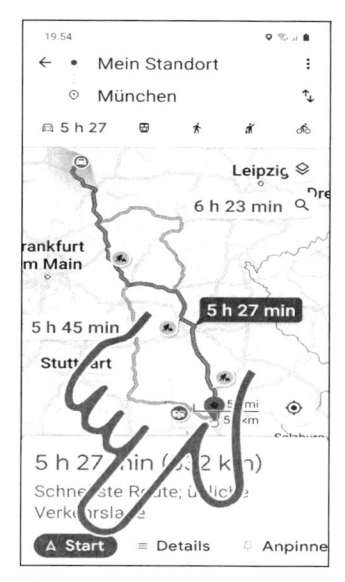

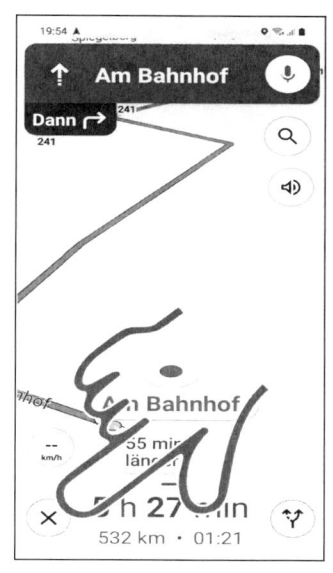

❶ Betätigen Sie *Start*, worauf Google Maps in den Navigationsmodus wechselt.

❷ Schließen Sie den Hinweis mit *OK*.

❸ ✕ (unten links) beendet die Navigation.

Da die Navigation innerhalb von Google Maps abläuft, stehen dort viele der bereits ab Kapitel *15 Google Maps* beschriebenen Funktionen zur Verfügung. Zum Beispiel können Sie mit angedrücktem Finger den Kartenausschnitt verschieben, oder durch »Kneifen« mit zwei Fingern im Kartenmaterial heraus- und hineinzoomen.

Praktisch: Ist ein Unternehmen, Restaurant oder eine Freizeitattraktion zur Ankunftszeit bereits geschlossen, erfolgt ein entsprechender Hinweis.

Eine Streckenänderung während der Navigation ist nicht möglich. Sie müssen für diesen Fall den Navigationsmodus mit der ✕-Taste unten links beenden und dann die Routenplanung erneut aufrufen.

15.6.2 Navigation in der Praxis

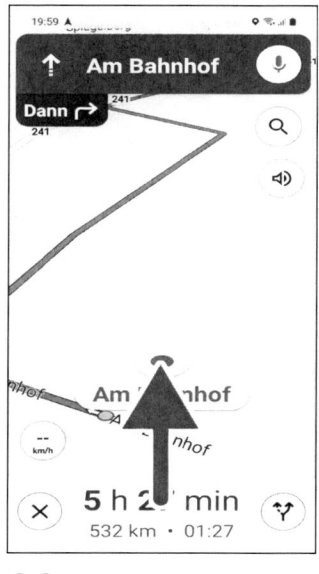

❶❷ Wischen Sie auf der Fahrtzeitanzeige nach oben für weitere Optionen:
- *Streckenfortschritt teilen*: Ausgewählte Personen sehen Ihre aktuelle Position.
- *Entlang der Route suchen*: Lassen Sie sich Tankstellen, Restaurants, usw. in Routennähe auf der Karte anzeigen.
- *Wegbeschreibung*: Auflistung der Fahrtanweisungen

- *Verkehr auf Karte anzeigen*: Google Maps informiert in der Karte mit Symbolen über das Verkehrsgeschehen.
- *Satellitenkarte anzeigen*: Satellitenbild einblenden. Beachten Sie, dass dabei das aus dem Internet übertragene Datenvolumen stark ansteigt!
- *Einstellungen*: Darauf gehen wir unten ein.

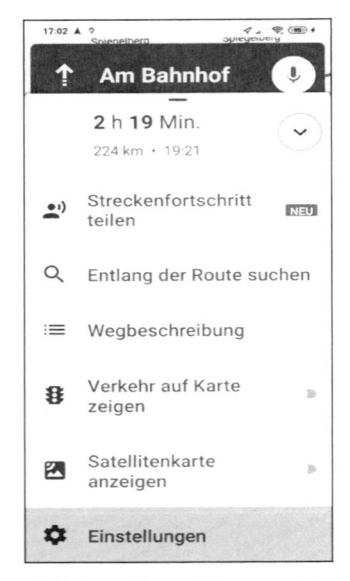

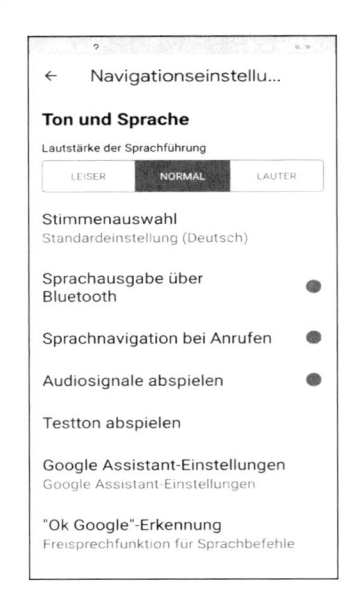

❶❷ Im *Einstellungen*-Menü finden Sie die Optionen:

Unter *Ton und Sprache*:

- *Lautstärke der Sprachführung*: Die Lautstärke lässt sich in drei Stufen einstellen.
- *Stimmenauswahl*: Stellt die verwendete Sprache ein
- *Sprachausgabe über Bluetooth*: Die Navigationsanweisungen werden über ein angeschlossenes Bluetooth-Gerät abgespielt (siehe Kapitel *29.3 Bluetooth-Headset / Freisprecheinrichtung verwenden*).
- *Sprachnavigation bei Anrufen*: Auch während Sie Telefonieren erfolgen Sprachanweisungen durch Google Maps.
- *Audiosignale abspielen*: Nicht von Google dokumentiert.
- *Testton abspielen*: Prüfen Sie die Lautstärke der Sprachanweisungen.
- *Google Assistant-Einstellungen*: Darauf gehen wir in diesem Buch nicht weiter ein.
- *"Ok Google"-Erkennung*: Auf die Spracherkennung geht noch Kapitel 19 Google Assistant ein.
- *Steuerung zur Medienwiedergabe einblenden*: Google Maps kann während der Fahrt Musik von einem Audioplayer wiedergeben. Wenn Sie diese Option zum ersten Mal aktivieren, müssen Sie eine der vorinstallierten Musikanwendungen auswählen und sich gegebenenfalls dort anmelden.
- *Standard-Medien-App*: Wählen Sie die zur Musikwiedergabe verwendete Anwendung aus.

Unter *Routenoptionen* können Sie bestimmte Strecken von der Navigation ausschließen:

- *Autobahnen vermeiden*
- *Mautstraßen vermeiden*
- *Fähren vermeiden*

Unter *Kartendarstellung*:

- *Farbschema*: Google Maps schaltet automatisch – abhängig von der Uhrzeit – zwischen Tag- und Nachtansicht um. Letztere verwendet eine dunkle Farbgebung, um Blendung im dunklen Auto zu vermeiden.

- *Entfernungseinheiten:* Entfernungsangaben in der Sprachausgabe beziehungsweise in den Bildschirmanzeigen richten sich nach dem Land, in dem Sie sich befinden. Bei Bedarf können Sie aber auch *Kilometer* oder *Meilen* fest einstellen.
- *Norden immer oben*: Kartenansicht folgt nicht Richtungsänderungen. Wir raten von dieser Einstellung ab.

Unter *Optionen für Kraftfahrzeuge:*

- *Monatliche Navigationsstatistiken merken*: Google Maps wertet Fahrten in der Vergangenheit für Routenempfehlungen aus.
- *Tachometer*: Blendet die aktuelle – per GPS ermittelte – Geschwindigkeit ein.
- *Benachrichtigungen beim Fahren*: Nicht von Google dokumentiert.
- *Verknüpfung mit Fahrmodus erstellen*: Legt im Startbildschirm eine Verknüpfung auf die aktuelle Route an.

Unter *Fußwegoptionen*:

- *Live View*: Sofern Sie als Verkehrsmittel »Fußgänger« ausgewählt haben, blendet Google Maps beim Neigen des Handys die von Google aufgenommenen Street View-Fotos ein.

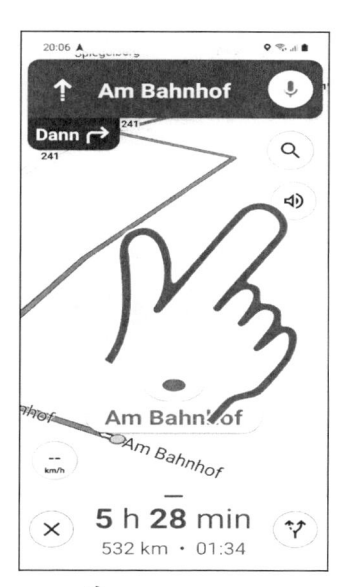

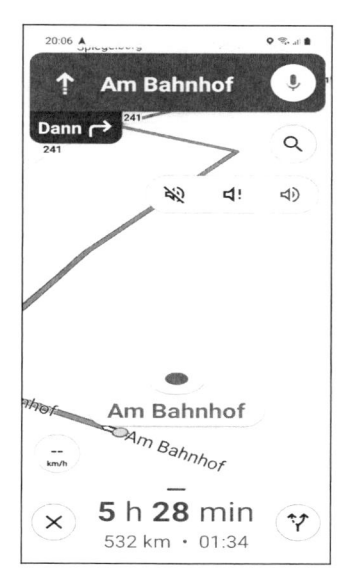

❶❷ ◀») (Pfeil) klappt zwei Schaltleisten aus, mit denen Sie die Sprachausgabe abschalten oder nur Benachrichtigungen zulassen (beispielsweise »*Kein Empfang*«) oder alle Ansagen wieder erlauben.

15.6.3 Schnelle Navigation

Die Strecke zwischen Wohnort und Arbeit dürften die meisten Anwender am häufigsten fahren. Während Pendler, die nur wenige Kilometer zur Arbeitsstelle zurücklegen, dafür kein Navi brauchen, sieht es für längere Strecken anders aus. Häufig lohnt es sich dann die Navigation über Google Maps, weil es das aktuelle Verkehrsgeschehen berücksichtigt.

15.6.3.a Ersteinrichtung der Pendelstrecke

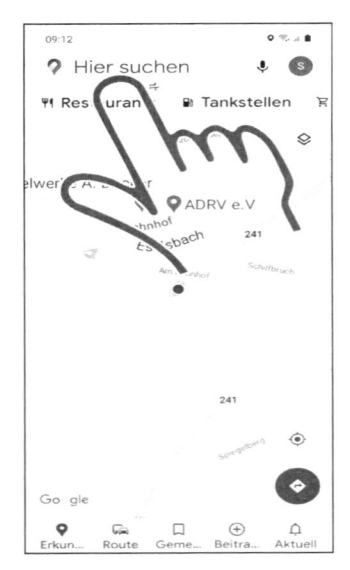

❶ Tippen Sie ins Suchfeld.

❷❸ Hier gehen Sie auf *Zuhause* und erfassen Ihre Privatadresse im Format »Straße Hausnummer PLZ Ort«. Google Maps schlägt unter dem Eingabefeld passende Adressen vor, von denen Sie eine auswählen können.

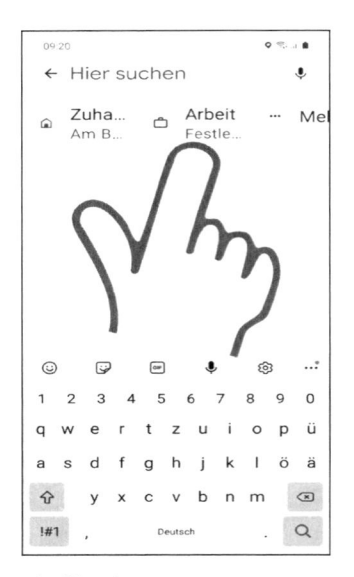

❶ Schließen Sie den Bildschirm mit *Fertig*.

❷ Sie befinden sich wieder im Suchbildschirm, wo Sie auf *Arbeit* gehen und die Adresse Ihres Arbeitsplatzes erfassen.

❸ Verlassen Sie den Bildschirm mit der ❮-Taste.

15.6.3.b Praxiseinsatz

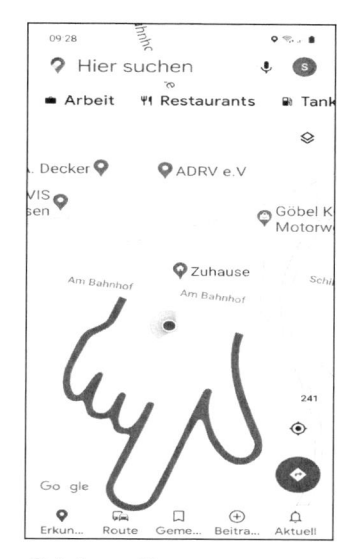

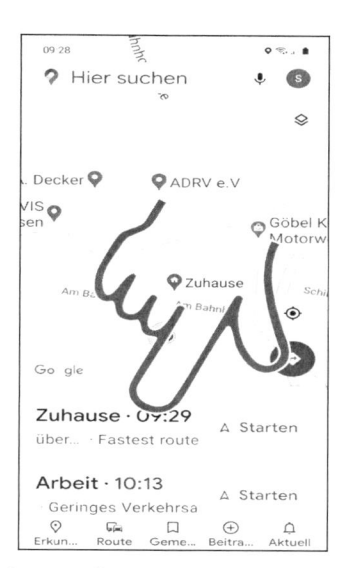

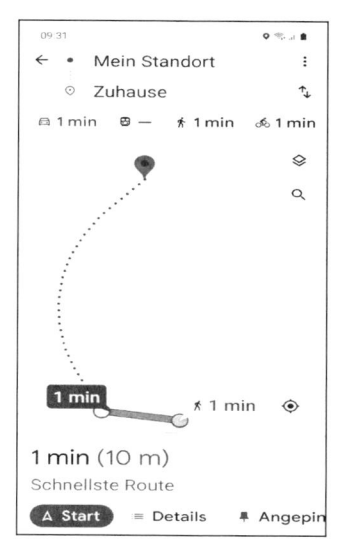

❶ Wenn Sie nun morgens zur Arbeit aufbrechen, tippen Sie auf *Route*.

❷ Wählen Sie einen der Routenvorschläge für eine Übersicht aus (❸), alternativ ruft die *Starten*-Schaltleiste direkt die Navigation auf.

15.6.3.c Pendelstrecke ändern

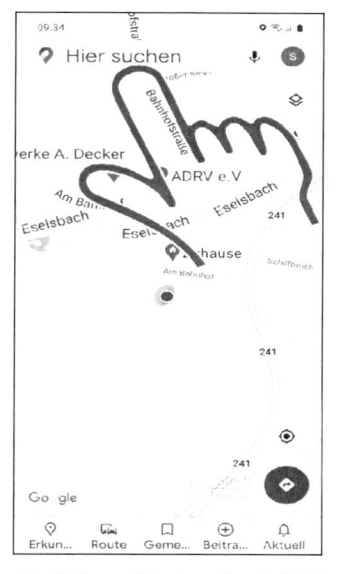

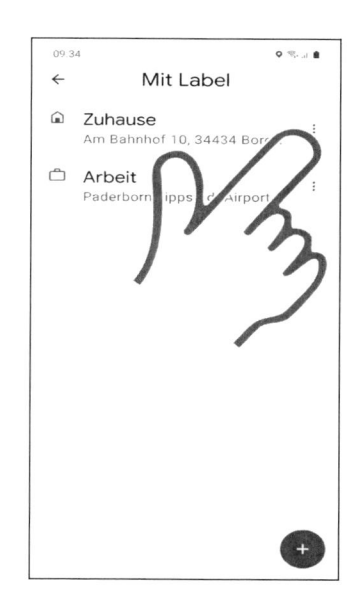

❶ Gehen Sie ins Suchfeld.

❷ Wählen Sie *Mehr* aus.

❸ Aktivieren Sie hinter Zuhause beziehungsweise *Arbeit* das ⋮-Menü.

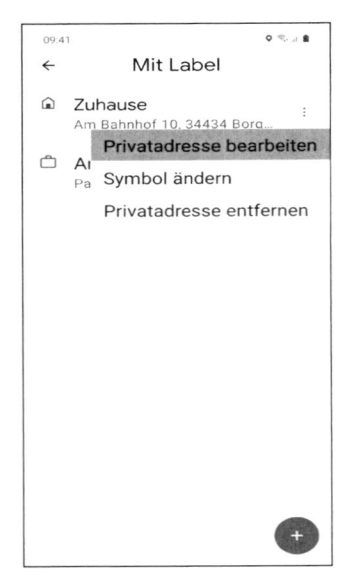

❶❷ Nach der Auswahl von *Privatadresse bearbeiten* geben Sie eine andere Adresse ein.

15.7 Ansichten

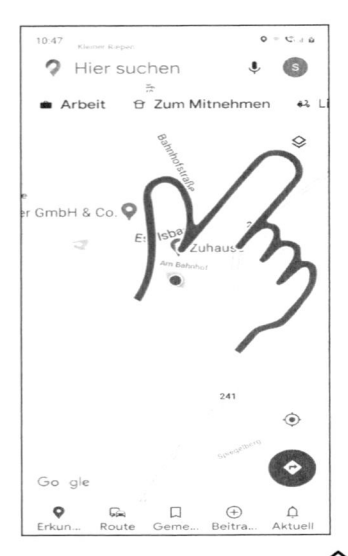

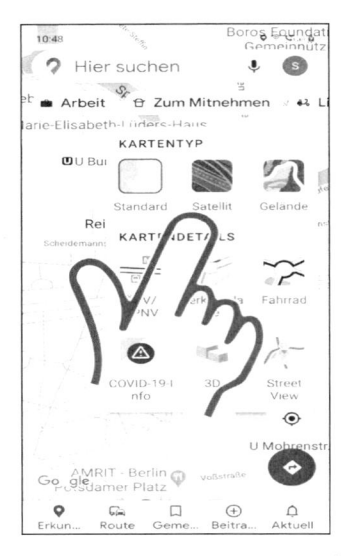

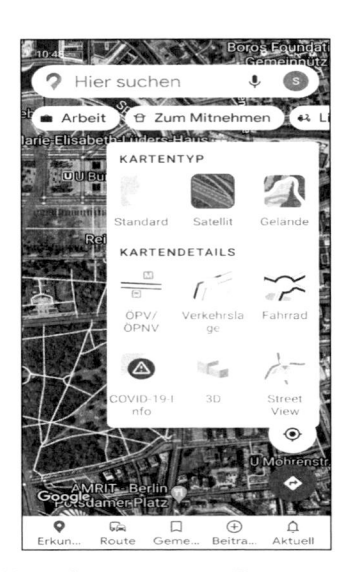

❶❷ Aktivieren Sie über ⬥ (Pfeil) das Menü, worin Sie auf *Satellit* gehen. Die Satellitenansicht ist insbesondere dann praktisch, wenn man sich genau orientieren will, weil die normale Kartenansicht kaum Hinweise auf die Bebauung und markante Geländemerkmale gibt.

❸ Das Popup-Menü schließen Sie mit der ‹-Taste – alternativ tippen Sie auf einen Kartenbereich neben dem Popup.

> Um die eingestellten Ansichten wieder auszuschalten, tippen Sie einfach im Popup erneut darauf.
>
> Beachten Sie, dass die Satellitenansicht auf einige Jahre alten Luftbildern basiert. Sensible Zonen und Gebäude, darunter Militär- und Regierungsgebäude, sind teilweise digital verfälscht, damit potenzielle Angreifer keine Planungsgrundlage erhalten.

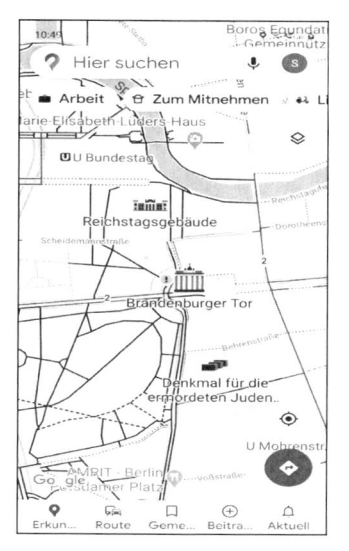

❶ *Verkehrslage* aus dem Dialog blendet die aktuelle Straßenlage in der Kartenanzeige ein, wobei das Verkehrsgeschehen mit orange/rot (zähflüssig/Stau) oder grün (freie Fahrt) bewertet wird. Für die Staudaten, welche Google Maps im Minutentakt aktualisiert, wertet Google das Bewegungsprofil von Android-Handys aus. Jedes Android-Gerät sendet ja in anonymisierter Form im Minutenabstand seine aktuelle, per GPS ermittelte Position an die Google-Server, woraus sich dann ein Bewegungsmuster errechnen lässt.

❷ Verwenden Sie *Fahrrad* aus dem Dialog, um Fahrradtouren anhand der ausgewiesenen Fahrradwege zu planen.

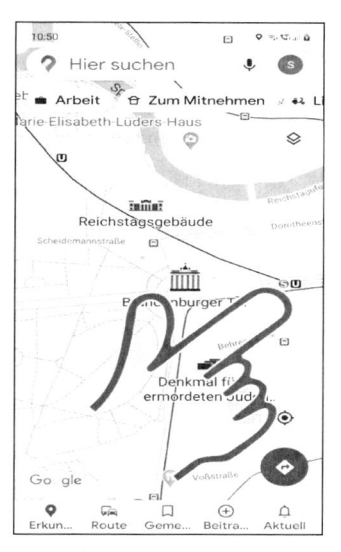

❶ Ebenfalls praktisch ist die Ansicht *ÖPV/ÖPNV*. Google Maps zeichnet dann alle Routen und Haltestellen öffentlicher Verkehrsmittel ein. Tippen Sie auf eine Haltestelle in der Kartenansicht.

❷❸ Tippen Sie eine Linie an, zu der Sie die Route erfahren möchten.

15.8 Google Local

Der Suchmaschinenbetreiber Google führt eine riesige Datenbank mit den Standorten von »Points of Interest« (POIs), darunter Unternehmen, Sehenswürdigkeiten, Restaurants, usw. Wenn Sie eine Suche, beispielsweise nach »Restaurant«, in Google Maps durchführen, greift Google Maps auf diese Datenbank zurück und listet die Fundstellen auf. Mit einem Fingerdruck kann man sich dann die Position eines Restaurants in der Karte, sowie weitere Infos, darunter auch Kundenbewertungen, Öffnungszeiten und Telefonnummern anzeigen. Diese Suche beschreibt bereits Kapitel *15.5 Suche*. Google Local vereinfacht die Suche und arbeitet mit Google Maps zusammen, um die Kartenposition anzuzeigen.

Tipp: Sofern Sie eine Firma betreiben und noch nicht bei Google Local gelistet werden, sollten Sie sich unter der Webadresse *www.google.de/local/add* kostenlos registrieren und Ihre Daten hinterlegen. Alternativ gehen Sie im Ausklappmenü von Google Maps auf *Fehlenden Ort hinzufügen*.

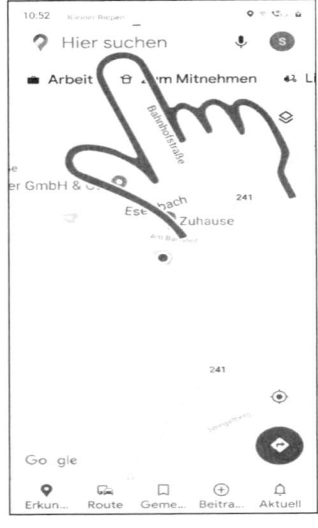

❶ Die Funktionen von Google Local stehen automatisch nach Antippen der Suchleiste zur Verfügung.

❷ Sie haben nun zwei Möglichkeiten; Entweder geben Sie einen Suchbegriff ein oder Sie wählen Sie eine der vorgegebenen Kategorien unterhalb des Suchfelds aus.

❸ Blättern Sie mit einer Wischgeste und wählen Sie einen Eintrag aus, zu dem Sie mehr Infos wünschen. Alternativ beschränken Sie über die Filter am oberen Bildschirmrand jeweils die Anzeige auf eine bestimmte Kategorie, beispielsweise *Jetzt geöffnet* oder *Top bewertet*.

Etwas simpler ist die Option, einfach in den Kartenbereich zu wechseln, für den Sie Points of Interest suchen (zum Beispiel mit der im Kapitel *15.5 Suche* beschriebenen Suchfunktion), die Suche mit X beenden, die Suchleiste erneut antippen und dann eine der Schaltleisten, beispielsweise für Restaurants zu betätigen.

Alle Points of Interest erscheinen zudem direkt in der Karte, wenn Sie tief genug hereinzoomen.

15.8.1 Markierungen

Points of Interest, die Sie häufiger benötigen, können Sie für spätere Verwendung markieren. Die Markierungen werden dann in Ihrem Google-Konto und nicht nur lokal auf Ihrem Galaxy gespeichert.

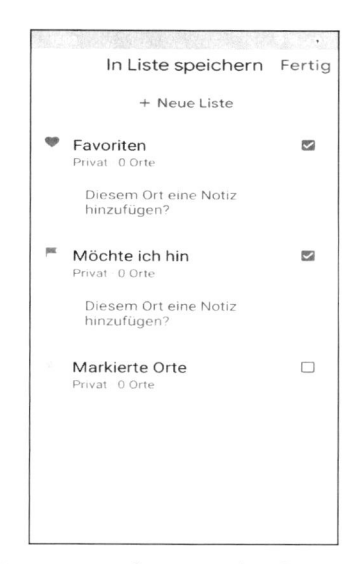

❶ In der Detailansicht setzen Sie eine Markierung durch *SPEICHERN* (Pfeil).

❷ Anschließend wählen Sie die Favoriten-Art aus.

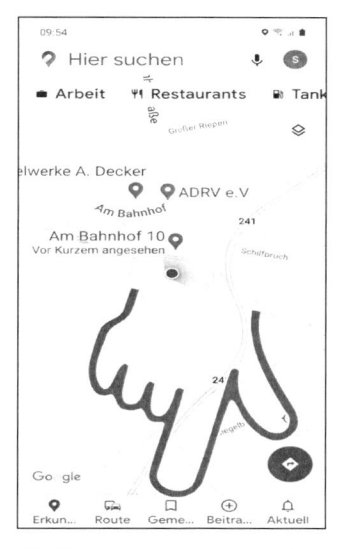

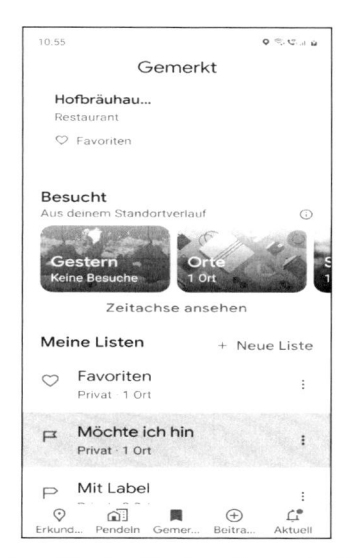

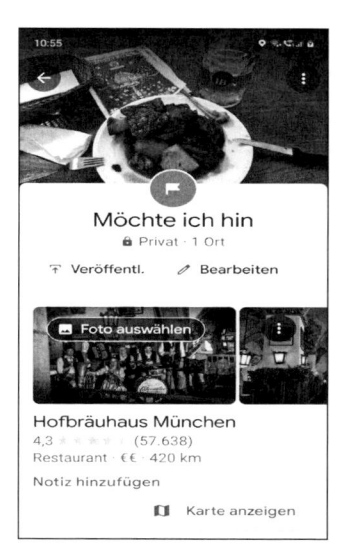

❶ Die von Ihnen gespeicherten Orte finden Sie im *Gemerkt*-Register.

❷❸ Wählen Sie einen Favoritentyp aus, worauf Sie die Favoritenauflistung erhalten.

15.9 Adressen aus dem Telefonbuch

Google verknüpft alle von Ihnen auf dem Handy verarbeiteten Daten. Dies trifft auch auf Ihre Kontakte zu, die in Google Maps angezeigt werden.

❶❷ Haben Sie zu einem Kontakt im Telefonbuch eine Adresse hinterlegt, dann können Sie direkt dort hin navigieren, indem Sie diese antippen.

15.10 Einstellungen

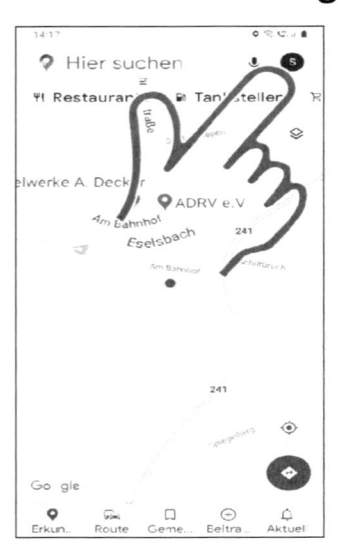

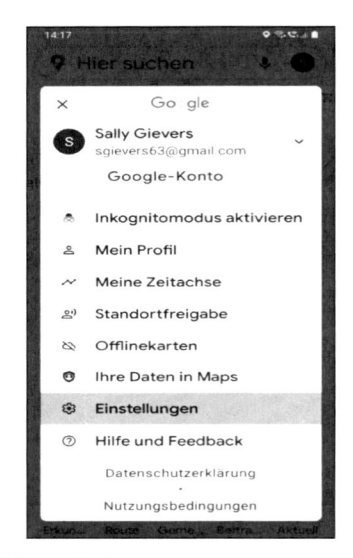

❶ Tippen Sie auf das runde Profilsymbol.

❷ Gehen Sie auf *Einstellungen*.

❸ Die verfügbaren Optionen:

- *App-Sprache*: Anwender, die des Deutschen nicht mächtig sind, können die Benutzeroberfläche inklusive Sprachausgabe auf eine andere Sprache umstellen.

- *Einstellungen für Offlinekarten*: Google Maps hält sein Kartenmaterial nicht auf dem Handyspeicher vor, sondern lädt es aus dem Internet. Damit das Kartenmaterial auch zur Verfügung steht, wenn Sie mal keinen Internetzugang haben (zum Beispiel bei der Navigation wichtig), sollten Sie die Offline-Einstellungen aktiviert haben.

    ◦ *Offlinekarten automatisch aktualisieren*: Durch die Aktualisierung berücksichtigt Google auch das aktuelle Verkehrsgeschehen und gesperrte Straßen in der Navigation.

    ◦ *Offline-Karten automatisch herunterladen*: Lädt Kartendaten automatisch bei Bedarf herunter. Dies geschieht, sobald Sie sich einen Kartenausschnitt ansehen oder die Navigationsfunktion verwenden.

    ◦ *Downloadeinstellungen*: Falls dies Ihr Mobilfunkvertrag hergibt, können Sie Aktualisierung von Offline-Karten (siehe Kapitel *15.4 Kartenausschnitt auf dem Gerät speichern*) nicht nur über WLAN, sondern auch über Mobilfunkinternet durch-

führen lassen.
- *Über Offlinekarten*: Weitere Informationen anzeigen.

- *Einstellungen für Pendelstrecke*: Nach Erfassung von Haus- und Arbeitsadresse können Sie das verwendete Verkehrsmittel und die Pendelzeiten festlegen. Google Maps macht Sie dann bei Bedarf auf Verkehrsstörungen auf dem Arbeitsweg aufmerksam. Siehe auch Kapitel *15.6.3 Schnelle Navigation*.

- *Adressen bearbeiten*: Legen Sie für die einfachere Routenberechnung (siehe Kapitel *15.6 Navigation*) Heim- und Arbeitsadresse fest. Diese werden dann bei der Routeneingabe vorgeschlagen.

- *Google-Standorteinstellungen*: Diverse Einstellungen für Google Local, auf die Kapitel *15.8 Google Local* eingeht.

- *Persönliche Inhalte*: Darauf gehen wir weiter unten ein.

- *Tipps zur Standortgenauigkeit*: Sofern das Handy Ihre Position nicht exakt orten kann, gibt das Gerät hier Hinweise.

- *Google Maps-Verlauf:* Listet alle Orte auf, nach denen Sie gesucht beziehungsweise zu denen Sie navigiert haben. Auch als Favoriten markierte Orte (siehe Kapitel *15.8.1 Markierungen*) werden hier aufgelistet.

- *Benachrichtigungen*: Informiert über Veranstaltungen (zum Beispiel Sportereignisse), welche die Verkehrssituation in Ihrer Nähe beeinflussen.

- *Entfernungseinheiten*: Sie können die Anzeige zwischen Meilen und Kilometer umschalten.

- *Maps in Satellitenansicht starten*: Die Satellitenansicht benötigt eine schnelle Internetverbindung und verbraucht in kurzer Zeit ein hohes Datenvolumen, weshalb wir von deren Nutzung abraten.

- *Maßstab auf der Karte anzeigen*: Informiert beim Zoomen in der Karte über den gerade aktiven Kartenmaßstab.

- *Navigationseinstellungen:* Hier können Sie nur über *Karte neigen* festlegen, dass während der Navigation (siehe Kapitel *15.6 Navigation*) die Karte leicht geneigt dargestellt wird.

- *Fahrdienste/Taxiunternehmen*: Übermittelt Ihre Daten an den Transportdienstleister Uber, sodass Ihnen Preisangebote für Routen angezeigt werden. In Europa ohne Nutzen, weil dort Uber nur begrenzt aktiv ist.

- *Einstellungen verwalten*: Legen Sie Themen fest, die Sie besonders interessieren oder nicht interessieren, sodass Google Maps dies bei den Navigationsvorschlägen berücksichtigen kann.

- *Mein Feedback zu Orten*: Machen Sie hier Verbesserungsvorschläge.

- *Schütteln, um Feedback zu senden*: Falls Sie Verbesserungsvorschläge haben oder auf einen Programmfehler stoßen, können Sie ihn den Entwicklern melden.

- *Infos & Hilfe*

- *Aus Google Maps abmelden*: Über das Menü wechseln Sie das Google-Konto, in dem Google Maps angefallene Daten von Ihnen ablegt.

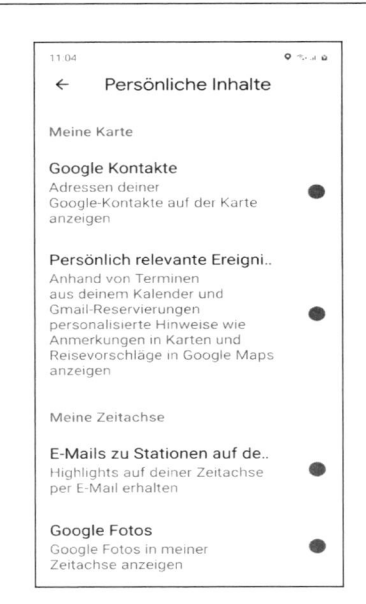

❶❷ Die Optionen in *Persönliche Inhalte* beziehen sich zum großen Teil auf die sogenannte Zeitachse. Dies ist eine Funktion, die genau auflistet, wo Sie sich zu bestimmten Zeitpunkten befunden haben. Wegen des damit verbundenen Eingriffs in Ihre Privatsphäre müssen Sie die Zeitachse erst im Ausklappmenü unter *Meine Zeitachse* aktivieren, bevor Sie sie nutzen können.

Unter *Meine Karte*:

- *Google-Kontakte*: Sofern Sie bei Ihren Kontakten im Telefonbuch (siehe Kapitel 7 *Telefonbuch*) eine Adresse eingegeben haben, erscheinen diese in Google Maps.
- *Persönlich relevante Ereignisse*: Nicht von Google dokumentiert.

Unter *Meine Zeitachse*:

- *E-Mails zu Stationen auf der Zeitachse*: Falls es neues zu Standorten gibt, die Sie mal besucht haben, erhalten Sie eine E-Mail.
- *Google Fotos*: Fotos, die Sie mit der Kamera erstellt haben, werden in der Zeitachse eingeblendet.

Unter *App-Verlauf*:

- *Web- und App-Aktivitäten sind aktiviert*: Steuert, welche Aktivitäten in der Zeitachse verzeichnet werden.

Unter *Standorteinstellungen*:

- *Standorterfassung ist aktiviert; Standortverlauf ist aktiviert*: Erlaubt die Speicherung Ihres Standorts in der Zeitachse.
- *Gesamten Standortverlauf löschen; Bestimmten Zeitraum im Standortverlauf löschen*: Verwaltet Ihren Standortverlauf, der in der Zeitachse erscheint.
- *Standortverlauf automatisch löschen*: Nach Verstreichen des von Ihnen ausgewählten Zeitraums (3 Monate, 18 Monate oder nie) löscht Google automatisch die aufgezeichneten Standortdaten.

Unter *Profileinstellungen*:

- *Beiträge in meinem Profil anzeigen*: Google erlaubt die Bewertung von Geschäften und Institutionen. Von Ihnen geschriebene Bewertungen erscheinen in der Karte.
- *Profil mit Unternehmen teilen*: Nicht von Google dokumentiert.

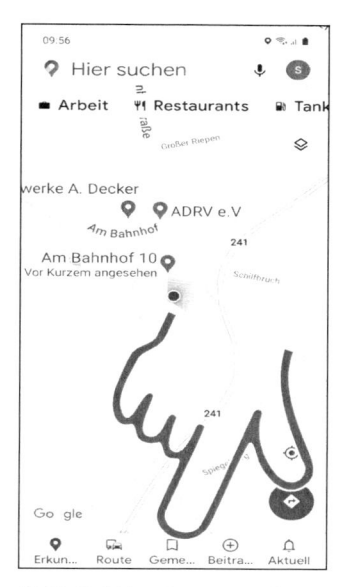

❶❷❸ Die oben erwähnte Zeitachse finden Sie im *Gemerkt*-Register unter *Zeitachse*.

16. Kamera

Ihr Galaxy verfügt über mehrere Kameralinsen. Diese sind nicht permanent aktiv, sondern werden abhängig vom gewählten Motivprogramm genutzt. Auch wenn Sie den Zoom verwenden, schaltet die Kamera-Anwendung nahtlos zwischen den Linsen um.

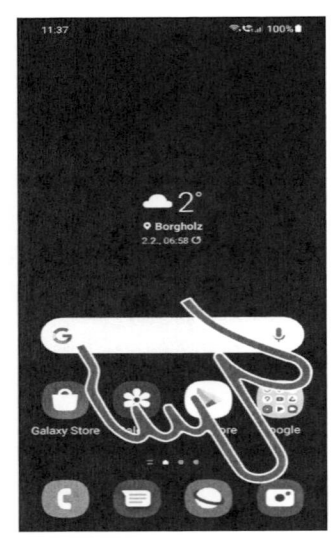

❶ Sie rufen die *Kamera*-Anwendung aus dem Startbildschirm oder Hauptmenü auf.

❷ Auch aus dem Sperrbildschirm ist ein Kamera-Aufruf möglich. Ziehen Sie einfach vom Kamera-Symbol aus nach oben.

Die Kamera legt die Fotos und Videos auf dem Gerät im Verzeichnis *DCIM\Camera* ab.

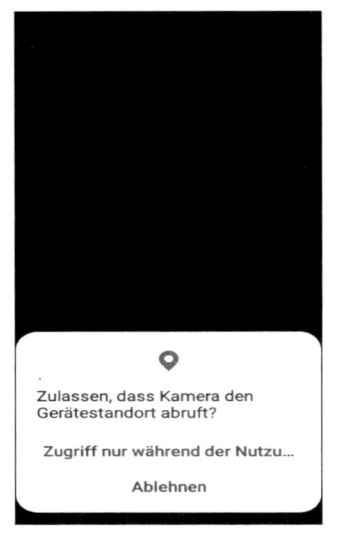

❶ Falls Sie eine SD-Karte eingelegt haben (siehe Kapitel *27 Gerätespeicher*), fragt Sie das Handy nach dem Speicherort. Wählen Sie *Ändern*, damit Fotos und Videos künftig auf der SD-Karte landen.

❷❸ Die Frage zum Geotagging sollten Sie mit *Einschalten* und dann *Zugriff während der Nutzung* beantworten. Das Handy speichert dann in den Fotos die Koordinaten des Aufnahmeorts.

Kamera

In der Kamera-Oberfläche steuern Sie alle Funktionen über die Schaltleisten:

Die Schaltleisten auf der linken Seite:

- ⁙: Diverse Bildverfremdungen.
- [4:3]: Bildformat zwischen 3:4, 16:9, 1:1 und Full (»Vollformat«) umschalten. Falls Sie vorhaben, Ihre Bilder später bei einem Fotoshop drucken zu lassen, sollten Sie die Voreinstellung 3:4 nicht verändern. Je nach Dienstleister wird sonst der Rand mehr oder weniger beschnitten.
- ⏲: Zeitschalter für automatische Auslösung zwischen 2, 5 oder 10 Sekunden setzen.
- ✶: LED-Blitz ein/aus/automatisch.
- ⚙: Weitere Einstellungen.

Mit den Registern auf der rechten Seite schalten Sie zwischen verschiedenen Modi um:

- *LIVE-FOKUS*: Stellt wahlweise das Objekt im Vordergrund oder den Hintergrund scharf.
- *FOTO*: Die Standardeinstellung, in der Sie die meisten Fotos erstellen werden.
- *VIDEO*: Videos aufnehmen.
- *MEHR*:
    - *PRO:* Im Pro-Modus dürfen Sie viele Bildeinstellungen selbst vornehmen, darunter ISO, Belichtung und Fokus.
    - *PANORAMA*: Aus mehreren Einzelfotos ein Panorama erstellen.
    - *MAKRO*: Nahaufnahme (Kamera 3 bis 5 cm vom Motiv entfernt halten).
    - *ESSEN*: Stellt einen runden Bereich (beispielsweise um einen Teller) scharf.

Die Schaltleisten auf der rechten Seite:

- ⟲: Zwischen Front- und Rückkamera umschalten. Alternativ wischen Sie einfach auf dem Bildschirm nach links oder rechts.
- (Weiße Schaltleiste): Foto erstellen.
- (Vorschaubild): Zeigt das zuletzt erstellte Foto an. Tippen Sie darauf, um das Foto in der Galerie-Anwendung anzuzeigen.

> Die Kameraelektronik benötigt relativ viel Strom, weshalb sich die Kamera-Anwendung bei Nichtnutzung automatisch beendet.
>
> Abhängig davon, wie Sie das Handy halten, erscheinen die Schaltleisten bei Ihnen auf der jeweils gegenüberliegenden Bildschirmseite.

16.1 Fotomodus auswählen

❶❷ Die Fotomodi sind größtenteils selbsterklärend, weshalb wir nur auf einige wichtige in diesem Buch eingehen. Zur Modus-Auswahl wählen Sie einfach eines der Register am rechten Rand aus.

16.2 Foto erstellen

❶ Tippen Sie zuerst auf den scharf zu stellenden Bereich im Sucher. Meistens ist dies übrigens nicht nötig, weil die Kamera automatisch auf das Objekt in der Bildschirmmitte scharf stellt.

❷ Anschließend betätigen Sie die weiße Schaltleiste auf der rechten Seite. Alternativ betätigen Sie eine der Lautstärketasten auf der rechten Geräteseite. Die Kamera speichert das Foto und kehrt sofort in den Fotomodus zurück.

> Beim Fotografieren gibt es angesichts der vollautomatischen Aufnahmesteuerung moderner Digitalkameras eigentlich nicht viel zu beachten. Trotzdem ruinieren viele Anwender ihre Aufnahmen.
>
> Unsere Tipps: Wischen Sie vor jedem Fotografieren die Kameralinse mit einem Mikrofasertuch ab, damit Ihre Aufnahmen nicht durch »Nebel« entstellt werden. Zum Zweiten sollten Sie nach Möglichkeit Ihre Motive immer so fotografieren, dass die Sonne in Ihrem Rücken steht. Sie überfordern sonst die Belichtungssteuerung.

❶ Das erstellte Foto erscheint unten rechts als Vorschau. Tippen Sie es für die Vollbildschirmansicht an.

❷ Tippen Sie gegebenenfalls auf das Foto, um die Bedienelemente zu aktivieren:

- ♡: Als Favorit markieren.

Kamera

- ✏️: Fotoeditor aufrufen.
- ⊗: Foto an eine andere Person per E-Mail, usw. senden.
- 🗑: Foto ohne Speichern verwerfen.

Die ⟨-Taste bringt Sie wieder in die Kamera-Anwendung zurück.

❶ Das Handydisplay ist sehr groß, weshalb Sie in manchen Situationen den Auslöser nicht einhändig bedienen können. Für diesen Fall erstellen Sie einfach eine zweite Taste: Halten Sie den Finger auf dem Auslöser und ziehen Sie ihn dann **sofort** an die gewünschte Position.

❷ Der zweite Auslöser steht nun zur Verfügung. Umgekehrt ziehen Sie den zweiten Auslöser auf den ersten Auslöser zurück, wenn Sie ihn nicht mehr benötigen.

16.3 Weitere Funktionen

Die nachfolgend beschriebenen Features unterstützen Sie beim Fotografieren.

16.3.1 Zoom

Zoomen Sie mit einer Kneifgeste (zwei Finger gleichzeitig auf das Display halten und auseinander/zusammenziehen). Die Kamera-Anwendung schaltet dann automatisch zwischen den Kameralinsen um.

Ab einer gewissen Zoom-Stufe sollten Sie ein Stativ verwenden oder sich an einem festen Gegenstand, beispielsweise einer Wand oder einem Geländer abstützen.

16.3.2 Kamera zwischen Weit- und Ultraweitwinkel umschalten

Zwischen Weitwinkel und Ultra-Weitwinkel wechseln Sie über eine separate Schaltleiste.

16.3.3 Lokale Helligkeit

❶ Wie bereits gezeigt, stellt das Handy automatisch auf die im Vorschaubild angetippte Stelle scharf. Dabei wird auch die Helligkeit passend eingestellt.

❷ Für den Fall, dass dann andere Bildbereiche überstrahlen oder zu dunkel ausfallen, können Sie dann über den Schieberegler selbst die gewünschte Helligkeit einstellen.

Tipp: Halten Sie den Finger für einige Sekunden auf einen Bereich im Vorschaubild für die AF-Sperre. Wenn Sie anschließend die Kamera vom Objekt weg/zum Objekt bewegen, wird die Schärfe nicht mehr angepasst. Antippen von »AF Sperre« deaktiviert diese wieder.

16.4 Einstellungen

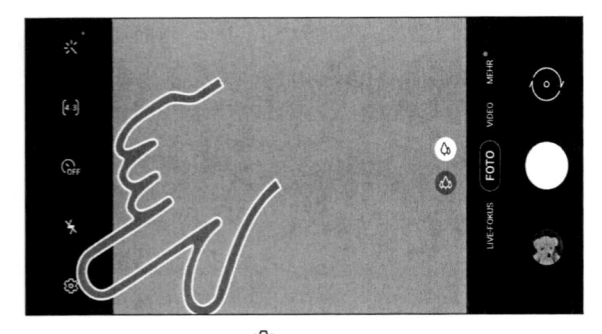

❶❷ Betätigen Sie ⚙ (Pfeil) für weitere Einstellungen:

Unter *Bilder*:

- *Über Auslöser zum Rand streichen*:
    - *Serienbilder aufnehmen*: Solange Sie die Kameraschaltfläche gedrückt halten, erstellt die Kamera Fotos.
    - *GIF erstellen*: Erstellt aus den aufgenommenen Serienbildern ein animiertes GIF-Bild. GIF-Dateien sind sehr speicherintensiv und haben eine schlechte Bildauflösung, weshalb wir stattdessen die Verwendung der Videofunktion empfehlen.

Unter *Videos*:

- *Videogröße der Hauptkamera*
- *Videogröße der Frontkamera*

Unter *Nützliche Funktionen*:

- *Autom. HDR*: Erstellt ein sehr kontrastreiches Foto. Nur möglich, wenn die Lichtverhältnisse gut sind und sich das Motiv nicht bewegt.
- *Bilder wie angezeigt*: Mit der Frontkamera aufgenommene Fotos nicht entspiegeln.
- *Raster*: Blendet Gitterlinien im Sucher ein, was bei einigen Motiven, zum Beispiel Architektur, die optimale Kamerapositionierung erleichtert.
- *Geotagging*: Wenn eingeschaltet, werden in jedem Foto die GPS-Koordinaten Ihrer aktuellen Position mitgespeichert. Später können Sie sich in der Galerie-Anwendung die Aufnahmeorte anzeigen lassen.

Kamera

- *Auslöser*:
  - *Drücken der Lautstärketaste*:
    - *Bild oder Video aufnehmen*: Betätigen Sie eine der beiden Lautstärketasten auf der linken Seite, um ein Foto aufzunehmen.
    - *Zoom*: Mit den Lautstärketasten verändern Sie den Zoom (siehe Kapitel *16.3.1 Zoom*).
    - *Systemlautstärke*: Stellt die Standardfunktion der Lautstärketasten ein.
  - *Schwebender Auslöser*: Eine zweite Aufnahme-Taste lässt sich frei auf dem Bildschirm platzieren.
  - *Zeigen der Handfläche*: Halten Sie kurz die Handfläche über der Kamera und ziehen Sie sie weg. Die Kamera wartet ca. 2 Sekunden und erstellt dann das Foto.
- *Zu behaltende Einstellungen*: Die Kamera verbleibt im zuletzt gewählten Modus, wenn Sie sie beenden und später erneut aufrufen.
- *Speicherort*: Sofern Sie eine Speicherkarte eingelegt haben (siehe Kapitel *27 Gerätespeicher*) können Sie diese als Ablageort für Fotos und Videos festlegen.
- *Wasserzeichen*: Sie können einen frei gewählten Text unten links in jedes Foto einblenden. Wir raten allerdings davon ab, weil sich das Wasserzeichen später nicht mehr entfernen lässt.
- *Einstellungen zurücksetzen*: Alle Einstellungen auf den Auslieferungszustand des Handys zurücksetzen.
- *Kontaktieren Sie uns*
- *Info zu Kamera*: Versionsinformation und Update durchführen.

16.5 Positionsdaten

Das Galaxy hinterlegt in den Fotos die jeweiligen Positionsdaten, sodass man später jederzeit anzeigen kann, wo genau die Bilder entstanden sind. Interessant ist so etwas zum Beispiel für Wanderer, Urlauber oder Bootsfahrer, die dann auch gleich ihre genommene Route erfahren.

❶ Zuerst müssen Sie dafür sorgen, dass die Kamera die GPS-Koordinaten speichert. Gehen Sie auf ⚙.

❷ Prüfen Sie ob Geotagging aktiviert ist (Schalter ist blau) und schließen Sie den Bildschirm mit der ‹-Taste. Beantworten Sie das folgende Popup mit *Bei Nutzung der App*.

❶ Sie können zum Standort, an dem das Foto entstand, über die Galerie-Anwendung (siehe Kapitel *17 Galerie*) anzeigen: Rufen Sie dort die Vollbildansicht auf und wischen Sie nach oben.

❷ Tippen Sie auf den Kartenausschnitt, worauf die Kartenanwendung Google Maps startet und die Aufnahmeposition anzeigt.

16.6 Motivprogramme

Die Galaxy-Kamera unterstützt diverse Motivprogramme, über die Sie Ihrer Kreativität freien Lauf lassen können.

❶ Betätigen Sie die ⁑-Schaltleiste.

❷ Über die Schaltleisten (Pfeil) wählen Sie zwischen den Filtern. Betätigen Sie nun den Auslöser, um ein Foto mit den Einstellungen aufzunehmen.

16.7 Selfies

Die Frontkamera diente in den Handys, die im letzten Jahrzehnt erstmals damit angeboten wurden, der Videotelefonie (eine Technik, die niemals große Bedeutung erlangte). Inzwischen nutzen viele Anwender die Frontkamera für Selbstportraits, die auch als »Selfies« (self = engl. »selbst«) bezeichnet werden.

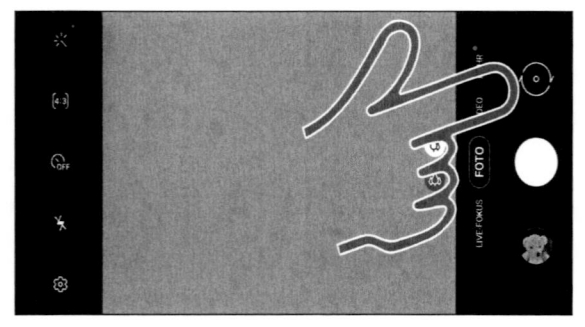

❶❷ Auf die Frontkamera schalten Sie mit der ⊙-Schaltleiste um. Alternativ wischen Sie einfach nach links oder rechts auf dem Bildschirm. Auf dem gleichen Wege schalten Sie den Selfie-Modus wieder ab.

16.8 Deko-Bild

Mit der Deko-Bild-Funktion fügen Sie Ihren Selfies lustige Effekte hinzu. Diesem Spezialeffekt sollten Sie erst ausprobieren, wenn Sie die Kamera bereits einige Zeit genutzt haben.

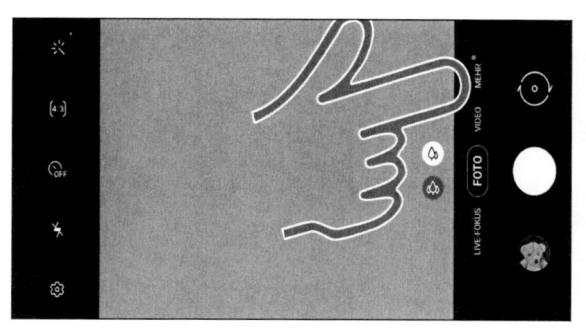

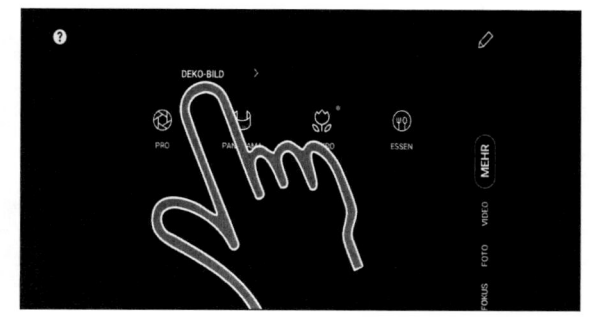

❶❷ Gehen Sie auf *MEHR* und dann auf *DEKO-BILD*. Spätestens jetzt sollten Sie allerdings das Handy aufrecht halten.

❶❷ Wählen Sie einen Effekt aus, der sofort live angewandt wird. Betätigen Sie den Auslöser, um ein Foto zu erstellen.

❶❷ Samsung stellt mehrere lustige Effektpakete zur Verfügung (Pfeil).

❸ Denken Sie daran, dass Sie mit einer Wischgeste weitere Effektvorschläge erhalten.

❶❷ Mit ∨ (Pfeil) schalten Sie auf die Vollbildansicht um. Dort können Sie auch mit ⊙ zwischen Front- und Hauptkamera umschalten.

❸ Die ‹-Schaltleiste (Pfeil) bringt Sie in die Kamera-Anwendung zurück.

16.9 Video-Funktion

❶ Aktivieren Sie das *VIDEO*-Register.

❷ Tippen Sie die ●-Schaltleiste (Pfeil) an, worauf die Aufnahme startet. Mit der Stopp- und Pause-Taste beenden beziehungsweise pausieren Sie die Aufnahme.

Viele Funktionen im Videomodus sind identisch zur Kamerafunktion, auf die bereits die vorhergehenden Kapiteln eingehen.

17. Galerie

Mit der Galerie-Anwendung zeigen Sie Bilder und Videos auf dem Handy an.

Sie starten die *Galerie*-Anwendung aus dem Startbildschirm oder Hauptmenü.

17.1 Ansichten

❶ Die Sortierung in der Galerie ist über die Register (Pfeil) umschaltbar zwischen:

- *Bilder*: Datumssortierung.
- *Alben* (❷): Bei den Alben handelt es sich um Verzeichnisse.
- *Storys*: Von Ihnen zusammengestellte Fotoalben.
- *Freigegeben*: Bilder an andere Personen senden. Auf diese Funktion gehen wir nicht ein, weil alle Personen, denen Sie die Bilder zugänglich machen, ein Samsung-Handy besitzen müssen.

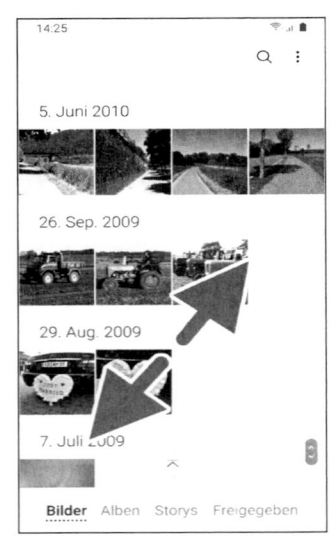

❶❷ Über eine Kneifgeste (mit zwei Fingern gleichzeitig auf den Bildschirm halten und dann auseinander oder zusammenziehen) verkleinern/vergrößern Sie die Bildervorschau.

17.1.1 Datumssortierung

Die Datumssortierung ist praktisch, um Bilder wiederzufinden, von denen Sie das ungefähre Aufnahmedatum wissen.

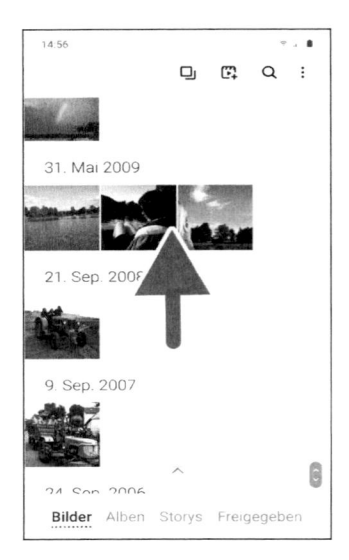

❶ Aktivieren Sie das *Bilder*-Register.

❷ Die Bildervorschau durchrollen Sie mit einer Wischgeste.

17.1.2 Albensortierung

Die Albenansicht macht vor allem Sinn, wenn Sie selbst Bilder auf das Galaxy kopiert haben (siehe Kapitel 27 Gerätespeicher).

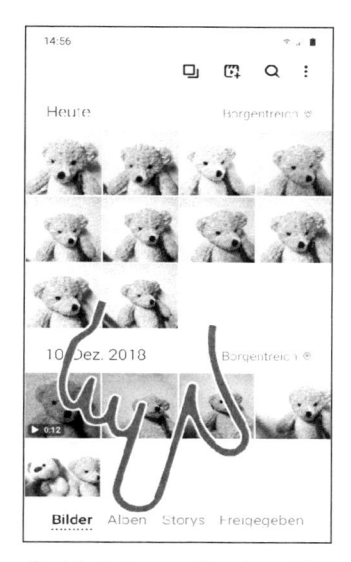

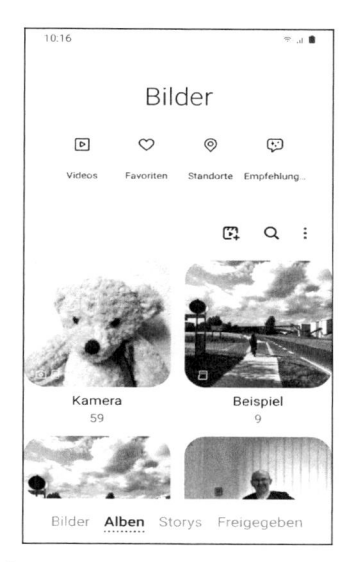

❶ Aktivieren Sie das *Alben*-Register.

❷ Eine Übersicht der Verzeichnisse erscheint. Vorhanden sind häufig:

- *Kamera*: Fotos/Videos im Gerätespeicher.
- ... weitere Ordner, die Sie angelegt haben, welche Fotos oder Videos enthalten.

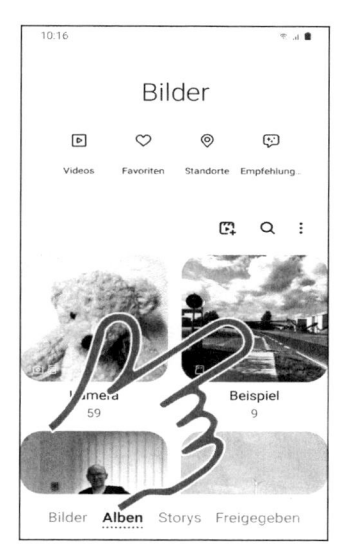

❶ Tippen Sie einen Ordner an.

❷❸ Die Albenansicht ändern Sie mit einer Kneifgeste (mit zwei Fingern gleichzeitig auf den Bildschirm halten und dann auseinander oder zusammenziehen). Verlassen Sie das Album mit der <-Taste, worauf Sie in die Albenübersicht zurückkehren.

> Bei den Alben handelt es sich um Verzeichnisse. Sie brauchen also nur auf dem Gerät eine Bild- oder Videodatei in ein Verzeichnis kopieren, worauf dieses in der Galerie-Anwendung als Album erscheint. Wie Sie Dateien auf das Galaxy kopieren, erfahren Sie im Kapitel *27 Gerätespeicher*.

17.2 Bilder verarbeiten

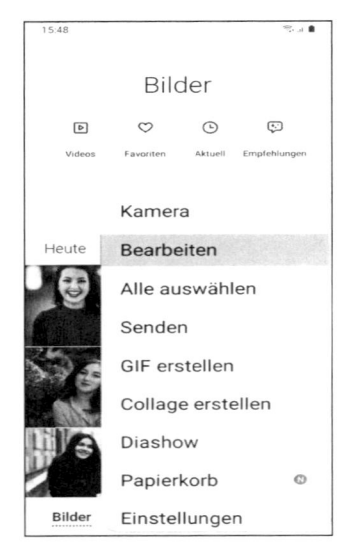

❶ Rufen Sie in der Bildervorschau das ⋮-Menü auf und gehen Sie auf *Bearbeiten*.

❷ Markieren Sie Elemente, indem Sie sie antippen (dabei nicht auf ⤢ tippen, weil damit die Vollbildansicht aufgerufen wird).

Über die Schaltleisten am unteren Bildschirmrand können Sie:

- *Senden:* Dateien per E-Mail oder andere Wegen versenden.
- *Löschen*: Dateien entfernen.

Zusätzliche Weiterverarbeitungsoptionen finden Sie im ⋮-Menü.

17.2.1 Gelöschte Dateien wiederherstellen

Es kommt schon mal vor, dass Sie aus Versehen Dateien löschen, die Sie eigentlich behalten möchten. Für solche (Un)Fälle können Sie sie noch einige Zeit retten.

❶❷ Wenn Sie ein oder mehrere Fotos/Videos löschen, erscheint eine Sicherheitsabfrage, die Sie mit *In Papierkorb* beantworten.

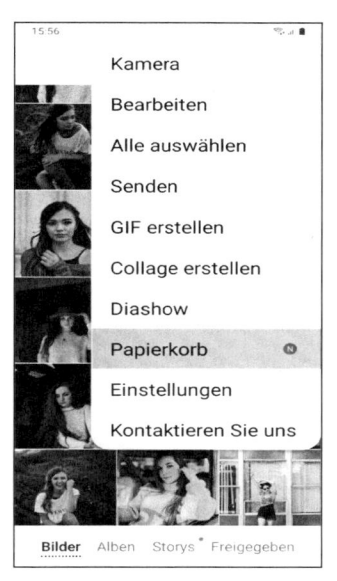

❶ So stellen Sie die gelöschten Dateien wieder her: Rufen Sie ⋮/*Papierkorb* auf.

❷❸ Tippen und halten Sie den Finger über der ersten Datei, bis diese markiert ist, dann markieren Sie die weiteren Dateien mit kurzem Antippen. Nun gehen Sie auf *Wiederherstellen*.

17.3 Vollbildansicht

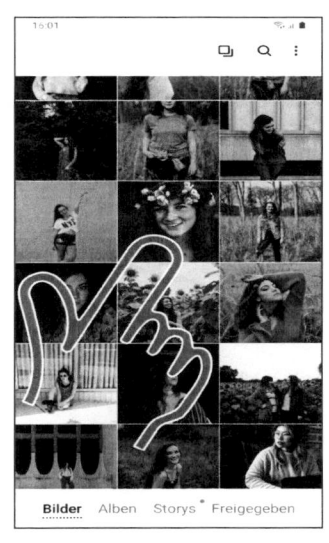

❶❷ Nach Antippen des Vorschaubilds (Pfeil) erscheint das Foto in der Vollbildansicht. Die Funktionen:

- Ziehen des angedrückten Fingers auf dem Foto nach links/rechts (»Wischgeste«): Vorheriges/nächstes Foto anzeigen.
- Zweimaliges schnelles Antippen auf dem Foto: Vergrößert/verkleinert die Darstellung.
- ⋮-Menü: Weitere Funktionen zum Versenden, Löschen oder Bearbeiten des aktuell angezeigten Fotos, auf die das nächste Kapitel noch eingeht.

Die Bedienelemente am unteren Bildschirmrand (nach einigen Sekunden werden diese ausgeblendet, aber kurzes Antippen des Fotos blendet sie wieder ein):

❷ Tippen Sie gegebenenfalls auf das Foto, um die Bedienelemente zu aktivieren:

- ♡: Als Favorit markieren.
- ∅: Fotoeditor aufrufen.
- ⛋: Foto an eine andere Person per E-Mail, usw. senden.
- 🗑: Foto ohne Speichern verwerfen.

Halten Sie das Handy um 90 Grad gedreht, um gegebenenfalls ein querformatiges Foto auf dem gesamten Bildschirm anzuzeigen.

❶❷ Das Samsung Galaxy unterstützt die »Kneifen«-Geste, um in Fotos herein- oder heraus zu zoomen: Tippen und halten Sie dazu gleichzeitig den Mittelfinger und Daumen einer Hand auf das Display und ziehen dann die beiden Finger auseinander, beziehungsweise zusammen. Übrigens spielt es keine Rolle, ob Sie nun vertikal oder waagrecht »kneifen«.

Alternativ tippen Sie einfach mit einem Finger zweimal schnell hintereinander auf die gleiche Stelle auf dem Bildschirm.

17.3.1 Einzelnes Bild bearbeiten

Rufen Sie das ⋮-Menü auf:

- *Details*: Bildparameter anzeigen.
- *Als Hintergrund festlegen:* Hintergrund für Displaysperre, Startbildschirm oder beides einstellen (siehe Kapitel *4.7.4 Hintergrundbild*).
- *Drucken*: Auf die Druckausgabe geht dieses Buch nicht ein.

Galerie

17.4 Videos

❶ Fotos und Videos listet die Galerie-Anwendung zusammen auf. Dabei erkennen Sie Videos anhand des ▷-Symbols. Tippen Sie ein Video an.

❷ Die Wiedergabe startet nach Antippen von *Video wiedergeben*.

17.5 Positionsdaten

Ihr Handy verfügt über einen eingebauten GPS-Empfänger, dessen Koordinaten in den Fotos Ihrer Kamera (siehe Kapitel *16 Kamera*) hinterlegt werden. Später lässt sich dann zu jedem Foto der Aufnahmeort herausfinden. Interessant ist so etwas zum Beispiel für Wanderer, Urlauber oder Bootsfahrer, die dann auch gleich ihre genommene Route erfahren.

In Kapitel *16.5 Positionsdaten* erfahren Sie, wie Sie mit der eingebauten Kamera Fotos mit eingebetteten GPS-Positionsdaten erstellen.

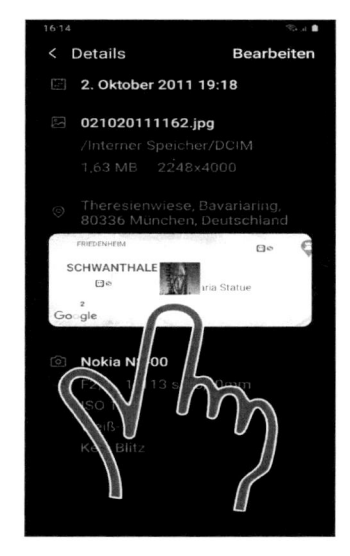

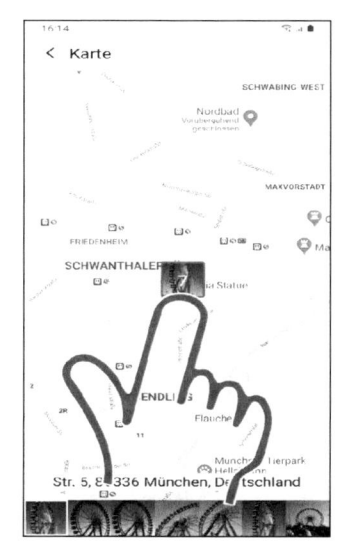

❶ In der Galerie-Anwendung wischen Sie, während ein Bild in der Vollbildansicht angezeigt wird, nach oben.

❷ Tippen Sie die Kartenvorschau an.

❸ Anschließend tippen Sie auf das Vorschaubild. Wischen Sie unten in der Bilderauflistung nach rechts/links und wählen Sie davon eines der anzuzeigenden Fotos aus.

Beachten Sie bitte, dass die in den Fotos enthaltenen GPS-Koordinaten je nach GPS-Genauigkeit während des Fotografierens um mehrere hundert Meter von der Realität abweichen können.

17.6 Storys

Über die Story-Funktion stellen Sie mehrere Fotos in eine Art Album zusammen. Dieses kann man nicht nur auf dem Handy anzeigen, sondern auch im Internet für andere zur Ansicht freigeben.

❶ Gehen Sie in das *STORYS*-Register.

❷ Über ⋮/*Story erstellen* kreieren wir ein neues Story-Album.

❸ Vergeben Sie dem Album einen Namen.

❶ Markieren Sie mehrere Bilder und gehen Sie auf *Fertig*.

❷ Die Story wird abgespielt. Mit der ❮-Taste gelangen Sie wieder in die Story-Übersicht zurück.

❸ Über das ⋮-Menü können Sie die Story bearbeiten beziehungsweise an andere Personen senden.

18. Musik

Der Musikmarkt wurde in den letzten Jahrzehnten gleich mehrmals umgewälzt. Zunächst fand die Schallplatte in den 1980er Jahren mit der CD einen Nachfolger, ab den 2000er Jahren kam dann der Kauf von Songs über das Internet in Mode. Seit einigen Jahren revolutioniert allerdings das »Streaming« die Musiknutzung. Beim »Streaming« erfolgt die Wiedergabe direkt aus dem Internet, ohne dass der abgespielte Song lokal auf dem Gerät gespeichert wird. Ein Vorteil des Streamings ist die zentrale Ablage aller Songs auf einem Server, wobei die Wiedergabe auf jedem beliebigen Endgerät, vom PC bis zum Handy möglich ist – es wird nur eine Internetverbindung benötigt, die noch nicht einmal besonders schnell sein muss.

Beim Streaming zahlen Sie – je nach Anbieter – eine monatliche Pauschale von ca. 5 bis 15 Euro, haben dafür aber Zugriff auf mehrere dutzend Millionen (!) Songs. Es ist möglich, sich eigene Abspiellisten zusammenzustellen, einige Streaming-Dienste stellen zudem fertige Abspiellisten zur Verfügung, die jeden Musikgeschmack bedienen. Kündigen Sie ihr Streaming-Abo, dann verlieren Sie auch alle von Ihnen selbst angelegten Abspiellisten.

Einziger Nachteil des Streamings: Die Musik gehört nicht Ihnen und kann auch nicht auf eine CD gebrannt werden. Je nach gewähltem Tarif ist zudem die gleichzeitige Wiedergabe auf ein einzelnes Gerät beschränkt. Läuft die Musik also gerade im Wohnzimmer, dann stoppt sie dort, sobald Sie die Wiedergabe auf dem Gerät in der Küche starten.

Neben Google sind auch noch Spotify, Apple, Deezer, Amazon und einige kleinere Anbieter im Streaming-Markt aktiv.

Die Musikwiedergabe erfolgt sehr flexibel entweder im Webbrowser auf dem PC, über das Google Smart Home-Gerät oder die YouTube Music-App auf dem Handy.

18.1 Die Tarife von YouTube Music

- **YouTube Music**: Für diesen Dienst brauchen Sie sich nicht kostenpflichtig anzumelden oder irgendwas bezahlen, denn die Finanzierung erfolgt durch zwischendurch eingeblendete Werbung.
- **YouTube Music Premium**: Der günstigste Tarif kostet 9,99 Euro im Monat. Als Student können Sie bis zu ca. 4 Jahre den Tarif für 4,99 Euro pro Monat buchen. Jedes Jahr erfolgt dann eine Überprüfung.
- **YouTube Premium**: Falls Sie sehr häufig Videos auf YouTube (in der gleichnamigen App oder auf der Website) anschauen, dann dürfte YouTube Premium interessant sein. Auf YouTube gibt es dann keinerlei nervende Werbung und Sie erhalten Zugriff auf einige weitere exklusive Inhalte (»YouTube Originals«). Zur Anmeldung besuchen Sie *www.youtube.com/premium*. Die Kosten betragen 11,99 Euro.

18.2 YouTube Music-App

In diesem Buch können wir leider aus Platzgründen nur auf die wichtigsten Funktionen der YouTube Music-App eingehen. In der Regel werden Sie ausschließlich die Musikvorschläge nutzen, die bereits alle wichtigen Musikgeschmäcker bedienen.

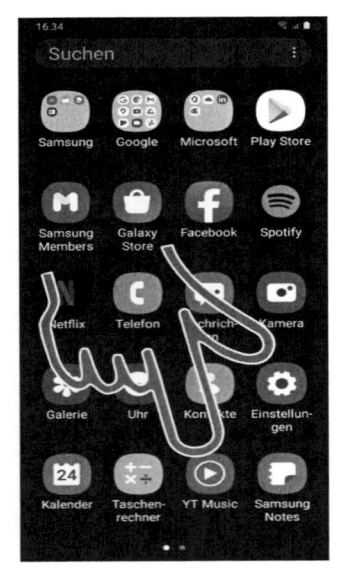

❶❷ Im Hauptmenü rufen Sie YT Music auf. Betätigen Sie gegebenenfalls *ANMELDEN*.

❶❷ Eventuell macht Sie das Programm auf eine Besonderheit aufmerksam, denn die Navigationstasten am unteren Bildschirmrand werden automatisch ausgeblendet. Führen Sie eine Wischgeste von unten außerhalb des Bildschirms nach oben durch, was die Navigationstasten einblendet und gehen Sie auf *OK*.

Musik

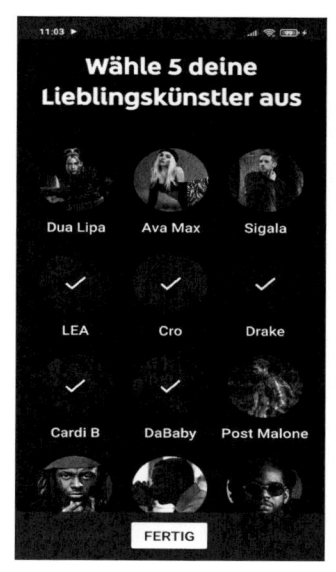

❶ Zunächst sollen Sie die Grundfunktionen der App kennenlernen, weshalb wir im Abo-Bildschirm die ✗-Schaltleiste (Pfeil) antippen.

❷ Auch den folgenden Bildschirm schließen Sie mit gegebenenfalls mit *NEIN DANKE*.

❸ Aktivieren Sie mit dem Finger Interpreten/Bands, deren Musik Sie interessiert und gehen Sie auf *FERTIG*.

18.2.1 Grundfunktionen von YouTube Music

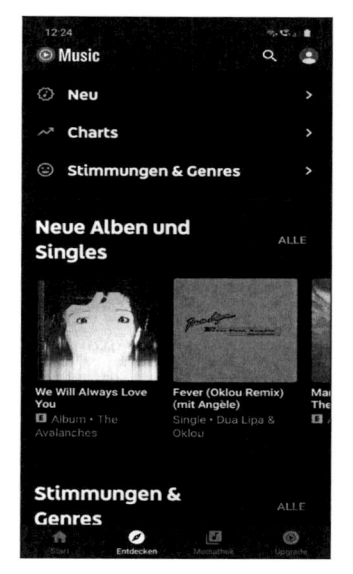

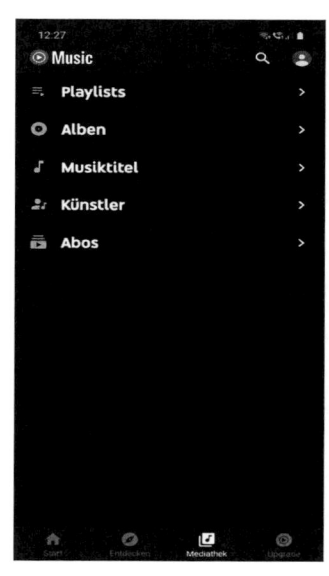

❶ Alle wichtigen Funktion verbergen sich in den Registern (Pfeil):

- *Start*: Schlägt ausgehend von Ihren Interessen und bisher abgespielten Songs passende Playlists und Songs vor.
- *Entdecken* (❷): Angesagte Songs und Musikvideos.
- *Bibliothek* (❸): Verwaltet Playlists, Alben, einzelne Musiktitel und Künstler, die Sie Ihrer Bibliothek hinzugefügt haben.
- *Upgrade*: Kostenpflichtiges YouTube Music-Abo aktivieren und verwalten. Darauf geht Kapitel *18.4 YouTube Music Premium* noch ein.

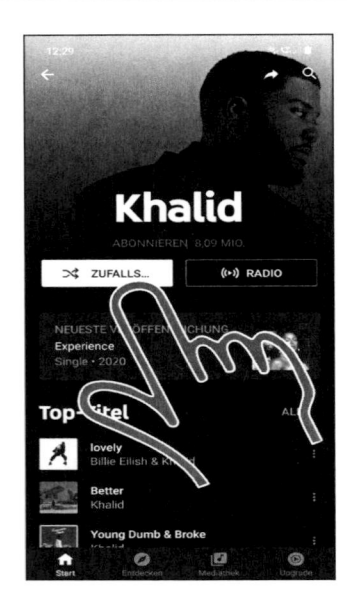

❶ In unserem Beispiel möchten wir im *Start*-Register vorgeschlagene Musik abspielen. Wischen Sie durch die Vorschläge.

❷ Tippen Sie auf einen der Interpreten/Bands.

❸ Wahlweise tippen Sie einen abzuspielenden Titel an oder betätigen *ZUFALLSMIX* oder *RADIO*, worauf die Wiedergabe startet.

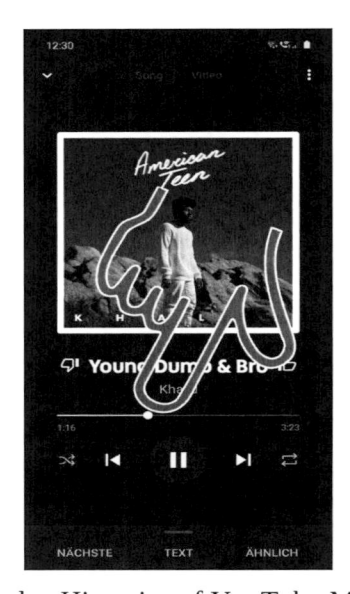

❶ Schließen Sie gegebenenfalls den Hinweis auf YouTube Music Premium mit *NEIN DANKE*.

❷ Tippen Sie in einen beliebigen Bereich des Fortschrittsbalkens (Pfeil), wenn Sie zu einem bestimmten Punkt im abgespielten Song springen möchten.

Weitere Funktionen:

- ⏮ / ⏭: Zum vorherigen/nächsten Titel springen (dies ist auch über eine Wischgeste nach links oder rechts möglich).

- ▶ / ⏸ : Starten/Pausieren der Wiedergabe.

Die kostenlose Musiknutzung finanziert Google durch Werbeclips, die zwischendurch vor den Songs abgespielt werden.

Musik

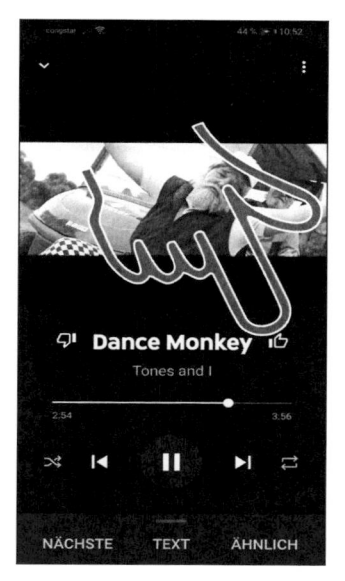

❶ Über die Schaltleisten 👎 👍 (»Mag ich/Mag ich nicht«) markieren Sie Songs, die ihnen gefallen oder nicht gefallen. Je mehr Songs Sie auf diese Weise bewerten, desto besser sind die automatischen Musikvorschläge.

❷ Beim ersten Mal weist Sie die App mit einem Popup auf die Vorteile hin. Schließen Sie es mit *OK*.

❶ Ihnen gefällt der gerade abgespielte Song eines Radios oder eine Playlist nicht? Dann wischen Sie im unteren Bildschirmrand nach oben.

❷ Antippen eines Titels spielt ihn als Nächstes ab.

❸ Wischen über der »Lasche« nach unten schließt die Titelliste wieder.

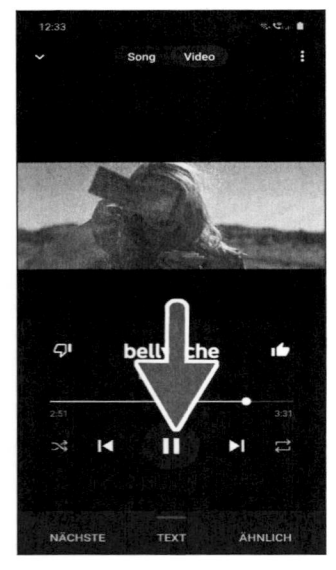

❶❷ Eine Wischgeste nach unten im oberen Bildschirmdrittel minimiert das Wiedergabefenster auf einen kleinen Balken. Antippen des Titels schaltet auf das Wiedergabefenster um, ❙❙ pausiert und ✕ beendet die Wiedergabe.

18.2.2 Playlists

YouTube Music bringt bereits unzählige Radiosender beziehungsweise Playlists mit. Sie können allerdings auch eigene Playlists mit Ihren Lieblingssongs anlegen und abspielen.

❶❷ In einer Musikauflistung aktivieren Sie mit ⋮ (Pfeil) das Menü und wählen im Popup *Zu Playlist hinzufügen*.

❸ Weil noch keine Playlist vorhanden ist, gehen Sie auf *Neue Playlist*.

Musik

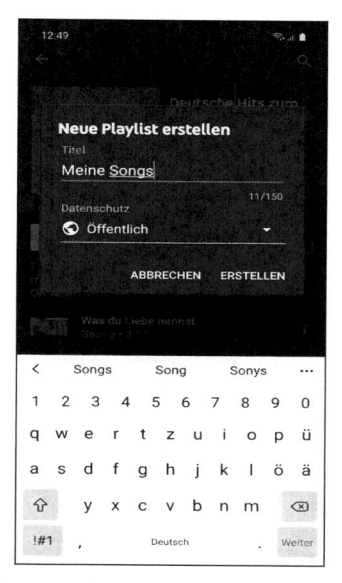

❶ Beim ersten Aufruf müssen Sie erst einen sogenannten Kanal anlegen, unter dem Ihre Playlists für andere YouTube Music-Nutzer zu finden sind. Betätigen Sie einfach *Kanal erstellen*.

❷ Vergeben Sie einen Namen für die Playlist. Standardmäßig sind Playlists für alle anderen YouTube Music-Nutzer sichtbar, Sie können aber durch Antippen von *Öffentlich* die Playlist verbergen. Schließen Sie den Vorgang mit *ERSTELLEN* ab.

❸ Schließen Sie den Bildschirm mit der ‹-Taste.

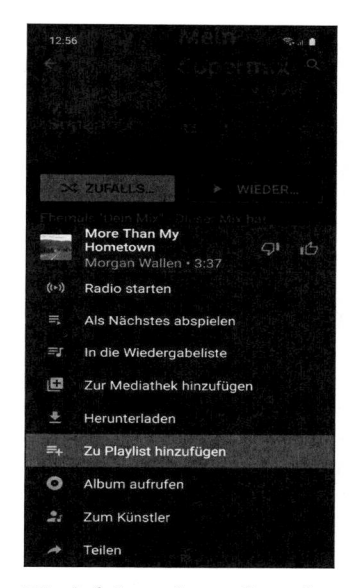

❶❷ Künftig fügen Sie einzelne Titel folgendermaßen der Playlist hinzu: Gehen Sie auf ⋮ und wählen Sie *Zu Playlist hinzufügen* aus.

❸ Wählen Sie die gewünschte Playlist aus oder legen Sie mit *Neue Playlist* eine weitere an.

❶ Auch mehrere Songs auf einmal lassen sich in eine Playlist übernehmen: Tippen und halten Sie den Finger auf einer der vordefinierten Playlists.

❷ Nach einigen Sekunden erscheint ein Popup, in dem Sie auf *Zu Playlist hinzufügen* gehen.

Zum Abspielen der zuvor erstellten Playlist über Ihr Home-Gerät sprechen Sie einfach »*Ok Google, spiele meine Playlist [Playlist-Name]*«

18.2.2.a Playlists verwalten

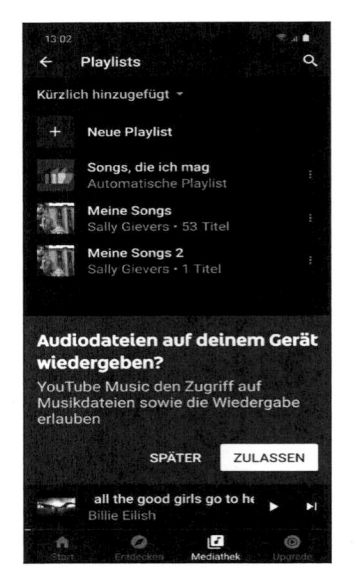

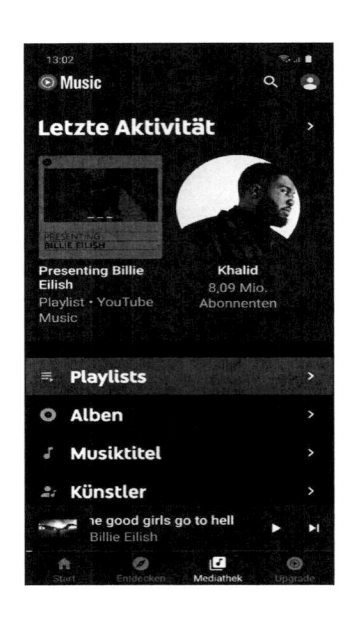

❶ Aktivieren Sie das *Mediathek*-Register (Pfeil).

❷ Die einmalige Sicherheitsabfrage können Sie mit ZULASSEN beantworten.

❸ Wählen Sie *Playlist*.

> Die App listet neben Ihren eigenen Playlists auch Songs, die ich mag auf. Darauf geht Kapitel 18.3.1 Favorisierte Songs noch ein.

Musik

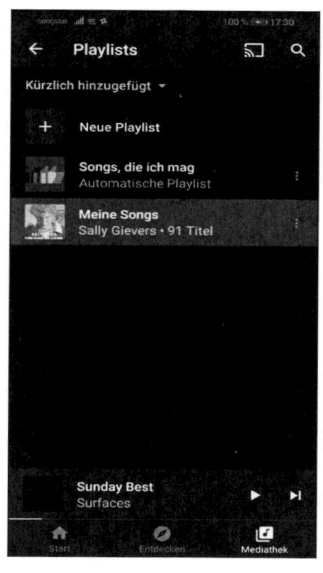

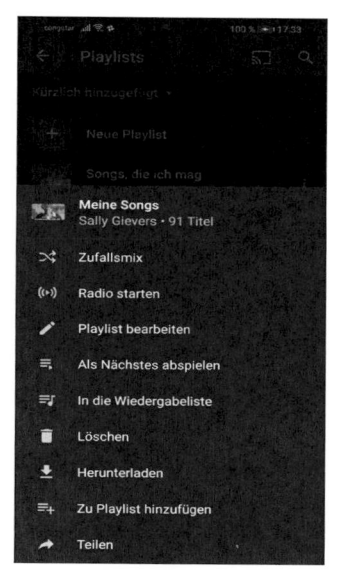

❶❷ Tippen Sie eine Playlist an für den bereits vorgestellten Abspielbildschirm. Alternativ tippen und halten Sie den Finger auf einer Playlist für das Menü (oder Sie tippen die ⋮-Schaltleiste hinter dem Playlistnamen an):

- *Zufallsmix*: Zufallswiedergabe

- *Radio starten*: Spielt ähnliche Songs wie die in der Playlist enthaltenen ab. Siehe dazu Kapitel *18.3 Radiosender*.

- *Playlist bearbeiten*: Darauf kommen wir unten noch.

- *Als Nächstes abspielen*: Setzt den Song an die erste Stelle in der Abspielliste.

- *In die Wiedergabeliste*: Reiht den Song hinten in den als nächstes abzuspielenden Titeln ein.

- *Löschen*: Playlist entfernen.

- *Herunterladen*: Lädt alle in der Playlist enthaltenen Songs auf das Handy herunter. Das Abspielen ist dann auch bei schlechter oder nicht vorhandener Internetverbindung möglich.

- *Zu Playlist hinzufügen*: Fügt den Inhalt dieser Playlist einer anderen hinzu.

- *Teilen*: Einen Link auf Ihre YouTube Music-Playlist per E-Mail, WhatsApp, usw. an jemand anders senden. Der Empfänger kann dann die Playlist in seinem Webbrowser abspielen.

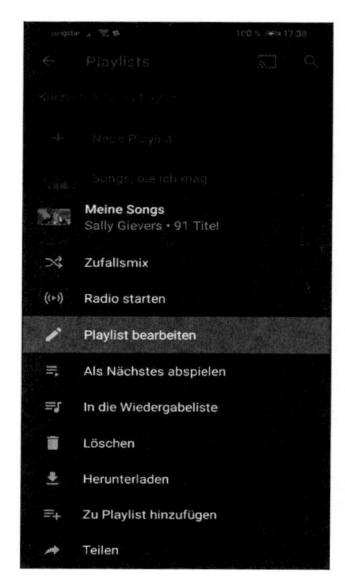

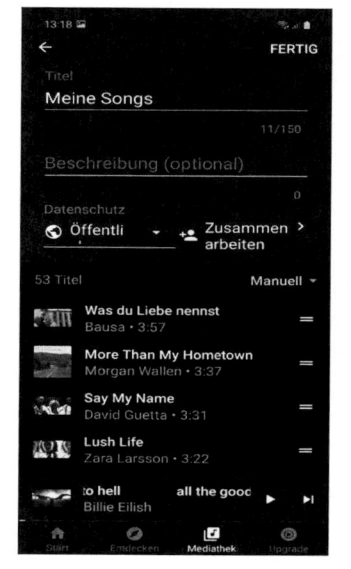

❶❷ *Playlist bearbeiten* im Menü öffnet den Editor. Neben Namen und Beschreibung ändern Sie hier bei Bedarf unter *Datenschutz* die Sichtbarkeit der Playlist für andere YouTube Music-

Nutzer. Die Änderungen übernehmen Sie mit *FERTIG* am oberen rechten Bildschirmrand.

❸ So passen Sie die Abspielreihenfolge an: Halten sie den Finger auf die ☰-Schaltleiste hinter einem Song und schieben Sie sie nun nach oben oder unten. Lassen Sie dann los.

18.3 Radiosender

Der Begriff »Radiosender« ist etwas verwirrend, denn es handelt sich nicht um Sender, wie man sie vom klassischen terrestischen Rundfunk kennt. Tatsächlich sind alle Google-Radiosender dynamische Playlists, welche sich an Ihre Hörgewohnheiten anpassen. Songs, die Sie überspringen, werden künftig nicht mehr so häufig oder überhaupt nicht mehr gespielt. Nach einiger Zeit spielt der jeweilige Radiosender nur noch Ihre Lieblingsmusik.

❶❷ Zu jeder Playlist existiert auch ein entsprechender Sender. Halten Sie einfach den Finger auf einer Playlist gedrückt, bis das Popup erscheint, in dem Sie auf *Radio starten* gehen.

❸ Die Wiedergabe startet.

> Im Abspielbildschirm sind alle Funktionen verfügbar, die auch bereits Kapitel *18.2.1 Grundfunktionen von YouTube Music* vorstellt.

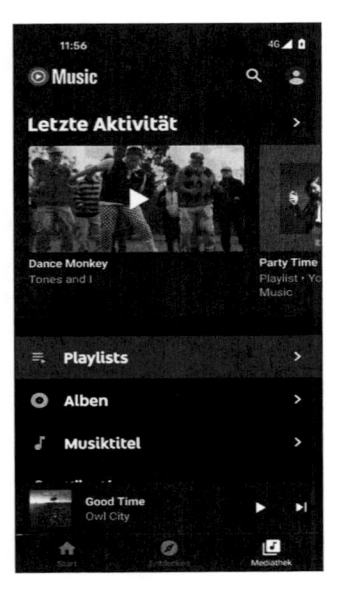

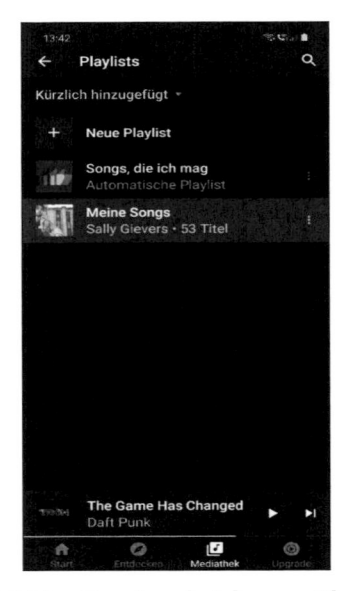

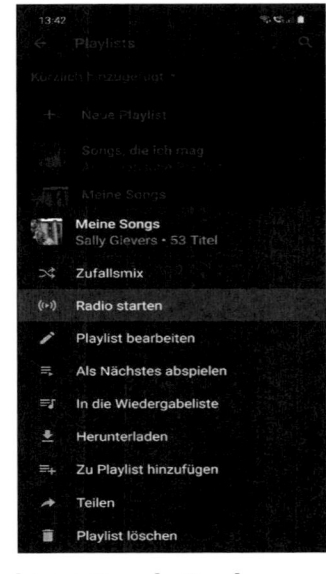

❶ Auch zu den im Kapitel *18.2.2 Playlists* beschriebenen *Playlists* bietet Google Sender an.

❷❸ Halten Sie den Finger auf einem Sender gedrückt, bis das Popup erscheint und wählen Sie *Radio starten*.

18.3.1 Favorisierte Songs

Jeder hat einen anderen Musikgeschmack. Damit Google Ihnen passende Songs/Alben/Interpreten vorschlagen kann und die angebotenen Radiosender nur Ihre Lieblingsmusik spielen, wertet Google einige »Signale« aus, wozu beispielsweise die abgespielten und übersprungenen Titel gehören. Sie helfen dabei erheblich, wenn Sie während der Wiedergabe auf dem Google Home-Gerät den Befehl »*Ok Google, gefällt mir*« oder umgekehrt »*Ok Google, gefällt mir nicht*« geben.

Je nach Nutzungsmuster wird YouTube Music schon nach einigen Tagen in den Radiosendern ausschließlich Ihre Lieblingsmusik spielen.

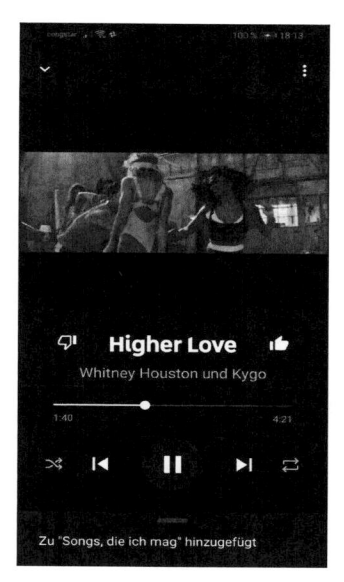

❶❷ Bei einem gerade in der YouTube Music-App abgespielten App favorisieren Sie einen Titel mit 👍. Die 👎-Schaltleiste markiert dagegen einen Titel, der Ihnen nicht gefällt.

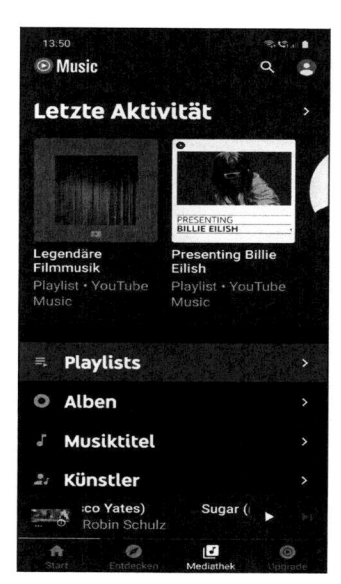

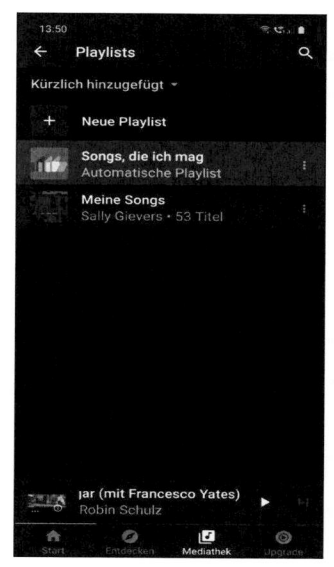

❶ Die favorisierten Songs finden Sie im *Mediathek*-Register, das Sie aktivieren.

❷❸ Wählen Sie *Playlists* aus und gehen Sie auf *Songs, die ich mag*.

Sie können hier einzelne Titel durch kurzes Antippen abspielen, oder bekommen mit *ZUFALLSMIX* beziehungsweise *WIEDERGEBEN* alle Titel zu hören.

❶❷ Ihnen gefällt ein Song nicht mehr? Tippen und halten Sie den Finger darauf und gehen Sie im Popup auf 👍.

18.3.2 Suche

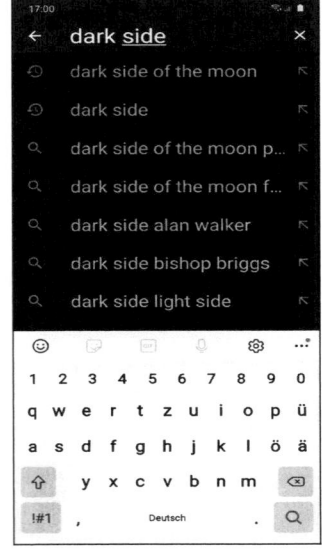

❶ Die Suchfunktion aktivieren Sie über 🔍.

❷ Bereits während der Eingabe erhalten Sie passende Vorschläge, wovon Sie einen auswählen.

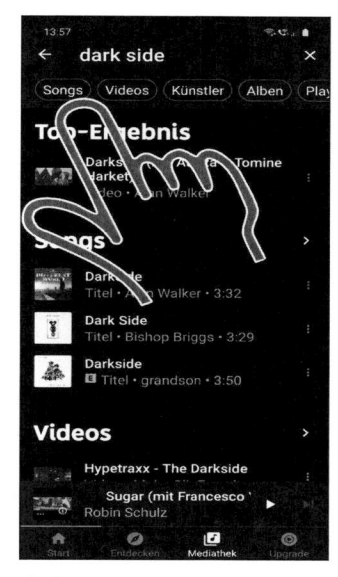

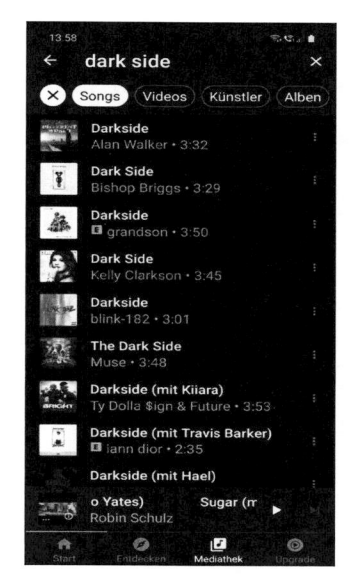

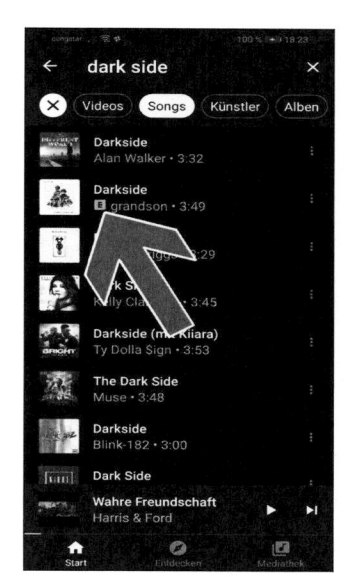

❶❷ Je nach Suchbegriff listet die App mehrere Tausend Ergebnisse auf. Mit den Schaltleisten (Pfeil) am oberen Bildschirmrand grenzen Sie die Suche ein. Wählen Sie dann einen Song, ein Album, Video oder Playlist aus, die dann abgespielt wird.

❸ In der Ergebnisliste wird bei einigen Alben und Songs ein »E« angezeigt. Damit markiert Google die offiziell von Musikkonzernen lizenzierte Medien.

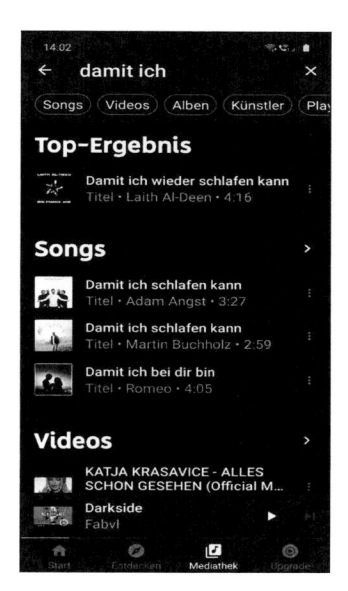

❶❷ Ein tolles Feature ist die automatische Textsuche. Geben Sie einfach als Suchbegriff eine Liedzeile ein, worauf die App passende Songs auflistet, die den Text erhalten. Dies funktioniert nicht nur mit deutschsprachigen, sondern auch Songs in Fremdsprachen.

18.4 YouTube Music Premium

Wie bereits erwähnt, kostet das Musikabo »YouTube Music Premium« standardmäßig 9,99 Euro im Monat. Dafür erhalten Sie folgende zusätzliche Funktionen:

- Keine lästige Werbung mehr
- Wiedergabe im Hintergrund: Wenn Sie die App verlassen, läuft die Musik trotzdem weiter
- Musik herunterladen: Sie können Ihre Lieblingsmusik herunterladen, um Sie auch ohne Internetverbindung abzuspielen
- Audiomodus: Die App spielt auch – sofern vorhanden – Musikvideos ab. Im Audio-

modus wird davon nur die Audiospur abgespielt, was bei schlechter Internetverbindung vorteilhaft ist.

18.4.1 YouTube Music Premium-Abo aktivieren

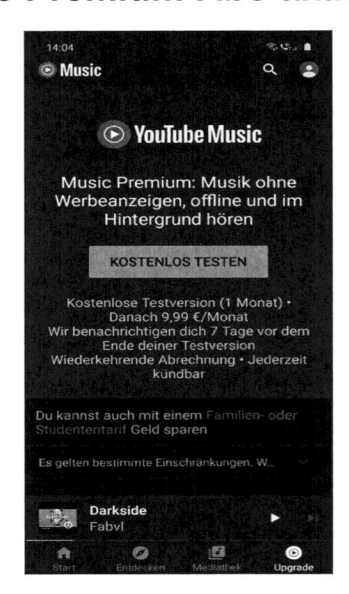

❶ Tippen Sie auf *Upgrade*.

❷ Gehen Sie auf *KOSTENLOS TESTEN*.

❶ Sie müssen eine Zahlungsmethode auswählen und dann die abgefragten Kontodaten hinterlegen. Sofern Sie in der Vergangenheit Käufe bei Google, beispielsweise im Play Store, durchgeführt hatten, ist diese bereits voreingestellt. Betätigen Sie dann *KAUFEN*.

❷ Schließen Sie die Erfolgsmeldung mit *LOS GEHT'S*.

> Keine Bange! Das Abo enthält einen kostenlosen Probemonat und erst danach wird das Geld monatlich abgebucht. Sie können auch während der Probezeit jederzeit das Abo beenden.

Musik
277

18.4.2 YouTube Music Premium-Abo verwalten

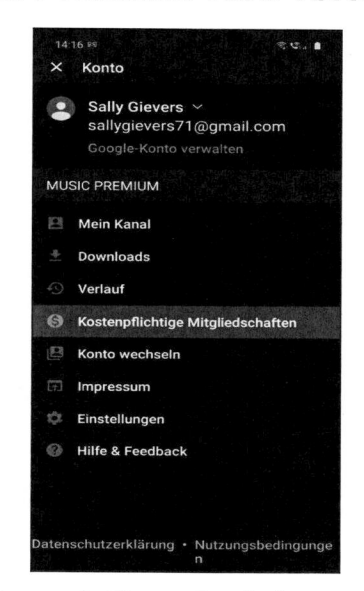

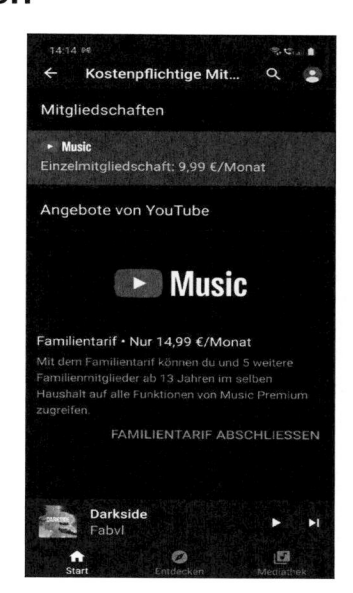

❶ Tippen Sie oben rechts auf das runde Konto-Symbol.

❷ Betätigen Sie *Kostenpflichtige Mitgliedschaften*.

❸ Wählen Sie *Music*.

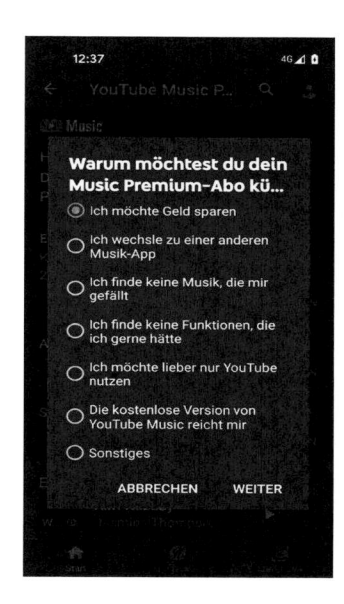

❶ *Betätigen Sie DEAKTIVIEREN*.

❷❸ Wenn Sie wegen Urlaub oder Ähnlichem keine Zeit fürs Musikhören haben, pausieren Sie die Mitgliedschaft über *LIEBER PAUSIEREN* monatsweise. Andere Nutzer eines Familientarifs werden ebenfalls pausiert. *MITGLIEDSCHAFT BEENDEN* kündigt dagegen das Abo (Sie dürfen es jederzeit später erneut abschließen, haben dann aber keinen kostenlosen Probemonat). Es folgen mehrere Popups, die Sie beantworten müssen.

In diesem Bildschirm können Sie auch die Zahlungsmethode ändern oder Ihr YouTube-Konto für die Familiennutzung beziehungsweise auf YouTube Premium erweitern.

18.5 Welcher Song ist das?

Sie kennen sicher das Problem, ab und zu im Radio, TV, Kaufhaus oder Club einen unbekannten Song zu hören, der Ihnen gefällt. Den Songtitel herauszufinden gestaltete sich dann schwierig. Als Problemlösung bietet sich eine Automatik an, die anhand eines mitgehörten Ausschnitts Interpret, Titel und Album ermittelt.

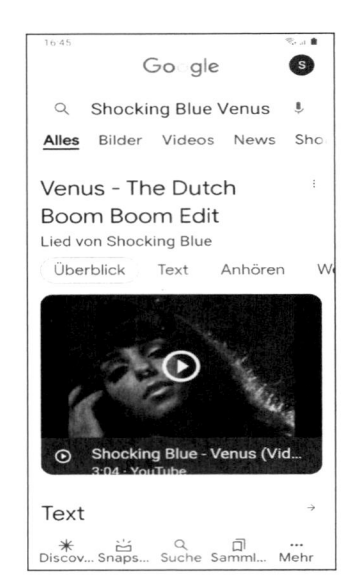

❶ Betätigen Sie – während die Musik gespielt wird – die 🎤-Schaltleiste im Google-Such-Widget (Pfeil) des Startbildschirms.

❷ Tippen Sie dann auf *Musik erkennen* (Pfeil).

❸ Google analysiert nun die Musik und zeigt Songtitel und Interpreten an.

Google Assistant

19. Google Assistant

Der Google Assistant (engl. für Assistent) ist eine intelligente Sprachsteuerung. Sie können darüber beispielsweise Termine anlegen, Kontakte anrufen oder im Internet suchen. Mittels künstlicher Intelligenz soll der Google Assistant nach und nach Ihre Vorlieben kennen lernen und entsprechend reagieren.

Sie dürfen den Google Assistant nicht mit dem im Kapitel *21.5 Google-Anwendung* vorgestellten Programm verwechseln, das ähnliche Funktionen anbietet, aber auf manche Sprachbefehle anders reagiert.

19.1 Einrichtung

❶ Tippen und halten Sie die O-Taste unterhalb des Displays, bis der Google Assistant startet.

❷ Warten Sie dann bis zu 10 Sekunden, bis dieser Assistant-Bildschirm aufklappt. Dort tippen Sie auf *Mehr Assistant-Funktionen aktivieren*.

> Sofern Sie die Sprachsteuerung bereits bei der Einrichtung nach dem ersten Einschalten durchgeführt haben, wird natürlich die *Mehr Assistant-Funktionen* aktivieren-Schaltleiste nicht erscheinen. Lesen Sie für diesen Fall im nächsten Kapitel weiter.

❶❷ Betätigen Sie jeweils *Mehr* beziehungsweise Weiter.

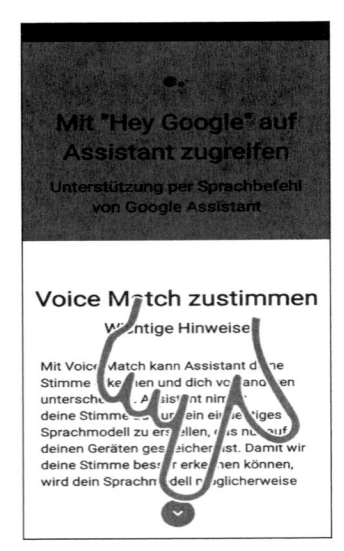

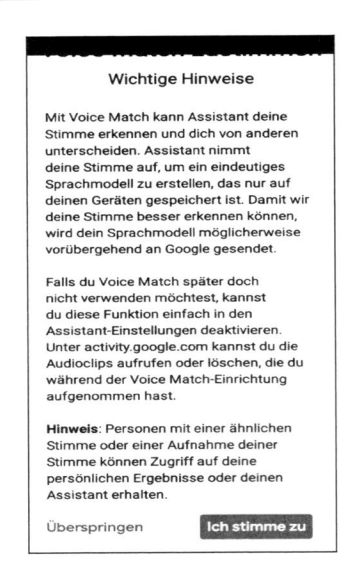

❶❷ Gehen Sie auf die runde blaue Schaltleiste und danach auf *Ich stimme zu*.

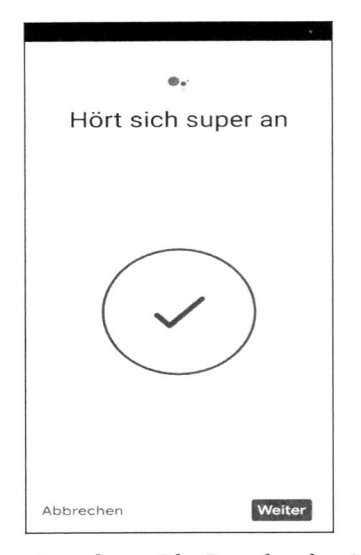

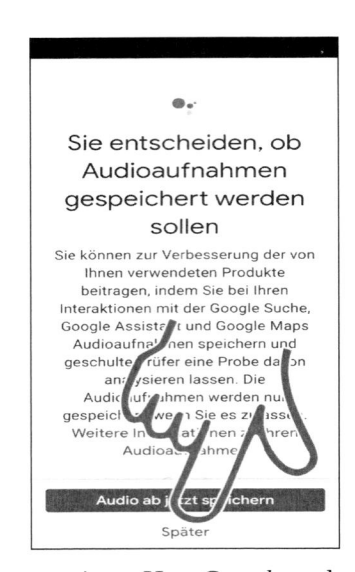

❶ Sprechen Sie mehrmals hintereinander »*Ok Google*« beziehungsweise »*Hey Google*«, damit später die Spracherkennung optimal funktioniert.

❷ Den Hinweis schließen Sie mit *Weiter*.

❸ Die Abfrage, ob Ihre Sprachaufnahmen von Google-Mitarbeitern ausgewertet werden dürfen, beantworten Sie aus Datenschutzgründen mit *Später*.

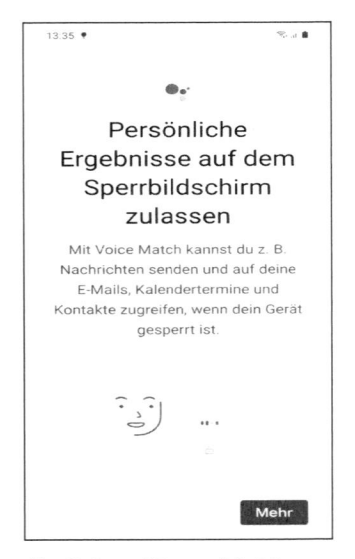

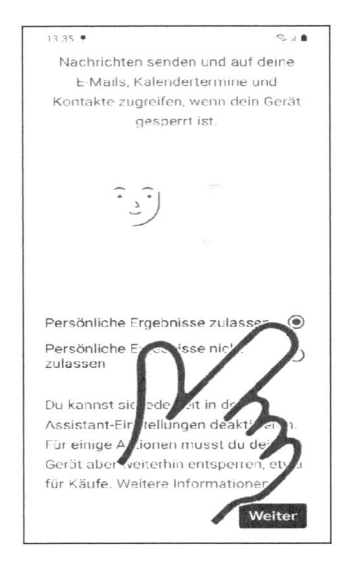

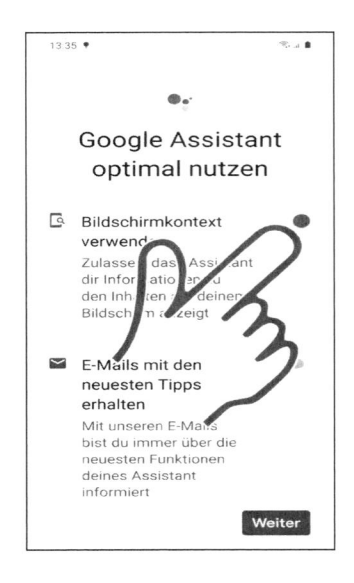

❶ Gehen Sie auf *Mehr*.

❷ Nach Aktivieren von *Persönliche Ergebnisse zulassen* gehen Sie auf *Weiter*.

❸ Aktivieren Sie *Bildschirmkontext verwenden* und *E-Mails mit den neuesten Tipps erhalten* (Google schickt ab und zu einen Newsletter an Ihre Google-E-Mail-Adresse). Schließen Sie die Einrichtung mit *Weiter* ab.

Fertig! Der Google Assistant steht bereit.

19.2 Aufruf

Künftig rufen Sie den Google Assistant auf zwei Wegen auf:

- Sie halten die ⃝-Taste gedrückt.
- Sie sprechen »*Ok Google*« oder »*Hey Google*«.

Die ❮-Taste beendet den Assistenten.

19.3 Funktionen des Galaxy steuern

Über den Google Assistant lassen sich auch Dinge erledigen, für die Sie sonst erst umständlich auf dem Bildschirm eine Anwendung starten müssten. Einige Beispiele sollen die Möglichkeiten verdeutlichen. Rufen Sie mit »*Ok Google*« den Assistenten auf und sprechen Sie einen Befehl (**fett** jeweils die Schlüsselwörter):

- »**E-Mail an** Dara«: E-Mail-Editor starten, die E-Mail-Adresse des Kontakts *Dara* aus dem Telefonbuch als Empfänger übernehmen (❶).

- »Antonia **mobil anrufen**«: Kontakt auf Handynummer aus dem Telefonbuch anrufen.

- »Hamburg **ansteuern**«, »**Weg zu** Hamburg«, »**Weg zu** Brandenburger Tor«: Startet die Navigation in Google Maps, berechnet die Route zum Zielort und startet die Routenführung (❷).

- »**Karte von** Berlin«: Den genannten Ort in Google Maps anzeigen.

- »**Zeige mir** Flughäfen (Restaurants/Tankstellen/Museen/...) **in** Berlin«: Points auf Interest in der Karte anzeigen (❸).

- »**Spiele** Beatles«: Musikanwendung starten und dort nach den Interpreten/Song suchen.

- »**Zeige** Beatles Yesterday **in YouTube**«: Bestimmten Song von Band/Interpret suchen und in einer Musikanwendung abspielen.

- **Abbrechen**: Die gerade laufende Aktion vorzeitig beenden (alternativ betätigen Sie die ❮-Taste oder Wischen auf dem Bildschirm einmal nach unten).

- **Was steht heute an**: Liefert die Uhrzeit, die Wettervorhersage und listet die anstehenden Termine auf.

- **Öffne Kontakte**: Telefonbuch anzeigen.

Die Spracherkennung beantwortet auch Ihre Fragen, die Sie am Besten möglichst kurz halten, da Google nur die Schlüsselworte und keine langen Sätze auswertet.

- »Wer ist Bundeskanzler in Deutschland«
- »Wetter in Berlin«
- »Wo ist der nächste Burger King«

> Sollte die Spracherkennung mal ein Wort oder einen Satz nicht erkennen, führt das Handy eine Google-Websuche durch.
>
> Eine aktuelle Liste aller unterstützten Sprachbefehle gibt es unseres Wissens von Google nicht.

Google gibt auf seiner Website selbst einige weitere Beispiele zu den Sprachbefehlen (hier wörtlich von der Webadresse *support.google.com/websearch/answer/2940021* übernommen). Wir geben hier nur diejenigen Sprachbefehle an, die bei uns im Test auch funktionierten:

- Wecker einstellen: "Wecker auf 7 Uhr einstellen"
- Erinnerung einrichten: "Erinnern an: um 18.00 Uhr Max anrufen" oder "Erinnern an: Eisdiele am Marienplatz testen"
- Termin im Google Kalender erstellen: "Erstelle einen Termin in meinem Kalender: Abendessen in München, Samstag um 19.30 Uhr"
- Freund anrufen: "Martina Müller anrufen" oder "Mama anrufen"
- SMS an einen Freund: "SMS an Stefan: Komme 5 Minuten später"
- E-Mail senden: "E-Mail senden an Kerstin: Betreff: neue Schuhe, Nachricht: Ich muss dir unbedingt meine neuen Schuhe zeigen"
- Routen abrufen: "Navigieren von Berlin nach Köln" oder "Wegbeschreibung von Berlin nach Frankfurt am Main"
- Orte in der Nähe finden: "Wo ist das nächste Café?"
- Nach der Uhrzeit fragen: "Wie spät ist es in London?"
- Nach dem Wetter fragen: "Wie ist das Wetter morgen Früh?"
- Interessante Antworten auf Fragen: "Wo wurde Albert Einstein geboren?" oder "Wie alt ist Beyonce?"
- Worte oder Sätze übersetzen: "Was heißt Gurke auf Spanisch?"
- Wort definieren: "Was bedeutet Adipositas?"
- Einheiten umrechnen: "Was sind 12 Zoll in Zentimeter?"
- Mathematische Gleichungen lösen: "Was ist die Wurzel aus 2209?"

Auch die Systemeinstellungen ändert die Sprachsteuerung:

- **Taschenlampe einschalten; Taschenlampe aussschalten**: Die Kamera-LED ein/ausschalten.
- **Bildschirm dunkler; Bildschirm heller**: Displayhelligkeit ändern.
- **Musik lauter/leiser**; **Klingelton lauter/leiser**: Lautstärke ändern.

Sie möchten wissen, was der Assistent alles an Befehlen drauf hat? Dann sprechen Sie »*Was kannst du*«.

Bitte beachten Sie, dass viele Befehle vor der Ausführung weitergehende Berechtigungen benötigen, worauf Sie das Handy aufmerksam macht.

Einige Befehle setzen zudem die Installation zugehöriger Anwendungen aus dem Play Store (siehe Kapitel *24.1 Play Store*) voraus.

20. Kalender

Der Kalender verwaltet Ihre Termine, die sich mit dem Google-Kalender synchronisieren lassen.

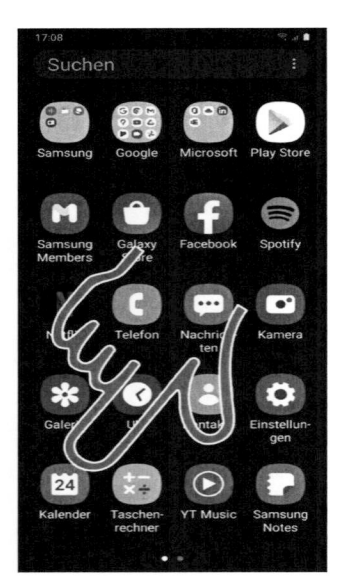

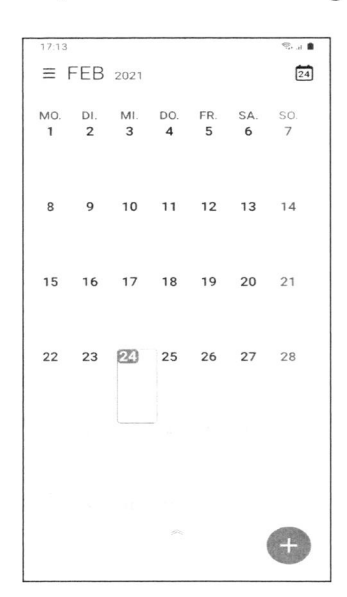

❶❷ Sie finden den *Kalender* im Hauptmenü (Pfeil).

Sofern Sie bereits ein Google-Konto auf dem Galaxy eingerichtet haben, erscheinen in der Kalender-Anwendung schon beim ersten Aufruf diverse im Google-Kalender hinterlegte Termine.

20.1 Kalenderansichten

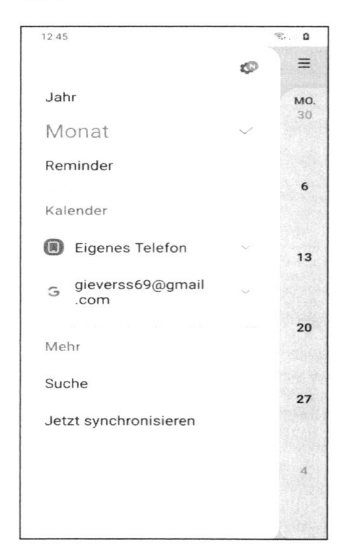

❶❷ Der Kalender zeigt beim Start standardmäßig den aktuellen Monat an. Um auf eine andere Kalenderansicht umzuschalten, aktivieren Sie das Ausklappmenü und gehen auf *Jahr Monat*, oder *Reminder*. Letzteres ist eine separate Anwendung zur Aufgabenverwaltung, die Sie auf dem Handy bei Bedarf nachinstallieren können.

20.1.1 Jahresansicht

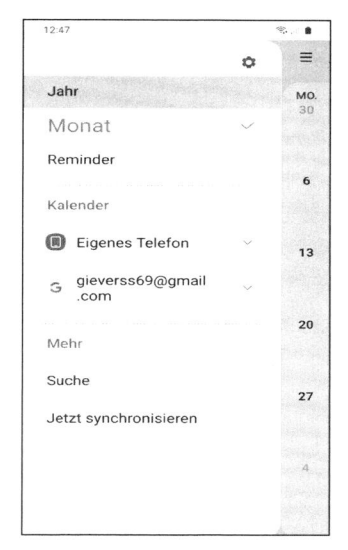

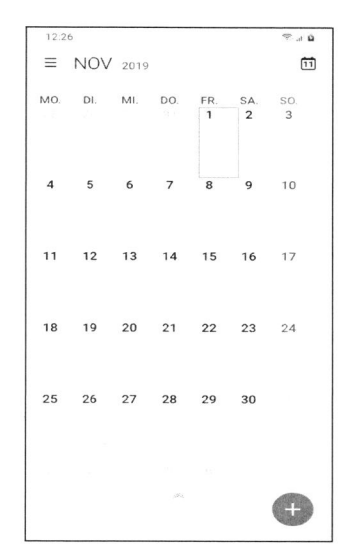

❶ Über *Jahr* im Ausklappmenü springen Sie schnell zu einem bestimmten Monat.

❷❸ Tippen Sie dann einfach einen Monat im angezeigten Kalender an.

20.1.2 Monatsansicht

❶ Tippen Sie einen Kalendertag kurz an, so listet der Kalender alle zugehörigen Termine in einem Popup auf.

❷❸ Dort wählen Sie dann den anzuzeigenden Termin aus.

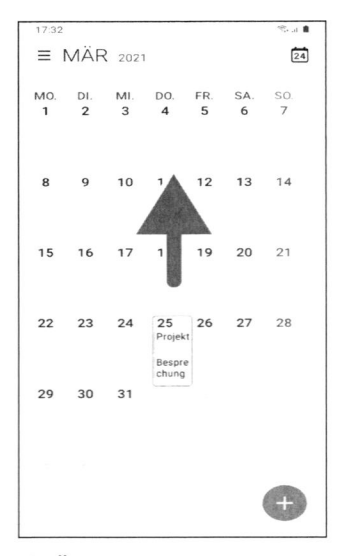

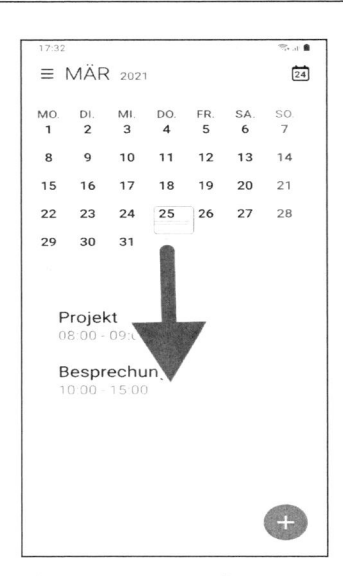

❶ Über eine Wischgeste von unten nach oben schalten Sie auf eine alternative Ansicht um.

❷ Wochentage mit zugeordneten Terminen erkennen Sie an den kleinen Linien. Tippen Sie einen Tag an, worauf im unteren Bildschirmdrittel die Tagestermine angezeigt werden.

❸ Wischen Sie nach unten, um die alternative Ansicht wieder auszuschalten.

20.2 Navigation im Kalender

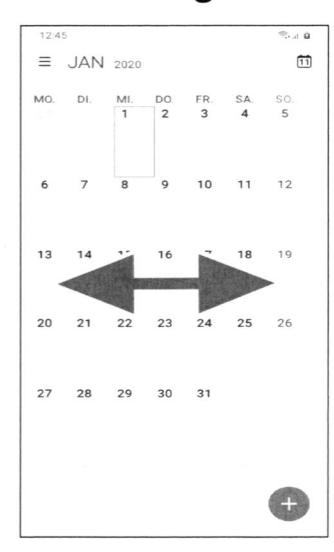

❶ Mit einer Wischgeste nach links/rechts blättern Sie in den Terminen vor oder zurück.

❷ Über die Schaltleiste am oberen rechten Bildschirmrand kehren Sie zum aktuellen Datum zurück.

Kalender

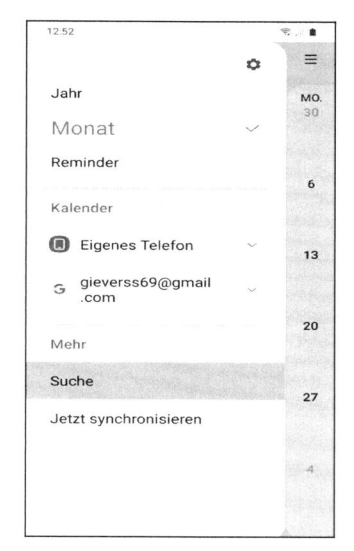

❶❷❸ Als Hilfreich erweist sich *Suche* Im Ausklappmenü, das alle Termine auflistet und die Suche darin erlaubt.

20.3 Neuen Termin hinzufügen

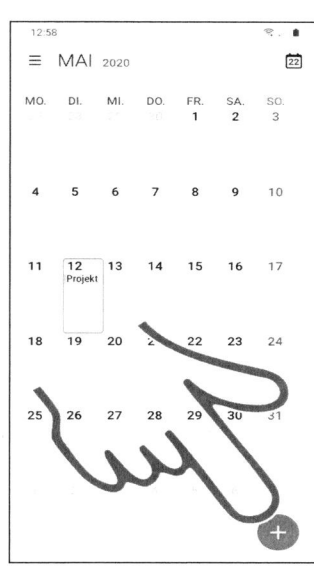

❶ In allen Kalenderansichten erzeugt die ✚-Schaltleiste einen neuen Termin.

❷ Sie ersparen sich so übrigens etwas Arbeit, indem Sie vor Betätigen der ✚-Schaltleiste kurz auf den Kalendertag in der Monatsansicht tippen (Pfeil). Der Kalendertag wird dann in den Termineditor übernommen.

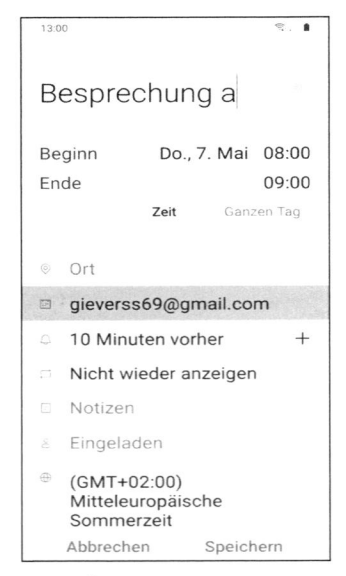

❶❷ Über das Auswahlmenü (Pfeil) stellen Sie ein, was mit den Daten geschieht:

- *Eigene Kalender*: Der Termin bleibt auf dem Gerät und wird weder mit dem Samsung-Konto noch dem Google-Konto abgeglichen.
- *Samsung Calendar*: Samsung bietet ebenfalls die Möglichkeit, Termine im Samsung-Konto (siehe Kapitel *23 Das Samsung-Konto*) abzulegen. Wir gehen in diesem Buch nicht darauf ein.
- *(Ihr Konto)@gmail.com*: Datenabgleich des Termins mit Google Kalender über das Internet. Diese Einstellung wird von uns empfohlen.

Sie sollten immer Ihr Google-Konto verwenden, da die Speicherung auf dem Gerät keinen Sinn macht.

❶ Die Terminzeit stellen Sie über *Beginn* beziehungsweise *Ende* ein.

❷ Sie müssen den Tag (meistens ist dieser ja schon korrekt voreingestellt) eingeben und die Uhrzeit. Wischen Sie einfach über die Uhrzeitziffern nach oben oder unten. Falls Sie die Uhrzeit lieber über ein Tastenfeld erfassen möchten, tippen Sie auf die Zahlen.

❸ Tippen Sie nun die Endzeit an, um diese einzustellen.

Kalender

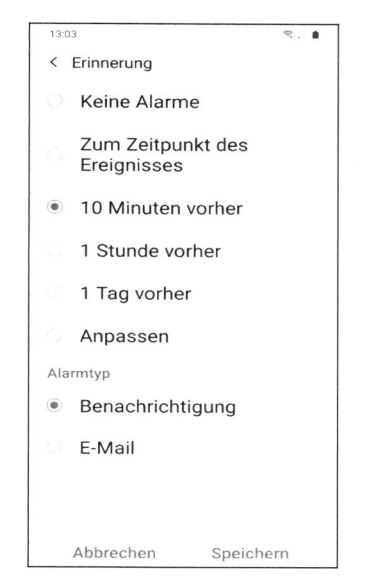

❶❷ Das Handy macht Sie standardmäßig auf den Termin 10 Minuten vorher aufmerksam. Diese Erinnerung können Sie durch Antippen jederzeit auf einen anderen Zeitraum ändern.

❸ Über die ✚-Schaltleiste legen Sie weitere Erinnerungen an.

❶ Die weiteren Eingabefelder:

- *Standort*: Wo der Termin stattfindet.

- *Nicht wieder anzeigen* (❷) ermöglicht es, den Termin in bestimmten Zeiträumen automatisch erneut anzusetzen, beispielsweise wöchentlich oder monatlich.

- *Notizen*

- *Eingeladen*: Legen Sie Kontakte aus dem Telefonbuch fest, die automatisch über Terminupdates informiert werden. In diesem Buch gehen wir nicht weiter auf Termineinladungen ein.

- *(GMT+01:00)*: Die Zeitzone ist ausschließlich für Anwender interessant, die Termine in anderen Ländern wahrnehmen. Standardmäßig rechnet der Kalender alle Terminuhrzeiten auf die jeweilige Lokalzeit des Aufenthaltslandes um. Wenn Sie dies nicht möchten, stellen Sie die Zeitzone entsprechend ein.

❸ Die Hintergrundfarbe des Termins in der Tages- und Wochenansicht legen Sie über die Schaltleiste oben rechts fest.

Betätigen Sie anschließend *Speichern* am unteren Bildschirmrand.

❶❷ Der Termin erscheint im Kalender. Tippen Sie ihn an für die Termindetails. Falls Sie ihn ändern möchten, tippen Sie einfach eines der angezeigten Datenfelder an, was automatisch in den Bearbeitungsmodus umschaltet.

20.4 Terminerinnerung

❶ Zum eingestellten Termin ertönt der Erinnerungston und ein Popup erscheint. Verwenden Sie *Schließen*, um die Erinnerung auszuschalten oder *Schlummern*. Bei letzterem wird Sie das Handy nach 5 Minuten erneut erinnern.

❷ Auch im Benachrichtigungsfeld ist ein Terminhinweis vorhanden.

> Den Alarmton für Kalendertermine stellen Sie, wie im Kapitel *4.12 Medienlautstärke und Signaltöne* erläutert, ein.

20.5 Einstellungen

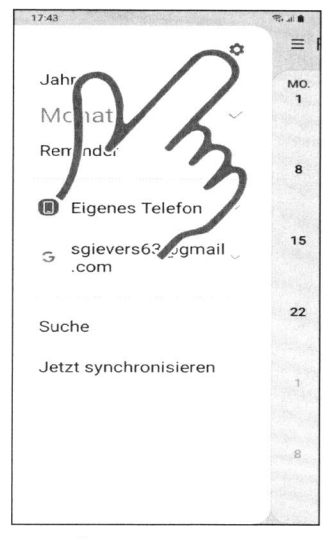

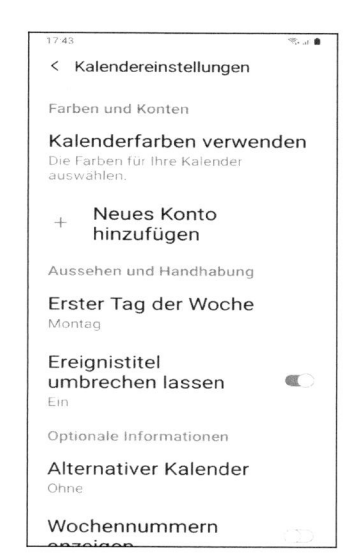

❶❷ ✲ im Ausklappmenü öffnet die Einstellungen:

Unter *Farben und Konten*:

- *Kalenderfarben verwenden*: Legen Sie separat für jedes Konto die Farbe fest.
- *Neues Konto hinzufügen:* Weiteres Samsung-, Google Exchange-, Google- oder Microsoft Exchange-Konto anlegen.

Unter *Aussehen und Handhabung*:

- *Erster Tag der Woche*: In manchen Kulturkreisen beginnt die Woche bereits am Sonntag, was Sie hier festlegen.
- *Ereignistitel umbrechen lassen:* Lange Terminbeschreibungen werden zweizeilig dargestellt und nicht abgeschnitten.

Unter *Optionale Informationen*:

- *Alternativer Kalender*: Kalender auf asiatische Gegebenheiten umstellen.
- *Wochennummern anzeigen*: Wochennummer in der Wochenansicht einblenden (oben im Bildschirm).
- *Abgeschlossene Erinnerungen anzeigen*: Nicht von Samsung dokumentiert.
- *Abgelehnte Ereignisse ausblenden*: Terminanfragen, die Sie ablehnen (in diesem Buch gehen wir nicht weiter darauf ein), blendet der Kalender aus.

Unter *Weitere Einstellungen*:

- *Warnungsstil*: Wählen Sie das Aussehen der Terminerinnerung auf dem Bildschirm aus. Außerdem stellen Sie hier eine der vordefinierten Klangfolgen beziehungsweise die Vibration als Terminalarm ein.
- *Warnungseinstellungen*: Legt die voreingestellte Terminerinnerung fest:
  - *Highlights*: Als Voreinstellung setzt der Kalender bei der Terminneuanlage jeweils *10 Minuten* ein, können aber auch kürzere oder längere Zeiträume einstellen. Sie haben so genügend Zeit, um sich auf die Wahrnehmung Ihrer Termine zu konzentrieren.
  - *Ganztägige Ereignisse*: An einen ganztägigen Termin werden Sie um 17 Uhr des Vortags erinnert.
  - *Geburtstage von Kontakten*: In Kontakten (siehe Kapitel *7 Telefonbuch*) hinterlegte Geburtstage.
- *Zeitzone festlegen*: Befinden Sie sich in einer anderen Zeitzone, so rechnet das Galaxy automatisch alle Termine von Mitteleuropäischer Zeit auf die besuchte Zeitzone um. Stellen Sie hier dagegen ein, in welcher Zeitzone Sie sich befinden, so erfolgt keine

- automatische Umrechnung der Terminzeiten.
- *Personalisierter Dienst*: Nicht von Samsung dokumentiert.

20.6 Kalender im Startbildschirm

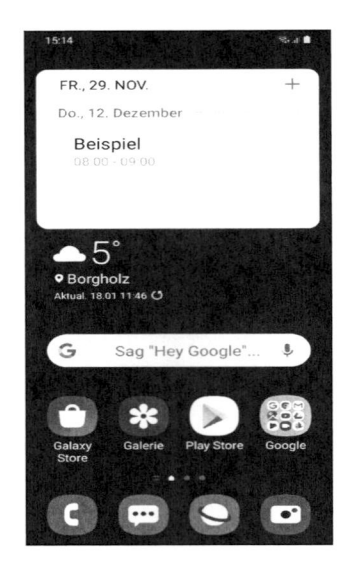

❶❷ Im Widget-Bildschirm stehen nach Antippen von *Kalender* drei verschiedene Kalender-Widgets zur Verfügung. Wählen Sie davon eines aus.

❸ Beispiel für das *Liste*-Widget.

> Die Widgets beschreibt bereits Kapitel *4.7.2 Widgets*. Weil das Widget meistens nicht auf die erste Startbildschirmseite passt, müssen Sie eine weitere anlegen, was im Zusammenhang mit dem E-Mail-Widget gezeigt wird (siehe Kapitel *11.5 E-Mails auf dem Startbildschirm*).

21. Weitere Programme

21.1 Taschenrechner

❶ Sie finden den *Taschenrechner* im Hauptmenü.

❷ Alle Eingaben erfolgen in natürlicher Schreibweise. Das Rechenergebnis erhalten Sie dann nach Betätigen der »=«-Taste auf dem Tastenfeld. Die ⊗-Taste löscht ein Rechenergebnis.

❸ Tippen und halten Sie den Finger auf den Ausgabebereich, um Rechenoperationen, beziehungsweise Ergebnisse in die Zwischenablage zu kopieren und in andere Anwendungen wieder einzufügen.

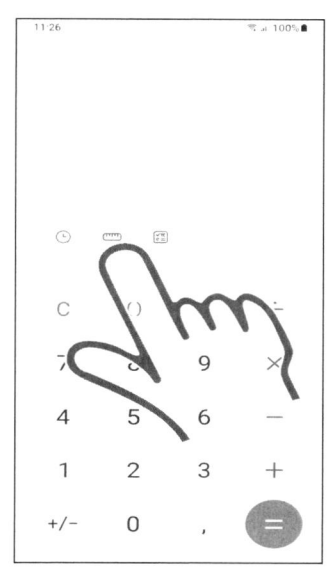

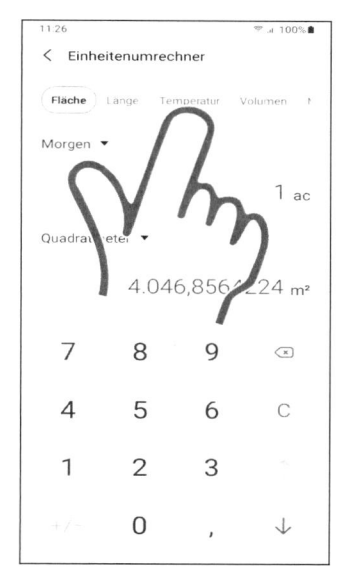

❶ Die 📏-Schaltleiste aktiviert den Einheitenumrechner.

❷ Wählen Sie einen der angebotenen Umrechner aus. Die ❬-Taste bringt Sie in den Taschenrechner zurück.

21.2 Wetter

Das *Wetter*-Widget liefert aktuelle Wetter-Infos zu einem einstellbaren Standort.

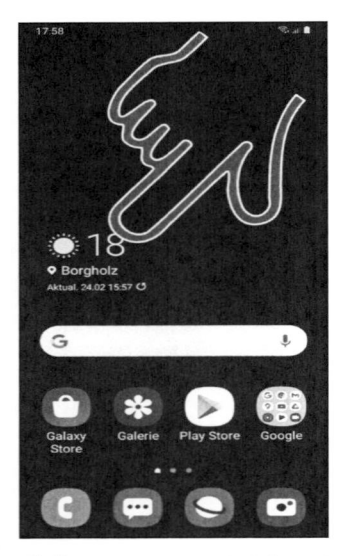

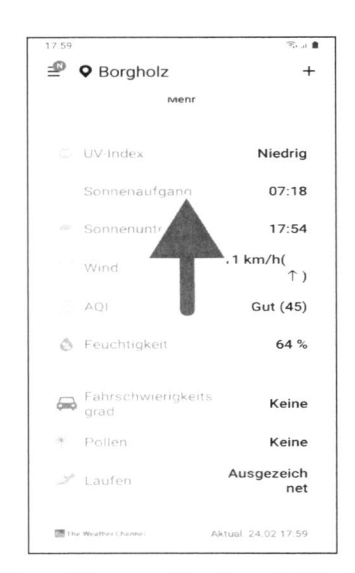

❶❷ Das Wetter-Widget ist im Startbildschirm bereits vorinstalliert. Tippen Sie darauf für die aktuelle Vorhersage.

❸ Weitere Wetterdaten erhalten Sie über die Wischgeste nach oben.

Falls Sie sich wundern, dass das Wetter zu Ihrem Heimatort angezeigt wird: Die Wetter-Anwendung wertet den per GPS ermittelten Standort Ihres Handys aus.

21.3 YouTube

Die YouTube-Anwendung bietet eine ähnliche Funktionalität wie das Videoportal, das Sie unter *www.youtube.com* im Web finden.

❶❷ Sie finden *YouTube* im *Google*-Ordner des Hauptmenüs.

Für optimale Nutzung empfehlen wir das Handy um 90 Grad gedreht zu halten, damit die abgespielten Videos den Bildschirm ausfüllen.

Weitere Programme

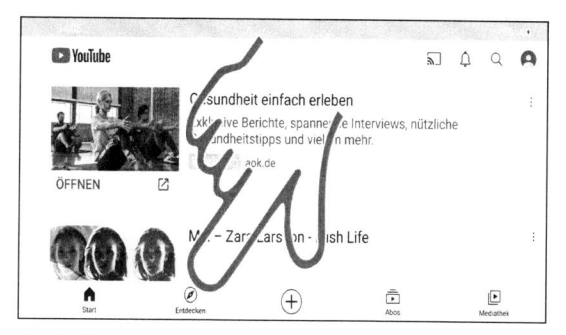

❶❷ Über die Register schalten Sie um zwischen:

- *Start*: Startseite
- *Entdecken*: Derzeit angesagte (häufig abgerufene) Videos.
- ⊕: Eigene Videos hochladen oder Video live streamen.
- *Abos*: Von Ihnen abonnierte Kanäle (=Anbieter).
- *Mediathek*:
    - *Verlauf*: Liste der bereits aufgerufenen Videos.
    - *Meine Videos*: Von Ihnen selbst hochgeladene Videos.
    - *Meine Filme und Serien*: Listet die von Ihnen erworbenen Filme und Kanäle auf.
    - *Später ansehen*: Für späteres Ansehen markierte Videos.
    - *Playlists*: Von Ihnen markierte Videos sowie zusammengestellte Playlists.

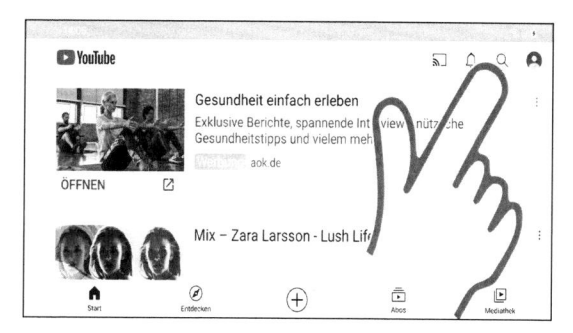

❶❷ Zum Auffinden von Videos tippen Sie oben auf 🔍, geben den Suchbegriff ein und betätigen 🔍 auf dem Tastenfeld. Tippen Sie in den Suchergebnissen das anzuzeigende Video an.

Die ersten Einträge in der Ergebnisliste sind meistens Werbung, durch die sich YouTube finanziert. Wischen Sie einfach nach oben, um die eigentlichen Suchergebnisse anzuzeigen.

❶❷ Die Wiedergabe erfolgt. Tippen Sie auf den Bildschirm, um Bedienelemente anzuzeigen. Die ᐸ-Taste bringt Sie wieder auf in das Hauptmenü. ⤢ (Pfeil) schaltet dagegen in ein kleines Videofenster um.

Bitte wundern Sie sich nicht, wenn ein Video nicht den gesamten Bildschirm ausfüllt, sondern ein schwarzer Rand bleibt. Bis vor 10 Jahren unterstützten TV-Sender und Aufnahmegeräte häufig nur das 3:4-Format (gelesen als »Länge zu Breite«), während heute 16:9 (HD-Format) üblich ist. Die von anderen YouTube-Nutzern hochgeladenen Videos im 3:4-Format stammen also aus älteren Quellen oder von veralteten Aufnahmegeräten.

❶❷ Navigationstasten werden standardmäßig ausgeblendet. Wischen einmal von außerhalb des Bildschirms nach links, um sie wieder anzuzeigen.

❶❷ Sogenannte HD-Videos (Bildschirmformat 16:9) können Sie mit einer Kneifgeste nach außen (Zeigefinger und Daumen auf den Bildschirm setzen und dann auseinander ziehen) vergrößern.

❶ Wenn Sie das Handy aufrecht halten, verkleinern Sie mit einer Wischgeste nach unten das Videofenster.

❷ Sie können dann in YouTube weiter stöbern, während das Video weiterläuft. ✗ beendet die Wiedergabe.

❸ Wischen nach oben vergrößert das Videofenster wieder.

Weitere Programme

21.4 Gerätewartung

Die Gerätewartung fasst viele Infos, die sonst in den Einstellungen des Samsung Galaxy verborgen sind, in einem Programm zusammen. Darüber hinaus sind auch einige Wartungsfunktionen vorhanden.

❶❷ Rufen Sie die *Einstellungen* aus dem Hauptmenü auf und gehen Sie darin auf *Gerätewartung*.

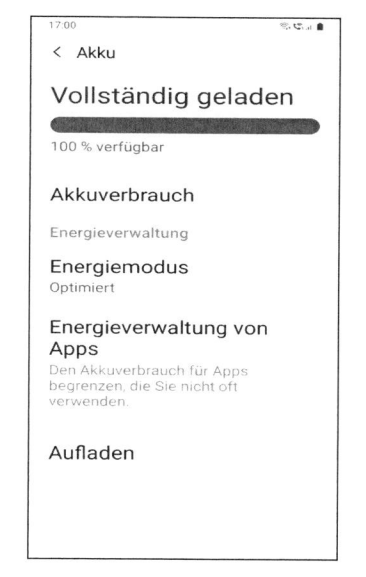

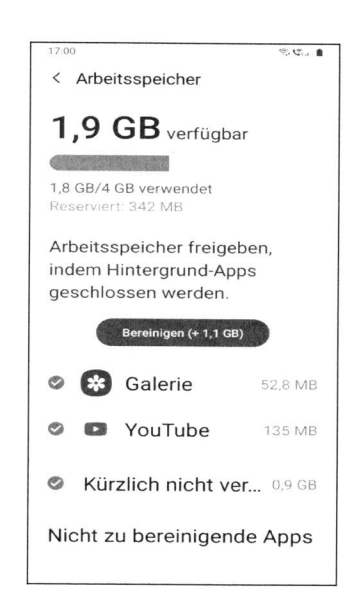

❶ Sie haben Zugriff auf die Menüs:

- *Akku* (❷): Informiert über den Akkuladezustand. Außerdem stellen Sie hier bei Bedarf einen anderen *Energiemodus* ein, um die Akkubetriebsdauer zu erhöhen.

- *Speicher* (❸): Belegten Gerätespeicher anzeigen und gegebenenfalls Speicher wieder freigeben.

- *Arbeitsspeicher*: Aktuell im Hintergrund laufende Programme auflisten. Sie können hier auch Programme beenden.

- *Sicherheit*: Hier finden Sie einen Virenscanner, der Schadsoftware auf Ihrem Handy aufspüren soll. Wir halten diesen aber für nutzlos, da Google selbst alle Programme, die Sie im Play Store (siehe Kapitel *24.1 Play Store*) herunterladen auf regelmäßig auf Schadfunktionen überprüft.

Betätigen Sie *Jetzt optimieren*, damit das Samsung nicht benötigte Daten (beispielsweise von Programmen angelegte, aber nicht mehr genutzte Dateien) löscht.

21.5 Google-Anwendung

Die Google-Anwendung stellt die zum aktuellen Zeitpunkt wichtigen Infos auf einem Blick zur Verfügung. Dazu wertet das Programm das Nutzerverhalten im Hintergrund aus und versucht daraus Schlüsse zu ziehen, welche Infos für Sie gerade nützlich sein könnten.

Je nach Situation werden laut Google folgende Infos angezeigt:

- *Wetter*: Wetteraussichten
- *Verkehr*: Falls Sie unterwegs sind.
- *Öffentliche Verkehrsmittel*: Falls Sie sich in der Nähe einer Haltestelle öffentlicher Verkehrsmittel befinden.
- *Flüge*: Wird nach einer Flug-Suche angezeigt.
- *Sport*: Punktezahlen für eine Mannschaft, nach der gesucht wurde.
- *Nächster Termin*: Anstehende Kalendertermine.
- *Übersetzung*
- *Währung*: Währungsumrechnung.
- *Uhrzeit zu Hause*: Wenn Sie sich in einer anderen Zeitzone befinden.
- *Orte*: Points of Interest in der Nähe.

Einige Funktionen der Google-Anwendung überschneiden sich mit dem im Kapitel *19 Google Assistant* beschriebenen.

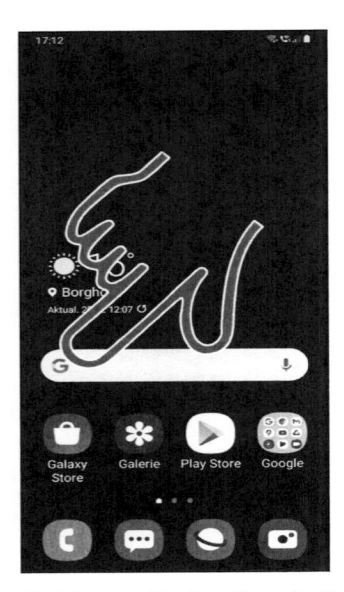

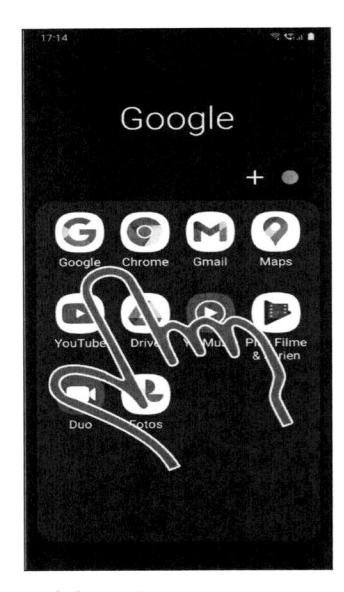

❶ Tippen Sie im Google-Widget auf das »G«.

❷ Alternativ rufen Sie *Google* im Google-Ordner des Startbildschirms oder Hauptmenüs auf.

❸ Rollen Sie mit einer Wischgeste durch die angezeigten »Notizkarten« und tippen Sie sie an, um den vollständigen Artikel zu lesen.

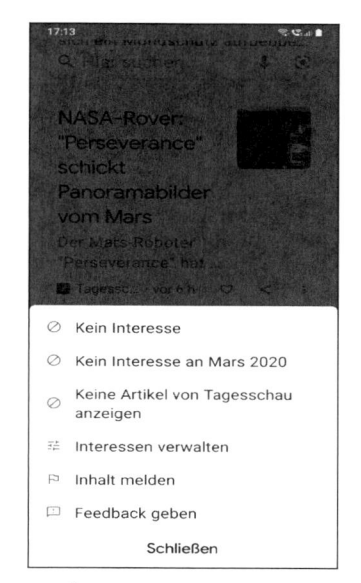

❶❷ Jede »Karte« lässt sich über das ⋮-Menü (Pfeil) anpassen.

In den ersten Tagen der Nutzung wird die Google-Anwendung zunächst nur kaum nützliche Infos anzeigen, was sich aber mit der Zeit ändert.

Die Google-Anwendung bringt auch eine Suche mit. Geben Sie einfach im Suchfeld am oberen Bildschirmrand den Suchbegriff ein beziehungsweise betätigen Sie die 🎤 für die Sprachbefehle.

21.6 Uhr

❶ Die *Uhr* starten Sie aus dem Hauptmenü.

❷ Über das Register am unteren Bildschirmrand schalten Sie zwischen den Funktionen der Uhr-Anwendung um: *Alarm, Weltuhr, Stoppuhr* und *Timer*.

21.6.1 Alarm

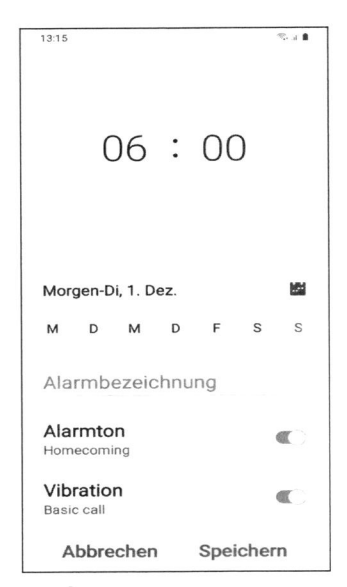

❶ Gehen Sie im *Alarm*-Register auf ✚.

❷ Stellen Sie hier ein:

- *(Uhrzeit)*: Tippen Sie die Ziffern an, um eine Alarmzeit einzustellen. Sofern Sie die Alarmzeit lieber über ein Tastenfeld eingeben möchten, tippen Sie einfach auf eine Zahl.
- *(Datum)*: Datum, ab dem der Alarm aktiv ist. Sie ändern das Datum über die 📅-Schaltleiste.
- *(Wochentage)*: Die Wochentage, an denen der Alarm erfolgen soll.
- *Alarmbezeichnung*: Vergeben Sie dem Alarm bei Bedarf eine Bezeichnung.
- *Alarmton*: Alarm-Melodie und Lautstärke festlegen.
- *Vibration*: Vibrationsart
- *Erinnern*: Der Alarm ertönt nach der eingestellten Zeitspanne erneut, beziehungsweise wird x Mal wiederholt.

Gehen Sie zum Abschluss auf *Speichern*.

Wie man eigene Alarmtöne auf dem Galaxy einrichtet, erfahren Sie im Kapitel *30.2 Eigene Klingel- und Benachrichtigungstöne*.

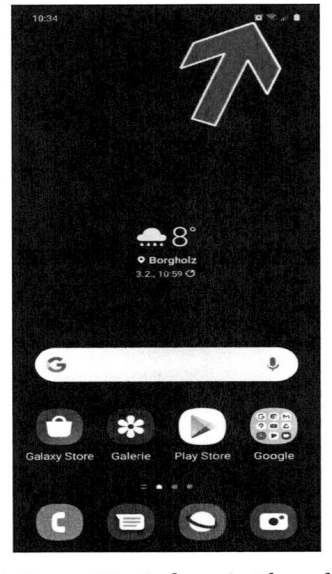

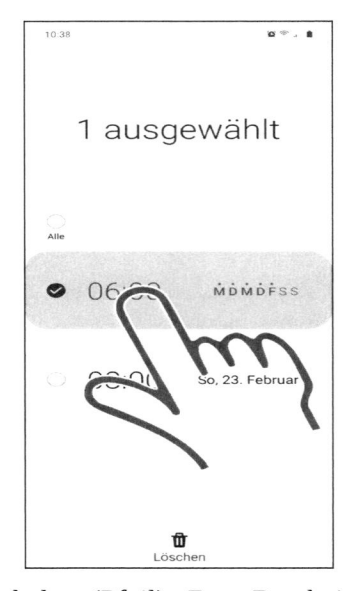

❶ Einen Alarm aktivieren/deaktivieren Sie jederzeit über den Schalter (Pfeil). Zum Bearbeiten

Weitere Programme

tippen Sie einen Alarm an.

❷ Dass mindestens ein Alarm aktiv ist, erkennen Sie am ⏰-Symbol in der Titelleiste (Pfeil).

❸ So entfernen Sie die Alarme wieder: Tippen und halten Sie den Finger auf einem Alarm, bis dieser markiert ist. Danach tippen Sie die weiteren Alarm-Einträge zum Markieren kurz an. *Löschen* entfernt dann die markierten Alarm-Einträge.

Zum eingestellten Zeitpunkt ertönt der Alarm. Ziehen Sie zum Beenden des Alarms von *Verwerfen* aus in eine beliebige Richtung.

21.6.2 Weltuhr

❶ Die Weltzeituhr, die Sie im *Weltuhr*-Register (Pfeil) finden, zeigt die Lokalzeit für jeden denkbaren Standort an.

❷ Über ➕ legen Sie weitere Weltzeitorte an.

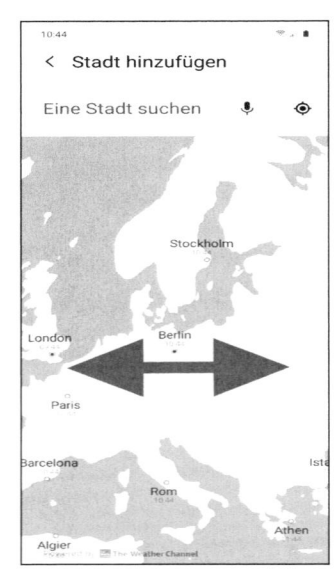

❶❷ Zwar ist es möglich, eine Stadt über das *Stadt hinzufügen*-Eingabefeld aufzufinden, eleganter ist aber die direkte Stadtauswahl auf der virtuellen Weltkugel. Sie drehen die Kugel mit einer Wischgeste oder vergrößern/verkleinern die Ansicht über eine Kneifgeste.

❷❸ Tippen Sie eine Stadt an und betätigen Sie *Hinzufügen*.

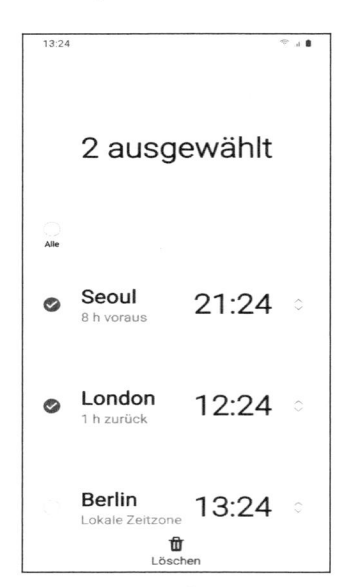

❶❷ Das Entfernen von Städten erfolgt über ⋮/*Bearbeiten*. Haken Sie nun eine oder mehrere Städte ab und gehen Sie auf *Löschen*.

21.1 Google Play Filme

Der Onlinedienst Google Play Filme holt für Sie das Kino sozusagen aufs Handy. Zu Preisen zwischen bis ca. 5 Euro können Sie Videos mieten, die Sie wahlweise auf dem Handy oder im Webbrowser auf dem PC ansehen. Einmal angefangene Filme sind leider nur 48 Stunden verfügbar, lassen sich aber erfreulicherweise nicht nur online ansehen (als sogenanntes »Streaming« in verschiedenen Qualitätsstufen), sondern auch herunterladen. Unerlaubtes Vervielfältigen verhindert ein Kopierschutz.

Neben der Miete ist auch ein Kauf möglich, sodass Sie Filme mehrmals ansehen können. Neu vorgestellte Videos stehen meistens erst für einige Monate zum Kauf, bevor man sie auch günstiger mieten kann.

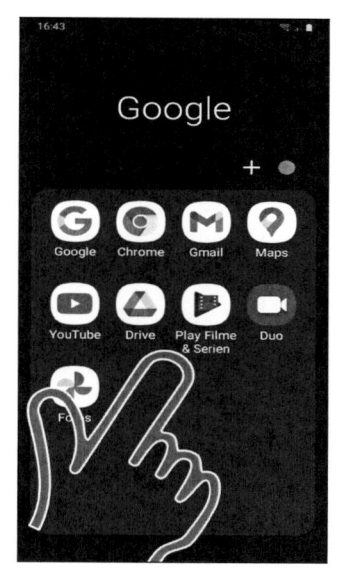

❶❷❸ Die Ausleihe/Kauf, sowie die Anzeige von Filmen erfolgt über die *Play Filme & Serien*-Anwendung im *Google*-Ordner des Hauptmenüs. Es empfiehlt sich, das Handy bei der Wiedergabe waagerecht zu halten, damit der ganze Bildschirm ausgenutzt wird.

❶ Wählen Sie einen Film aus. Wahlweise leihen Sie den Film, was die bereits oben erwähnten Beschränkungen mit sich bringt, oder Sie kaufen ihn für unbegrenzte Nutzung. Ob Kauf oder nur Leihe möglich sind, hängt vom Kinostart des jeweiligen Films ab; neuere Filme kann man meist nur ausleihen, ältere dagegen nur kaufen.

❷ Häufig stehen zu unterschiedlichen Preisen die Qualitätsversionen SD (DVD-Qualität) oder HD zur Verfügung, wovon Sie eine auswählen und auf *WEITER* tippen. Danach stellen Sie die Zahlungsmethode ein, betätigen *AKZEPTIEREN & KAUFEN* und bestätigen Sie den Kauf.

21.2 Google Drive

Bei Google Drive handelt es sich um einen Online-Speicher, worin Sie beliebige Dateien ablegen. Das Arbeitsprinzip kennen Sie vielleicht schon vom Konkurrenten Dropbox. Google Drive ist mit Ihrem Google-Konto verknüpft.

Beachten Sie, dass Google Drive zwar 15 Gigabyte Online-Speicher zur Verfügung stellt, dieser aber mit anderen Google-Diensten wie Google Drive (siehe Kapitel *21.2 Google Drive*) und Gmail (siehe Kapitel *10 Gmail*) geteilt wird.

Die übliche Vorgehensweise:

1. Laden Sie von Ihrem Handy aus beliebige Dateien wie Fotos oder Office-Dokumente in

Google Drive hoch.

2. Der Zugriff auf die Dateien lässt sich anschließend für andere Nutzer freigeben.

3. Über eine Weboberfläche (*drive.google.com*) ist auch die Dateiverwaltung über einen PC-Webbrowser möglich. Dort können Sie auch ein PC-Programm herunterladen, das Ihnen die Arbeit mit Google Drive erleichtert.

Zusätzlich unterstützt Google Docs das Erstellen und Bearbeiten von Microsoft Office-Dateien (Word, Excel und PowerPoint). Dies geschieht über die Zusatzprogramme Google Docs (Word-Dateien), Google Sheets (Excel-Tabellendateien) und Google Slides (PowerPoint-Präsentationsdateien). Google Drive ist sehr umfangreich, weshalb wir hier nur auf die interessantesten Funktionen eingehen können.

❶❷ Das Programm *Drive* rufen Sie aus dem *Google*-Ordner im Hauptmenü auf.

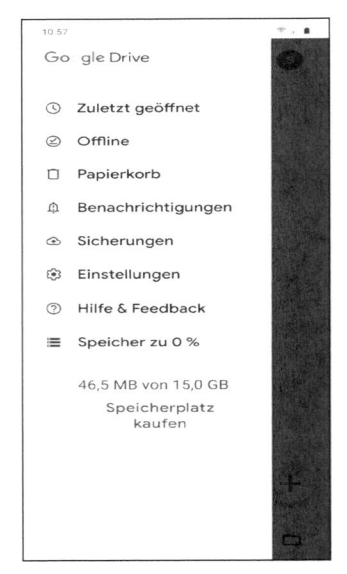

❶❷ Mit einer Wischgeste nach rechts öffnen Sie das Ausklappmenü, welches Sie durch Wischen nach rechts wieder schließen. Die enthaltenen Funktionen:

- *Zuletzt geöffnet*: Dateien, auf die Sie zuletzt zugegriffen haben (Zugriffsverlauf).

- *Offline*: Aus Google Drive heruntergeladene Dateien. Sie haben darauf auch offline – also ohne Internetverbindung – Zugriff.

- *Papierkorb*: Von Ihnen in Google Drive gelöschte Dateien.

- *Benachrichtigungen*: Informiert über Dateien, die andere Nutzer für Sie in ihrem Google Drive freigegeben haben.

- *Sicherungen:* Nicht von Google dokumentiert.
- *Einstellungen*: Diverse Datensicherungseinstellungen.
- *Hilfe & Feedback*
- *Speicher*: Informiert über den freien und belegten Speicher und bietet die Möglichkeit, weiteren Speicherplatz dazu zu mieten.

❶❷ Die Register am unteren Bildschirmrand:
- ⌂: Start (Hauptseite)
- ★: Markiert: Von Ihnen als Favoriten markierte Dateien.
- ⧉: Freigegeben: Von anderen Anwendern für Ihr Google-Konto freigegebene Dateien.
- ▭: Dateien: Von Ihnen ins eigene Google-Konto hochgeladene Dateien.

21.2.1 Dateien bei Google Drive hochladen

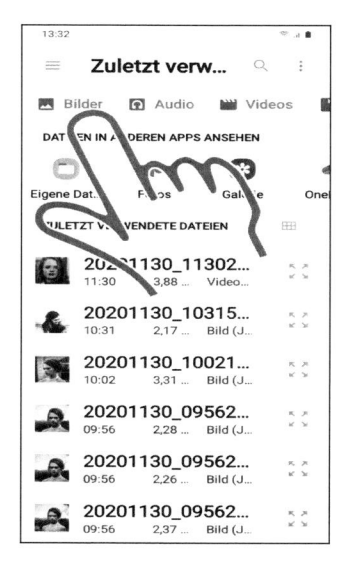

❶❷ Gehen Sie auf + und dann auf *Hochladen*.

❸ Über die Schaltleisten am oberen Bildschirmrand wählen Sie den Dateityp, im Beispiel *Bilder*, aus.

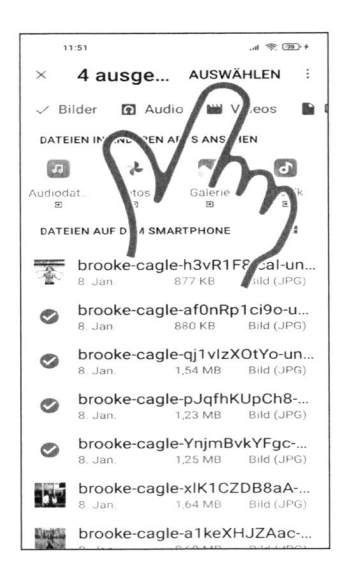

❶❷ Wählen Sie ein Foto aus. Sie können auch mehrere Bilder auf einmal hochladen, indem Sie zunächst den Finger auf einem Foto halten, bis dieses markiert ist und dann die restlichen Bilder kurz antippen. Schließen Sie den Vorgang mit *AUSWÄHLEN* (Pfeil) ab.

❶ Im Benachrichtigungsfeld finden Sie während und nach dem Hochladen einen Hinweis.

❷ Die hochgeladenen Dateien erscheinen im *Dateien*-Register.

Weitere Programme

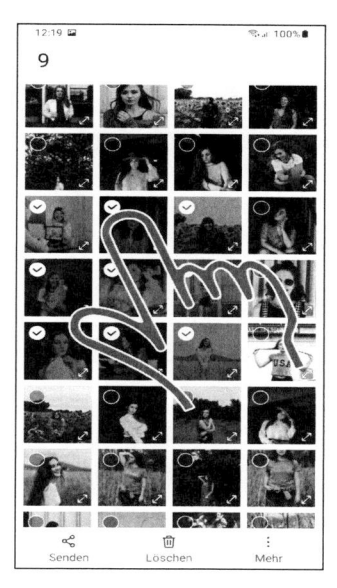

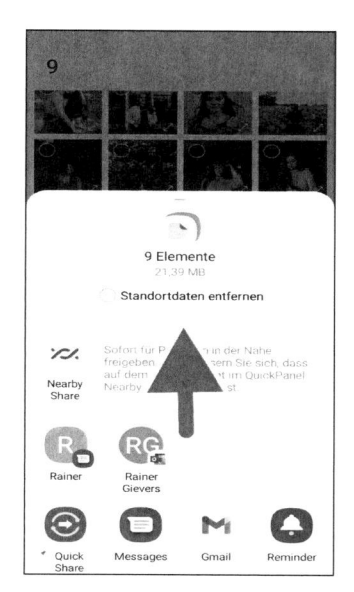

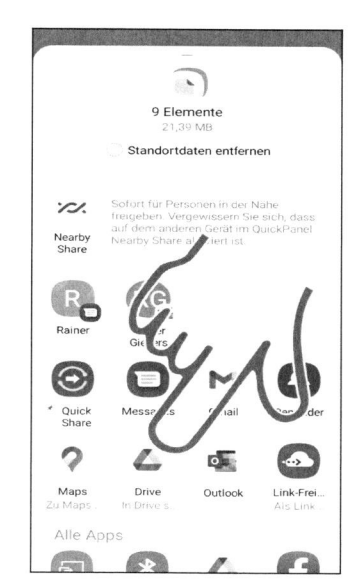

❶ Möchten Sie mehrere Dateien, in diesem Beispiel Fotos, bei Google Drive hochladen, dann empfehlen wir, die jeweils zuständige Anwendung zu bemühen. Starten Sie die *Galerie*-Anwendung aus dem Hauptmenü. Hier tippen und halten Sie den Finger über dem ersten zu markierenden Foto, das dann ein Häkchen erhält. Markieren Sie anschließend weitere Fotos durch kurzes Antippen.

❷ Rollen Sie mit einer Wischgeste nach oben.

❸ Das Hochladen erfolgt über *Senden*. Gehen Sie dann auf *In Drive speichern* (eventuell in der Symbolauflistung mit einer Wischgeste nach oben durchrollen, bis Sie *In Drive speichern* sehen). Wählen Sie zum Schluss noch das Google-Konto (nur wenn Sie Google Drive mit mehreren Google-Konten nutzen) und den Zielordner bei Google Drive aus, dann gehen Sie auf *Speichern*.

21.2.2 Office-Datei erstellen

Google bietet Programme an, mit denen Sie Office-Dokumente auf dem Gerät, aber auch in Google Drive hochgeladene Office-Dateien bearbeiten können. Unterstützt werden dabei die Microsoft-Dateiformate Word, Excel und PowerPoint.

❶❷ Gehen Sie auf + und dann auf *Google-Dokumente*, *Google-Tabellen* oder *Google-Präsentationen*.

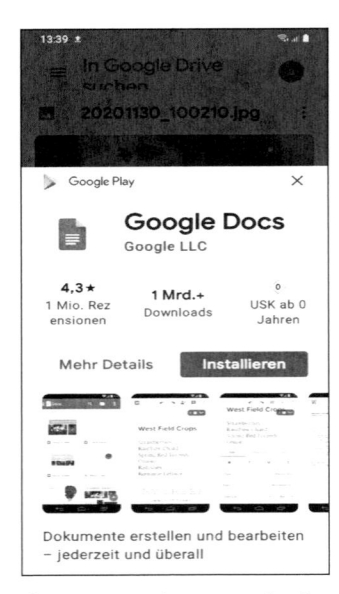

❶ Die Bearbeitungsfunktionen sind auf dem Galaxy nicht vorinstalliert. Sie werden daher beim ersten Aufruf gegebenenfalls aufgefordert, die Installation nachzuholen. Gehen Sie deshalb auf *Installieren*.

❷❸ Sie müssen nun warten, bis die Installation abgeschlossen ist. Betätigen Sie dann *Öffnen*.

❶❷ Betätigen Sie + und gehen Sie entweder *Vorlage auswählen* oder *Neues Dokument*.

❶❷ Das jeweilige Programm startet mit einem leerem Dokument/einer leeren Tabelle. Sie befinden Sie im Editor. Nach der Bearbeitung speichern Sie die Datei mit ✓ (Pfeil) und kehren mit ← nach Google Drive zurück. Sie finden die Datei im *Dateien*-Register von Google Drive.

Google-Dokumente, Google-Tabellen und Google-Präsentationen sind eigenständige Anwendungen. Sie brauchen also nicht den Umweg über Google Drive zu nehmen, sondern gehen einfach im Hauptmenü auf *Docs*, *Tabellen* oder *Präsentationen*.

❶❷❸ Für neu installierte Programme müssen Sie einmal im Hauptmenü nach links wischen. In unserem Beispiel rufen wir dann Google Docs über *Docs* auf.

21.2.3 Dateien freigeben

Standardmäßig haben nur Sie Zugriff auf Ihre in Google Drive abgelegten Dateien. Sie können aber Dateien oder Verzeichnisse für Dritte freigeben. Über einen Link, den Sie beispielsweise per E-Mail verschicken, können die Empfänger die jeweilige Datei im Webbrowser anzeigen.Dateien freigeben

Standardmäßig haben nur Sie Zugriff auf Ihre in Google Drive abgelegten Dateien. Sie können aber einzelne Dateien oder ganze Verzeichnisse für Dritte freigeben.

❶ Tippen Sie hinter dem Dateinamen auf ⋮ (Pfeil).

❷❸ Gehen Sie auf *Linkfreigabe ist deaktiviert*. Google Drive hat eine Webadresse (»Freigabelink«) in die Zwischenablage kopiert.

> Sie möchten eine freigegebene Datei wieder gegen den Zugriff von Dritten sperren? Dann rufen Sie einfach erneut *Linkfreigabe* auf.

❶ In unserem Beispiel möchten wir jemand anderem die Datei per E-Mail zugänglich machen. Verlassen Sie Google Drive und rufen Sie eine E-Mail-Anwendung, im Beispiel Gmail, auf. Erstellen Sie dort eine neue Nachricht. Tippen und halten Sie den Finger in den Eingabebereich und gehen Sie auf *Einfügen*.

❷ Sie können nun die E-Mail mit dem Link versenden.

21.3 Samsung Members

Samsung selbst beschreibt die Samsung Members (Members = engl. Mitglieder)-App so: »Samsung Members ist eine App für den Support sowie der Gerätediagnose und ermöglicht das Übermitteln von Fragen und Feedback. Sie können außerdem Informationen mit anderen Mitgliedern der Galaxy Community austauschen oder Neuigkeiten und Tipps zu verschiedenen Produkten und Aktionen einsehen«.

Melden Sie sich vor der Nutzung von Samsung Members bei Ihrem Samsung-Konto an (siehe Kapitel *23 Das Samsung-Konto*). Die meisten Funktionen stehen allerdings dem Nutzer auch

Weitere Programme

ohne Samsung-Konto zur Verfügung.

❶ Gehen Sie auf *Samsung Members* im Hauptmenü.

❷ Beim ersten Aufruf betätigen Sie *Fortsetzen*.

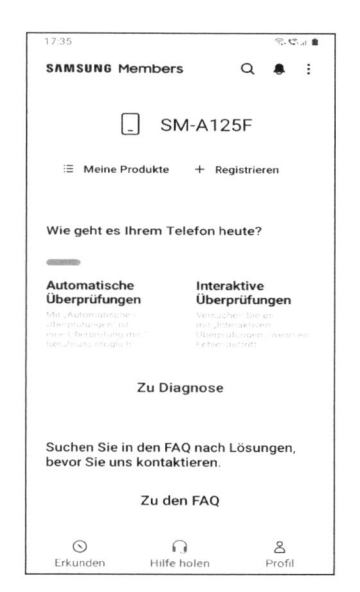

❶ So erhalten Sie Unterstützung bei Problemen: Aktivieren Sie das *Hilfe holen*-Register.

❷ Sie können hier über *Zu Diagnose* die Gerätefunktionen automatisch überprüfen lassen. Außerdem ist über die Schaltleiste die Kontaktaufnahme mit dem Samsung-Service möglich.

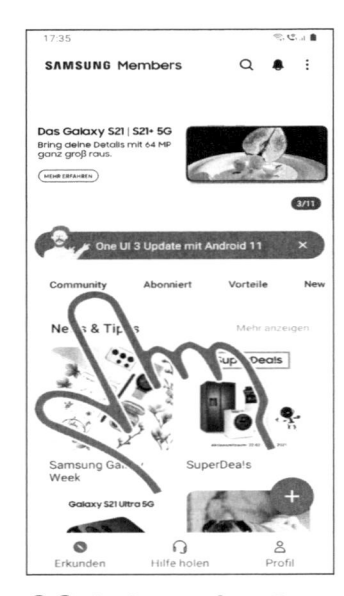

❶❷ Antippen der *Community*-Schaltleiste (Pfeil) öffnet das offizielle Samsung-Diskussionsforum. Sie müssen sich dafür mit Ihrem Samsung-Konto anmelden (siehe Kapitel *23 Das Samsung-Konto*)

> Sie können das Samsung-Diskussionsforum auch in einem Webbrowser unter der Webadresse *eu.community.samsung.com/t5/German/ct-p/de* besuchen.

21.4 Samsung Notes

Über die Samsung Notes-Anwendung erstellen und verwalten Sie Notizen.

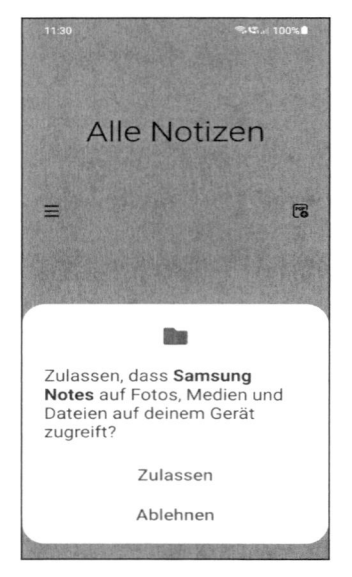

❶ Starten Sie *Samsung Notes* aus dem Hauptmenü.

❷❸ Schließen Sie die einmaligen Hinweise mit *Weiter*, *Starten* beziehungsweise *Zulassen*.

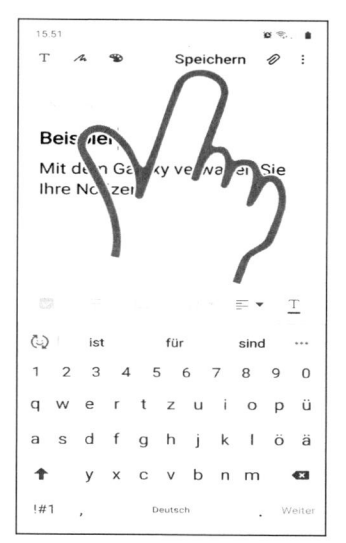

❶ Zunächst zeigt Samsung Notes nur einen leeren Bildschirm an. Gehen Sie auf ✚ (Pfeil), um Ihre erste Notiz anzulegen.

❷ Erfassen Sie die Notiz. Über die Schaltleisten am oberen Bildschirmrand fügen Sie bei Bedarf handschriftliche Notizen, Bilder oder Sprachaufnahmen hinzu.

❸ Das Speichern geschieht entweder über *Speichern* oder Sie betätigen mehrmals die ❬- beziehungsweise ⌄-Taste, bis der Dialog erscheint, in dem Sie *Speichern* auswählen.

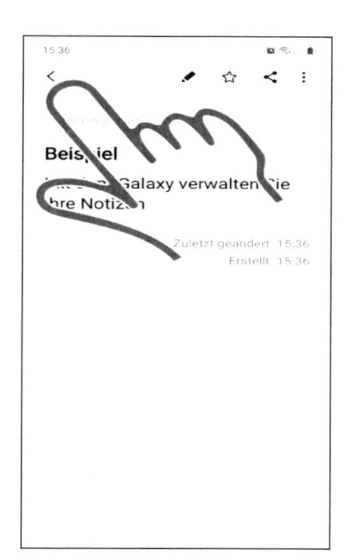

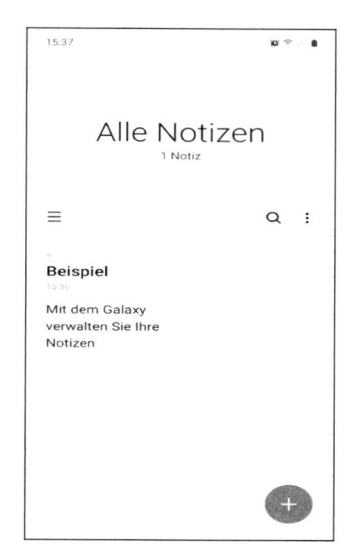

❶❷ Die ❬-Schaltleiste bringt Sie wieder in den Hauptbildschirm zurück.

❶❷❸ Zum Editieren gehen Sie auf eine Notiz, danach tippen Sie an die Stelle, wo Sie sie bearbeiten möchten.

21.4.1 Objekte

❶ Über die Schaltleisten am oberen Bildschirmrand fügen Sie ein:
- *Text*: Eingabe mit dem Tastenfeld.
- *Stift*: Handschriftliche Notizen. Das Handy blendet dabei ein Linienraster ein.
- *Pinsel*: Malfunktion mit verschiedenen Pinseltypen und freier Farbauswahl.
- 𝒪: Bild oder Sprachaufnahme in die Notiz einfügen.

❷ Einige zusätzliche Funktionen werden jeweils am unteren Bildschirmrand eingeblendet (Pfeil). Den Mal/Schreibvorgang schließen Sie mit der ⟨-Taste ab.

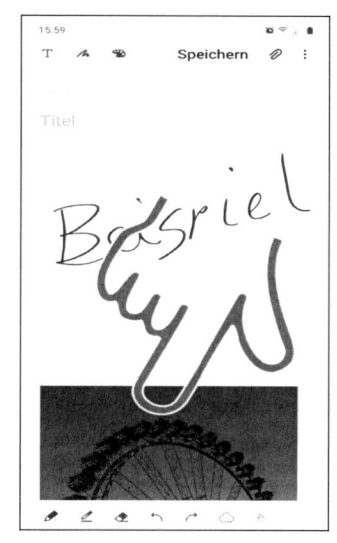

❶❷ So löschen Sie eine eingefügte Datei wieder: Halten Sie den Finger auf dem Objekt gedrückt, bis das Popup erscheint. Dann betätigen Sie die *Löschen*.

❶ Im Stift- oder Pinsel-Modus ist kein direktes Verschieben des angezeigten Notizbereichs mit einer Wischgeste möglich. Wechseln Sie dafür wieder in den Texteingabemodus (Pfeil).

❷ Alternativ wischen Sie ganz nah am Bildschirmrand mit dem Finger nach oben/unten.

21.4.2 Notizen verwalten

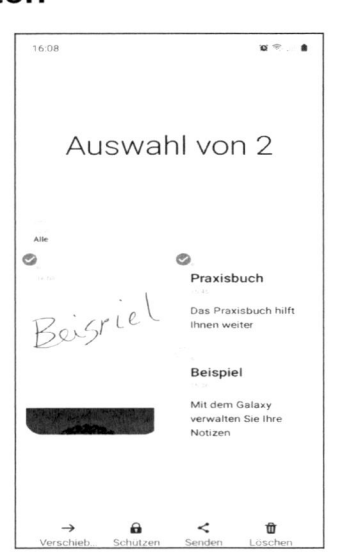

❶❷ So entfernen Sie nicht mehr benötigte Notizen: Tippen und halten Sie den Finger auf einer Notiz im Hauptmenü, bis diese markiert ist. Anschließend markieren Sie gegebenenfalls weitere Notizen und gehen unten auf *Löschen*.

22. Das Google-Konto

Google betreibt im Internet zahlreiche kostenlose Online-Dienste, wovon natürlich die Google-Suchmaschine die bekannteste ist. Weitere Web-Anwendungen sind unter anderem Gmail (E-Mail), Google Maps (Karten und Navigation), YouTube (Videos) und Google Fotos (Bilder und Videos). Android bietet mit den gleichnamigen Anwendungen die Möglichkeit, Googles Web-Anwendungen direkt auf dem Handy zu nutzen.

Damit Sie Fotos, Dokumente, Kontakte, Termine, usw. auf verschiedenen Geräten (PC-Webbrowser, Android-Handy und Android-Tablet) nutzen können, hat Google das sogenannte **Google-Konto** ersonnen: Sie sind dabei permanent mit Ihrem Google-Konto auf dem Tablet/Handy angemeldet. Legen Sie beispielsweise auf dem Handy einen neuen Kontakt oder einen neuen Termin an, so wird dieser im Google-Konto gespeichert und steht auch auf allen anderen Android-Geräten und im PC-Webbrowser zur Verfügung. Der dazu nötige Datenabgleich erfolgt automatisch über Googles Internetserver im Hintergrund. Einzige Voraussetzung ist, dass Sie auf den anderen Geräten ebenfalls mit Ihrem Google-Konto angemeldet sind.

Ein anderes Beispiel: Sie können tagsüber während der Arbeit auf dem Handy E-Mails mit der Gmail-Anwendung verarbeiten, am Abend loggen Sie sich auf dem Desktop-PC-Webbrowser in die Gmail-Oberfläche ein und sehen den gleichen Nachrichtenstand wie auf dem Handy.

Auch wenn Sie kein Fan von Google sind, kommen Sie nicht darum herum, ein Google-Konto zu eröffnen, denn Sie benötigen es spätestens, wenn Sie über den Google Play Store (siehe Kapitel *24.1 Play Store*) weitere Spiele oder Anwendungen auf dem Gerät installieren wollen.

22.1 Einrichtung in einer Google-Anwendung

Wenn Sie eine Google-Anwendung wie Gmail, Play Store, usw. starten, werden Sie aufgefordert, sich mit Ihrem Google-E-Mail-Konto anzumelden, sofern Sie dies nicht schon vorher getan hatten. Die Anmeldung mit der Gmail-Adresse ist nur einmalig notwendig. Danach können sie Gmail, Google Play Store, usw. ohne erneute Anmeldung nutzen.

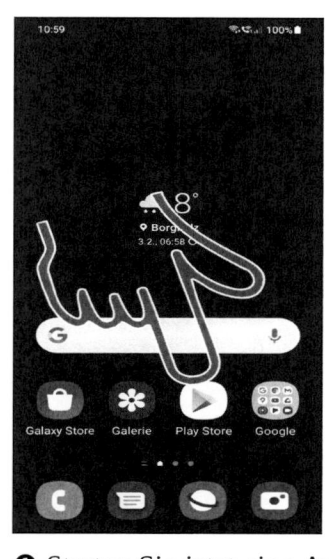

❶ Starten Sie jetzt eine Anwendung, die ein Google-Konto benötigt, im Beispiel *Play Store*, aus dem Startbildschirm.

❷ Betätigen Sie *Anmelden*.

> Falls direkt die Benutzeroberfläche des Programms angezeigt wird, ohne dass Ihre Kontodaten abgefragt werden, dann haben Sie bereits die nur einmalig notwendige Anmeldung durchgeführt, beispielsweise bei der Inbetriebnahme (siehe Kapitel *3 Erster Start*).

❶❷ Nach Antippen des entsprechenden Eingabefelds erfassen Sie Ihr Google-Konto und betätigen Sie *Weiter* (falls Sie die *Weiter*-Schaltleiste nicht sehen, müssen Sie das Tastenfeld mit der ∨-Taste schließen).

> Sie brauchen nur den ersten Teil Ihrer Google-Mail-Adresse vor dem »@« einzugeben, denn »@gmail.com« wird automatisch ergänzt, wenn Sie ins Passwortfeld wechseln.
>
> Die Anmeldung mit der Gmail-Adresse ist nur einmalig notwendig. Danach können sie Gmail, Google Play Store, usw. ohne erneute Anmeldung nutzen.

❶ Gehen Sie genauso mit dem nächsten Eingabefeld vor, in dem Sie das Passwort Ihres Google-Kontos eingeben.

❷ Wischen Sie durch die Hinweise und betätigen Sie *Ich stimme zu*.

❸ Auch im nächsten Bildschirm wischen Sie einmal nach oben und gehen auf *Akzeptieren*.

Die Play Store-Anwendung (siehe Kapitel *24.1 Play Store*) startet und lässt sich jetzt nutzen.

22.2 Google-Konto entfernen

Es dürfte nur sehr selten nötig sein, das eigene Google-Konto zu entfernen. Alle in Ihrem Google-Konto im Internet hochgeladenen Daten bleiben erhalten und werden auf einem anderen Gerät wieder hergestellt, wenn Sie sich dort erneut mit dem gleichen Google-Konto anmelden.

> Falls Sie vorhaben, Ihr Handy an einen Dritten abzugeben, dann sollten Sie nicht Ihr Google-Konto vom Gerät entfernen, weil sich dann noch alle Daten im Gerätespeicher befinden, sondern, das Handy, wie im Kapitel *33.2 Allgemeine Verwaltung* beschrieben, komplett auf den Werkszustand zurücksetzen.

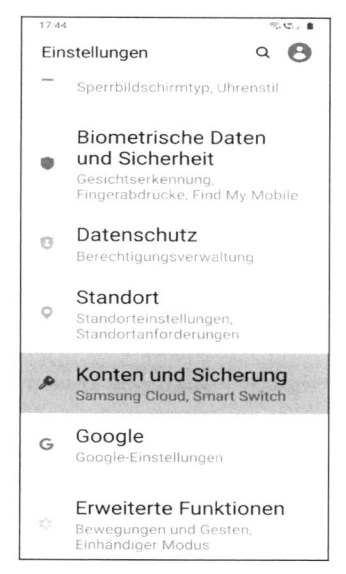

❶ Rufen Sie *Einstellungen* im Hauptmenü auf.

❷❸ Rollen Sie mit einer Wischgeste durch die Menüauflistung und gehen Sie auf *Konten und Sicherung* und dann auf *Konten*.

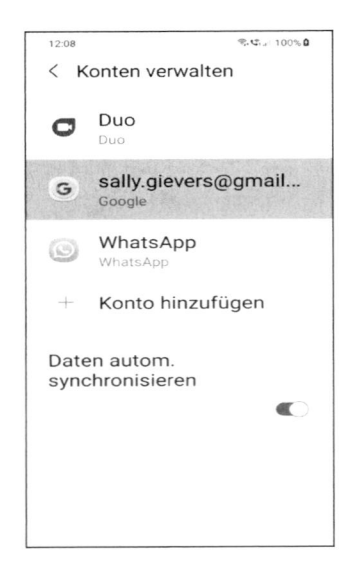

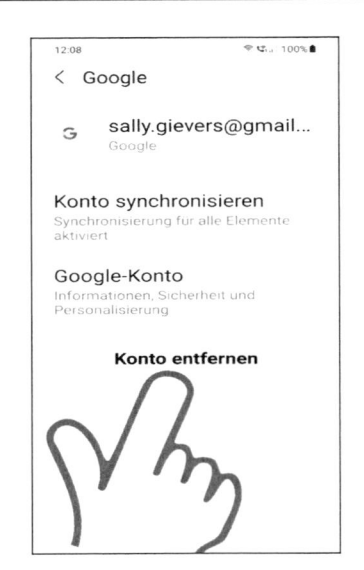

❶ Wählen Sie Ihr Google-Konto aus.

❷❸ Betätigen Sie *Konto entfernen* und im Popup erneut *Konto entfernen*.

23. Das Samsung-Konto

Einige Funktionen auf dem Galaxy setzen die vorherige Einrichtung eines sogenannten Samsung-Kontos voraus, wozu Galaxy Apps (siehe Kapitel *24.2 Galaxy Store*) und Find My Mobile (siehe Kapitel *28.5 Maßnahmen gegen Diebstahl* zählen.

Neben den oben erwähnten Funktionen dient das Samsung-Konto dazu, einige Daten aus den Samsung-eigenen Anwendungen im Internet zu sichern. Unterstützt werden dabei die Anwendungen Kontakte (Telefonbuch), Kalender, Samsung Notes, Samsung Internet (Webbrowser) und einige mehr. Das Samsung-Konto konkurriert also mit dem Google-Konto.

23.1 Erste Einrichtung

Als Erstes müssen wir unser Samsung-Konto anlegen. Falls Sie bereits ein Samsung-Konto besitzen, lesen Sie bitte ab Kapitel *23.2 Anmeldung* weiter.

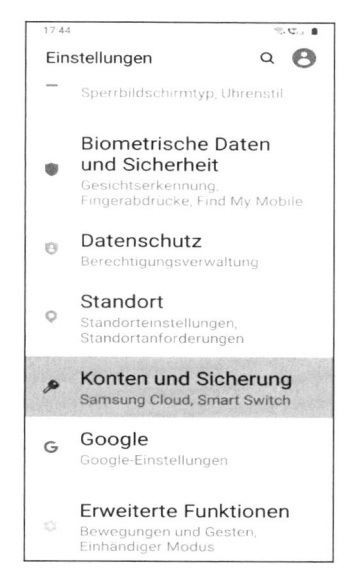

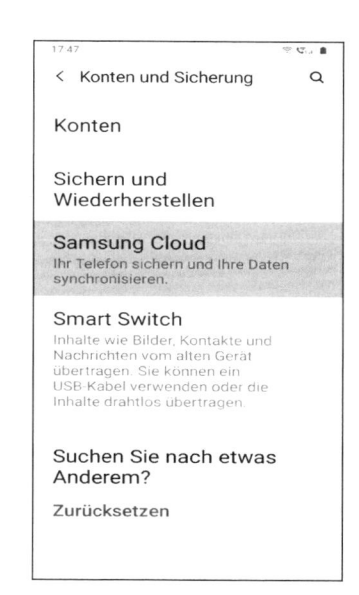

❶ Rufen Sie im Hauptmenü die *Einstellungen* auf.

❷❸ Gehen Sie dann auf *Konten und Sicherung* und wählen Sie *Samsung Cloud*.

❶❷ Betätigen Sie *Mit Google fortsetzen* und wählen Sie Ihr Konto aus.

❸ Die folgenden drei Bildschirme schließen Sie mit *Zulassen*.

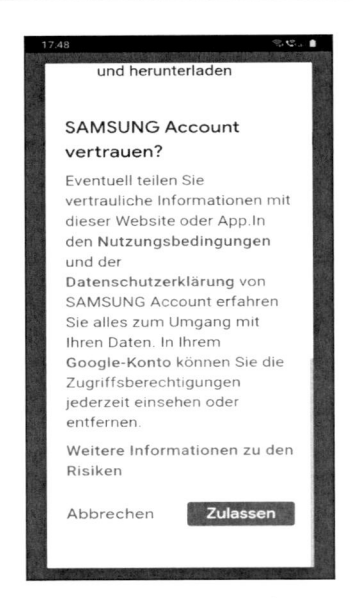

❶❷ Wischen Sie durch die Liste und betätigen Sie *Zulassen*.

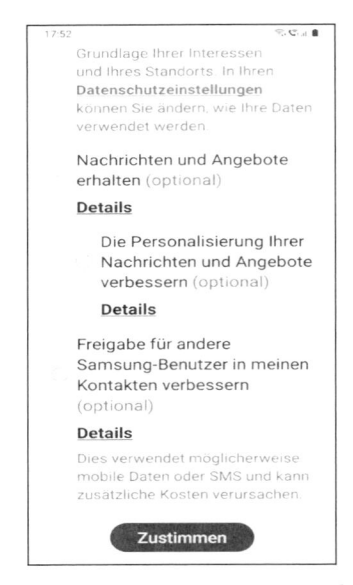

❶ Auch in diesen Bildschirm wischen Sie nach oben und gehen auf *Zustimmen*.

❷ Bestätigen Sie mit *OK*.

❶❷ Betätigen Sie *OK* und *Aktualisieren*.

Das Samsung-Konto

23.2 Anmeldung

Sie haben bereits ein Samsung-Konto, weil Sie es bereits früher mal auf einem anderen Samsung-Gerät angelegt hatten? Dann brauchen Sie sich auf dem Galaxy jetzt nur noch damit anzumelden.

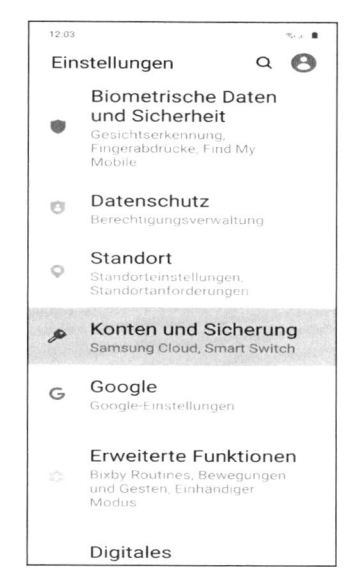

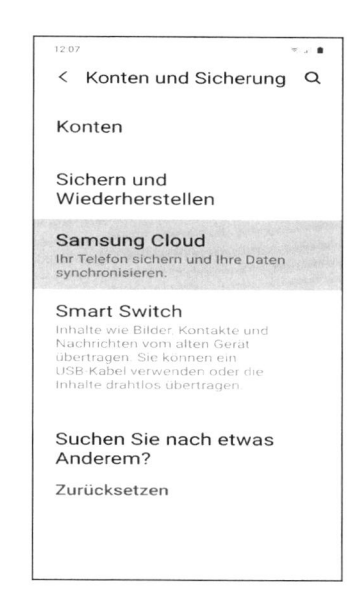

❶ Rufen Sie im Hauptmenü die *Einstellungen* auf.

❷❸ Gehen Sie dann auf *Konten und Sicherung* und wählen Sie *Sichern von Daten*.

❶❷ Betätigen Sie *Mit Google fortsetzen* und wählen Sie Ihr Konto aus.

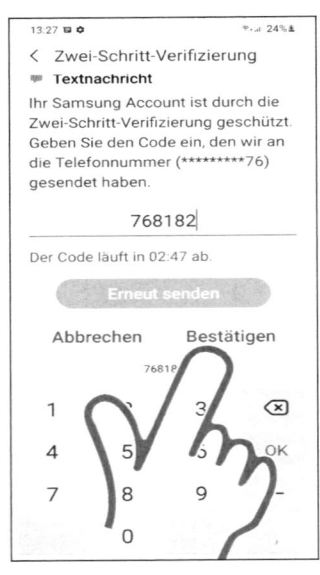

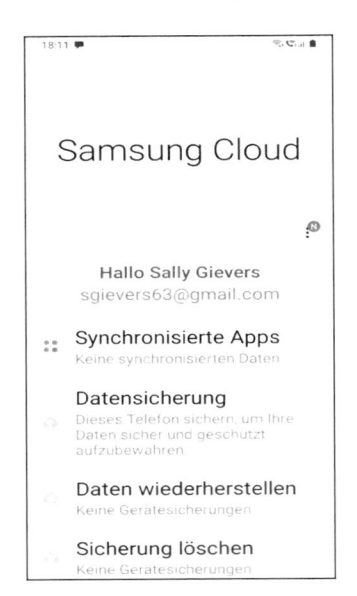

❶ Samsung schickt nach einigen Sekunden eine SMS als Sicherheitsüberprüfung, die automatisch im Eingabefeld landet. Sie brauchen dann nur *Bestätigen* antippen.

❸ Den Übersichtsbildschirm können Sie nun verlassen.

23.3 Samsung-Konto in der Praxis

Um es vorweg zu sagen: Wenn Sie die Google-eigenen Anwendungen Gmail (siehe Kapitel *10 Gmail*) oder Chrome (siehe Kapitel *13 Chrome-Webbrowser*) bereits intensiv nutzen, werden Sie das Samsung-Konto kaum benötigen. Das Samsung-Konto hat darüber hinaus den Nachteil, dass es nur auf Samsung-Geräten funktioniert, während Ihr Google-Konto auf Android-Geräten aller Hersteller genutzt werden kann.

Trotzdem ist das Samsung-Konto manchmal nützlich, falls Sie mehrere Samsung-Geräte, beispielsweise ein Tablet neben dem Galaxy-Handy, verwenden. Sind Sie auf beiden Geräten mit dem gleichen Samsung-Konto angemeldet, stehen zum Beispiel die Lesezeichen des Samsung-Webbrowsers (siehe Kapitel *12 Webbrowser*) auf beiden Geräten zur Verfügung.

Mussten Sie Ihr Handy zurücksetzen, wurde es geklaut oder wechseln Sie zu einem anderen Samsung-Handy, dann melden Sie sich einfach bei Ihrem Samsung-Konto für die Wiederherstellung an.

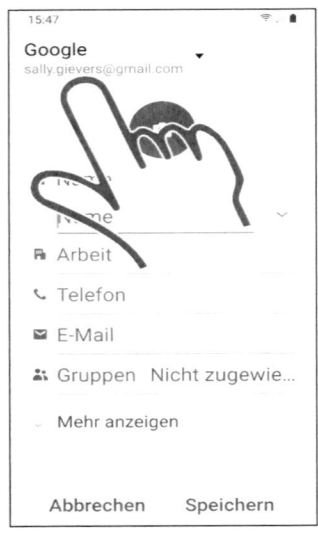

❶❷ Sie möchten dennoch das Samsung-Konto statt dem Google-Konto für die Sicherung von Kontakten und Terminen nutzen? Dann achten Sie darauf, das Konto während der Kontakt-/Terminanlage entsprechend einzustellen.

24. Programmverwaltung

Die mitgelieferten Programme auf Ihrem Handy decken bereits die wichtigsten Anwendungsfälle ab. Weitere Anwendungen und natürlich Spiele können Sie bei Bedarf über den sogenannten Play Store nachinstallieren, der mehr ca. 2 Millionen Programme enthält. Sie finden wirklich zu jedem noch so exotischen Anwendungsfall ein passendes Programm. Neudeutsch spricht man statt von Programmen auch von **Apps**, es ist damit aber das selbe gemeint.

Etwa Zweidrittel aller Programme sind kostenlos beziehungsweise finanzieren sich über eingeblendete Werbung. Im Vergleich zu PC-Software sind die kostenpflichtigen Android-Programme in der Regel mit Preisen von unter 5 Euro recht günstig.

Es gibt mehrere Möglichkeiten, Programme zu installieren:

- **Google Play Store**: Über die Play Store-Anwendung haben Sie Zugriff auf Tausende von Anwendungen und Spielen. Auch der Kauf von Programmen im Play Store ist möglich. Die meisten Anwender nutzen ausschließlich den Play Store und nicht die anderen hier aufgelisteten Installationsmöglichkeiten.

- **Galaxy Store**: Wird von Samsung betrieben und bietet, ähnlich wie der Google Play Store, zahlreiche Programme zum Download an.

24.1 Play Store

Lassen Sie sich bitte nicht von leider manchmal umständlichen und unübersichtlichen Bedienung des Play Stores beeindrucken. Spätestens, wenn Sie einige Programme installiert haben, dürften Sie die wesentlichen Vorgehensweisen verstanden haben.

Wichtiger Hinweis: Google hat die Play Store-Anwendung überarbeitet. Zum Redaktionsschluss war noch nicht klar, wann der Play Store auch auf deutschen Handys aktualisiert wird. Sie müssen mit deutlichen Abweichungen zu den Beschreibungen in diesem Buch rechnen.

Sie finden den *Play Store* im Startbildschirm (❶) beziehungsweise Hauptmenü (❷).

❶ Beim ersten Aufruf erscheint ein Popup. Betätigen Sie *OK*, damit Sie Google über Preisaktionen im Play Store informiert.

❷❸ Die zwei weiteren Bildschirme schließen Sie mit *Nein danke*.

❶❷ Das allgemeine Softwareangebot wird standardmäßig im Hauptbildschirm aufgelistet. Zunächst sollten Sie am unteren Bildschirmrand auswählen, ob Sie *Spiele* oder *Apps* (Anwendungen) suchen. Auf die ebenfalls angebotenen *Filme/Serien* und *Bücher* gehen wir hier nicht ein.

Programmverwaltung

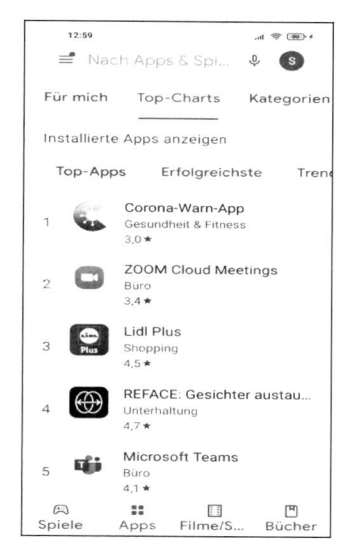

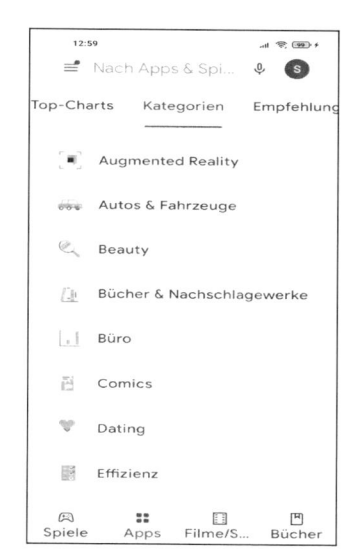

❶ Die Benutzeroberfläche besitzt mehrere Register, über die Sie mit den Schaltleisten (Pfeil) wechseln:

- *Für mich*: Von Google zusammengestellte Empfehlungen.
- *Top-Charts* (❷): Verschiedene Bestenlisten:
  - *Top-Spiele*: Die höchstbewerteten Spiele.
  - *Erfolgreichste*: Die am häufigsten heruntergeladenen Programme.
  - *Trends*: Programme, die aktuell häufig heruntergeladen werden, beispielsweise, weil die Medien darüber berichtet haben.
  - *Bestseller:* In den letzten Wochen häufig verkaufte Anwendungen.
- *Ereignisse*: Zeitlich begrenzte Sonderangebote.
- *Premium*: Nach Genre sortierte Empfehlungen.
- *Kategorien* (❸): Alle Programme sind im Play Store nach Kategorien sortiert, die Sie einfach nach interessanten Anwendungen oder Spielen durchblättern können. Bitte beachten Sie, dass in den Kategorien auch viele Programme zu finden sind, welche keinerlei Nutzwert haben.
- *Familie*: Wählen Sie die zu installierenden Anwendungen und Spiele nach empfohlener Altersstufe aus.
- *Empfehlungen*: Von einer Redaktion ausgewählte Programme.

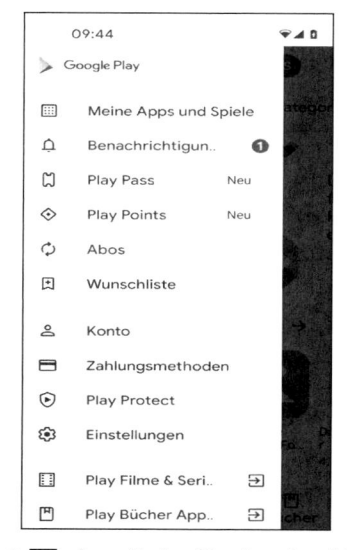

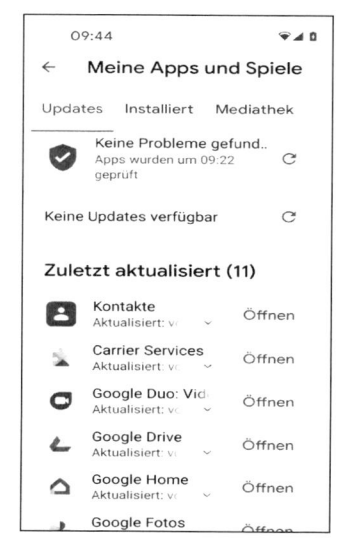

❶❷ Betätigen Sie im Hauptmenü ☰ oben links für das Ausklappmenü. Die Menüpunkte:

- *Meine Apps und Spiele*: Zeigt die von Ihnen installierten Programme an und ermöglicht diese wieder zu deinstallieren. Außerdem sehen Sie hier, ob Updates zu installierten Programmen im Play Store vorliegen (❸).

- *Benachrichtigungen*: Sofern Updates der von Ihnen installierten Programme vorliegen, erhalten Sie jeweils Benachrichtigungen, die hier aufgelistet werden.

- *Play Pass*: Für 4,99 Euro pro Monat dürfen Sie zahlreiche Spiele und Anwendungen ohne weitere Kosten nutzen. Interessant für Anwender, die sehr häufig auf ihrem Handy spielen.

- *Play Points*: Die Play Points sind vergleichbar mit dem Payback-Bonusprogramm des Einzelhandels: Sie erhalten für alle Käufe im Play Store Punkte, die Sie später gegen Guthaben oder für Käufe einsetzen können. Die Anmeldung am Play Points-Programm ist kostenlos, lohnt sich aber nur für Nutzer, die sehr häufig den Play Store für Käufe nutzen.

- *Wunschliste*: Eine Art Erinnerungsliste, auf die Sie Programme setzen können, die Sie irgendwann mal ausprobieren, beziehungsweise kaufen möchten.

- *Konto*: Verwaltet unter anderem das für Zahlungen verwendete Google-Konto und listet die letzten Käufe auf.

- *Zahlungsmethoden*: Verwaltet die Zahlungsmittel, welche Sie für Ihre Play Store-Käufe einsetzen und listet Ihre letzten Käufe auf.

- *Play Protect*: Google überprüft Ihre installierten Programme auch nach der Installation auf Schadfunktionen. So wird beispielsweise verhindert, dass teure Telefonnummern angerufen oder Ihre persönlichen Daten ausgelesen werden. Sie sollten Play Protect deshalb nie deaktivieren.

- *Einstellungen*: Auf die Einstellungen geht Kapitel *24.1.7 Einstellungen* ein.

- *Filme & Serien öffnen*: Öffnet die Anwendung, in der Sie Spielfilme und Serien kaufen und ansehen. Siehe Kapitel *21.1 Google Play Filme*.

- *Play Bücher App öffnen*: Ebooks lesen und kaufen. Dazu muss die Play Bücher-Anwendung installiert werden.

- *Einlösen*: Google vertreibt über Supermärkte und Tankstellen Gutscheine, die Sie in diesem Menü einlösen. Das Guthaben lässt sich dann für den Kauf von Programmen, Filmen, Ebooks, usw. verwenden.

- *Hilfe & Feedback*

- *Leitfaden für Eltern*

- *Impressum*

24.1.1 Programme installieren

❶❷ Gehen Sie auf die Suchleiste im Hauptbildschirm und geben Sie den Suchbegriff ein. Es werden der Name und die Beschreibung aller Programme durchsucht. Bereits während der Eingabe listet der Play Store einige Fundstellen auf, Sie können alternativ aber auch mit 🔍 im Tastenfeld eine Volltextsuche durchführen.

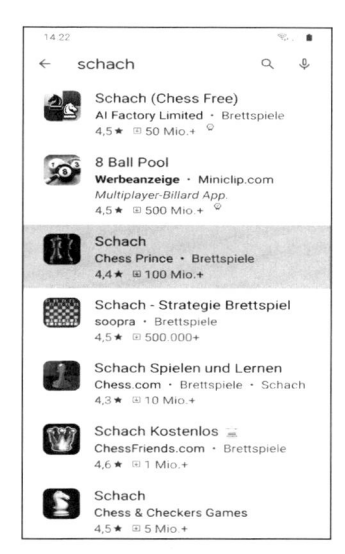

❶ Die Fundstellen werden mit Namen, Bewertung und Preis aufgelistet. Tippen Sie eines der angebotenen Programme an.

❷ Neben einer ausführlichen Beschreibung finden Sie hier die Bewertungen von anderen Benutzern, Infos zum Entwickler mit der Möglichkeit, seine weiteren Programme im Play Store anzuzeigen, sowie Kontaktmöglichkeiten zum Entwickler. Betätigen Sie *Installieren*, um das Programm auf dem Handy zu installieren. Der Download erfolgt anschließend im Hintergrund.

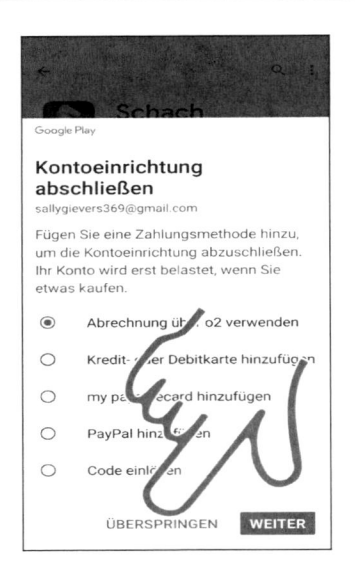

❶❷ Wenn Sie das erste Mal ein Programm installieren, erscheint einmalig der Hinweis *Kontoeinrichtung abschließen*. Betätigen Sie dann *WEITER* und dann *ÜBERSPRINGEN*. Wie Sie kostenpflichtige Programme installieren, erläutert noch Kapitel *24.1.8 Softwarekauf im Google Play Store*.

❶❷ Sie finden das neue Programm im Hauptmenü. Weil die erste Bildschirmseite des Hauptmenüs bereits voll belegt ist, müssen Sie erst mit einer Wischgeste zur nächsten Seite blättern.

Programmverwaltung

❶ Tipp: Falls Sie ein Programm nicht wiederfinden beziehungsweise prüfen möchten, ob Sie es bereits vor einiger Zeit installiert hatten, dann gehen Sie auf *Finder-Sucher* im Hauptmenü.

❷ Bereits während der Eingabe des Suchbegriffs werden die gefundenen Programme aufgelistet.

24.1.2 Ausgeblendete Navigationstasten

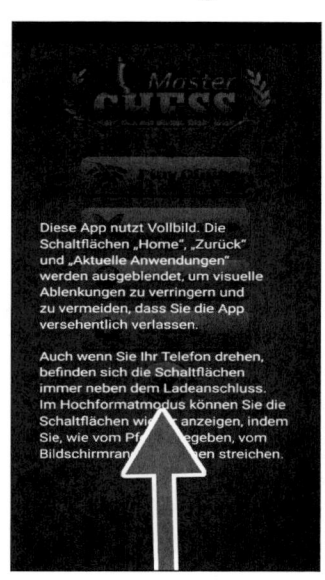

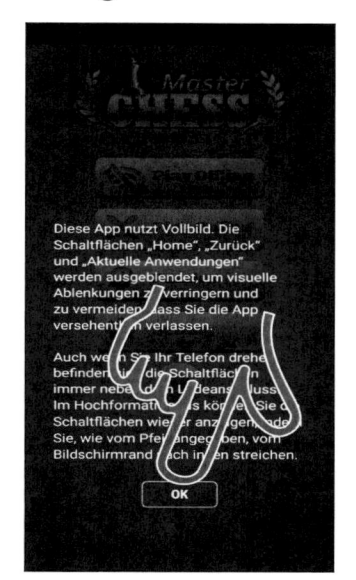

❶❷ Beim ersten Aufruf eines Spiels macht Sie das Handy eventuell auf eine Besonderheit aufmerksam: Die Navigationstasten werden ausgeblendet. Um sie wieder einzublenden, wischen Sie mit dem Finger von der unteren Displaykante nach oben. Schließen Sie den Hinweis dann mit *OK*.

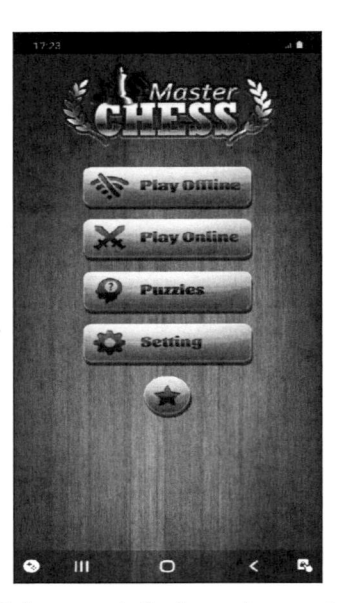

❶❷ Probieren Sie das zuvor Gelernte einfach mal aus, indem Sie nach oben wischen. Die Navigationstasten blenden sich dann nach einigen Sekunden wieder aus.

24.1.3 Game Booster

Über den Game Booster rufen Sie zusätzliche Funktionen während eines Spiels auf.

❶ Wischen Sie in einem Spiel mit dem Finger von unten außerhalb des Bildschirms nach oben für die Anzeige der Navigationstasten.

❷ *Die ⓧ-Schaltleiste* unten links betätigen Sie als Nächstes.

❸ Die Schaltleisten am unteren Bildschirmrand:

- *Sperre für Nav-Schaltflächen*: Navigationstasten ausblenden und gegen versehentliche Betätigung sperren. Sie aktivieren die Navigationstasten wieder über das Schloss-Symbol unten rechts.

- *Eingabesperre*: Aktiviert die Displaysperre.

- *Screenshot*: Bildschirmkopie erstellen.

- *Aufnehmen*: Video vom Bildschirm aufnehmen.

Programmverwaltung

24.1.4 Game Launcher

Gerade für Anwender, die viele Spiele auf ihrem Handy nutzen, ist der Game Launcher (engl. »Spiel-Starter«) praktisch, der alle Spiele aus dem Hauptmenü entfernt und somit im Hauptmenü für Übersicht sorgt. Sie starten dann künftig alle Spiele aus dem Game Launcher.

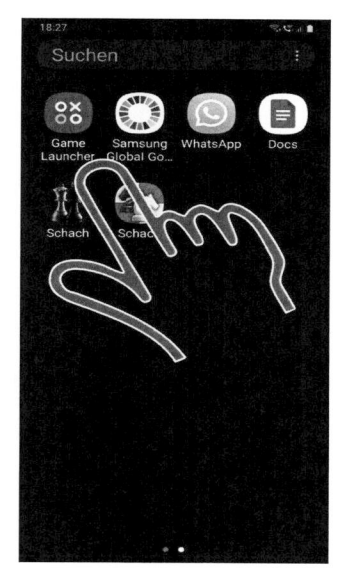

❶ Im Hauptmenü finden Sie den *Game Launcher* (engl. »Spiel Starter«), der alle auf dem Handy installierten Spiele auflistet.

❷ Schließen Sie den einmaligen Hinweis mit *Zustimmen*.

❸ Wählen Sie *Spiele ausblenden*.

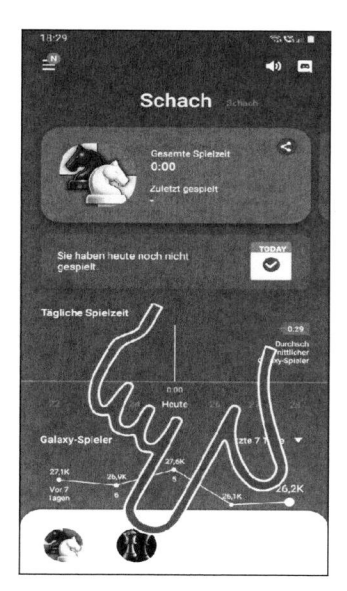

❶❷ Künftig können Sie Spiele nur noch im *Game Launcher* aufrufen.

24.1.5 Wunschliste

Auf die »Wunschliste« setzen Sie Programme, die Sie interessieren und vielleicht später mal ausprobieren oder kaufen möchten.

❶❷ Wenn Sie mal auf ein interessantes Programm stoßen, rufen Sie ⁞/*Auf die Wunschliste* auf. Mit ⁞/*Von Wunschliste entfernen* machen Sie dies wieder rückgängig.

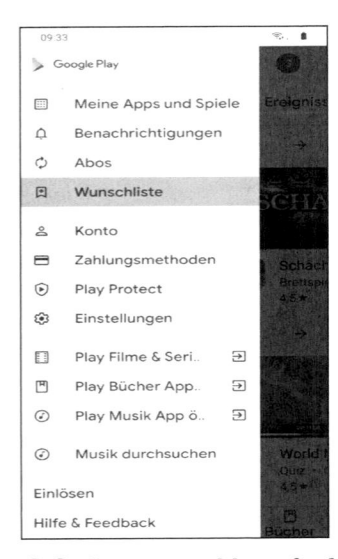

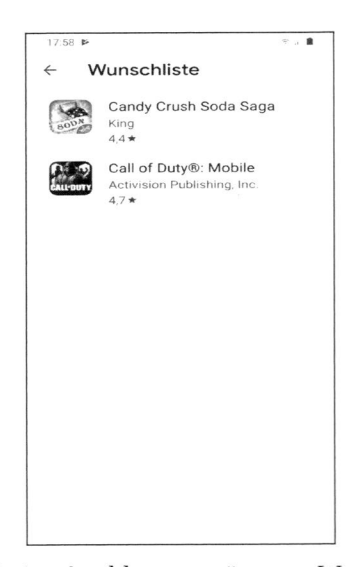

❶❷ Ihre Wunschliste finden Sie im Ausklappmenü unter *Wunschliste*.

24.1.6 Gute von schlechter Software unterscheiden

- Häufig geladene (und damit meist gute) Software findet in den Kategorien *Top-Charts Empfehlungen*, usw. Eingang.

- Auch wenn Sie die Suchfunktion nutzen, erscheinen in der Auflistung zuerst die am häufigsten heruntergeladenen Programme.

- Zusätzlich finden Sie bei jedem Programm eine Sterne-Bewertung sowie Kommentare der Nutzer. Insbesondere bei Kaufprogrammen (die Sie ja nicht vorab testen können) sollten Sie sich die Nutzerbewertungen durchlesen.

- Manche Kaufprogramme sind auch als in der Funktion eingeschränkte Version kostenlos im Play Store erhältlich, sodass man zumindest einen groben Überblick über deren Tauglichkeit erhält. Es gibt übrigens häufig auch Programme, die sowohl kostenlos, als auch als Kaufversion erhältlich sind. Die kostenlose Version finanziert sich dann meistens durch Werbebanner. Werbebanner haben allerdings den Nachteil, häufig aus dem Internet Daten nachzuladen (irgendwoher müssen die Werbebanner ja kommen) und teilweise den GPS-Empfänger zu aktivieren. Letzteres dient dazu, dem Nutzer für sein Land optimierte Werbung anzuzeigen. Leider reduziert sich dadurch die Handy-Akkulaufzeit...

- Die Softwareentwickler bestimmen selbst ob ihre Programme für bestimmte Handys und Handys geeignet sind. Programme, die nicht auf Ihrem Handy funktionieren, werden erst

Programmverwaltung

gar nicht im Play Store anzeigt. Trotzdem werden Sie ab und zu auf Programme, insbesondere Spiele stoßen, die nicht gut angepasst sind, was sich u.a. in pixeliger Darstellung, verschobenen Schaltleisten, überstehenden Texten, usw. bemerkbar macht. Falls Ihnen ein Programm trotzdem gefällt, sollten Sie einfach das Programm installiert lassen. Der Play Store meldet zu jeder installierten Software automatisch im Benachrichtigungsfeld, wenn ein Update vorliegt, das vielleicht die Probleme beseitigt.

❶ Die Bewertungen erhalten Sie angezeigt, wenn Sie die Bewertungszahl (Pfeil) antippen. Alternativ führen Sie auf dem Display eine Wischgeste von unten nach oben durch.

❷ Hohe Stern-Bewertungen und große Downloadzahlen führen manchmal auch in die Irre: Der Play Store fasst die weltweit auflaufenden Nutzerbewertungen zusammen. Beispielsweise wird ein Buchhaltungsprogramm, das in den USA entwickelt wurde, dort von den Anwendern hochgelobt und entsprechend bewertet werden, während es für deutsche Anwender nicht geeignet ist.

Einige Programme werden zudem nicht weiterentwickelt, weshalb unter Umständen eine hohe Bewertung heute nicht mehr gerechtfertigt wäre.

> Der Play Store zeigt nur deutsche Bewertungstexte an. Es kann deshalb vorkommen, dass Sie bei einem international angebotenen Programm zwar viele Bewertungen, aber kaum Bewertungstexte sehen.
>
> Tipp: Von vielen höherwertigen Programmen wird im Play Store eine kostenlose Version mit beschnittenen Funktionsumfang angeboten, Sie können so das jeweilige Programm schon vorab auf Herz und Nieren testen und anschließend die Vollversion erwerben.

24.1.7 Einstellungen

Unter *Allgemein*:

- *Benachrichtigungen*:
    - *Updates*: Wenn zu einem aus dem Play Store installiertem Programm Updates vorliegen, erhalten Sie eine Benachrichtigung.
    - *Automatische Updates*: Sie erhalten einen Benachrichtigung, sobald ein Update im Hintergrund installiert wurde.
    - *Vorregistrierung; Angebote und Werbeaktionen*: Sie erhalten eine Benachrichtigung, wenn Entwickler neue Programme auf den Markt bringen, die für Sie interessant sein könnten.
- *Bevorzugte Downloadvariante für Apps*: Legen Sie fest, wie die Installation erfolgt:
    - *Über ein Netzwerk*: Downloads erfolgen über Mobilfunkinternet, wenn kein WLAN zur Verfügung steht.
    - *Nur über WLAN*
    - *Jedes Mal fragen*: Wählen Sie aus, ob der Download über WLAN oder Mobilfunkinternet erfolgt.
- *Automatische App-Updates*: Installierte Programme automatisch aktualisieren.
- *Videos automatisch wiedergeben*: In der Produktvorschau sind ab und zu Videos eingebunden. Sie können hier festlegen, ob diese auch über Mobilfunkverbindungen wiedergegeben werden. Die Voreinstellung *Automatische Wiedergabe von Videos nur über WLAN zulassen* sollten Sie aber nicht ändern.
- *Design*: Sie können die Bildschirmanzeige für bessere Lesbarkeit bei Nacht invertieren. Darauf geht Kapitel *26.5 Dunkelmodus (Dark Mode)* noch ein.
- *Lokalen Suchverlauf löschen*: Die Suchfunktion speichert alle eingegebenen Begriffe und schlägt sie beim nächsten Mal vor.
- *Google Play-Einstellungen*: Bezieht sich auf die im Play Store angebotenen Spiele. Wir empfehlen, hier nichts zu ändern.

Unter *Nutzersteuerung*:

- *Jugendschutzeinstellungen*: Für Eltern: Blockieren Sie die Installation und Nutzung von Programmen und Medien, die nicht altersgerecht sind.
- *Authentifizierung für Käufe erforderlich*: Sie können die Programminstallation von einer vorher einzugebenen PIN abhängig machen.
- *Google Play Instant*: Legen Sie fest, welchem Google-Konto die sogenannten Instant Apps zugeordnet werden. Instant Apps sind auf dem Handy installierte Programme, die sich auch über einem Link im Webbrowser aufrufen lassen. Derzeit haben Instant Apps noch keine große Bedeutung, zumal sie nicht alle Handys unterstützen.

24.1.8 Softwarekauf im Google Play Store

Viele Programme im Play Store sind kostenpflichtig, wobei als Zahlungsmethode neben einer Kreditkarte auch PayPal (ein Zahlungsdienstleister), die Handyrechnung (nicht bei allen Netzbetreibern möglich) und Gutscheine akzeptiert werden (auf Letztere geht Kapitel *24.1.9 Google-Gutscheine* noch genauer ein). Damit Sie nicht die »Katze im Sack« kaufen, lassen sich Käufe innerhalb von 2 Stunden rückgängig machen. Eine Rückgabe ist beim erneuten Kauf dann aber nicht mehr möglich. Die erworbenen Programme werden mit Ihrem Google-Konto verknüpft und lassen sich beim Gerätewechsel ohne erneuten Kauf herunterladen und installieren.

> Gekaufte Software lässt sich immer nur auf einem Gerät gleichzeitig nutzen.
>
> Beachten Sie bitte, dass manche Software nur für bestimmte Geräte angeboten wird. Insbesondere Spiele unterstützten nicht alle Android-Handys und Tablets. Problematisch sind auch Programme, deren Entwicklung eingestellt wurde und daher nicht für neue Geräte freigegebenen wurden, obwohl sie darauf laufen könnten.

Programmverwaltung

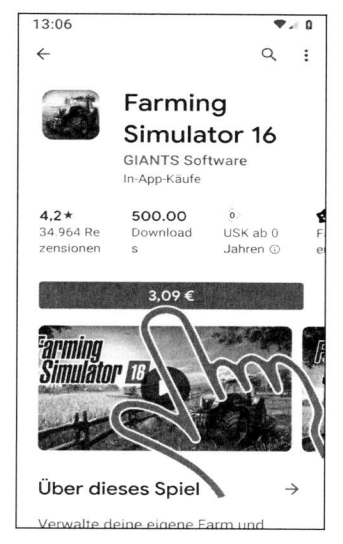

❶ Betätigen Sie bei einem Kaufprogramm die Preisschaltleiste (Pfeil).

❷ Tippen Sie jetzt auf *WEITER*.

❶❷ Wählen Sie nun eine der Zahlungsmethoden aus:

- *Abrechnung über xxx verwenden*: Die Zahlung erfolgt über Ihren Mobilnetzbetreiber und taucht dann auf Ihrer nächsten Mobilfunkrechnung auf. Beachten Sie bitte, dass nicht jeder Netzbetreiber mobile Zahlungen akzeptiert. Haben Sie beim Netzbetreiber »Inkasso von Dritten« deaktivieren lassen, ist ebenfalls kein Kauf über die Mobilfunkrechnung möglich.

- *Kredit- oder Debitkarte hinzufügen*: Zahlung über Ihre Kreditkarte.

- *PayPal hinzufügen*: Zahlungsabwicklung über PayPal. Dieser Zahlungsabwickler wird von Ebay betrieben und bucht Rechnungen entweder von Ihrem Bankkonto oder Ihrer Kreditkarte ab. Siehe auch die PayPal-Website unter *www.paypal.com*.

- *My paysafecard hinzufügen*: Nutzung eines aufladbaren Gutscheinkontos.

- *Code einlösen*: Gutscheincode (siehe Kapitel *24.1.9 Google-Gutscheine*).

In diesem Beispiel wählen wir *PayPal hinzufügen*. Folgen Sie den weiteren Anweisungen.

❸ Betätigen Sie *KAUFEN*.

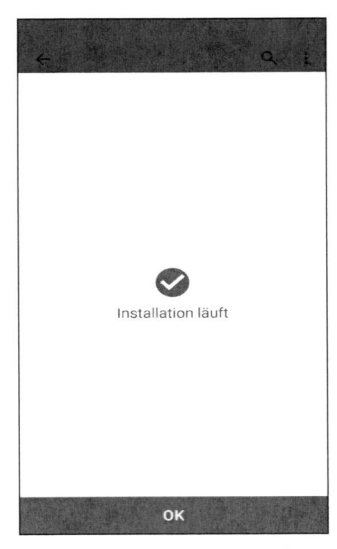

❶ Geben Sie das Passwort Ihres Google-Kontos eingeben und schließen Sie mit *BESTÄTIGEN* ab. Dies ist dann auch bei künftigen Käufen nötig.

❷ Einmalig erfolgt die Nachfrage, ob Sie jeden Kauf im Play Store mit Ihrem Passwort bestätigen möchten. Wir empfehlen aus Sicherheitsgründen *Ja, immer*.

❸ Schließen Sie den Hinweis mit *OK*.

❶❷ Wenn Sie das Programm nicht so funktioniert wie es soll, betätigen Sie *Erstatten* in den Programmdetails (beachten Sie, dass Sie dazu nur 2 Stunden Zeit haben!).

24.1.9 Google-Gutscheine

Es sind Gutscheine für den Google Play Store in Stückelungen von 15 und 25 Euro bei diversen Tankstellen, in Supermärkten und Elektronikketten erhältlich. Da die Karten schwarz sind, sollten sie nicht zu übersehen sein.

Vorsicht ist übrigens bei günstigen Gutscheinen von Internet-Shops geboten! Häufig handelt sind diese nicht in Deutschland gültig.

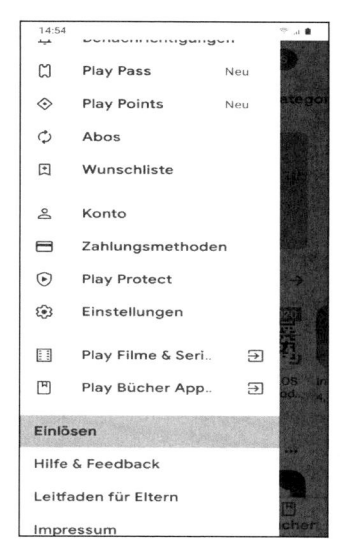

❶❷ Zum Einlösen aktivieren Sie einfach im Play Store das Ausklappmenü und gehen auf *Einlösen*. Geben Sie dann den Code von der Karte ein.

❸ Wählen Sie gegebenenfalls während des Kaufvorgangs das *Google Play*-Guthaben aus. Dazu müssen Sie auf den Programmnamen tippen und dann in *Zahlungsmethoden* das *Google Play-Guthaben* auswählen.

24.1.10 In-App-Käufe

Programmentwickler können sich grundsätzlich auf drei Arten finanzieren: Durch den Verkauf ihrer Programme, die Einblendung von Werbung oder durch ein Freemium-Modell (Wortspiel aus engl. Free = Frei und engl. Premium = kostenpflichtig). Freemium-Modelle kommen vorwiegend bei Computerspielen vor. Freemium heißt, dass das Programm kostenlos ist, Sie aber zusätzliche Inhalte oder Funktionen jederzeit erwerben dürfen. Dies können in einem Ballerspiel beispielsweise leistungsfähigere Waffen sein oder bei einem Fitness-Programm weitere Trainings. Für Kinder sind solche Programme ungeeignet, da sie die dadurch entstehenden Kosten nicht einschätzen können.

Damit wir uns nicht missverstehen: Grundsätzlich sind Freemium-Programme nicht immer schlecht, denn insbesondere bei Spielen leidet der Spaß nur geringfügig, wenn man auf In-App-Käufe verzichtet.

Gegenüber dem »normalen« Kauf im Play Store haben In-App-Käufe einige Nachteile (wörtlich übernommen von *support.google.com/googleplay/answer/1061913*):

- Es gibt kein zweistündiges Erstattungsfenster.
- Erstattungen werden im Allgemeinen nach dem Ermessen des App-Entwicklers gewährt.
- Für die Bereitstellung von In-App-Käufen sind die Entwickler zuständig.

Im Play Store erkennen Sie In-App-Käufe anhand der Berechtigungen, die **vor** der Installation aufgelistet werden (siehe Kapitel *24.1.1 Programme installieren*).

Bei jedem In-App-Kauf müssen Sie zur Sicherheit das Passwort zu Ihrem Google-Konto eingeben.

24.2 Galaxy Store

Galaxy Store ist ein Online-Angebot des Herstellers, über das sich weitere Anwendungen, aber auch Spiele, für das Galaxy herunterladen lassen. Auch kommerzielle Programme sind dort vorhanden, welche man über Kreditkarte oder Handyrechnung kaufen kann.

> Galaxy Store bietet nur relativ wenige Programme zum Download an, hat aber den Vorteil, dass im Vergleich zum Google Play Store manche Programme kostenlos sind, für die man im Google Play Store bezahlen müsste. Es lohnt sich also ab und zu mal einen Blick in den Galaxy Store zu werfen.
>
> Damit Sie den Galaxy Store nutzen können, richten Sie bitte zuerst Ihr Samsung-Konto, wie im Kapitel *23 Das Samsung-Konto* beschrieben, ein.

24.2.1 Galaxy Store in der Praxis

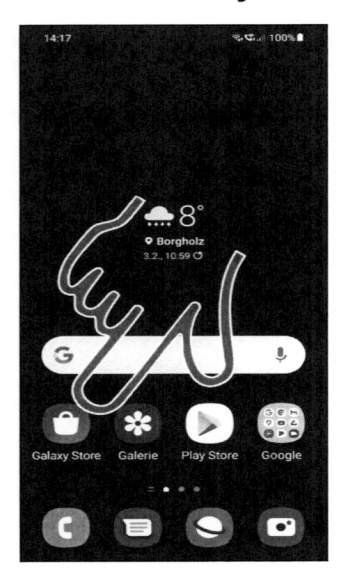

Starten Sie *Galaxy Store* aus dem Startbildschirm oder Hauptmenü. Eventuell müssen Sie nun die Geschäftsbedingungen annehmen.

Programmverwaltung

❶ Es wird bereits eine Reihe von Programmen vorgeschlagen. Wischen Sie durch die Auflistung für einen Überblick.

❷❸ Über die Register am unteren Bildschirmrand grenzen Sie die Anzeige auf *Spiele* ein.

❶ Gehen Sie auf einen Programmeintrag.

❷ Es erscheint eine kurze Programmbeschreibung. Betätigen Sie *INSTALLIEREN*. Das Programm wird nun im Hintergrund heruntergeladen und installiert. Sie können währenddessen mit dem Galaxy ganz normal weiterarbeiten. Anschließend finden Sie das installierte Programm im Hauptmenü wieder, wo Sie es auch starten.

Für den Kauf von Programmen stehen die Zahlungsmethoden Mobilrechnung, PayPal oder Kreditkarte zur Verfügung.

24.3 Programme deinstallieren

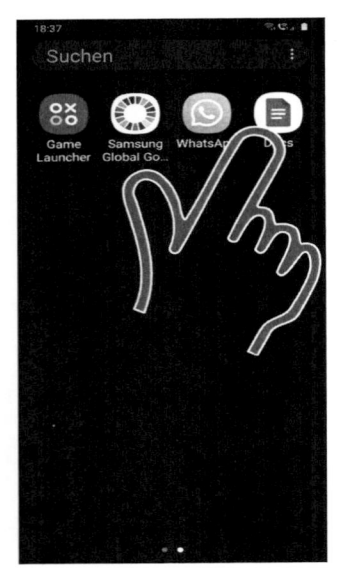

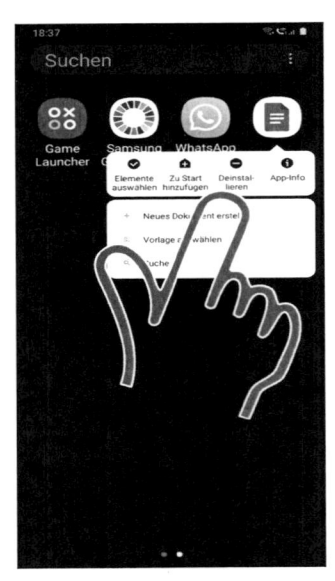

❶ Tippen und halten Sie den Finger über einem Programmeintrag, bis das Popup erscheint.

❷❸ Wählen Sie im Popup *Deinstallieren* und betätigen dann *OK.*.

Programme, die für das einwandfreie Funktionieren des Handys benötigt werden, lassen sich nicht deinstallieren.

24.4 Programme im Hintergrund

Genauso wie unter Windows auf dem PC dürfen auch auf Android mehrere Programme gleichzeitig aktiv sein. Zum Beenden eines Programms unter Android betätigen Sie einfach die ‹-Taste. Soll dagegen das gerade aktive Programm im Hintergrund weiterlaufen, drücken Sie die O-Taste. In das Hintergrund-Programm kehren Sie entweder durch erneuten Programmaufruf aus dem Hauptmenü zurück, oder Sie verwenden dazu die nachfolgend beschriebene Vorgehensweise.

Wenn Sie die ‖‖-Taste unterhalb des Displays betätigen, listet das Galaxy die zuletzt aufgerufenen Programme auf – was übrigens nicht heißt, dass diese noch im Hintergrund laufen. Ziehen Sie mit angedrücktem Finger ein Vorschaubild nach oben, um es aus der Liste zu entfernen beziehungsweise zu beenden. Alternativ betätigen Sie *Alle schließen* am unteren Bildschirmrand.

Grundsätzlich dürfte es nur äußerst selten nötig sein, im Hintergrund laufende Programme zu beenden.

25. Empfehlenswerte Apps aus dem Play Store

Im Google Play Store werden unzählige Programme (Neudeutsch als »Apps« bezeichnet) angeboten, die den Funktionsumfang Ihres Handys erweitern. Unsere kleine Übersicht stellt davon einige Nützliche vor. Wie Sie Programme auf dem Galaxy installieren, erfahren Sie im Kapitel *24.1 Play Store*.

Damit Sie die vorgestellten Programme schnell im Play Store auffinden, haben wir in kursiver Schrift deren genauen Namen angegeben. Meistens reicht es aus, die ersten Buchstaben des Programmnamens einzugeben, worauf der Play Store schon das Gesuchte vorschlägt.

25.1 Fernsehen

Alle Fernsehsender bieten eine entsprechende App mit weiteren Infos zum Programm an. Häufig kann man damit nicht nur Live-Sendungen schauen, sondern auch vergangene Sendungen erneut abspielen.

Sat.1 / ProSieben / ProSieben MAXX

- Sat.1 (❶): *SAT.1 – Kostenloses Live TV und Mediathek*
- ProSieben: *ProSieben – Kostenloses Live TV und Mediathek*
- ProSieben MAXX: *ProSieben MAXX - Kostenloses Live TV und Mediathek*

Für jeden Sender des Medienkonzerns ProSiebenSat.1 Media gibt es eine eigene App, die Sie allerdings erst nach kostenloser Anmeldung mit Ihrer E-Mail-Adresse nutzen können. Neben Live-TV ist auch der Abruf verpasster Sendungen möglich.

ARD Mediathek / ZDF Mediathek

ARD Mediathek (❷) und *ZDFmediathek* (❸): Live-TV und Sendungsarchiv, sowie Programmübersicht.

25.2 TV- und Kinoprogramm

Sie sind ein TV-Stubenhocker? Dann dürften diese Programme für Sie nützlich sein, mit denen Sie sich einen schnellen Überblick der für Sie interessanten Sendungen verschaffen.

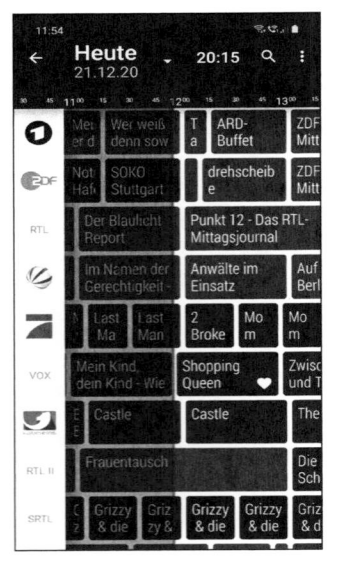

Prime Guide TV Programm (❶)

TV SPIELFILM - TV Programm (❷)

TV Movie - TV Programm (❸)

25.3 Transport, Reisen und Hotels

Die verschiedenen lokalen Verkehrsverbünde und die Deutsche Bahn haben eigene Apps veröffentlicht. Damit sind Sie bei Fragen zum Fahrplan nicht vom schlecht gelaunten Zugpersonal oder umständlichen Fahrkartenautomaten abhängig.

DB Navigator (❶)

Der DB Navigator der Deutschen Bahn berechnet Ihnen Routen vom Start- zum Zielort und weist auf bevorstehende Umstiege frühzeitig hin. Auch Echtzeit-Informationen wie Verspätungen und der direkte Zugang zu alternativen Verbindungen werden gezeigt. Das Programm nutzt Echtzeitdaten und informiert über Zugausfälle und Ersatzfahrpläne. Über den Menüpunkt »Regionale Angebote« können Sie Länder-Tickets, das Quer-Durchs-Land-Ticket und das Schönes-Wochenende-Ticket auswählen und direkt mobil buchen.

Bahnhofstafel Live (❷)

Das Programm nutzt die gleiche Datenquelle wie die Anzeigetafeln an den jeweiligen Bahnhöfen. Sie erhalten so einen schnellen Überblick über Verspätungen und Gleiswechsel.

Öffi – Fahrplanauskunft (❸)

Installiert drei Apps für die öffentlichen Verkehrsmittel mit Infos zu den Abfahrtszeiten und nächstgelegenen Haltestellen in den wichtigsten deutschen und internationalen Städten. Ein Routenplaner ermittelt die optimale Fahrtstrecke.

Vergleichen Sie die Preise von Hotels und buchen Sie direkt Ihr Zimmer mit den nachfolgend vorgestellten Programmen.

Die Apps:

- *Hotel Suche HRS* (❶)
- *Booking.com – Hotel-Buchungen* (❷)

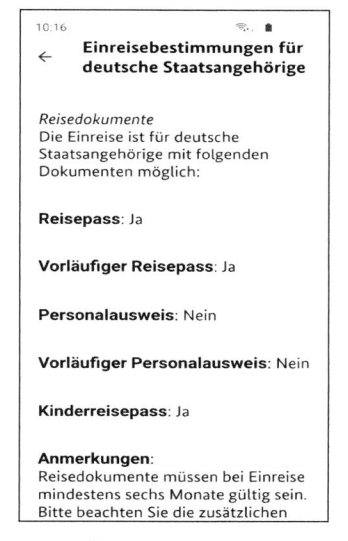

Eine Auslandsreise kann schnell zum Albtraum werden, wenn man sich nicht an die Bräuche und Gesetze des Gastgeberlands hält. Damit Sie nicht durch Unwissen in Schwierigkeiten geraten und im Notfall wissen, an wen Sie sich wenden sollten, wurden zwei Apps entwickelt.

Sicher reisen (❶❷)

Das Programm liefert die nötigen Infos für eine sichere und reibungslose Auslandsreise: Sie erhalten Tipps für Ihre Reisevorbereitung und für Notfälle, die Adressen der deutschen Vertretungen im Ausland und der Vertretungen Ihres Reiselandes in Deutschland. Falls nötig, werden Sie über Reise- und Sicherheitshinweise des Auswärtigen Amts informiert.

Zoll und Reise (❸)

Wenn Sie sich nicht sicher sind, was man abgabenfrei aus dem Urlaub mit nach Deutschland bringen darf, hilft Ihnen diese App weiter. Mit dieser ermitteln Sie bei Bedarf auch die fälligen Abgaben, wenn Sie die Freimenge überschreiten und erfahren, welche Waren Sie nicht einführen dürfen.

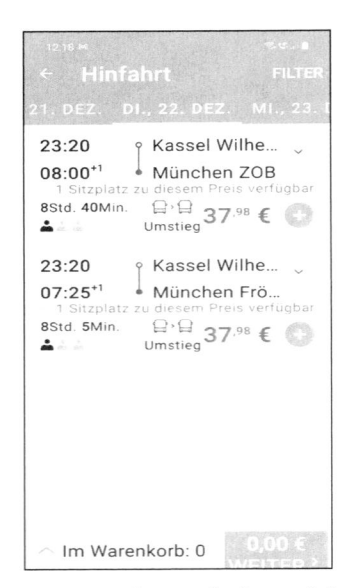

Die Fernbusse haben sich inzwischen zu einer starken Konkurrenz zur Deutschen Bahn entwickelt. Über entsprechende Apps ermitteln Sie die nächsten Fahrten, deren Kosten und erwerben Tickets.

FlixBus: Fernbus durch Europa (❶)

»Reise in Europa günstig mit Fernbus und Zug. Einfach bequem per App buchen.«

Busliniensuche: Fernbus App (❷❸)

Mit Busliniensuche ermitteln Sie die passende Fernbusverbindung und haben alle Preise, Abfahrtszeiten und Haltestellen in Ihrer Umgebung zur Hand. Das Programm berücksichtigt alle auf dem deutschen Markt aktiven Fernbuslinien und zeigt deren Fahrtdauer und Preise an.

25.4 Auskunft

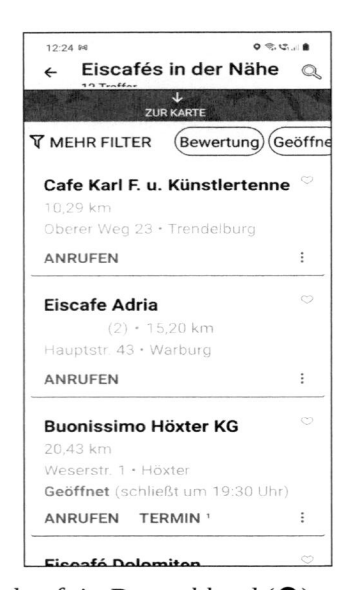

Das Örtliche Telefonbuch & Auskunft in Deutschland (❶)

Das Örtliche Telefonbuch und Auskunft für Deutschland. Das Programm dient nicht nur als Telefonbuch, sondern informiert auch über die Benzinpreise, das Kinoprogramm und listet Bars, Hotels, Supermärkte und Freizeitgelegenheiten. Außerdem ist ein Routenplaner enthalten.

Gelbe Seiten – Auskunft und mobiles Branchenbuch (❷)

In den Gelben Seiten sind alle Gewerbebetriebe gelistet, die Sie somit einfach auffinden. Soweit hinterlegt, informiert die App auch über die Öffnungszeiten und Benutzerbewertungen.

26. Benutzeroberfläche optimal nutzen

In diesem Kapitel werfen wir einen Blick auf die zahlreichen Optionen, mit denen Sie das Galaxy an Ihre Bedienweise anpassen.

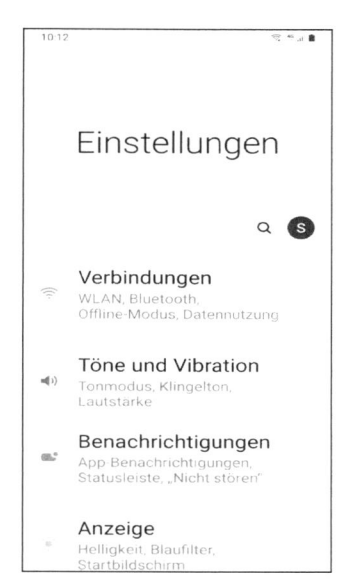

❶❷ Für die in den nachfolgenden Kapiteln beschriebenen Funktionen greifen Sie häufig auf die *Einstellungen*-Anwendung zurück, die Sie im Hauptmenü starten.

26.1 Bildschirmanzeige anpassen

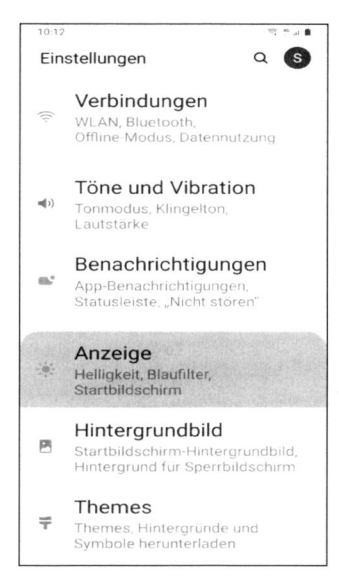

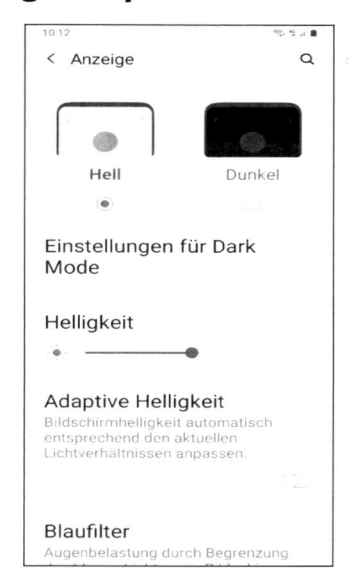

❶❷ In *Anzeige* konfigurieren Sie die Bildschirmanzeige:

- *Einstellungen für Dark Mode*: Invertiert die Bildschirmfarben, was bei Dunkelheit gegen Blendung hilft. Siehe Kapitel *26.5 Dunkelmodus (Dark Mode)*.

- *Helligkeit*: Diese können Sie einfacher über den Helligkeitsregler im Benachrichtigungsfeld anpassen. Neben dem Hauptbildschirm legen Sie hier auch die Helligkeit des Mini-Display auf der Geräterückseite fest.

- *Adaptive Helligkeit*: Die Displaybeleuchtung passt sich automatisch an das Tageslicht an.

- *Blaufilter*: Die Wissenschaft macht den Blauanteil in der Displaybeleuchtung für negative Effekte wie schlechten Schlaf und Konzentrationsstörungen verantwortlich. Über den Blaufilter reduzieren Sie den Blauanteil, worauf der Bildschirm in einem angenehmen Gelbton leuchtet.

- *Schriftgröße und Stil* (❸): Neben der Schriftgröße lässt sich auch die Schriftart einstellen. In diesem Buch verwenden wir beispielsweise eine etwas größere Schrift, damit die Bildschirmabbildungen besser lesbar sind.

- *Bildschirmzoom*: Größe aller Schaltleisten und Bildschirmtexte anpassen.
- *Vollbild-Apps*: Sie können hier Anwendungen auswählen, die den Bildschirm voll ausnutzen, indem die Titelleiste ausgeblendet wird. Auf dem Galaxy macht so etwas aber wenig Sinn, weil das Gerät ohnehin ein sehr längliches Display verwendet.
- *Bildschirm-Timeout*: Nach der eingestellten Zeitspanne schaltet sich das Display aus. Alternativ betätigen Sie dafür den Ein/Ausschalter.
- *Navigationsleiste*: Farbe und Funktion der Navigationsleiste (die Tasten unterhalb des Bildschirms) konfigurieren.
- *Bildschirmschoner*: Legt fest, was das Galaxy anzeigt, wenn es an eine Stromversorgung angeschlossen ist. Neben einem Farbverlauf können Sie auch Fotos anzeigen lassen.

Die Optionen *Helligkeit* und *Bildschirm-Timeout* haben großen Einfluss auf die Akkubetriebsdauer, weshalb Sie sie nicht zu hoch einstellen sollten.

26.2 Design der Displaysperre anpassen

Wie bereits im Kapitel *4.2 Displaysperre* erwähnt, aktiviert sich nach einer voreingestellten Zeitspanne (wie Sie diese festlegen, erfahren Sie im Kapitel *4.4 Erste Schritte*) die Displaysperre. Im Folgenden erfahren Sie, wie man sie an die eigenen Bedürfnisse anpasst.

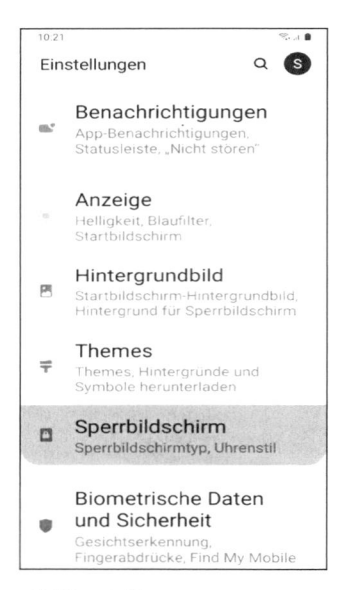

❶ Im Startbildschirm gehen Sie auf *Einstellungen*.

❷❸ Dann rufen Sie *Sperrbildschirm/Uhrenstil* auf.

Benutzeroberfläche optimal nutzen

❶ Eines der vorgegebenen Designs wählen Sie aus.

❷ Im *Farbe*-Register stellen Sie die gewünschte Farbe ein.

26.3 Funktionen in der Displaysperre

Je nach Voreinstellung (unter *Einstellungen/Anzeige/Bildschirm-Timeout*) aktiviert sich nach bis zu 10 Minuten die Displaysperre, wenn Sie das Gerät nicht nutzen. Alternativ schaltet sich die Displaysperre auch ein, wenn Sie kurz den Ein/Ausschalter betätigen.

Manche der in den folgenden Kapiteln vorgestellten Funktionen machen bei genauerer Betrachtung kaum Sinn. Es ist also Ihnen überlassen, ob Sie sie im Alltag nutzbringend verwenden können.

Abhängig von Ihrem persönlichen Nutzungsmuster, ist es eventuell sinnvoll, bestimmte Bildschirmelemente in der Bildschirmsperre ein- oder auszuschalten.

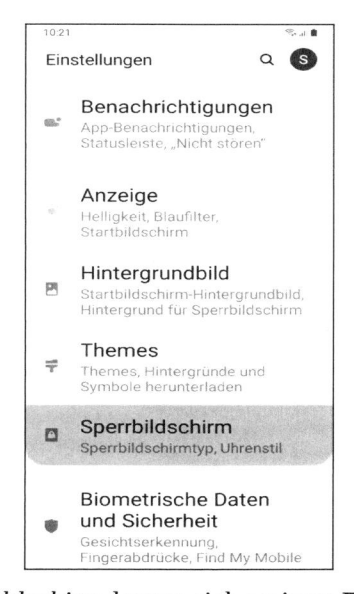

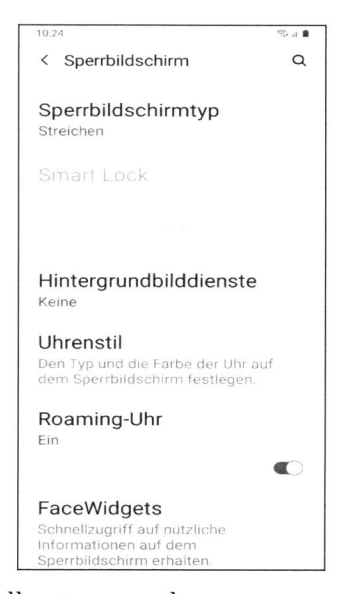

❶❷❸ In *Einstellungen/Sperrbildschirm* lassen sich weitere Einstellungen vornehmen:

- *Sperrbildschirmtyp*: Bildschirmsperre durch PIN, Passwort, Muster oder biometrische Merkmale (siehe Kapitel *28.2 Gerätesperre*).

- *Smart Lock*: Wenn bestimmte Umgebungsbedingungen (Standort, Ihre Stimme, oder ähnliches) auftreten, entsperrt sich das Handy automatisch. Wir raten aus Sicherheitsgründen von dessen Verwendung ab.

- *Hintergrundbilddienste*: Das Handy kann automatisch wechselnde Hintergrundbilder in der Displaysperre anzeigen. Weil das Nachladen der Hintergrundbilder aus dem Internet

Strom und Datenvolumen kostet, sollten Sie darauf verzichten. Auf die Hintergrundbilder geht bereits Kapitel *4.7.4 Hintergrundbild* ein.

- *Uhrenstil*: Darauf gehen wir weiter unten ein.
- *Roaming-Uhr*: Falls Sie sich im Ausland befinden und das Handy in einem fremden Mobilfunknetz (Roaming) eingebucht ist, erscheint eine weitere Uhr.
- *FaceWidgets*: Sie können im Sperrbildschirm mit einer Wischgeste zwischen mehreren Bildschirmen mit Musiksteuerung, Terminanzeige und Alarmanzeige umschalten.
- *Kontaktinformationen*: Geben Sie hier Ihre Kontaktdaten ein, damit ein ehrlicher Finder Ihres Handys weiß, wem es gehört.
- *Benachrichtigungen*: Konfigurieren Sie, welche der auf dem Handy installierten Anwendungen den Sperrbildschirm für ihre Anzeigen nutzen können. Möchten Sie beispielsweise nicht, dass der Betreff von neu empfangenen E-Mails auf dem Sperrbildschirm angezeigt werden, dann deaktivieren Sie einfach den E-Mail-Eintrag.
- *Shortcuts*: Stellen Sie ein, welche Anwendungsverknüpfungen im Startbildschirm sichtbar sein sollen.

26.3.1 Shortcuts

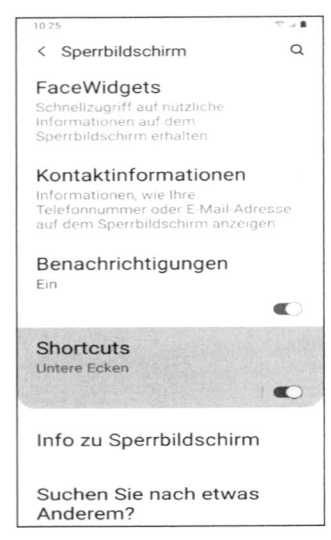

❶❷ Unter *Shortcuts* (engl. »Abkürzungen«) können Sie für die linke und rechte Seite ein beliebiges Programm zuweisen. Vordefiniert sind *Telefon* und *Kamera*.

❸ So rufen Sie ein Programm aus dem Sperrbildschirm auf: Tippen und halten Sie den Finger auf einer Verknüpfung und ziehen Sie ihn in eine beliebige Richtung.

26.3.2 FaceWidgets

Sie können im Sperrbildschirm mit einer Wischgeste zwischen mehreren Bildschirmen mit Musiksteuerung, Terminanzeige und Alarmanzeige umschalten.

❶❷ Rufen Sie *FaceWidgets* auf und aktivieren Sie diejenigen Elemente, die Sie benötigen.

❶❷ Beispiel für die verschiedenen Anzeigen im Sperrbildschirm, wenn Sie von rechts nach links wischen. Wichtig: Die Wischgeste muss im oberen Bildschirmdrittel erfolgen, weil Sie sonst direkt das Gerät entsperren.

26.4 Ruhemodus

In bestimmten Fällen, beispielsweise, wenn man außerhalb seiner Arbeitszeit keine Anrufe annimmt, ist es sinnvoll, die Signaltöne des Galaxy zu deaktivieren. Damit Sie nicht am nächsten Morgen vergessen, die Signaltöne wieder einzuschalten, besitzt das Handy dafür einen Timer.

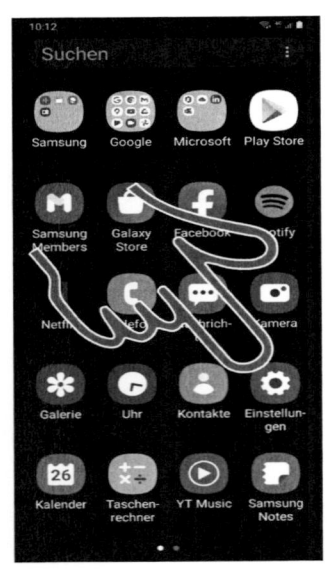

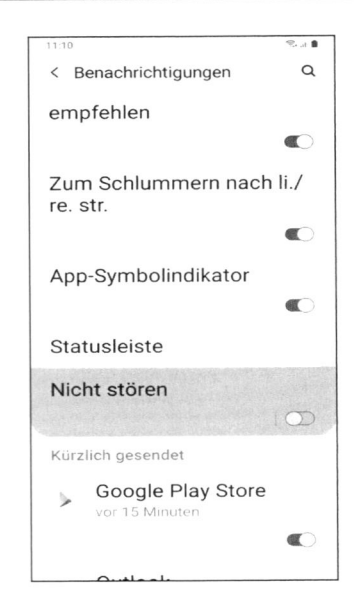

❶ Rufen Sie die *Einstellungen* aus dem Hauptmenü auf.

❷❸ Gehen Sie auf *Benachrichtigungen* und dann *Nicht stören*.

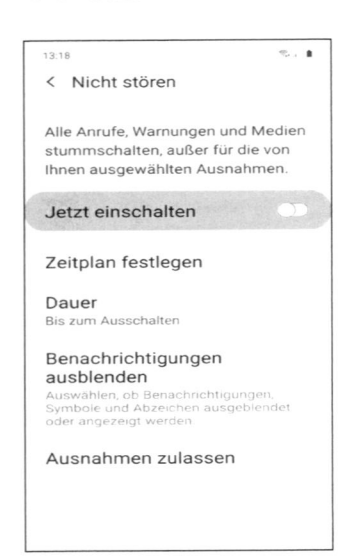

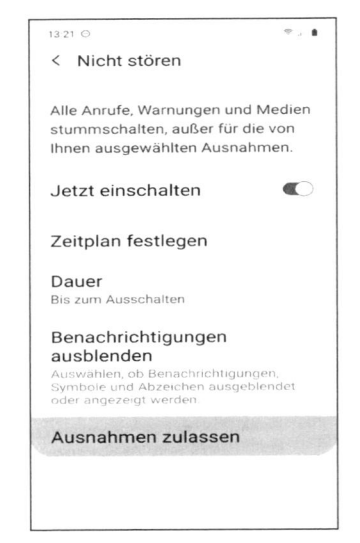

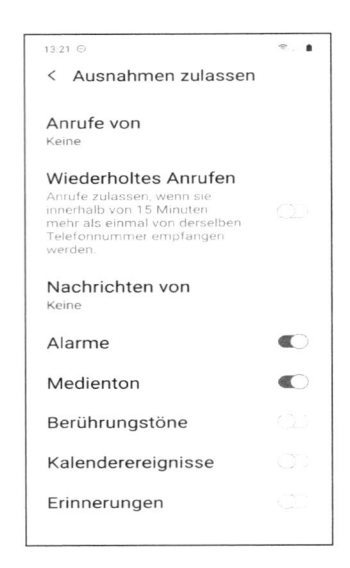

❶ Aktivieren Sie *Jetzt einschalten*.

❷❸ Das Menü *Ausnahmen zulassen* bestimmt, welche Benachrichtigungen auch im Ruhemodus aktiv sind. Standardmäßig sind *Alarme* (siehe Kapitel *21.6.1 Alarm*) und *Medien* (Musikwiedergabe mit dem im Kapitel *18 Musik* beschriebenen Programm) immer eingeschaltet.

Weitere Optionen:

- *Anrufe von; Nachrichten von* konfigurieren, welche Telefonbuchkontakte durchkommen, wenn Sie alle Signale deaktiviert haben.
    - *Alle*: Deaktiviert.
    - *Nur Kontakte*: Alle Kontakte, deren Rufnummer in Ihrem Telefonbuch (siehe Kapitel *7 Telefonbuch*) enthalten sind.
    - *Nur bevorzugte Kontakte:* Favoriten-Kontakte (siehe Kapitel *7.7 Favoriten*).
    - *Keine*: Keine Kontaktdatenauswertung.
- *Wiederholtes Anrufen*: Anrufer durchlassen, die innerhalb von 15 Minuten zweimal anrufen.
- *Alarme*: Weckeralarm (siehe Kapitel *21.6.1 Alarm*).
- *Medien*: Musikwiedergabe.
- *Kalenderereignisse*: Kalendertermine.

- *Erinnerungen*: Benachrichtigungen von Anwendungen erlauben.

Verlassen Sie den Bildschirm mit der ❮-Taste.

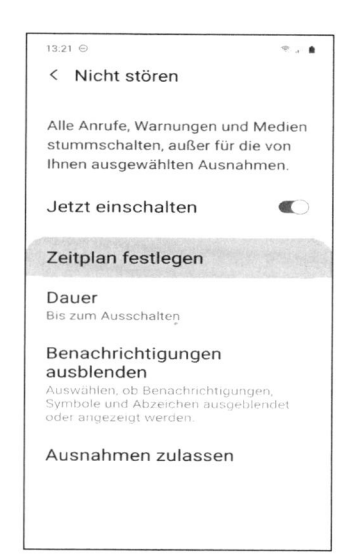

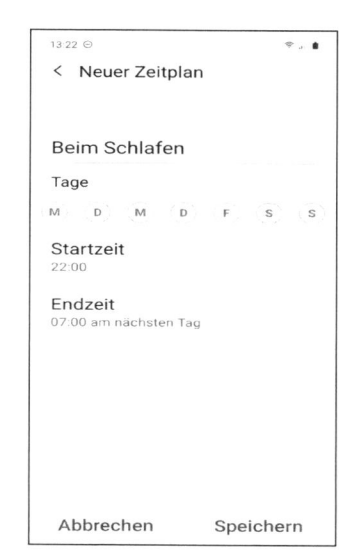

❶ In der Voreinstellung ist der Ruhemodus solange aktiv, bis Sie ihn wieder deaktivieren. Wir empfehlen deshalb, die Zeitsteuerung zu verwenden, die Sie über *Zeitplan festlegen* einschalten.

❷❸ Vordefiniert ist bereits *Beim Schlafen*. Sie können aber auch über ✚ weitere Zeiten anlegen. Anschließend stellen Sie die betreffenden Wochentage, sowie Start- und Endzeit ein.

❶ Wenn der Ruhemodus aktiv ist, erscheint in der Titelleiste das ⊖-Symbol.

❷ In das Ruhemodus-Menü gelangen Sie nach Antippen der *„Nicht stören" aktiviert*-Schaltleiste im Benachrichtigungsfeld.

26.5 Dunkelmodus (Dark Mode)

Sie haben vielleicht schon festgestellt, dass das Handy-Display Abends beziehungsweise in dunkler Umgebung ziemlich blendet. Zwar können Sie dann, wie im Kapitel *4.7.5 Titelleiste und Benachrichtigungsfeld* beschrieben, mit dem Regler im Benachrichtigungsfeld die Displayhelligkeit reduzieren, eine gute Lösung ist das aber nicht. Aus diesem Grund wurde der »Dunkelmodus« (engl. »Dark Mode«) ersonnen, der die Bildschirmdarstellung invertiert.

Je nach Ihren Vorlieben schalten Sie entweder von Hand den Dunkelmodus ein oder Sie stellen die Zeitsteuerung ein, welche automatisch tageszeitabhängig den Dunkelmodus aktiviert beziehungsweise wieder ausschaltet. Praktischer Nebeneffekt ist eine längere Akkubetriebsdauer, denn das (helle) Display ist ein großer Stromfresser.

Bitte beachten Sie, dass vor allem ältere Programme aus dem Play Store den Dunkelmodus nicht unterstützen.

Benachrichtigungsfeld im dunklen (❶) und hellen (❷) Modus.

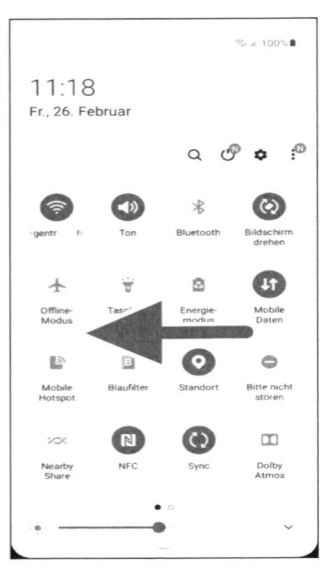

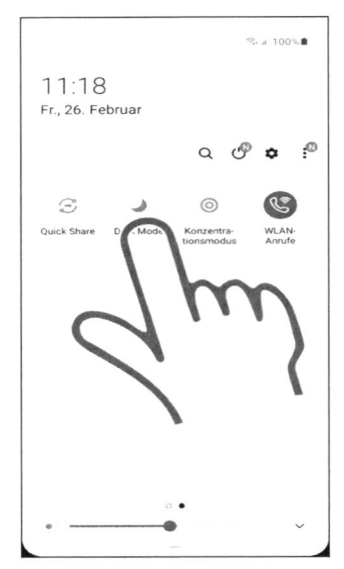

❶❷ So aktivieren Sie den Dunkelmodus: Im Benachrichtigungsfeld wischen Sie einmal nach links und gehen auf *Dark Mode*.

❸ Der Dunkelmodus ist aktiv. Tippen Sie erneut auf *Dark Mode* für die gewohnte helle Bildschirmanzeige.

Benutzeroberfläche optimal nutzen

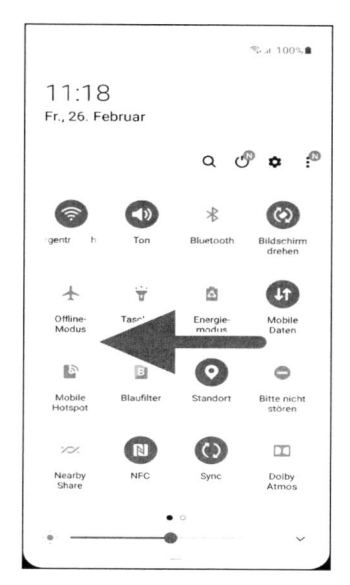

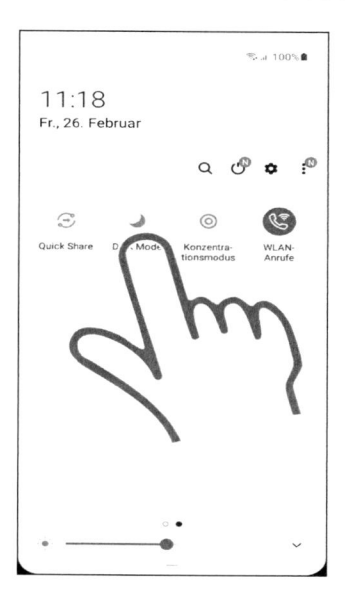

❶❷ Für die weiteren Einstellmöglichkeiten wechseln Sie, wie bereits beschrieben, im Benachrichtigungsfeld auf die zweite Seite, diesmal halten Sie aber den Finger auf *Dark Mode* gedrückt.

❸ Wenn das Handy automatisch tageszeitabhängig den Dark Mode ein- und ausschalten soll, aktivieren Sie *Zeitplan festlegen*. Anschließend wählen Sie zwischen *Sonnenuntergang bis Sonnenaufgang* und *Benutzerdefinierter Zeitplan*.

27. Gerätespeicher

Schon vor Jahren hat sich die Erweiterbarkeit des Handys durch Speicherkarten eingebürgert. Für den Hersteller hatte dies damals den Vorteil, dass sie ihre Geräte nur mit dem gerade notwendigsten Speicherausbau ausliefern konnten, was Produktionskosten sparte. Weil Fotos, Videos und Musikdateien viel Speicherplatz benötigen, musste dann der Kunde für eine nachträglich erworbene Speicherkarte tief in die Tasche greifen.

Heute sieht es glücklicherweise anders aus: Handy-Hersteller packen die inzwischen sehr günstigen Speicherchips gleich im Gigabyte-Pack in ihre Handys.

Der Speicher des Samsung Galaxy ist in drei Bereiche unterteilt:

- *Telefonspeicher*: Hier speichert das Gerät beispielsweise Kontaktdaten, Termine, Programme und sonstige Verwaltungsinformationen.
- *Gerätespeicher*: Freier Speicherbereich für Musikdateien, Videos, Fotos, usw.
- *SD-Karte*: Nur die Kamera-Anwendung nutzt die SD-Karte für die Ablage von Fotos und Videos.

Zum Verwenden einer SD-Karte öffnen Sie mit dem mitgelieferten Stechwerkzeug auf der linken Oberseite die SIM-Schublade. Legen Sie dann die SD-Speicherkarte, wie im Foto gezeigt, mit der Aufschrift nach oben ein.

Achten Sie darauf, dass SIM- und SD-Karte beim Einschieben der SIM-Schublade auf keinen Fall verkannten dürfen!

Gerätespeicher

Beim erstmaligem PC-Anschluss erfolgt eine Sicherheitsabfrage, die Sie mit *Zulassen* bestätigen müssen.

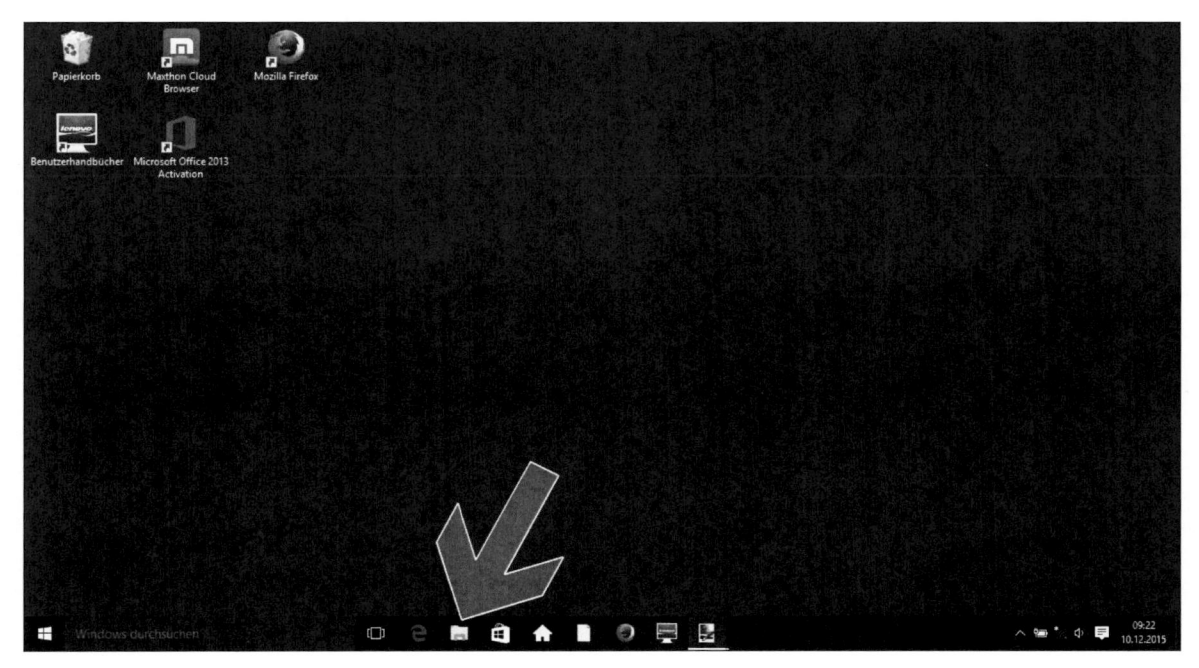

Im Desktop von Windows klicken Sie dagegen auf die Ordner-Schaltleiste am unteren Bildschirmrand.

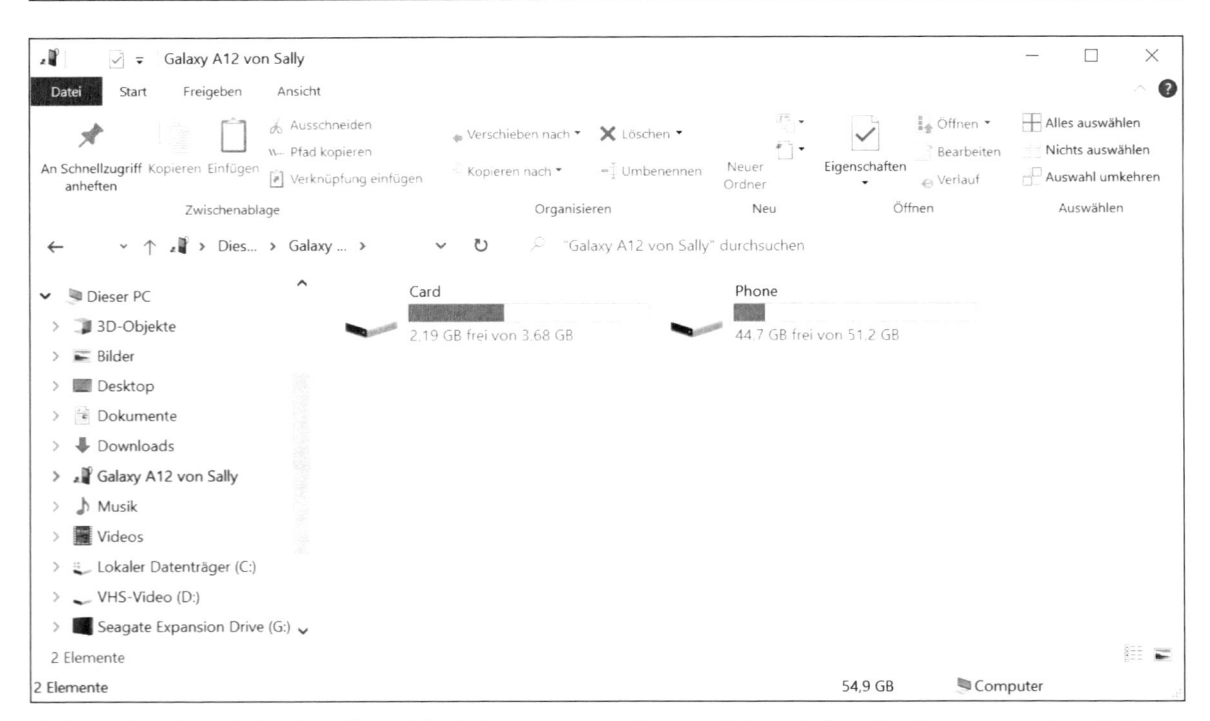

Gehen Sie dort links im Verzeichnisbaum unter *Dieser PC* auf den Gerätenamen des Galaxy-Handys. Der Gerätespeicher erscheint unter *Interner gemeinsamer Speicher*, die Speicherkarte unter dem Herstellernamen.

Falls zwar das Handy im Verzeichnisbaum auftaucht, aber nur ein leeres Verzeichnis enthält, dann haben Sie vergessen, den PC auf dem Handy freizugeben. Wie die PC-Freigabe funktioniert, haben wir bereits zu Kapitelanfang beschrieben.

27.1 Allgemeine Hinweise

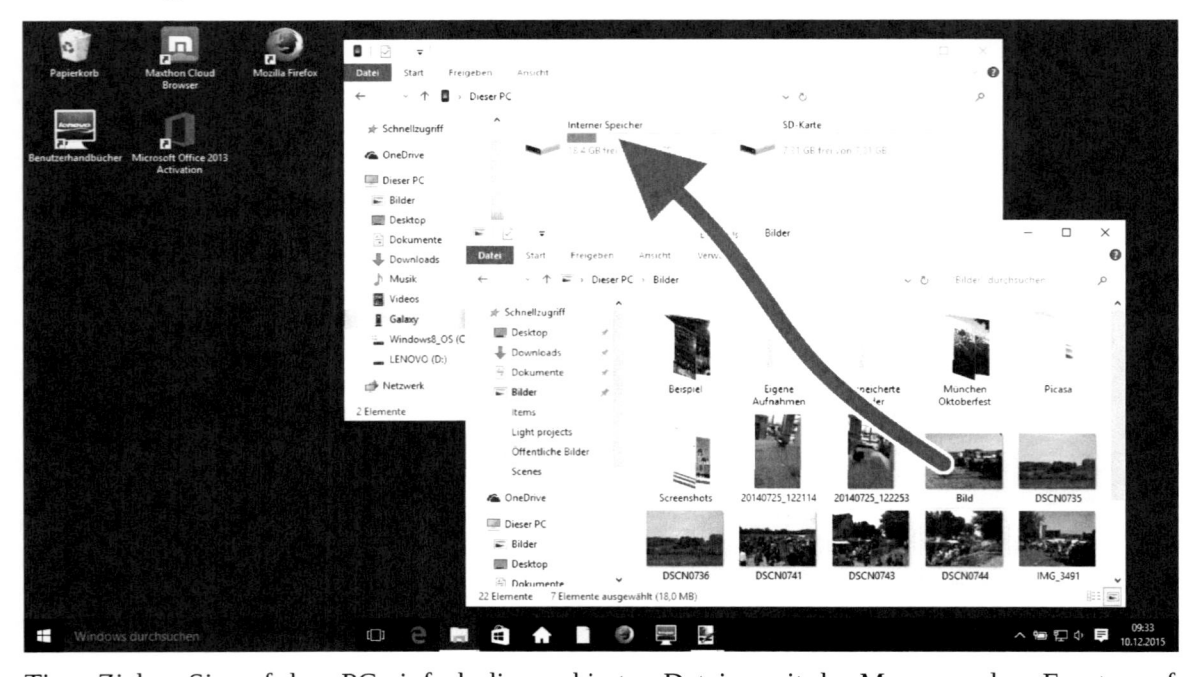

Tipp: Ziehen Sie auf dem PC einfach die markierten Dateien mit der Maus aus dem Fenster auf das Galaxy. Das Handy speichert die Dateien dann automatisch im richtigen Verzeichnis. Bilder landen beispielsweise in *Pictures*.

Gerätespeicher

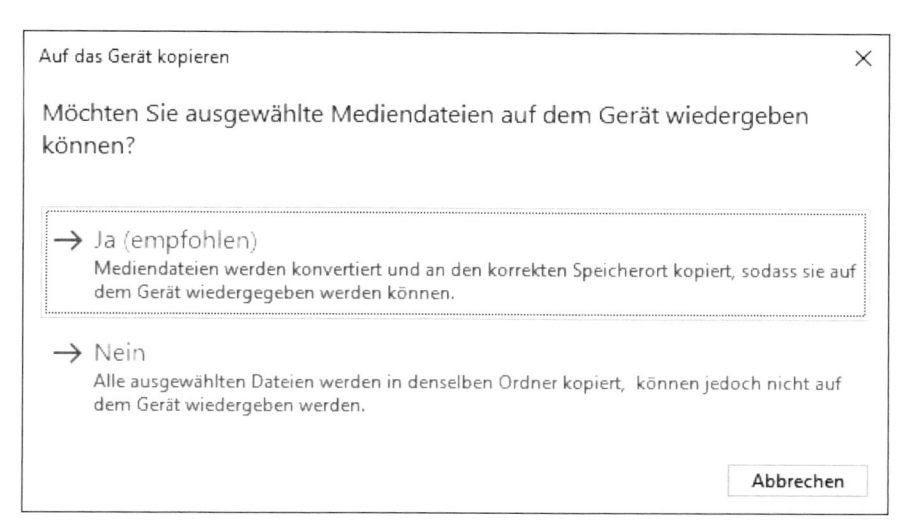

```
Auf das Gerät kopieren                                                    ×

Möchten Sie ausgewählte Mediendateien auf dem Gerät wiedergeben
können?

  → Ja (empfohlen)
     Mediendateien werden konvertiert und an den korrekten Speicherort kopiert, sodass sie auf
     dem Gerät wiedergegeben werden können.

  → Nein
     Alle ausgewählten Dateien werden in denselben Ordner kopiert, können jedoch nicht auf
     dem Gerät wiedergeben werden.

                                                                  Abbrechen
```

Sofern Sie auf dem PC mehrere verschiedene Dateiarten (beispielsweise PDF- und Bilddateien) gleichzeitig auf das Galaxy ziehen, stellt Sie ein Dialog zur Wahl:

- *Ja (empfohlen)*: Die Dateien werden auf dem Galaxy an den korrekten Ort kopiert, beispielsweise landen PDF-Dateien im Hauptverzeichnis, Fotos im *Pictures*-Verzeichnis und Musikdateien im *Music*-Verzeichnis.
- *Nein*: Alle Dateien landen auf dem Galaxy im Hauptverzeichnis.

Auch wenn der Hinweis-Dialog anderes suggeriert, macht es keinen Unterschied, wohin auf dem Galaxy Sie Ihre Bild- und Audiodateien kopieren. Die vorinstallierten Anwendungen finden alle zugehörigen Dateien, beispielsweise listet die Galerie (siehe Kapitel *17 Galerie*) alle vorhandenen Fotos/Videos auf.

27.2 Speicherverwaltung

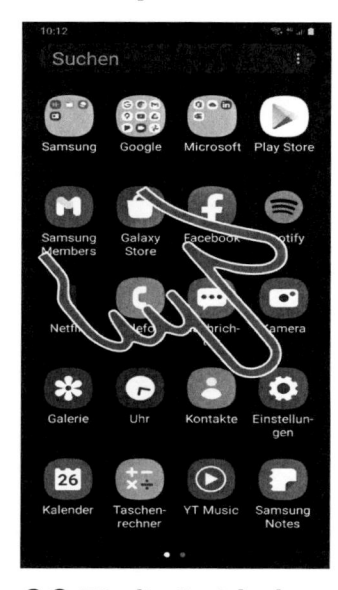

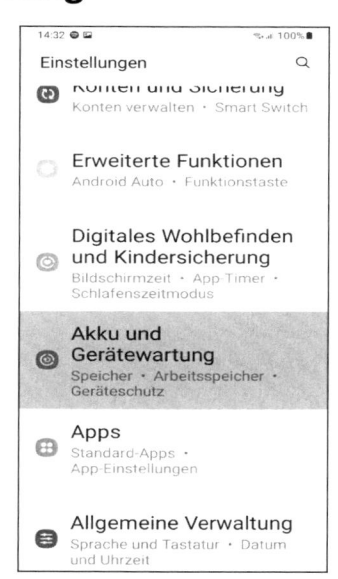

❶❷ Für die Speicherkartenverwaltung rufen Sie im Hauptmenü *Einstellungen* auf und gehen auf *Gerätewartung*.

Die Gerätewartung wird im Kapitel *21.4 Gerätewartung* genauer vorgestellt.

❶ Gehen Sie auf *Speicher*.

❷❸ Der Bildschirm informiert Sie über die von den jeweiligen Dateitypen beziehungsweise Programmen belegten Speicherplatz. Die Bereinigung, das heißt das Löschen von nicht benötigten Dateien, ist ganz einfach. Wählen Sie einen Dateityp aus, dann aktivieren Sie die Abhakkästchen vor den Dateien und betätigen *Löschen*.

27.3 Verzeichnisse

Die Anwendungen auf dem Galaxy legen bei Bedarf die von ihnen benötigten Verzeichnisse selbst an. Wir weisen in diesem Buch in den jeweiligen Kapiteln darauf hin, falls Sie selbst mal ein Verzeichnis anlegen müssen. Beachten Sie bitte, dass Android bei Verzeichnis- und Dateinamen – im Gegensatz zu Windows auf dem PC – zwischen Groß- und Kleinschreibung unterscheidet.

Die wichtigsten Verzeichnisse:

- *Sounds*: Mit der Sprachmemo-Anwendung aufgenommene Sprachaufnahmen.
- *DCIM*: Enthält die mit der Kamera (Kapitel *16 Kamera*) aufgenommenen Fotos und Videos.
- *Download*: Aus E-Mails (siehe Kapitel *10.2.2 Dateianlagen*) gespeicherte Dateien.
- *Ringtones; Notifications; Alarms*: In diesen Verzeichnissen legt man zusätzliche Klingel- und Benachrichtigungstöne ab, die dann für Signalisierungen zur Verfügung stehen (siehe Kapitel *4.12.1 Signaltöne*).

28. Zugriffssperren

Sie haben die Möglichkeit, Ihr Galaxy auf Geräteebene (»Gerätesperre«) oder SIM-Ebene (»SIM-Sperre«) gegen unbefugten Zugriff zu sichern. Sobald Sie eine der beiden Sperren aktivieren, lässt sich das Handy erst nach Eingabe des jeweiligen Codes nutzen. Beachten Sie, dass auf Sie erhebliche Probleme zukommen, wenn Sie den Code vergessen: Im Fall der Gerätesperre können Sie Ihr Galaxy nur noch durch einen Hard-Reset wieder entsperren, wodurch aber alle Daten verloren gehen. Wenn Sie dagegen die PIN bei der SIM-Sperre dreimal falsch eingeben, erfolgt eine Sperre, die Sie immer noch über die »General-PIN«, die PUK, beenden können. Geben Sie die PUK allerdings zehnmal falsch ein, erfolgt eine Dauersperre und Ihnen bleibt nichts anderes übrig, als dies dem Netzbetreiber zu melden, der Ihnen eine neue SIM-Karte zuschickt.

Neben der Geräte- und SIM-Sperre gibt es noch die Displaysperre, die einfach nur gegen ungewollte Tastenbetätigung schützt, wenn Sie das Gerät gerade nicht nutzen.

Damit ein Dieb nichts mit den Daten auf dem Smartphone und der SIM-Karte anfangen kann, sollten SIM-Sperre und Gerätesperre mit Codeschutz gleichzeitig aktiv sein.

PIN und PUK senden die Netzbetreiber ihren Kunden automatisch beim Vertragsabschluss zu.

28.1 Displaysperre

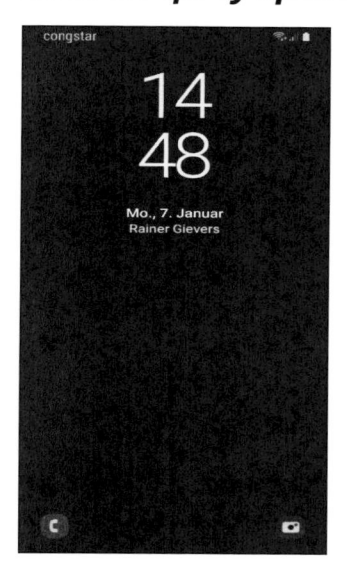

Die Displaysperre, welche bereits im Kapitel *4.2 Displaysperre* beschrieben wird, aktiviert sich automatisch nach einiger Zeit der Nichtnutzung.

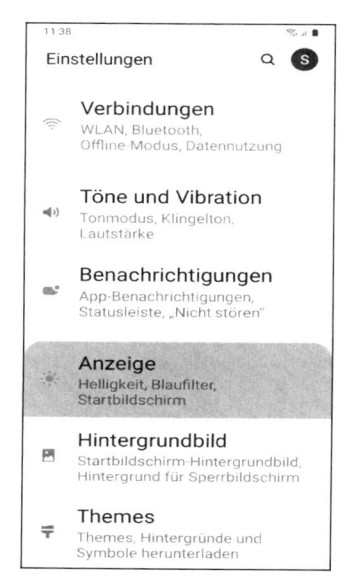

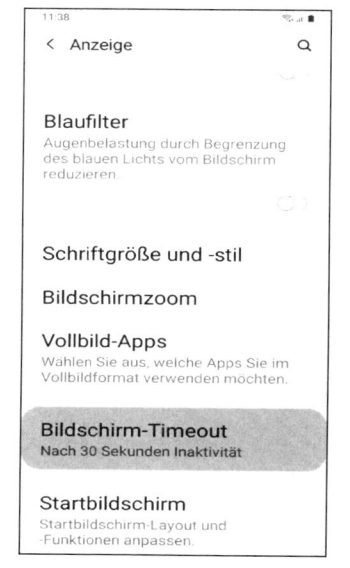

❶❷❸ Den Zeitraum bis zum Einsetzen der Displaysperre konfigurieren Sie in den *Einstellun-*

gen. Dazu rufen Sie im Hauptmenü die *Einstellungen* auf. Gehen Sie anschließend in das Menü *Anzeige/Bildschirm-Timeout*. Wählen Sie dort die Verzögerung aus.

28.2 Gerätesperre

Einen Schutz vor unbefugtem Zugriff auf das Galaxy bietet der Kennwortschutz für die Displaysperre. Wenn das Display entsperrt oder das Gerät eingeschaltet wird, muss der Benutzer entweder erst ein Entsperrmuster mit dem Finger auf dem Gerät malen, ein Passwort eingeben oder mit dem Finger über den Fingerabdrucksensor wischen, bevor er es nutzen kann.

❶❷ Rufen Sie *Einstellungen* im Hauptmenü auf und gehen Sie auf *Sperrbildschirm/Sperrbildschirmtyp*.

Sie haben nun die Wahl zwischen:

- *Streichen*: Zum Entsperren reicht es, mit dem Finger über das Display zu wischen (keine Gerätesperre).
- *Muster*: Sperre, die das Gerät nach Malen eines Musters frei schaltet.
- *PIN*: PIN-basierte Sperre (nummerisches Kennwort).
- *Passwort*: Gerät wird nach Eingabe des Passworts (alphanumerisches Kennwort) frei gegeben.
- *Keine*: Gerätesperre nie aktivieren. Ideal, wenn das Galaxy nur zuhause genutzt wird.

Zugriffssperren

Unter *Biometrie*:

- *Gesicht*: Halten Sie Ihr Gesicht in die vordere Kamera.
- *Fingerabdrücke*: Halten Sie Ihre Fingerkuppe auf den Fingerabdrucksensor.

> Auf die weiteren Optionen in diesem Menü geht bereits Kapitel *28.3 Optionen während der Sperre* ein.
>
> Sollten Sie die Entsperrgeste, die PIN oder das Passwort vergessen haben beziehungsweise das biometrische Merkmal nicht funktionieren, so steht als letzter Rettungsanker die Find My Mobile-Funktion zur Verfügung, die Kapitel *28.5 Maßnahmen gegen Diebstahl* beschreibt. Über *Entsperren* heben Sie den Schutz wieder auf.

28.2.1 Muster-Sperre

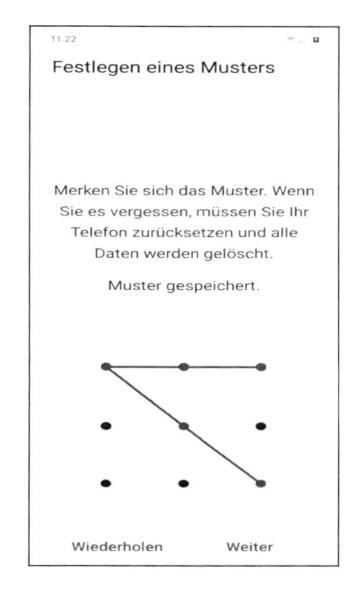

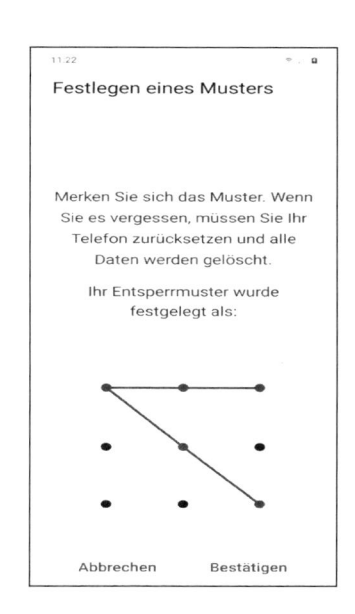

❶ Gehen Sie auf *Muster*.

❷ Nun sind Sie an der Reihe: Verbinden Sie mindestens vier der Knöpfe auf dem Bildschirm, indem Sie mit angedrücktem Finger darüber fahren. Merken Sie sich das Muster und schließen Sie mit *Weiter* ab.

❸ Das Muster ist dann erneut zu zeichnen. Betätigen Sie dann *Bestätigen*.

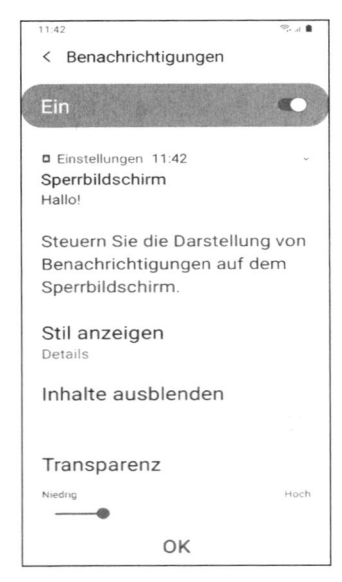

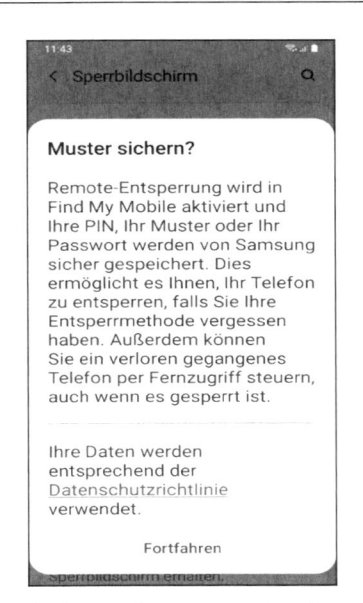

❶ Zum Schluss wählen Sie aus, ob das Galaxy Benachrichtigungen (über verpasste Anrufe, neue SMS oder E-Mails, Termine, usw.) auf dem Sperrbildschirm anzeigen soll. Mitunter ist es aus Datenschutzgründen sinnvoll, dort keine Benachrichtigungen erscheinen zu lassen. Schließen Sie mit *OK* ab.

❷ Der Hinweis *Muster sichern*? macht auf eine Besonderheit aufmerksam: Falls Sie mal die Entsperrgeste vergessen haben, lässt sich die Gerätesperre über den Find My Mobile-Dienst (siehe Kapitel *28.5 Maßnahmen gegen Diebstahl*) zurücksetzen. Schließen Sie den Hinweis mit *Fortfahren*.

❸ Sofern Sie noch kein sogenanntes Samsung-Konto nutzen, können Sie sich nun anmelden. Wir gehen darauf noch im Kapitel *23 Das Samsung-Konto* ein. Wir empfehlen, den Vorgang mit der ❬-Taste abzubrechen.

❶❷ So sieht der Bildschirm bei aktiver Gerätesperre aus: Wischen Sie zunächst einmal über das Display und malen Sie dann das zuvor erstellte Muster, um das Gerät zu entsperren.

Sie haben fünf Versuche, das Muster korrekt einzugeben und müssen danach jeweils 30 Sekunden warten.

28.2.2 PIN- und Passwortsperre

❶ Gehen Sie auf *PIN* oder *Passwort*.

❷ Geben Sie dann das Kennwort ein, betätigen Sie *Weiter*, erfassen Sie das Kennwort erneut und schließen Sie den Bildschirm mit *OK*.

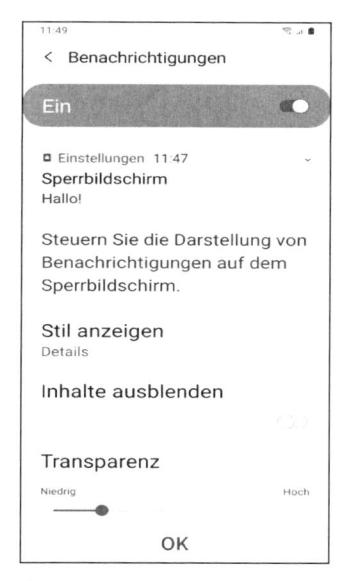

❶ Zum Schluss wählen Sie aus, ob das Galaxy Benachrichtigungen (über verpasste Anrufe, neue SMS oder E-Mails, Termine, usw.) auf dem Sperrbildschirm anzeigen soll. Mitunter ist es aus Datenschutzgründen sinnvoll, dort keine Benachrichtigungen erscheinen zu lassen. Schließen Sie mit *OK* ab.

❷ Die Gerätesperre verlangt nun beim nächsten Mal das Kennwort.

28.2.3 Fingerabdrucksperre

Die Fingerabdrucksperre setzt zwingend die vorherige Einrichtung einer Gerätesperre, wie sie Kapitel *28.2.2 PIN- und Passwortsperre* beschreibt, voraus.

❶❷❸ Rufen Sie *Einstellungen* im Hauptmenü auf und gehen Sie auf *Sperrbildschirm/Sperrbildschirmtyp*.

❶ Rufen Sie *Fingerabdrücke* auf. Sie müssen gegebenenfalls nun PIN, Passwort oder Muster eingeben, die Sie zuvor eingerichtet hatten.

❷ Betätigen Sie *Weiter*.

❸ Ist noch keine Gerätesperre per Muster, Pin oder Passwort vorhanden, dann erscheint dieser Hinweis. Betätigen Sie *Weiter*. Richten Sie nun eine der im Kapitel *28.2.2 PIN- und Passwortsperre* beschriebenen Sperren ein.

❶ Jetzt registrieren Sie einen Ihrer Finger – welchen Sie verwenden, ist Ihnen überlassen – indem Sie ihn auf den Ein-/Ausschalter auf der rechten Geräteseite legen. Am besten verwenden Sie den gleichen Finger, mit dem Sie sonst auch das Display beziehungsweise das Gerät einschalten. Während Sie den Finger auf die Sensorfläche halten, informiert Sie eine Prozentanzeige über den Fortschritt.

❷ Den Erfolgshinweis schließen Sie mit *OK*.

Künftig entsperren Sie einfach, wie bereits von Ihnen bei der Fingererfassung durchgeführt, durch Berühren des Ein-/Ausschalters.

28.2.3.a Fingerabdrücke verwalten

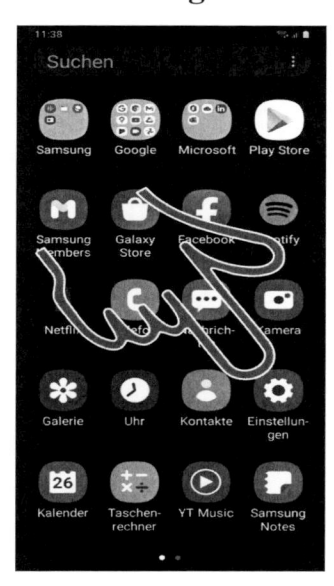

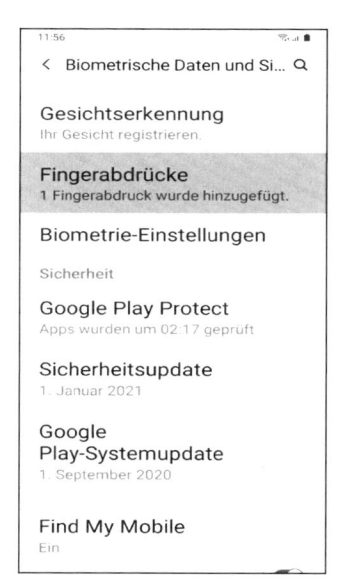

❶❷❸ Für die Fingerabdruckverwaltung gehen Sie die *Einstellungen* und dann in *Biometrische Daten und Sicherheit/Fingerabdrücke*. Sie müssen nun die Entsperr-PIN beziehungsweise das Entsperrmuster eingeben.

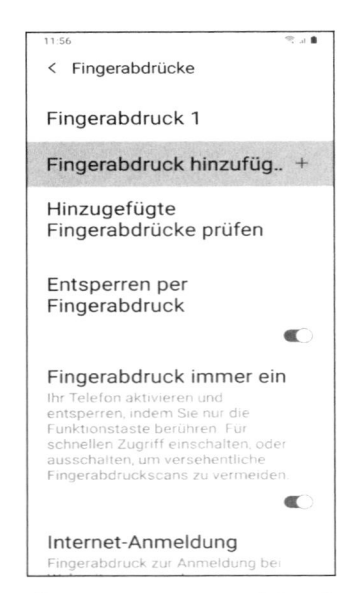

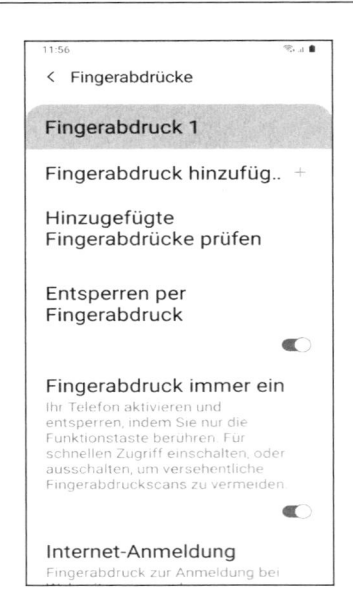

❶ Weitere Fingerabdrücke können Sie im *Fingerabdruck hinzufügen*-Menü jederzeit anlegen, beispielsweise, um das Gerät sowohl mit dem Daumen als auch den Zeigefinger zu entsperren.

❷❸ Ihren gespeicherten Fingerabdruck entfernen Sie, indem Sie das *Fingerabdruck 1*-Menü aufrufen und dann *Entfernen* betätigen.

28.2.4 Gesichtserkennung

Die Gesichtserkennung ist ziemlich unsicher, denn es reicht, wenn jemand ein Foto von Ihnen in die Kamera hält.

Sie müssen vor dem Einrichten der Gesichtserkennung erst eine PIN oder ein Passwort als Sperre festlegen (siehe Kapitel *28.2.2 PIN- und Passwortsperre*).

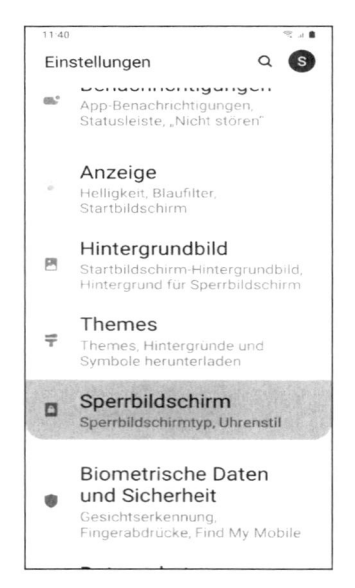

❶❷❸ Rufen Sie *Einstellungen* im Hauptmenü auf und gehen Sie auf *Sperrbildschirm/Sperrbildschirmtyp*.

Zugriffssperren

❶ Gehen Sie auf *Gesicht*.

❷ Betätigen Sie *Weiter*.

❸ Sofern Sie noch keine Muster-, PIN- der Passwortsperre angelegt hatten, müssen Sie dies nachholen.

❶ Jetzt wird es ernst: Falls Sie eine Brille tragen, aktivieren Sie *Ja*. Betätigen Sie *Fortsetzen* und halten Sie das Handy so, dass Ihr Gesicht im Kameravorschaubild erscheint. Daraufhin erfolgt die Gesichtserfassung.

❷ Gehen Sie dann auf *Weiter*.

❸ Die drei angebotenen Optionen sollten Sie nicht deaktivieren. Betätigen Sie *OK*.

Künftig erfolgt die Displayentsperrung automatisch, sobald Sie das Handy ca. 20 - 50 cm vor Ihr Gesicht halten.

28.3 Optionen während der Sperre

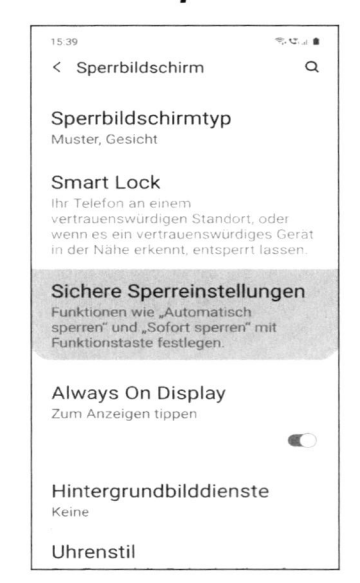

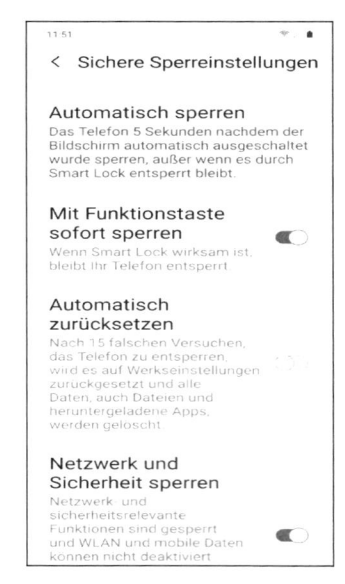

❶❷❸ Unter *Sperrbildschirm/Sichere Sperreinstellungen* sind nun weitere Optionen freigeschaltet:

- *Muster sichtbar machen*: Diese Option ist nur bei Verwendung der Mustersperre verfügbar. Lassen Sie sie aktiviert, damit Sie anhand der angezeigten Wischspur das von Ihnen gemalte Muster erkennen.

- *Automatisch sperren*: Zeitspanne, die das Handy nach dem Displayabschalten wartet, bevor es die Sperre aktiviert.

- *Mit Funktionstaste sofort sperren*: Kurzes Drücken des Ein/Ausschalters aktiviert die Sperre.

- *Automatisch zurücksetzen*: Geben Sie 15 Mal den Entsperrcode falsch ein, so setzt sich das Handy automatisch auf die Fabrikeinstellungen zurück.

- *Netzwerk und Sicherheit sperren*: Diese Funktion soll Netzwerkverbindungen von außen erleichtern, was die Ortung (siehe Kapitel *28.5 Maßnahmen gegen Diebstahl*) bei Geräteverlust ermöglicht.

- *Sperroption anzeigen*: Drücken und halten des Ein-/Ausschalters zeigt eine *Sperrmodus*-Schaltleiste an, über die Sie die Fingerabdruck-, Iris- oder Gesichtsentsperrung deaktivieren. Das Entsperren des Geräts ist dann nur noch über Pin/Passwort möglich.

28.4 SIM-Sperre

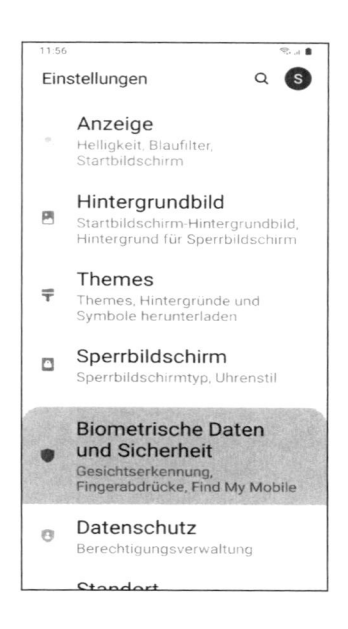

❶ Das Gerät kann man bei der SIM-Sperre erst nach Eingabe der PIN Ihrer SIM-Karte nutzen, wenn man es einschaltet.

❷❸ So konfigurieren Sie die SIM-Sperre: Rufen Sie im Hauptmenü die *Einstellungen* auf und gehen Sie ins *Biometrische Daten und Sicherheit*-Menü.

❶❷ Gehen Sie auf *Andere Sicherheitseinstellungen/SIM-Sperre einrichten*.

❸ Aktivieren/Deaktivieren Sie die SIM-PIN-Abfrage über *Sperren der SIM-Karte*. Über *PIN der SIM-Karte ändern* können Sie die vom Netzbetreiber vorgegebene vierstellige PIN ändern.

28.5 Maßnahmen gegen Diebstahl

Jeden Tag gehen in Deutschland mehrere Tausend Mobilgeräte verloren, sei es durch Diebstahl oder Vergesslichkeit. Falls Sie mal Ihr Galaxy verlieren sollten, ist dies glücklicherweise nicht so schlimm, denn alle Daten, die Sie mit den mitgelieferten Google-Anwendungen verwalten, werden automatisch im Internet in Ihrem Google-Konto gesichert. Melden Sie sich dann mit Ihrem Google-Konto auf einem anderen Android-Tablet/Handy an, stehen Ihre Daten automatisch nach einigen Minuten wieder zur Verfügung. Haben Sie außerdem Ihr Galaxy, wie im Kapitel *28.2 Gerätesperre* beschrieben, gegen fremden Zugriff geschützt, brauchen Sie auch kaum Angst haben, dass jemand mit Ihren Daten Missbrauch treibt.

Ärgerlich bleibt ein Geräteverlust aber trotzdem. Mit den in diesem Kapitel vorgestellten Anwendungen können Sie daher Ihr Handy lokalisieren. Von Erfolg sind die Ortungsmaßnahmen nur gekrönt, wenn das Handy eingeschaltet ist und der Dieb/Finder es nicht über eine Tastenkombination zurücksetzt. Deshalb gilt: Je schneller Sie die Ortung durchführen, desto größer ist die Wahrscheinlichkeit, es wiederzufinden.

Find My Mobile ist eine von Samsung mitgelieferte Fernzugriffsfunktion, über die Sie nicht nur das Galaxy lokalisieren, sondern auch anrufen oder fern löschen können.

Damit Sie diese Funktion nutzen können, müssen Sie vorher erst ein Samsung-Konto anlegen. Siehe dazu Kapitel *23 Das Samsung-Konto*.

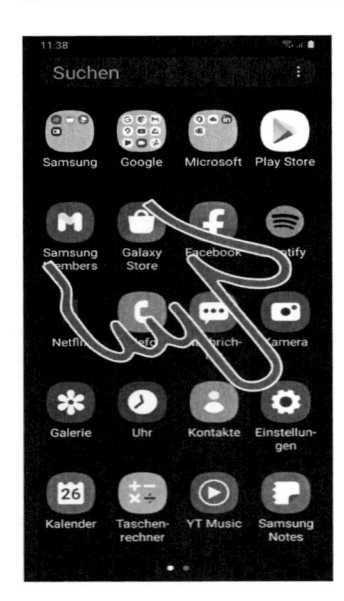

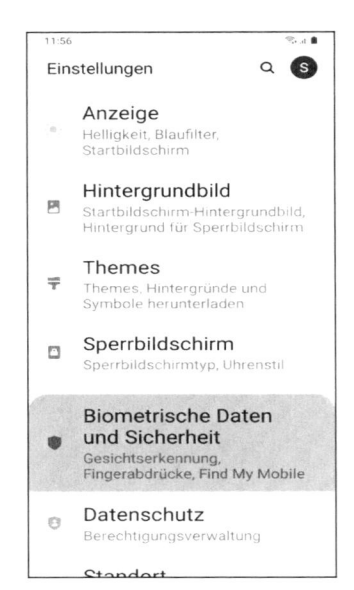

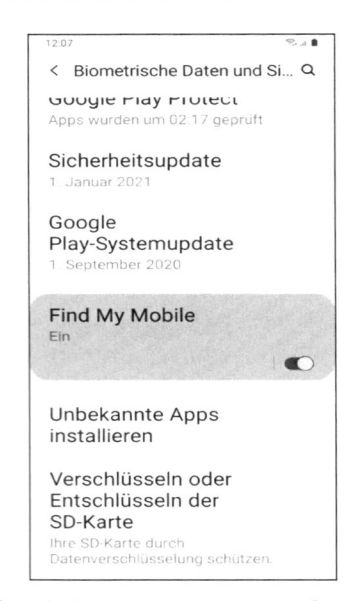

❶❷ Nachdem Sie die *Einstellungen* im Hauptmenü aufgerufen haben, gehen Sie auf *Biometrische Daten und Sicherheit*.

❸ Die Diebstahlschutz-Funktionen sind unter *Find My Mobile* zu finden. Sie müssen dann erst aus Sicherheitsgründen das Passwort Ihres Samsung-Kontos (siehe Kapitel *23 Das Samsung-Konto*) angeben.

Prüfen Sie, ob oben der Schalter auf *Ein* steht, und dass die Optionen *Remote-Entsperrung* und *Letzten Standort senden* aktiv sind. Verlassen Sie den Übersichtsbildschirm mit der ‹-Taste.

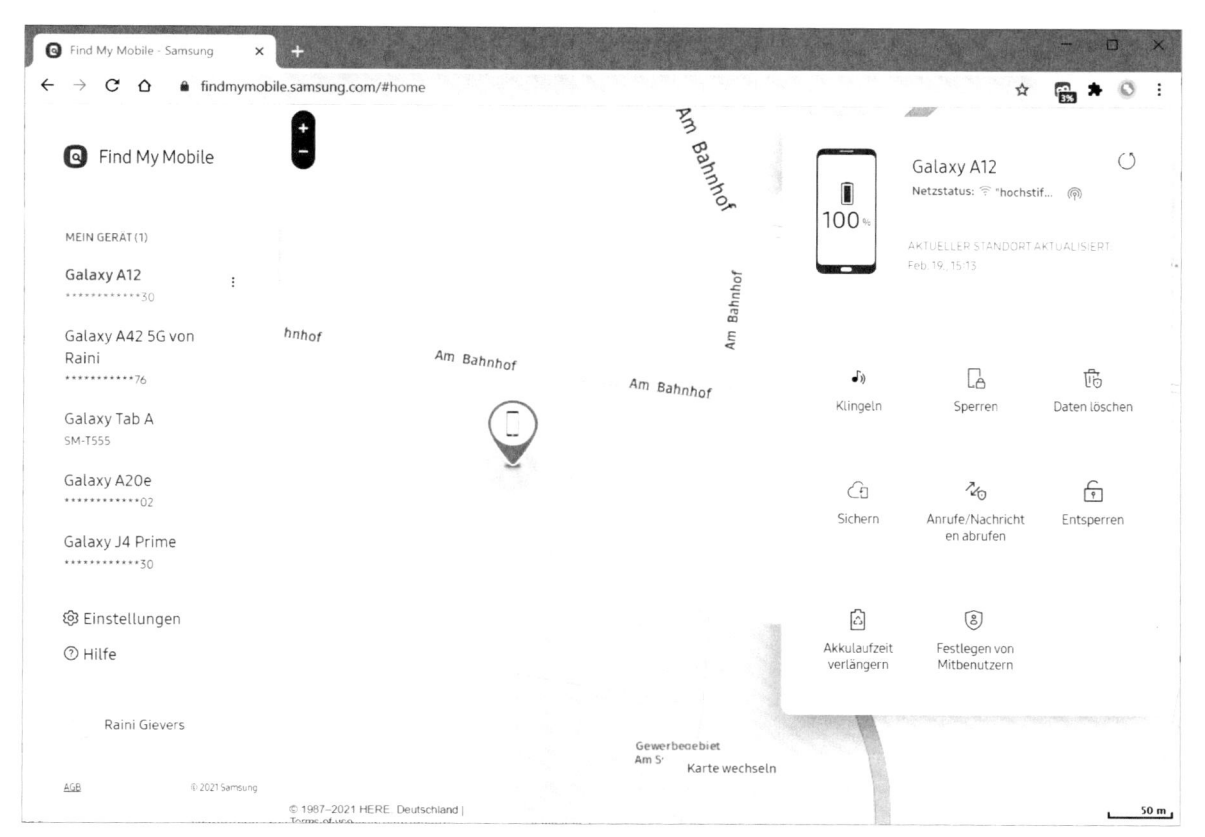

Ihr Galaxy (und andere Samsung-Geräte mit Fernzugriffsfunktion) verwalten Sie nun über den Webbrowser mit »Find my Mobile« (*findmymobile.samsung.com*). Loggen Sie sich auf der Website mit Ihren Samsung-Konto-Logindaten ein. Achtung: Da Sie sich mit Ihrem Google-Konto registriert hatten, müssen Sie im Anmeldebildschirm auf *Mit Google fortsetzen* klicken.

Sofern Sie mehrere Samsung-Handys/Tablets einsetzen, müssen Sie erst das zu lokalisierende oben rechts auswählen.

Folgende Funktionen stehen zur Verfügung:

- *Klingeln*: Signalton auf dem Handy aktivieren.
- *Sperren:* Geben Sie eine vierstellige PIN ein. Das Handy wird darauf hin gesperrt und lässt sich erst durch die PIN wieder entsperren.
- *Standort orten*
- *Daten löschen*: Löscht alle Daten auf dem Handy.
- *Anrufe/Nachrichten abrufen*: Sie erfahren, mit welchen Rufnummern auf dem Handy telefoniert wurde.
- *Entsperren*: Entsperrt ein mit Gerätesperre (siehe Kapitel *28.2 Gerätesperre*) versehenes Handy. Die eingestellte Gerätesperre wird entfernt.
- *Akkulaufzeit verlängern*: Versetzt das Galaxy in einen Energiesparmodus, der die Akkubetriebsdauer auf 4-5 Tage erhöht.
- *Festlegen von Mitbenutzern:* Sie erlauben damit einem Dritten, einige der obigen Sicherheitsfunktionen durchzuführen.

Beachten Sie: Damit Find My Mobile funktioniert, muss das Gerät Internetzugang über Mobilfunk oder WLAN haben. Schaltet ein Dieb das Galaxy einfach aus, beziehungsweise besteht kein Internetzugang, bringt Find My Mobile natürlich nichts. Auch wenn der Dieb es schafft, das Gerät zurückzusetzen, ist die Fernwartungsfunktion nutzlos.

Das von Ihnen über der Find My Mobile-Website ferngesteuerte Mobilgerät blendet in der Titelleiste einen Hinweis ein. Eine unbemerkte Nutzung ist also nicht möglich.

29. Bluetooth

Bluetooth ist ein Funkstandard zur schnurlosen Verbindung verschiedener Geräte wie PCs, Handys, Drucker und natürlich Mobilcomputer. Mit Bluetooth kann man in der Praxis Distanzen von etwa zwei bis zehn Metern überbrücken, wobei theoretisch Übertragungsgeschwindigkeiten bis 24 Mbit/s möglich sind. Es ist kein Sichtkontakt zwischen den Geräten nötig.

Jede Datenübertragung zwischen zwei Bluetooth-Geräten setzt eine vorherige Kopplung voraus. Dabei kann es sich um eine kurzzeitige Kopplung handeln oder eine permanente. Während der Kopplung muss einer der Teilnehmer ein Kennwort eingeben beziehungsweise bestätigen. Die permanente Kopplung hat den Vorteil, dass man das Kennwort jeweils nur einmalig eingeben muss.

Auch wenn Bluetooth sehr viel mehr kann, wird es von den meisten Anwendern selten für die Datenübertragung von Handy zu Handy oder Anbindung von Fitness-Uhren verwendet. In diesem Buch beschränken wir uns daher auf die Nutzung von Bluetooth-Headsets und Bluetooth-Lautsprechern.

29.1 Bluetooth ein/ausschalten

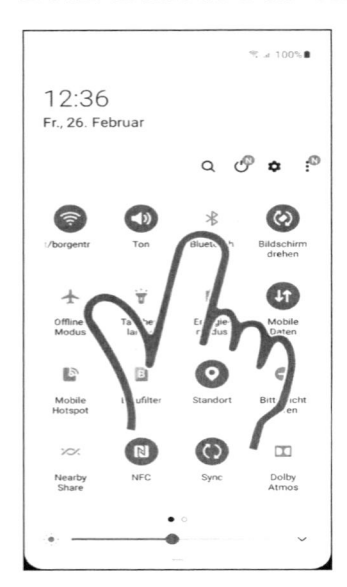

❶ Aktivieren Sie Bluetooth, indem Sie das Benachrichtigungsfeld öffnen und auf ✶ tippen (Pfeil). Erneutes Antippen beendet Bluetooth wieder.

❷ Das Popup erscheint, wenn Sie Bluetooth neu aktiviert haben. Falls Bluetooth also bereits aktiv ist, betätigen Sie einfach zweimal hintereinander die ✶-Schaltleiste. Sie haben dann die Möglichkeit, eine Kopplung mit anderen Geräten durchzuführen. Schließen Sie das Popup mit *Stopp* beziehungsweise der ❮-Taste.

> Das Benachrichtigungsfeld beschreibt ausführlich das Kapitel *4.7.5 Titelleiste und Benachrichtigungsfeld*.
>
> Sobald Bluetooth aktiv ist, können Sie ausgehend vom Galaxy-Handy mit einem anderen Gerät koppeln.

29.2 Bluetooth konfigurieren

Damit Sie Bluetooth sinnvoll nutzen können, müssen Sie es erst einrichten. In den Standardeinstellungen kann nämlich kein anderes Gerät mit Ihrem Gerät koppeln und Daten übertragen.

29.2.1 Koppeln aus dem Benachrichtigungsfeld

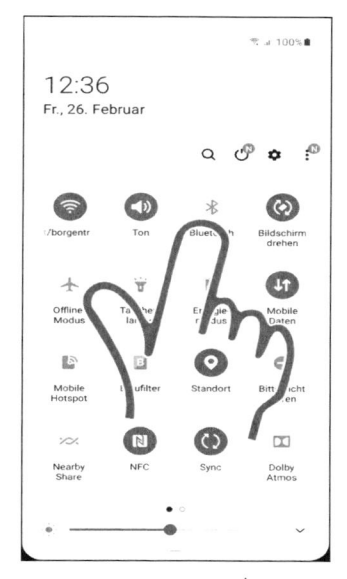

❶❷ Sobald Sie ✻ aus dem Benachrichtigungsfeld aktivieren, erscheint das Popup-Menü. Während dieses aktiv ist, können andere Geräte mit Ihrem Galaxy koppeln.

> Auf anderen Bluetooth-Geräten wird Ihr Handy als »Galaxy A12« anzeigt. Sie können diesen Namen einfach, wie im Kapitel *33.3.1 Geräteinformationen* beschrieben, ändern.
>
> Sollte Bluetooth bereits aktiv sein, dann betätigen Sie sie die ✻-Schaltleiste einfach zweimal hintereinander, um das Popup zu erhalten (beim ersten Antippen wird Bluetooth ausgeschaltet, beim zweiten Mal wieder aktiviert).

❶❷ Verwenden Sie die *Scannen*-Schaltleiste, um nach zu koppelnden Bluetooth-Geräten zu suchen. Meist ist dies allerdings nicht nötig, weil das Bluetooth-Menü bereits beim Aufruf nach Bluetooth-Geräten sucht und sie anzeigt.

29.2.2 Koppeln aus den Einstellungen

Das Koppeln aus den Einstellungen ist nicht so bequem wie direkt im Benachrichtigungsfeld, bietet aber mehr Optionen.

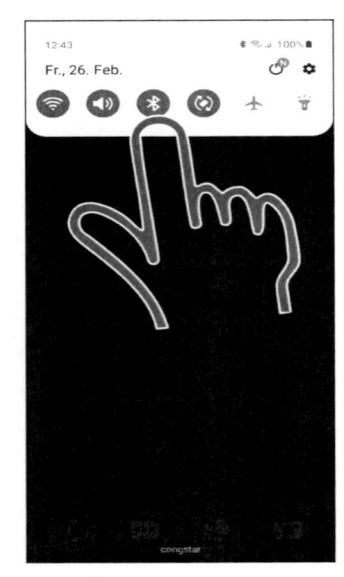

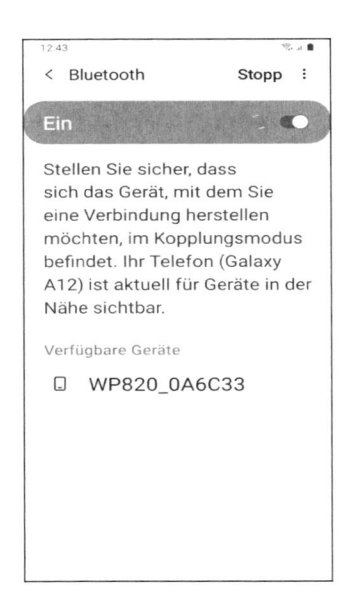

❶❷ Öffnen Sie das Benachrichtigungsfeld, tippen und halten Sie die ✱-Schaltleiste, bis der Bluetooth-Bildschirm erscheint.

Solange Sie sich im Bluetooth-Bildschirm befinden, können anderen Geräte mit Ihrem Galaxy koppeln. Verwenden Sie die *Scannen*-Schaltleiste, um nach zu koppelnden Bluetooth-Geräten zu suchen. Meist ist dies allerdings nicht nötig, weil das Bluetooth-Menü bereits beim Aufruf nach Bluetooth-Geräten sucht und sie anzeigt.

29.3 Bluetooth-Headset / Freisprecheinrichtung verwenden

Bluetooth eignet sich besonders gut für den Betrieb von drahtlosen Headsets. In unserem Beispiel verwenden wir ein Headset von Samsung (Modell HM1100). Es funktionieren aber natürlich auch Headsets fast aller anderen Hersteller, zum Beispiel von Motorola oder Hama.

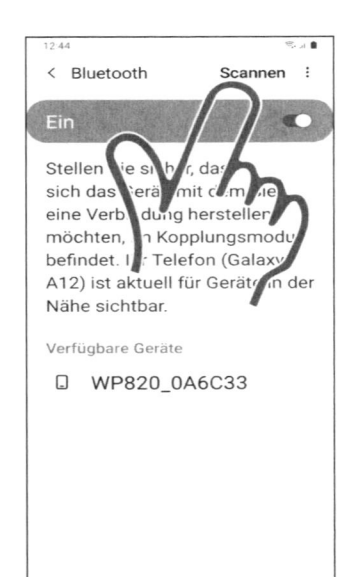

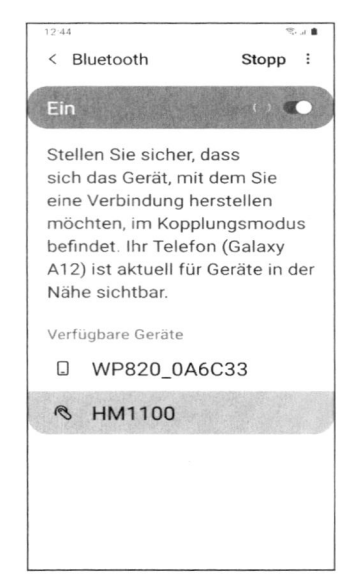

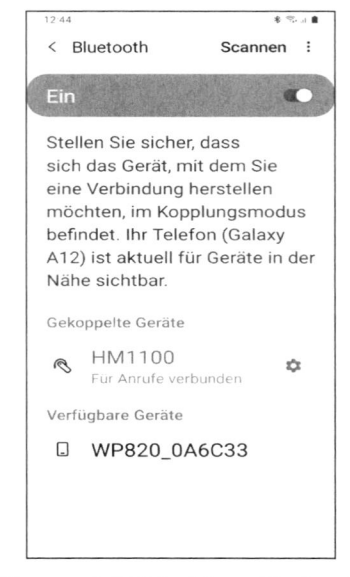

❶❷ Gehen Sie, wie im vorherigen Kapitel beschrieben, in den *Bluetooth*-Bildschirm. Rufen Sie gegebenenfalls *Scannen* auf, falls das Headset dort nicht bereits in der Liste der gefundenen Geräte angezeigt wird. Nach einigen Sekunden wird die Freisprecheinrichtung gefunden und angezeigt. Tippen Sie deren Namen an. Das folgende Popup schließen Sie mit *OK*.

❸ Das Galaxy meldet nun »*Für Anruffunktion verbunden*« beim Headset.

Auf dem Headset müssen Sie zuvor in den Kopplungs-Modus schalten, beim Samsung HM1100 beispielsweise, indem Sie die Sprechtaste mehrere Sekunden drücken. Eine LED blinkt dann blau.

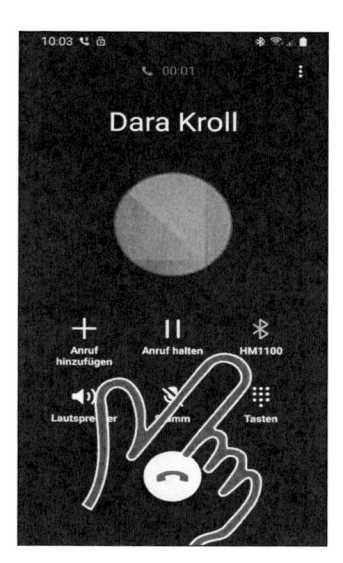

❶ Geht jetzt ein Anruf ein, können Sie ihn wie gewohnt, oder alternativ über die Sprechtaste des Bluetooth-Headsets, entgegennehmen.

❷ Zwischen Telefon-Lautsprecher und Headset schalten Sie jederzeit mit der *Bluetooth*-Schaltleiste (Pfeil) um.

Wenn Sie das Headset ausschalten, wird natürlich auch automatisch die Bluetooth-Verbindung zum Galaxy beendet. Umgekehrt baut das Headset beim Einschalten automatisch wieder die Bluetooth-Verbindung auf.

Sehr Praktisch ist die Verwendung von Bluetooth-Freisprecheinrichtungen, die es bereits ab 20 Euro für den nachträglichen Einbau ins Auto gibt. Verlassen Sie das Auto mit Ihrem Handy, so wird automatisch die Bluetooth-Verbindung abgebaut, beim Einsteigen wieder aufgebaut. Sie brauchen also nicht die Freisprecheinrichtung jeweils ein/auszuschalten. Wichtig ist nur, daran zu denken, dass die Bluetooth-Verbindung auch dann aktiv ist, wenn Sie einige Meter neben dem Auto stehen – eingehende Anrufe laufen dann über die Freisprecheinrichtung.

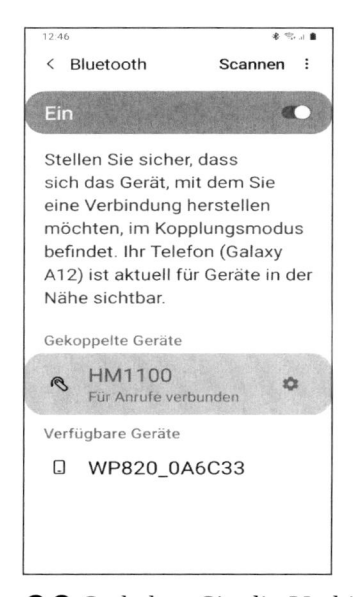

❶❷ So heben Sie die Verbindung mit dem Headset auf: Tippen Sie mit dem den Finger kurz auf das Bluetooth-Headset in der Geräteauflistung. Alternativ können Sie natürlich auch einfach das Headset ausschalten.

❶❷ Weitere Funktionen erhalten Sie nach Antippen der ✱-Schaltleiste:

- *Anrufe*: Das vom gekoppelten Bluetooth-Gerät unterstützte Bluetooth-Profil.
- *Umbenennen*: Vergibt dem verbundenen Bluetooth-Gerät einen neuen Namen.
- *Entkoppeln*: Beendet die Bluetooth-Verbindung, sodass keine Daten mehr zwischen den beiden Geräten übertragen werden können. Für eine erneute Datenverbindung können Sie allerdings eine erneute Kopplung durchführen.

29.4 Bluetooth-Audio

Sie können unterwegs zwar über den Handy-Lautsprecher Musik hören (beispielsweise über YouTube, siehe Kapitel *21.3 YouTube* oder YouTube Music, siehe Kapitel *18 Musik*), wir empfehlen für diesen Zweck aber einen Bluetooth-Lautsprecher. Diese besitzen in der Regel einen eigenen Akku und haben den Vorteil, dass man sie beliebig im Haus positionieren kann. Vernünftige Bluetooth-Lautsprecher ab ca. 30 Euro bieten einen besseren Klang und sind lauter als das Handy. Einige Exemplare bieten weitere Features wie eine Telefon-Freisprechfunktion, eine Lademöglichkeit für das Handy oder sind wasserdicht für den Außeneinsatz.

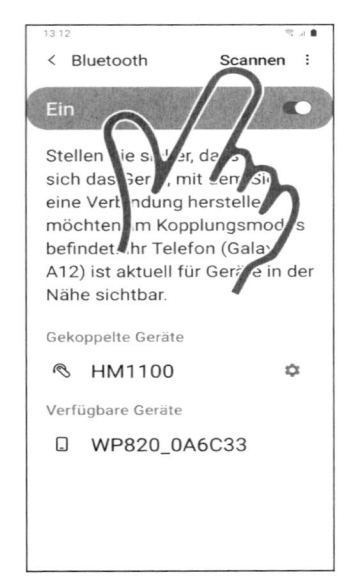

❶ Gehen Sie in den Bluetooth-Bildschirm und betätigen Sie *Scannen* (Pfeil), sofern die Bluetooth-Box nicht bereits gefunden wurde.

❷ Tippen Sie kurz den gefundenen Eintrag, in unserem Beispiel *SoundCore mini2*, an, worauf die Verbindung hergestellt wird.

❸ Bestätigen Sie mit *OK*.

> Meistens zeigt eine LED an der Bluetooth-Box die Kopplungsbereitschaft an. Beachten Sie dazu auch das Handbuch zu Ihrer Bluetooth-Box.

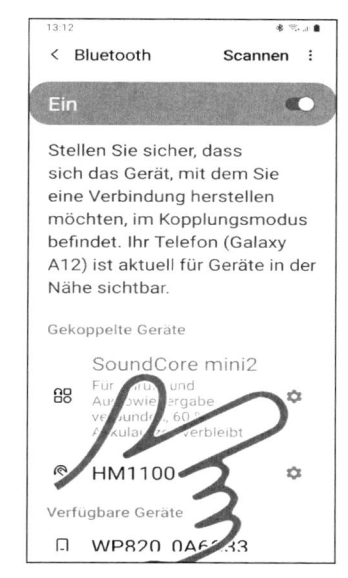

❶❷ Zum Deaktivieren der Audioausgabe über Bluetooth schalten Sie entweder die Bluetooth-Box aus, entfernen sich aus dessen Empfangsreichweite oder schalten Bluetooth am Handy aus. Alternativ gehen Sie auf ✿ und deaktivieren dann das Abhakkästchen bei *Audio* (Medienwiedergabe). Aktivieren Sie es später wieder, damit die Audioausgabe erneut über Bluetooth läuft.

> Viele Bluetooth-Boxen unterstützen auch eine Freisprechfunktion. Wenn Sie dies nicht wünschen, müssen Sie *Anrufe* deaktivieren.

30. Tipps & Tricks

Das Galaxy lässt sich einfach in Betrieb nehmen und nutzen. Mit der Zeit werden Sie allerdings auf einige Eigenarten stoßen, auf die wir in diesem Kapitel eingehen.

30.1 Das Speicherlimit von Google

Vorweg gesagt: Falls Sie Ihr Handy hauptsächlich zum Telefonieren nutzen, müssen Sie sich nicht mit diesem Kapitel auseinander setzen. Verwenden Sie dagegen intensiv Gmail für Ihre E-Mails (siehe Kapitel *10 Gmail*) oder erstellen Sie viele Fotos/Videos mit der Kamera-Anwendung (siehe Kapitel *16 Kamera*), dann müssen Sie sich dagegen früher oder später mit dem Speicherplatz auseinander setzen.

Zusammen mit Ihrem Google-Konto (siehe Kapitel *22 Das Google-Konto*) erhalten Sie 15 GB (Gigabyte) Speicherplatz auf den Google-Servern. Dieser wird von allen Google-Anwendungen (Gmail, Kontakte, Google Fotos, Google Maps, Chrome-Webbrowser, Google Drive...) auf Ihrem Handy genutzt.

Achtung: Es ist zu unterscheiden zwischen dem **Gerätespeicher**, der bei Ihrem Handy 64 GB (Gigabyte) beträgt und dem **Speicherplatz Ihres Google-Kontos auf den Google-Servern**.

Die Datenspeicherung auf den Google-Servern läuft permanent automatisch im Hintergrund ab, weshalb Sie sich nicht damit beschäftigen müssen. Für Sie hat dies den angenehmen Effekt, dass Ihre Daten nicht verlorengehen können. Wenn Sie beispielsweise Ihr Handy verlieren oder es kaputt geht, kaufen Sie einfach ein neues und melden sich dort mit Ihrem Google-Konto bei der Ersteinrichtung an. Die Daten werden dann automatisch auf dem Handy wieder hergestellt.

Übrigens ist auch der Betrieb von mehreren Handys/Tablets mit einem Google-Konto möglich. Einzige Voraussetzung: Alle Geräte müssen Android als Betriebssystem verwenden. Wenn Sie nun auf einem Gerät beispielsweise einen neuen Kontakt im Telefonbuch anlegen, erscheint dieser auch auf allen anderen Geräten. Nicht unterstützt werden vom Google-Konto die Anwendungen von Samsung und Dritten, das heißt beispielsweise, Notizen von Samsung Notes (siehe Kapitel *21.4 Samsung Notes*) fallen nicht unter die Sicherung.

Wie erwähnt, stehen für Ihre Daten 15 GB (Gigabyte) Speicher zur Verfügung, die sich alle Google-Anwendungen teilen. Einzige Ausnahme ist die Google Fotos-Anwendung deren Fotospeicher nicht auf die 15 GB angerechnet werden – dies gilt allerdings nur bis Juni 2021.

30.1.1 Speicherplatzinfo

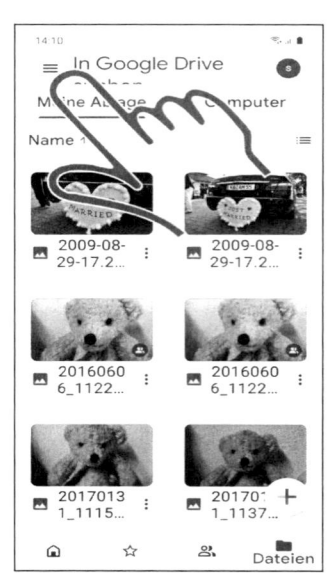

❶❷ So überprüfen Sie, wieviel Speicher im Google-Konto belegt ist: Im Hauptmenü gehen Sie auf *Google* und rufen *Drive* auf.

❸ Öffnen Sie das Ausklappmenü.

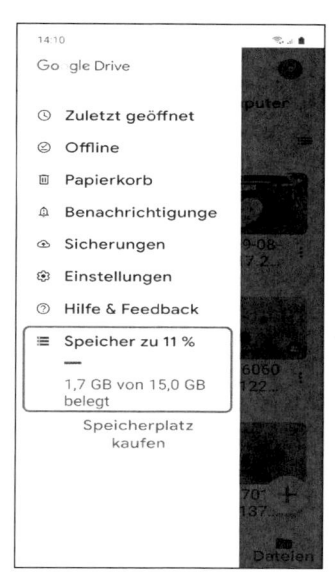

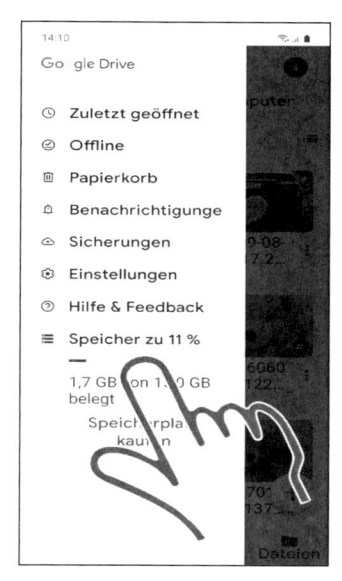

❶ In unserem Beispiel ist der Google-Speicher bereits zu 11% belegt.

❷❸ Antippen des Speicherhinweises öffnet eine Übersicht, in der Google die Anwendungen mit ihrem Speicherverbrauch auflistet. Unter *Weitere Informationen zum Verwalten von Speicherplatz* gibt Ihnen Google Hinweise, wie Sie Speicher in den Anwendungen Gmail, Google Drive und Google Fotos wieder freigeben.

> Unser Tipp: Damit Sie niemals in Speicherplatznöte beim Google-Konto geraten, sollten Sie nicht mehr benötigte E-Mails in Gmail (siehe Kapitel *10 Gmail*) immer sofort nach Kenntnisnahme löschen. Insbesondere E-Mails mit Dateianhängen (siehe Kapitel *10.2.2 Dateianlagen*) sind richtige Speicherfresser! Verzichten Sie auf die im Kapitel *10.3.4 Archivieren* vorgestellte Funktion.

30.1.2 Google One

Für die wenigsten Anwender dürfte das Angebot der hier vorgestellten Speicherplatzerweiterung Sinn machen. Zu Preisen zwischen 1,99 bis 9,99 Euro pro Monat lässt sich der Google-Speicherplatz auf 100 GB bis 2000 GB erweitern.

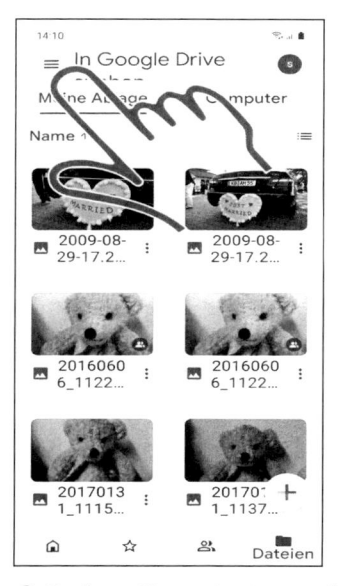

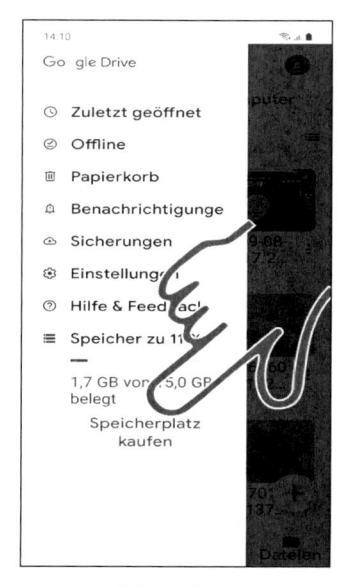

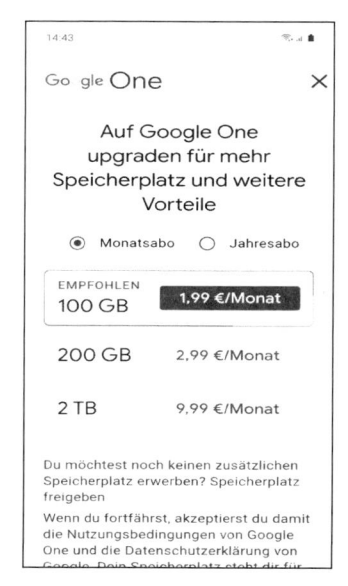

❶ Rufen Sie, wie im vorherigen Kapitel beschrieben, Google Drive auf und öffnen Sie das Ausklappmenü.

❷ Gehen Sie auf *Speicherplatz kaufen*.

❸ Wählen Sie einen Tarif und danach die Zahlungsmethode aus.

30.1.3 Speicherfunktion von Google Fotos ausschalten

Neben dem im Kapitel *17 Galerie* beschriebenen Bildanzeiger ist auf Ihrem Galaxy auch die Anwendung »Google Fotos« vorinstalliert. Wir haben auf eine Beschreibung von Google Fotos in diesem Buch verzichtet, weil das Programm keinen Mehrwert im Vergleich zur Galerie-Anwendung bietet. Wenn Sie möchten, können Sie Google Fotos natürlich trotzdem nutzen. Wichtig ist dann aber, die automatische Speicherung im Google-Konto zu deaktivieren.

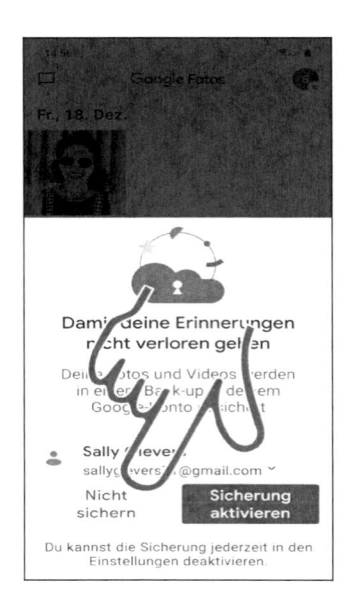

❶❷ Sie rufen Google Fotos im *Google*-Ordner unter *Fotos* auf.

❸ Sofern Sie das Programm zum ersten Mal nutzen, erscheint ein Popup, das Sie mit *Nicht sichern* schließen. Sie können nun das Programm verlassen.

❶ Falls direkt nach dem Start die Benutzeroberfläche von Google Fotos erscheint, haben Sie die Anwendung bereits mal genutzt. In diesem Fall tippen Sie auf das runde Kontosymbol.

❷ Wählen Sie *Google Fotos-Einstellungen*.

Tipps & Tricks

❶❷ Gehen Sie auf *Backup & Sync* und deaktivieren Sie *Backup & Sync*.

30.2 Eigene Klingel- und Benachrichtigungstöne

Standardmäßig bietet das Galaxy nur eine kleine Auswahl an Klingel- und Benachrichtigungssignalen. Sie dürfen aber weitere Audiodateien installieren.

30.2.1 Einrichtung über den PC

Schließen Sie das Galaxy am PC an (siehe auch Kapitel *27 Gerätespeicher*). Wählen Sie als Gerät *Phone* aus.

Sie finden folgende Verzeichnisse vor:

- *Ringtones*: Für Klingeltöne (siehe Kapitel *5.4.2 Klingelton und Klingeltonlautstärke*)
- *Notifications*: Für Benachrichtigungen (Kalender, neue Nachrichten)
- *Alarms*: Für den Alarm (siehe Kapitel *21.6.1 Alarm*)

Kopieren Sie nun Audiodateien in die entsprechenden Verzeichnisse.

❶ Die neuen Klingel- und Benachrichtigungstöne lassen sich nun verwenden (siehe Kapitel *5.4.2 Klingelton und Klingeltonlautstärke*): Gehen Sie dazu im Hauptmenü in die *Einstellungen*.

❷❸ Wählen Sie *Töne und Vibration/Klingelton*.

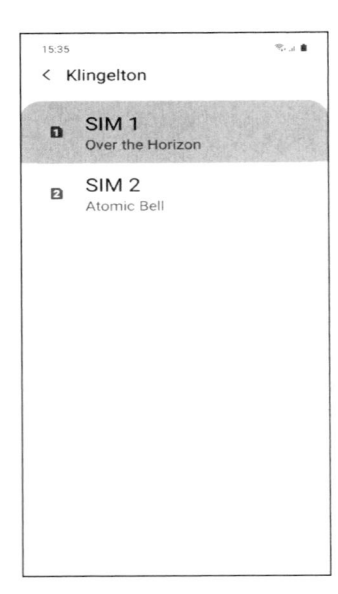

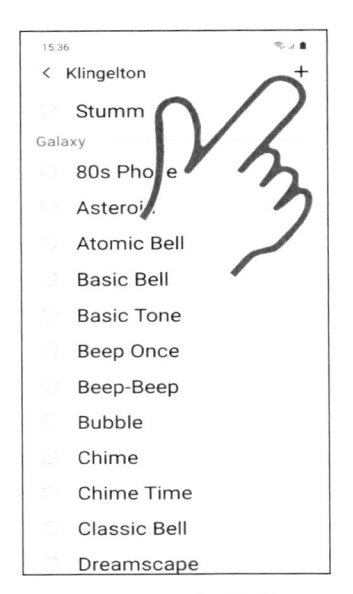

❶ Das Galaxy unterstützt zwei SIM-Karten, weshalb Sie nun die verwendete auswählen müssen.

❷❸ Stellen Sie den gewünschten Klingelton ein. Alternativ können Sie hier auch über die +-Schaltleiste einen Song, der sich an beliebiger Stelle auf Speicherkarte oder im Gerätespeicher befinden darf, als Signalton einstellen.

30.3 Zip-Dateien

Auf dem PC sind Zip-Archive, die mehrere Dateien und Verzeichnisse komprimiert speichern, Standard. Zip-Archive, die Sie an der Dateiendung ».zip« erkennen, werden häufig für im Internet angebotene Downloads verwendet, das heißt, wenn Sie häufig Dateien mit Ihrem Webbrowser herunterladen, dürften Sie früher oder später auch auf Zip-Dateien stoßen. Der mitgelieferte Datei-Manager kann diese entkomprimieren.

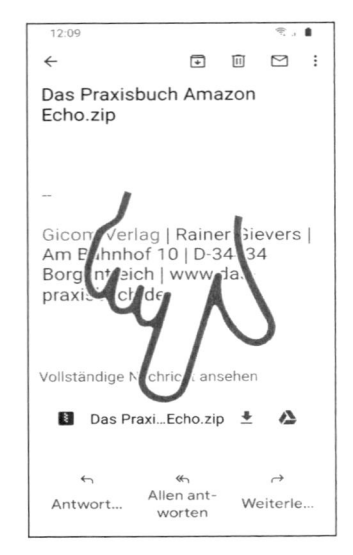

❶ Beispiel: Sie haben in Gmail eine E-Mail erhalten, die eine Zip-Datei als Dateianhang enthält (die Gmail-Anwendung beschreibt Kapitel *10 Gmail*). Tippen Sie die Datei an.

❷ Nach dem Herunterladen öffnet sich der Datei-Manager, worin Sie *Extrahieren* betätigen.

❸ Damit haben Sie nun Zugriff auf die entkomprimierte Datei, die Sie zum Öffnen antippen.

30.4 Anwendungen als Standard

Sie haben wahrscheinlich zu diesem Zeitpunkt schon einige dutzend Programme aus dem Google Play Store (siehe Kapitel *24.1 Play Store*) installiert. Häufig überlappen sich dabei die Programmfunktionen, beispielsweise unterstützen viele Anwendungen PDF, Word- oder Excel-Dokumente.

Wenn Sie auf dem Galaxy eine Funktion auslösen, für die mehrere Anwendungen in Frage kämen, fragt das Gerät nach. Im Fall einer Word-Datei, die Sie in einer E-Mail antippen, erscheint eine Rückfrage. Wählen Sie dann das gewünschte Programm aus und betätigen Sie *Immer*. Künftig wird der Dateityp jeweils immer in der gewählten Anwendung geöffnet.

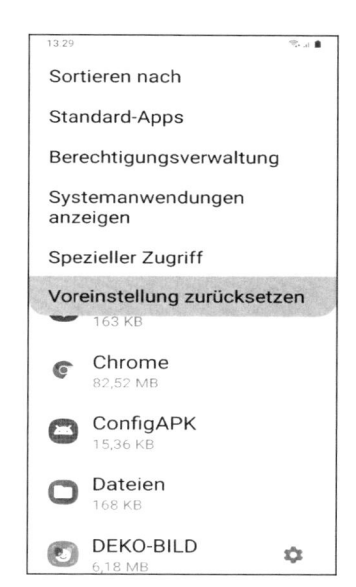

❶ So setzen Sie die oben erwähnte *Immer*-Voreinstellung wieder zurück: Gehen Sie *Einstellungen* im Hauptmenü.

❷ Wählen Sie *Apps* aus.

❸ Der Einfachheit halber setzen wir alle Standardwerte zurück, was über ⋮/*Voreinstellung zurücksetzen* geschieht. Schließen Sie den Warnhinweis mit *Zurücksetzen*.

30.5 Handy verloren oder geklaut – was nun?

Vorsorge ist immer die beste Versicherung, um das eigene Handy oder Tablet wiederzubekommen, wenn Sie es irgendwo mal liegen lassen oder es gestohlen wird. Wichtig ist erst einmal, dass ein ehrlicher Finder, beziehungsweise die Polizei die Möglichkeit hat, Sie zu kontaktieren. Zwar lassen sich auf dem Galaxy die Kontaktdaten so einstellen, dass sie beim Einschalten angezeigt werden, ist der Akku aber leer, bringt dies dem Finder auch nichts. Wir bringen deshalb auf unseren elektronischen Geräten, die wir unterwegs dabei haben, Adressaufkleber mit unseren Kontaktdaten an. Beim Galaxy ist dies leider mit einem Risiko verbunden, da der Kleber eventuell mit dem Plastikgehäuse reagiert. Entfernt man den Aufkleber später, beispielsweise weil man das Handy weiterverkaufen will, bleibt ein verfärbter Bereich sichtbar. Die meisten Anwender dürften sich aber für unterwegs ohnehin eine Schutzhülle anschaffen, sodass dort ohne Probleme ein Adressaufkleber angebracht werden kann.

30.5.1 Datenschutz

Ein weiteres wichtiges Thema ist der Schutz Ihrer persönlichen Daten auf dem Handy. Ein Finder/Dieb könnte nämlich zum Beispiel Folgendes:

- Kontakte und Termine ändern oder löschen.
- Die im Webbrowser gespeicherte Formulardaten, zum Beispiel das Login von Ebay oder einer Shopping-Website ausnutzen, um Käufe in Ihrem Namen durchzuführen.
- Diffamierende E-Mails oder SMS in Ihrem Namen über die E-Mail/Nachrichten-Anwendung verschicken.
- Nach peinlichen SMS, E-Mails, Fotos oder Videos suchen und diese im Web oder anderswo veröffentlichen.
- Sex-Hotlines oder sonstige teure 0900er-Premiumnummern über Ihre SIM-Karte anrufen.
- Im Google Play Store über Ihre dort gespeicherte Kreditkarte fröhlich Ihr Geld für teure Software ausgeben (nur möglich, wenn Sie Ihr Google-Konto-Passwort dort gespeichert haben).

An dieser Stelle wollen wir erst gar nicht über den Einsatz Ihres Android-Handys in einem sensiblen Firmenbereich reden. Das Galaxy speichert viele Daten wie Kontakte, Termine, Browser-Lesezeichen, usw. auf Google-Server, auf die amerikanische Behörden problemlos Zugriff haben. Es soll auch Firmen geben, die Software anbieten, um abgesicherte Geräte auszulesen, wozu nur der physische Zugriff auf das Gerät nötig ist (zum Beispiel auf Flughäfen bei der Zollkontrolle). Natürlich lässt sich das Galaxy auch ohne Google-Konto (und damit ohne Google-Server) nutzen, dann könnte man sich aber auch genauso gut ein Notizblock zulegen.

Damit es Diebe nicht zu einfach haben, hier einige Tipps:

- Aktivieren Sie in *Einstellungen/Sperrbildschirm/Sperrbildschirmtyp* die Gerätesperre (Muster, PIN, Passwort oder Fingerabdruck). An die Daten in Ihrem Gerätespeicher kommt dann der Dieb nicht heran (siehe Kapitel *28.2 Gerätesperre*).
- Den Google Play-Store können Sie mit einer PIN in dessen Einstellungen absichern. Käufe sind dann erst nach PIN-Eingabe möglich.
- *Einstellungen/Biometrische Daten und Sicherheit/Andere Sicherheitseinstellungen/SIM-Sperre einrichten* stellt die SIM-Kartensperre ein, sodass ein Dieb Ihre SIM-Karte nicht einfach entnehmen und in seinem Handy für teure Anrufe nutzen kann. Stattdessen wird der Dieb an der Abfrage der SIM-PIN scheitern.
- Aktivieren Sie *Einstellungen/Biometrische Daten und Sicherheit/Find My Mobile* und schalten Sie in dem Menü *Letzten Standort senden* ein (siehe Kapitel *28.5 Maßnahmen gegen Diebstahl*). Probieren Sie danach unbedingt die Find my Mobile-Website aus, damit Sie im Schadensfall schnell reagieren können.
- Notieren Sie sich die IMEI Ihres Handys (in der Telefonoberfläche des Handys *#06# eingeben) und schreiben Sie diese am besten auf Ihre Rechnung für das Gerät, sofern sie dort nicht bereits aufgeführt ist. Bei einer Diebstahlsmeldung können Sie die IMEI dann mit angeben.

Der Diebstahl/Verlust ist eingetreten:

Abhängig von der Situation, also wenn Sie nicht sicher sind, ob die zuvor aufgeführten Sicherheitsmaßnahmen greifen, gehen Sie wie folgt vor:

- Rufen Sie sich selbst an. Sind Sie mit mehreren Personen vor Ort, sollten diese zuvor ausschwärmen lassen, damit das Handy schnell lokalisiert wird. Ein markanter Klingelton ist da natürlich hilfreich. Der Selbstanruf ist auch von der Find my Mobile-Website (siehe Kapitel *28.5 Maßnahmen gegen Diebstahl*) möglich, wobei auch ein auf lautlos gestelltes Gerät mit voller Lautstärke klingelt.
- Loggen Sie sich auf der Google-Website in Ihr Google-Konto ein und ändern Sie Ihr Passwort.
- Erstatten Sie Anzeige bei der Polizei (den Polizei-Beleg benötigen Sie eventuell, damit

Ihre Versicherung den Verlust erstattet). Eventuell hat sich dort auch schon der ehrliche Finder gemeldet.

- In Hotels, Bahnhöfen, Flughäfen gibt es extra Fundbüros, vielleicht hat dort jemand zwischenzeitlich das Gerät abgegeben.
- Lassen Sie beim Mobilnetzbetreiber Ihre SIM-Karte sperren.
- Falls Sie sich nach einiger Zeit sicher sind, dass Sie das Gerät nicht wieder erhalten, beziehungsweise wenn wichtige Daten drauf sind, die nicht in falsche Hände geraten sollen, führen Sie über die Find My Mobile-Website die Fernlöschung durch.

30.5.2 Schutz von Firmendaten

Im Jahr 2013 wurde bekannt, dass amerikanische Geheimdienste systematisch Telefon- und Internetdaten sammeln. Unterstützt werden sie dabei von praktisch allen im Internetgeschäft aktiven Unternehmen, darunter Google und Microsoft, die dafür spezielle Abhörschnittstellen bereitstellen. Weil auch die amerikanischen Betreiber der sogenannten Internetbackbones den Geheimdiensten helfen, können Sie davon ausgehen, dass alle Daten, die irgendwie durch die USA fließen, aufgezeichnet und ausgewertet werden.

Auch außerhalb der Vereinigten Staaten ist man nicht sicher, denn die britischen und französischen Geheimdienste sind natürlich ebenfalls im Lauschgeschäft aktiv. Offiziell dienen die beschriebenen Aktivitäten zwar der Terrorabwehr, laut Geheimdienstquellen profitieren von den gesammelten Informationen aber auch verschiedene Großunternehmen.

Wir empfehlen deshalb Unternehmen, auf die sogenannten Cloud-Dienste, bei denen Informationen auf Internetservern abgelegt und abgerufen werden, entweder zu verzichten oder besondere Sicherungsmaßnahmen zu ergreifen. Hilfreich sind Cloud-Dienste, deren Server ausschließlich in Deutschland stehen. Es sollte klar sein, dass Sie die Google-Dienste (Google-Konto) ebenfalls nicht nutzen dürfen, da Ihre Kontakte, Termine, Fotos, Webbrowser-Favoriten, Fotos, Bewegungsprofile (Google Maps, Google-Anzeigen mit Ortsauswertung in kostenlosen Programmen aus dem Play Store) usw. den US-Geheimdiensten praktisch auf dem Servierteller gereicht werden. Sofern Sie den Google-Speicher Drive nutzen, sollten Sie die hochgeladenen Dateien erst mit Verschlüsselungssoftware behandeln.

Erwähnenswert ist auch die Möglichkeit der Grenzbeamten in Großbritannien und den USA, anlasslos Daten von Notebook, Tablets oder Handys herunterzukopieren.

30.6 Akkulaufzeit erhöhen

Mit einigen kleinen Kniffen erhöhen Sie die Akkulaufzeit Ihres Galaxy-Handys:

- Wenn Sie keine GPS-Positionsbestimmung benötigen, deaktivieren Sie diese durch Ausschalten in den *Einstellungen* unter *Verbindungen/Standort*.
- Gleiches gilt auch für WLAN oder Bluetooth, die Sie bei Nichtverwendung im Benachrichtigungsfeld deaktivieren.
- Passen Sie über den Helligkeitsregler im Benachrichtigungsfeld die Displaybeleuchtung an. Das Display ist die Handy-Komponente mit dem höchsten Stromverbrauch.
- Die Displayabschaltdauer stellen Sie in den *Einstellungen* unter *Anzeige/Bildschirm-Timeout* ein.
- Der im Kapitel *30.8 Energiesparmodi* vorgestellte Energiesparmodus kann ebenfalls die Akkulaufzeit positiv beeinflussen.
- Widgets im Startbildschirm (siehe Kapitel *4.7.2 Widgets*) dienen dazu, immer aktuelle Infos für den Anwender bereit zustellen, laden dafür aber teilweise in regelmäßigen Abständen Daten aus dem Internet (beispielsweise bei Newstickern). Reduzieren Sie die Aktualisierungshäufigkeit in den Einstellungen des Widgets oder löschen Sie nicht benötigte Widgets vom Startbildschirm.
- Beenden Sie alle Anwendungen und Spiele, wenn Sie sie nicht nutzen (mit der ‹-Taste, sofern es keine andere Beendigungsoption gibt).

Im Handel sind sogenannte Power-Packs erhältlich, die aus einem großen Akku bestehen, an die Sie Ihr Handy zum Nachladen anschließen. Ein Power-Pack reicht – je nach Kapazität – für mehrere Ladungen, bevor sie das Power-Pack selbst an einer Steckdose aufladen müssen.

Einen großen Einfluss hat auch das Mobilfunknetz. Befinden Sie sich an einem Standort mit schlechten Empfang (oben rechts in der Titelleiste werden nur ein oder zwei Balken für die Empfangsstärke angezeigt), dann versucht das Handy mit verstärkte Leistung zu senden, was die Akkulaufzeit reduziert. Wir empfehlen dann:

- Falls möglich, wechseln Sie den Standort. In Gebäuden ist der Empfang in Fensternähe oder in einem höheren Stockwerk meist besser.
- Befinden Sie sich längerfristig an einem Ort mit schlechtem Mobilfunkempfang, dann sollten Sie solange den Flugmodus aktivieren (sofern Sie weder telefonieren noch das Internet nutzen müssen). Den Flugmodus beschreibt Kapitel *8.2.2 Mobilfunk-Internet aktivieren/deaktivieren*.
- Vermeiden Sie Telefonate bei schlechtem Mobilfunkempfang. Nicht nur reduzieren Sie damit die Akkulaufzeit erheblich, sondern Sie setzen sich unnötigem Elektrosmog aus. Ein eindeutiger Einfluss von elektromagnetischen Wellen auf die Gesundheit wurde bisher allerdings noch nicht nachgewiesen.

30.6.1 Akku-Lebensdauer

Der Akku in Ihrem Handy bestimmt die Nutzungsdauer Ihres Handys, denn er verliert nach einigen Jahren deutlich an Kapazität. Sie müssen dann Ihr Handy häufiger am Tag aufladen. Ab einem gewissen Kapazitätsverlust werden Sie den Akku ersetzen wollen.

Leider können Sie den fest verbauten Akku nicht selbst tauschen, sondern müssen sich an einen Spezialisten wenden: Im Internet bieten neben den von Samsung autorisierten Service-Centern (siehe *www.samsung.com/de/support/service-center*) auch zahlreiche weitere Unternehmen den Akkuaustausch an. Wegen der damit verbundenen Kosten werden Sie aber eher das alte Handy zum Elektrorecycling geben und sich ein neues Gerät kaufen.

Ob Sie mit dem Aufladen des Handy-Akkus warten, bis das Handy sich wegen niedrigem Akkustand abschaltet oder regelmäßig zwischendurch aufladen, spielt übrigens bei der Akkulebensdauer keine Rolle. Die im Akku verbaute Li-Ion-Technik ist nämlich nicht mit den alten NiCad- oder NiMH-Zellen zu vergleichen, die durch falsche Handhabung beim Laden deutlich Kapazität verlieren (sogenannter Memory-Effekt).

30.7 Screenshots (Bildschirmkopien)

In jeder beliebigen Anwendung dürfen Sie einen Screenshot (Bildschirmkopie) erstellen.

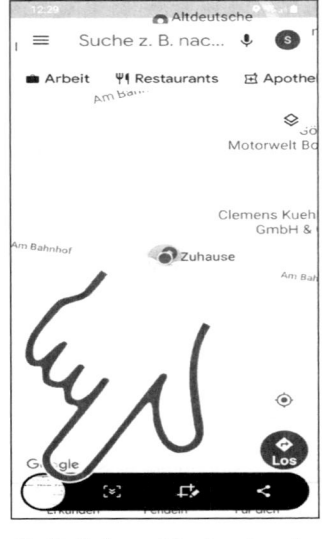

❶ Drücken Sie in der Anwendung, von der Sie einen Screenshot erstellen möchten, für einige Sekunden gleichzeitig den Ein/Ausschalter und die Lautstärke-leiser-Taste (linke Geräteseite).

Tipps & Tricks

Ein aufblitzender Rahmen informiert über den erfolgreichen Vorgang. Am unteren Bildschirmrand erscheint für einige Sekunden eine schwarze Leiste:

- (Vorschaubild): Öffnet den Screenshot in einem Bildanzeiger (❷). Wählen Sie *Galerie* aus und betätigen Sie *Immer*.
- ⌄: Durchrollender Bildschirm: Screenshot von größerem Bildschirmausschnitt erstellen. Tippen und halten Sie diese Schaltleiste, bis der gewünschte Bildschirmbereich erfasst wurde.
- ✐: Screenshot bearbeiten.
- <: Screenshot versenden.

> Die Screenshot-Bilder finden Sie im Gerätespeicher im Verzeichnis *DCIM\Screenshots*.

30.8 Energiesparmodi

Nicht immer hat man Zeit und Gelegenheit, den Akku des Galaxy zeitnah aufzuladen. Für solche Notfälle können Sie den Energieverbrauch reduzieren.

> Beachten Sie auch Kapitel *30.6 Akkulaufzeit erhöhen*, das auf weitere Energiesparmöglichkeiten am Handy eingeht.
>
> Wir raten wegen des damit verbundenen Komfortverlustes von der Verwendung der Energiesparmodi ab. Sollte Ihnen die Akkulaufzeit nicht ausreichen, empfehlen wir Ihnen stattdessen die Anschaffung eines sogenannten Powerpacks, über den Sie Ihr Handy unterwegs nachladen können.

❶ Gehen Sie auf *Einstellungen* im Hauptmenü.

❷ Rufen Sie *Gerätewartung* auf.

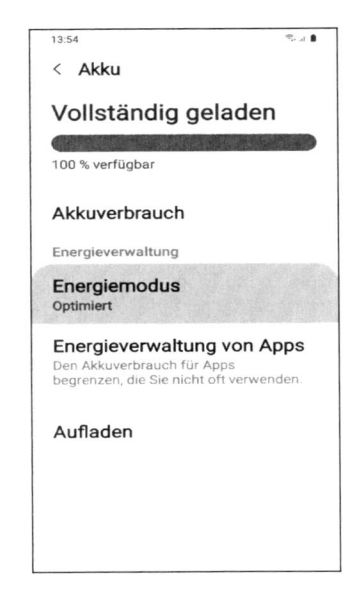

❶ Das *Akku*-Menü rufen Sie als Nächstes auf.

❷❸ Unter *Energiemodus* wählen Sie zwischen:

- *Optimiert*: Standardeinstellung.

- *Mittleres Energiesparen*: Deaktiviert die Datenübertragung im Hintergrund, reduziert die CPU-Geschwindigkeit und die Displayhelligkeit. Der Nutzer merkt davon kaum etwas.

- *Maximales Energiesparen*: Nur für den »Notfall«, weil man damit die Benutzeroberfläche und viele Funktionen abschaltet.

- *Adaptives Energiesparen*: Anhand Ihrer Nutzungsgewohnheiten schaltet das Handy jeweils in den optimalen Modus.

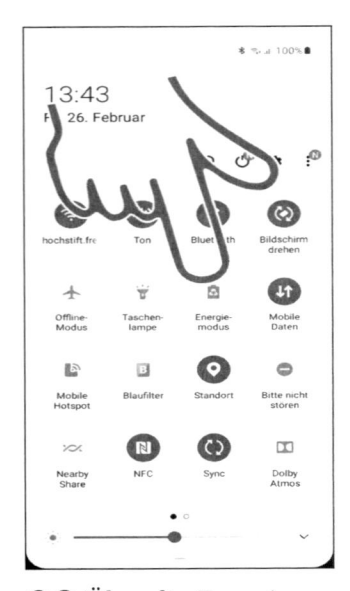

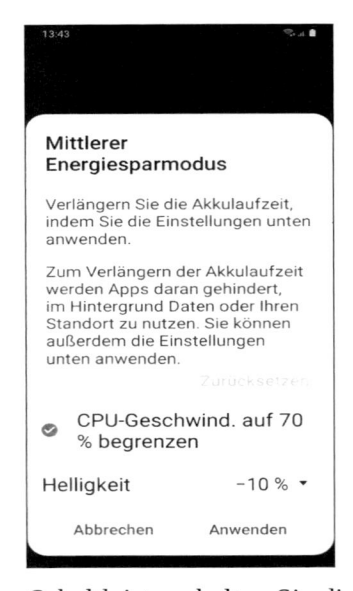

❶❷ Über die *Energiesparmodus*-Schaltleiste schalten Sie die Stromsparmaßnahmen ein/aus.

30.9 Benachrichtigungen einschränken

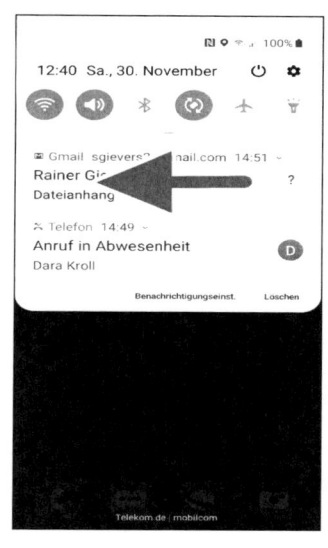

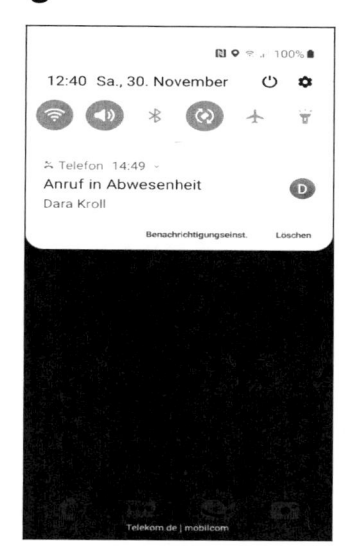

❶❷ Das Benachrichtigungsfeld fasst alle Meldungen der auf dem Galaxy vorhandenen Programme zusammen. Zur Kenntnis genommene Meldungen können Sie, wie bereits im Kapitel *4.7.5 Titelleiste und Benachrichtigungsfeld* gezeigt, mit einer horizontalen Wischgeste entfernen.

❶ Von manchen Anwendungen wünschen Sie vielleicht keine Benachrichtigungen: Abhilfe schafft dann die Benachrichtigungseinstellung, die Sie durch Tippen und Halten des Fingers über einem Eintrag aufrufen.

❷ Deaktivieren Sie den Schalter (Pfeil) und schließen Sie den Dialog mit *Speichern*.

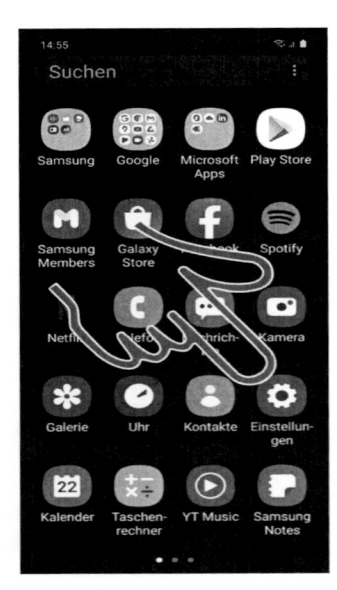

❶ Alternativ bearbeiten Sie die Benachrichtigungen über die *Einstellungen* aus dem Hauptmenü.

❷ Wählen Sie *Benachrichtigungen* aus.

❶❷ Gehen Sie auf *Weitere* und deaktivieren Sie die Schalter bei den Anwendungen, die sich nicht mehr bemerkbar machen sollen.

30.10 NFC

Der Begriff »NFC« steht für Near Field Communication (zu deutsch »Nahfeld-Kommunikation«), was schon einen Hinweis auf dessen Arbeitsweise gibt. Im Gegensatz zu anderen Funkstandards wie WLAN oder Bluetooth ist NFC für die drahtlose Datenübertragung über kurze Distanzen von wenigen Zentimetern gedacht. Auch in punkto Geschwindigkeit kann man über NFC mit 424 kBit/s (noch langsamer als bei älteren Bluetooth-Handys, die heute 2 Mbit/s und mehr erreichen) keinen Blumentopf gewinnen, aber dafür ist NFC auch nicht gedacht. Der NFC-Einsatzbereich erstreckt sich auf einige wenige Spezialgebiete, zum Beispiel dem drahtlosen Bezahlen, drahtlosen Eintrittskarten oder Zugangskontrollen.

Bei den Android-Handys und Tablets wird NFC vor allem verwendet, um – abhängig von der gerade laufenden Anwendung – Daten zu übertragen. Beispielsweise würden der Webbrowser und Youtube die gerade angezeigte Seite an die Gegenseite übertragen, das Telefonbuch dagegen den gerade angezeigten Kontakt.

Neuerdings ist auch die Zahlung an Ladenkassen möglich. Dies geschieht über die zusätzlich einzurichtenden Dienste Google Pay oder Samsung Pay.

❶ Zuerst müssen Sie NFC aktivieren: Gehen Sie auf *Einstellungen* im Hauptmenü.

❷❸ Rufen Sie *Verbindungen/NFC und kontaktlose Zahlungen* auf.

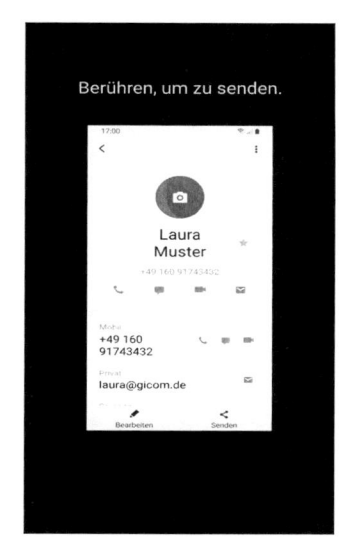

❶ Prüfen Sie, ob *NFC* eingeschaltet ist (Schalter am oberen Bildschirmrand ist blau).

❷ Es gibt keine extra Funktion, die festlegt, welches Gerät als Sender und welches als Empfänger fungiert. Halten Sie einfach beide Geräte mit den Rückseiten gegeneinander, worauf ein Signal ertönt und Sie auf dem Gerät, das senden soll, den Bildschirm antippen. Eventuell muss der Empfänger anschließend noch auswählen, wie die empfangenen Daten weiterverarbeitet werden.

Anwendungsbeispiele:

- Browser: Webseite im Browser auch auf dem Empfänger-Handy öffnen.
- YouTube: Geöffnetes Video in der YouTube-Anwendung auch auf dem Empfänger-Handy anzeigen
- Telefonbuch: Daten eines im Telefonbuch angezeigten Kontakts auf dem Empfänger-Handy im Telefonbuch speichern.
- Google Maps: Maps-Karte im Empfänger-Handy öffnen.
- Google Play Store: Programmdetails auf dem Empfänger-Handy anzeigen.

31. Bedienungshilfen

Mit den folgenden Tipps lösen Sie einige häufiger benötigte Funktionen mit einer Geste aus.

31.1 Gestensteuerung

Den Bewegungssensor, die Frontkamera, das berührungsempfindliche Display und ausgefuchste Software versetzen das Galaxy in die Lage, bestimmte Gesten in Aktionen umzusetzen. Allerdings werden Sie viele der unterstützten Bewegungssteuerungen wohl nie nutzen, da sie einfach zu umständlich sind, oder gewohnte Abläufe stören.

❶ Rufen Sie die *Einstellungen* aus dem Hauptmenü auf.

❷ Rufen Sie das *Erweiterte Funktionen*-Menü auf.

❸ Die Optionen (nicht alle der aufgeführten Menüs haben etwas mit der Bewegungssteuerung zu tun, weshalb wir an dieser Stelle nicht auf diese eingehen):

- *Funktionstaste:* Stellen Sie ein, was passiert, wenn Sie den Ein-/Ausschalter zweimal schnell hintereinander betätigen. Wählen Sie aus, ob dann die Kamera-Anwendung (siehe Kapitel *16 Kamera*) oder eine bestimmte Anwendung startet.
- *Smarte Popup-Ansicht*: Ermöglicht es, Benachrichtigungen anzutippen, die dann in einem eigenen Fenster geöffnet werden. Siehe Kapitel *31.3.2 Popup-Fenster*.
- *Screenshots*: Betrifft die im Kapitel *30.7 Screenshots (Bildschirmkopien)* beschriebene Funktion:
  - *Screenshot-Symbolleiste*: Nach einem Screenshot die Symbolleiste am unteren Bildschirmrand anzeigen.
  - *Status-/Navigationsleisten ausbl.*: Der untere Displaybereich mit den Navigationstasten wird in den Screenshots abgeschnitten.
  - *Freigegebene Screenshots löschen*: Versendete Screenshots anschließend löschen.
  - *Screenshot-Format*: Dateiformat der Bildschirmaufnahmen.
- *Direkte Freigabe*: Die direkte Freigabe ist in vielen Anwendungen nach Aufruf der Senden-Funktion verfügbar. In diesem Buch gehen wir nicht weiter darauf ein.
- *Animationen verringern*: Steuert die Anzeige von Effekten in der Benutzeroberfläche.
- *Bewegungen und Gesten*:
  - *Zum Aktivieren hochheben*: Sobald Sie das Handy von einem Tisch aufnehmen, schaltet sich das Display ein.
  - *Zum Aktivieren zweimal tippen*: Wenn das Display ausgeschaltet ist, tippen Sie zwei-

mal schnell hintereinander darauf, um es einzuschalten.

- *Smart Stay*: Durch die Auswertung Ihrer Augenbewegungen mit der Kamera erkennt das Handy, ob Sie das Display anschauen. Die automatische Displayabschaltung wird dann deaktiviert. Weil die Kamera viel Strom verbraucht, ist diese Funktion standardmäßig deaktiviert.
- *Smart Alert*: Wenn Sie das ausgeschaltete Handy von einem Tisch anheben, vibriert es, sofern neue SMS oder E-Mails vorliegen.
- *Einfache Stummschaltung*: Legen Sie – abhängig von der hier vorgenommenen Einstellung – das Handy mit dem Display zuerst auf den Tisch oder halten Sie die Handfläche über das Display, um Anrufe und Alarmtöne stumm zu schalten.
- *Fingersensorgesten*: Durch Wischen über dem Ein-/Ausschalter öffnen beziehungsweise schließen Sie das Benachrichtigungsfeld. Wir raten von der Aktivierung der Option ab, da man häufig aus Versehen über den Ein-/Ausschalter wischt.
- *Für Anruf/Nachrichten streichen*: Im Anrufprotokoll beziehungsweise Telefonbuch wischen Sie nach rechts oder links über einem Kontakt/Anrufeintrag, um ihn anzurufen oder eine SMS zu senden. Auf diese Funktion gehen Kapitel *5.1.4 Anruf aus dem Telefonbuch* und *6.2.1 Kontakt aus Telefonbuch* ein.

- *Einhändiger Modus*: Verkleinert die Bildschirmanzeige, damit Sie das Handy mit einer Hand nutzen können.
- *Game Launcher*: Der Game Launcher »sammelt« alle von Ihnen installierten Spiele. Darauf geht bereits Kapitel *24.1.4 Game Launcher* ein.
- *Dual Messenger*: Mit den Programmen der sozialen Netzwerke Facebook und Whatsapp (siehe Kapitel *14 WhatsApp*) können Sie nur ein Nutzerkonto verwenden. Über den *Dual Messenger* schalten Sie dagegen zwischen zwei Benutzerkonten um. In der Praxis hat das allerdings keinen Nutzen.
- *SOS-Nachrichten senden*: Mehrmaliges schnelles Betätigen des Ein-/Ausschalters sendet automatisch eine MMS mit einem Foto und ruft eine zuvor festgelegte Person an.

❶❷ Alle Bewegungssteuerungsfunktionen, im Beispiel *Smart Alert*, werden nach Auswahl in einer Animation gezeigt und ausführlich erläutert.

31.2 Einhändiger Betrieb

Der Bildschirm lässt sich verkleinern, damit sich das Handy mit einer Hand bedienen lässt.

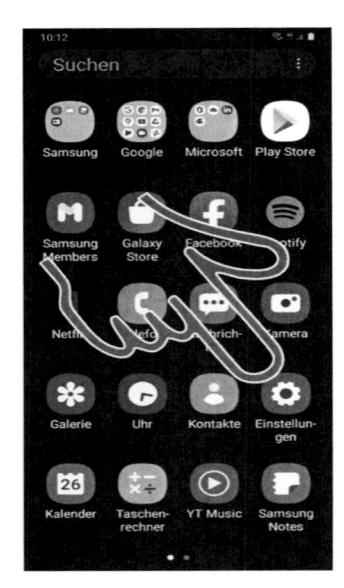

❶ Rufen Sie die *Einstellungen* aus dem Hauptmenü auf.

❷ Rufen Sie das *Erweiterte Funktionen/Einhändiger Modus*-Menü auf.

❸ Die Optionen:

- *Einhändigen Modus verwenden*: Aktivieren Sie den einhändigen Modus über den Schalter.

- *Geste*: Diagonal mit dem Finger von unten nach oben auf dem Bildschirm wischen. Wir empfehlen, diese Voreinstellung nicht zu ändern.

- *Schaltfläche*: Dreimaliges schnelles Betätigen der O-Taste verkleinert die Bildschirmdarstellung.

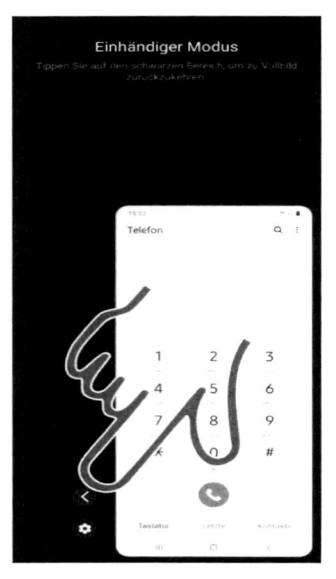

❶ Wenn die Option *Einhändiger Modus* aktiv ist, wischen Sie einmal von unten links nach oben rechts.

❷ Über die Schaltleiste auf der linken beziehungsweise rechten Seite (Pfeil) ändern Sie die Anordnung. Sie beenden die verkleinerte Ansicht, wenn Sie die außerhalb des »Bildschirms« tippen.

31.3 Mehrfensteransicht

Normalerweise läuft auf Android-Geräten immer nur ein Programm im Vordergrund. Es ist zwar möglich, zwei Programme mit der hier beschriebenen Funktion »geteilter Bildschirm« gleichzeitig in Fenstern laufen zu lassen, praktisch ist das aber nicht.

31.3.1 Geteilter Bildschirm

❶ Aktivieren Sie zunächst mit der III-Taste unterhalb des Displays die Liste der zuletzt genutzten Anwendungen. Mit einer Wischgeste nach links/rechts blättern Sie durch die Auflistung. Tippen Sie auf das runde Symbol.

❷ Im Popup wählen Sie nun *In geteilter Bildschirmansicht öffnen* aus.

❶ Wählen Sie ein zweites Programm in den Vorschlägen aus.

❷ Das Galaxy wechselt in die Mehrfensteransicht.

❶❷ Den Anzeigebereich ändern Sie durch Tippen, Halten und Ziehen der Markierung (Pfeil).

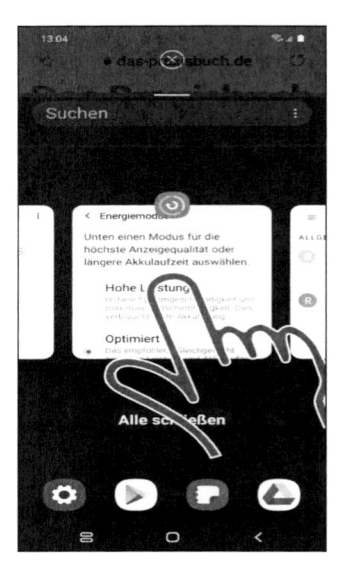

❶❷ Die ᗜ-Taste unterhalb des Displays beendet das untere Fenster und zeigt wieder die Programmliste an. Wählen Sie dort wiederum ein Programm aus, das die Mehrfensteransicht nutzen soll. Mehrmaliges Betätigen von ᗜ rotiert durch die Programme.

❶ Auch wenn Sie die Mehrfensteransicht mit der O-Taste beenden, »merkt« sich das Galaxy das zuletzt geöffnete Fenster. Sie erkennen dies an der ᗜ-Taste (Pfeil), die statt der III-Taste erscheint. Wenn Sie die ᗜ-Taste einmal betätigen, blendet das Handy das letzte Fenster wieder ein,

Bedienungshilfen

beim zweiten Betätigen wird das zweite Fenster einblendet.

❷ Auf das noch im Hintergrund geöffnete Fenster macht das Handy am oberen Bildschirmrand aufmerksam. ✕ (Pfeil) schließt die Fenster.

31.3.2 Popup-Fenster

❶ Aktivieren Sie zunächst mit der |||-Taste unterhalb des Displays die Liste der zuletzt genutzten Anwendungen. Mit einer Wischgeste nach links/rechts blättern Sie durch die Auflistung. Tippen Sie oben auf das runde Symbol.

❷ Wählen Sie *In Popup-Ansicht öffnen*.

❶ Tippen und halten Sie den Finger auf der Fensteroberseite, worauf Sie das Fenster verschieben können.

❷❸ Für die Veränderung der Fenstergröße halten Sie den Finger auf einem der Ränder und warten Sie, bis sich das Fenster hellblau färbt. Ziehen Sie dann in die gewünschte Richtung und lassen Sie den Finger los. Eventuell benötigen Sie dafür mehrere Versuche.

❶ Die Bedeutung der Schaltleisten am oberen Fensterrand:

- ⌗: Transparenz des Popup-Fensters anpassen.
- ⤢: Popup-Fenster auf ein Symbol minimieren.
- ⤡: Popup-Fenster maximieren.
- ✕ beendet eine Anwendung. Alternativ betätigen Sie die ❮-Taste.

❷ Ein zum Symbol minimiertes Fenster lässt sich mit dem Finger verschieben; ein Antippen öffnet das Popup-Fenster wieder.

❸ Zum Löschen halten Sie den Finger auf dem Symbol gedrückt und verschieben es auf *Entfernen*.

31.4 Einstellungen für Startbildschirm und Hauptmenü

Die im Folgenden beschriebenen Optionen sollten Sie erst ausprobieren, wenn Sie sich bereits mit dem Handy eingehend vertraut gemacht haben. Sie ändern damit erheblich Aussehen und Verhalten von Startbildschirm und Hauptmenü.

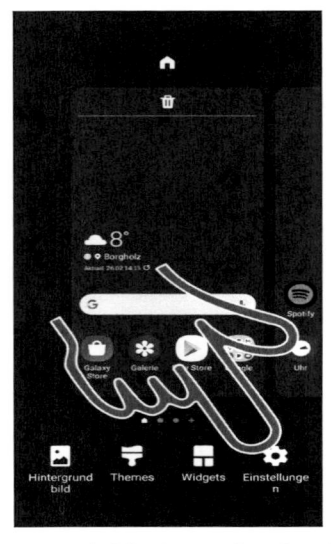

❶ Führen Sie eine Kneifgeste im Startbildschirm durch oder halten Sie den Finger für einige Sekunden auf eine leere Stelle des Startbildschirms.

❷ Gehen Sie auf *Einstellungen*.

❸ Die Optionen:

- *Startbildschirmlaylout*: Das Galaxy nutzt – wie alle Samsung-Handys – mit Startbildschirm und Hauptmenü zwei separate Bildschirme, in denen alle installierten Programme

Bedienungshilfen

aufgelistet werden. Sie können über *Startbildschirmlayout* das Hauptmenü deaktivieren, worauf alle Programme nur noch auf dem Startbildschirm erscheinen.

- *Startbildschirmgitter*: Standardmäßig zeigt das Galaxy im Startbildschirm die Programmsymbole in einem 4×5-Raster an. Sie können allerdings die Anzeige zwischen 4×5, 4×6, 5×5 oder 5×6 umschalten.

- *App-Bildschirmgitter*: Wie beim *Startbildschirmgitter* schalten Sie im Hauptmenü die Programmsymbolanordnung zwischen 4×5, 4×6, 5×5 oder 5×6 um.

- *App-Schaltfläche*: Blendet eine zusätzliche Menü-Schaltleiste im Startbildschirm ein, über das Sie das Hauptmenü aufrufen. Die Menü-Schaltleiste kennen Sie vielleicht noch von älteren Samsung-Handys.

- *App-Symbolindikator*: Wählen Sie aus, ob die Programmsymbole beispielsweise bei der Telefon-, Nachrichten- und E-Mail-Anwendung jeweils mit einer Zahl über die vorhandenen Benachrichtigungen informieren.

- *Startbildschirmlayout sperren*: Verhindert, dass Programmsymbole auf dem Startbildschirm verschoben oder entfernt werden. Ideal, wenn Sie beispielsweise Kindern das Handy überlassen.

- *Apps zum Startbildschirm hzfg.*: Programme, die neu installiert werden (siehe Kapitel *24 Programmverwaltung*) erscheinen nicht nur im Hauptmenü, sondern auch im Startbildschirm als Verknüpfung. Dies war früher auf Samsung-Handys üblich.

- *Für Benachr.-Feld nach unten streichen*: Wischen im Startbildschirm öffnet das Benachrichtigungsfeld.

- *Im Querformat drehen*: Standardmäßig zeigt das Galaxy den Startbildschirm immer im Hochformat an. Sie können allerdings die Anzeige auch mitdrehen lassen, wobei Sie allerdings verkleinert wird.

- *Apps ausblenden*: Wählen Sie aus, welche Programme im Hauptmenü ausgeblendet (»deaktiviert«) werden sollen. Wir raten allerdings dazu, nicht benötigte Programme direkt zu deinstallieren (siehe Kapitel *24.3 Programme deinstallieren*).

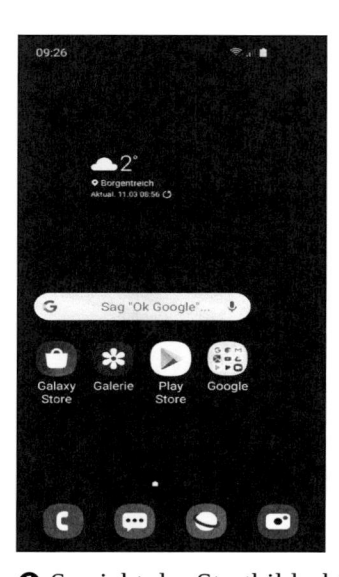

❶ So sieht der Startbildschirm aus, wenn Sie 5×6 im *Startbildschirmgitter*-Menü einstellen.

❷ Das Standardlayout 4×5.

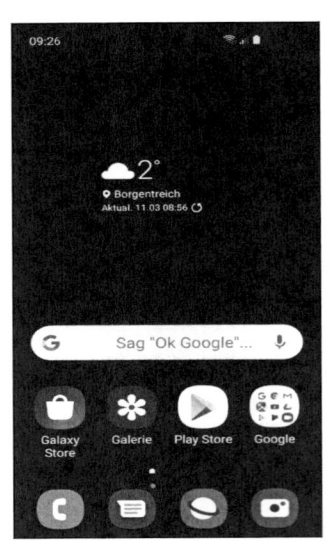

❶❷ Im *App-Symbolindikator*-Menü legen Sie fest, ob die Anzahl der vorhandenen Benachrichtigungen direkt am Programmsymbol angezeigt wird.

❶ Das Hauptmenü rufen Sie auf dem Galaxy normalerweise mit einer Wischgeste auf.

❷ Aktivieren Sie *App-Schaltfläche*, damit Sie über eine Menü-Taste auf das Hauptmenü umschalten können.

32. Eingabemethoden

Die Eingabemethode aktiviert sich automatisch, wenn Sie sich in einem Eingabefeld befinden. Das Galaxy besitzt kein separates Tastenfeld wie viele einfache Handys, weshalb der Hersteller diverse Tricks anwendet, damit Sie mit Ihren Fingern trotzdem fehlerfrei Eingaben vornehmen können.

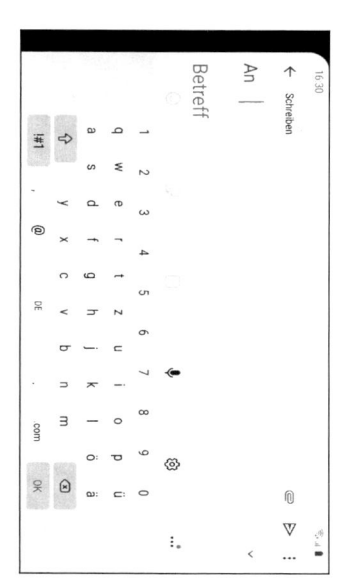

❶ Die Standardeingabemethode beim Galaxy.

❷ Ein besonders großes Tastenfeld erscheint, wenn Sie das Galaxy um 90 Grad gedreht halten. Dabei ist es egal, welche Eingabemethode vorher aktiv war.

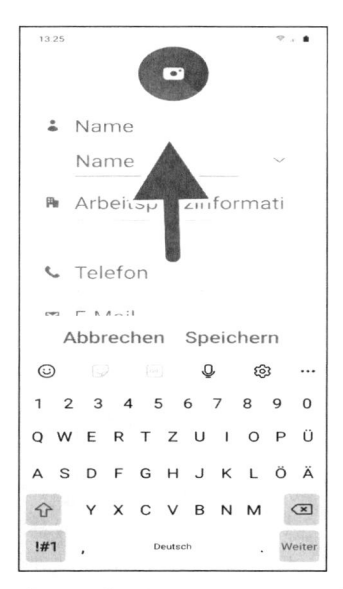

❶ Häufig kommt es vor, dass das Tastenfeld wichtige Eingabefelder oder Informationen überdeckt. In diesem Fall tippen und halten Sie den Finger auf dem Bildschirm (nicht auf das Tastenfeld) und ziehen nach unten beziehungsweise oben.

❷ Alternativ betätigen Sie einmal die ⌄-Taste (unterhalb des Displays), worauf das Tastenfeld verschwindet. Sobald Sie ein Eingabefeld antippen, zeigt das Galaxy das Tastenfeld wieder an.

❶❷ Alternativ betätigen Sie die *Weiter*-Taste im Tastenfeld, worauf das nächste Eingabefeld angesprungen wird.

Das Galaxy unterstützt folgende Eingabemethoden:

- **Samsung-Tastatur** (❶): Die Standard-Eingabemethode.
- **Durchgehende Eingabe**: Eine Erweiterung der Samsung-Tastatur, die ähnlich funktioniert wie das von anderen Handys bekannte »Swype«. Eingaben nehmen Sie vor, indem Sie mit dem angedrückten Finger auf dem Tastenfeld von Buchstabe zu Buchstabe ziehen. Die Tastenfunktionen der Samsung-Tastatur stehen, während die durchgehende Eingabe aktiv ist, weiterhin zur Verfügung.
- **Spracheingabe** (❷): Das Galaxy setzt Ihre gesprochenen Wörter oder Sätze in Text um.

Eingabemethoden

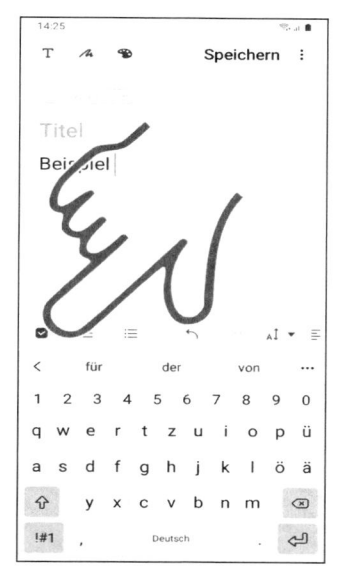

❶❷ Eine Besonderheit ist die ‹-Schaltleiste: Damit wechseln Sie zwischen den Wortvorschlägen und den Zusatzfunktionen:

- ☺ (Emojis): Smiley einfügen.
- 😛 (Sticker): Animierte Cartoon-Figur einfügen. Bitte beachten Sie, dass diese nicht bei jedem Empfänger auch wiedergegeben wird.
- GIF (GIF-Tastatur): GIF (animierte Grafik) des Online-Dienstes Giphy einfügen.
- 🎤 (Spracheingabe): Text per Spracheingabe eingeben.
- ✱ (Einstellungen)
- •••: Weitere Funktionen (❸) anzeigen:
    - *Suche*: Anhand Ihrer Eingaben schlägt das Tastenfeld beispielsweise animierte Grafiken oder Musiktitel von Spotify vor. Wir raten von der Nutzung ab, denn nicht alle Anwendungen unterstützen das Einfügen von Grafiken.
    - *Übersetzen*: Wörter in eine andere Sprache übersetzen.
    - *Textbearbeitung*: Den Cursor in umfangreicheren Texten navigieren, sowie Kopieren und Einfügen durchführen.
    - *Modi*: Eine verkleinertes Tastenfeld, das Sie mit einem Finger bedienen können.
    - *Tastaturgröße*: Tastenfeldgröße anpassen.

Leider sind die meisten unter *Weitere Funktionen* angebotenen Optionen nutzlos oder verwirren nur. Wir raten daher Einsteigern von deren Nutzung ab.

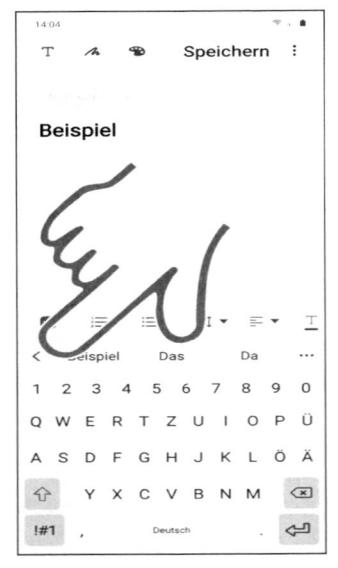

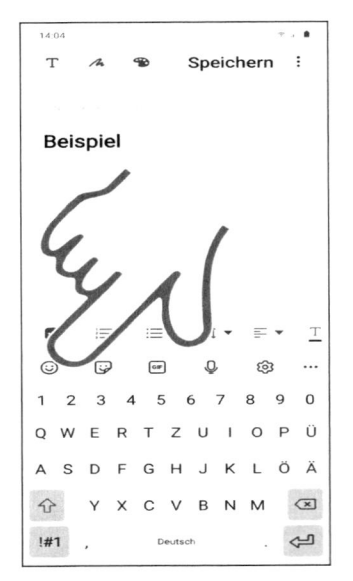

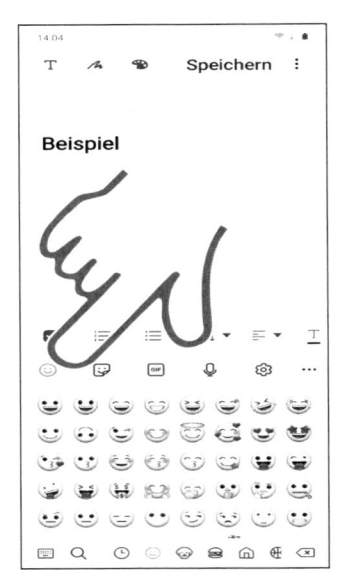

❶ Betätigen Sie **<** (Pfeil), falls die Symbole nicht angezeigt werden.

❷ Beim ersten Betätigen schalten Sie auf eine Zusatzfunktion um…

❸ … während erneutes Betätigen wieder das Standardtastenfeld aktiviert.

32.1 Samsung-Tastenfeld

Das Samsung-Tastenfeld ist standardmäßig aktiv und bietet einen guten Kompromiss zwischen Bedienbarkeit und Tastengröße.

❶ Für Satz- und Sonderzeichen ist auf der Displaytastatur kein Platz. Betätigen Sie dafür einfach die !#1-Taste (Pfeil).

❷ Über die ABC-Taste schalten dann wieder auf das normale Tastenfeld zurück.

Eingabemethoden

❶ Umlaute geben Sie ein, indem Sie die jeweilige Taste, im Beispiel »A« etwas länger gedrückt halten. Das Tastenfeld zeigt nun ein Popup an, worin Sie auf den Umlaut tippen.

❷ In E-Mail-Eingabefeldern ändert sich die Tastenbelegung etwas: Sie haben dann unter anderem das »@«-Zeichen und das häufig benötigte ».com« zur Verfügung.

❸ Die Hochstelltaste (Pfeil) funktioniert genauso wie von einer PC-Tastatur gewohnt, das heißt, zweimaliges Betätigen sorgt dafür, dass alle Buchstaben in Großbuchstaben erscheinen. Betätigen Sie die Taste erneut, werden die Großbuchstaben wieder abgeschaltet.

32.1.1 Wortvorschläge

Damit Sie nicht soviel tippen müssen, macht das Tastenfeld während der Eingabe Wortvorschläge.

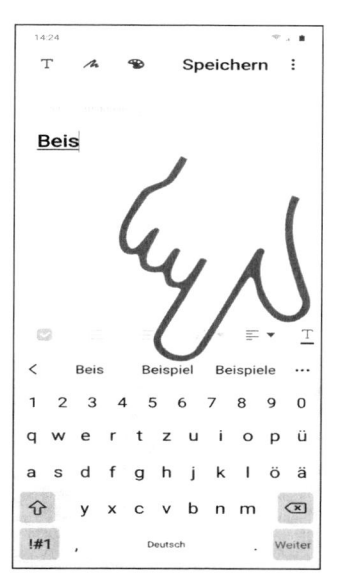

❶❷ Während Sie tippen, blendet das Galaxy oberhalb des Tastenfelds automatisch Wortvorschläge ein. Tippen Sie bei Bedarf einfach mit dem Finger einen Vorschläge an.

Häufig schlägt das Tastenfeld bereits sehr frühzeitig ein passendes Wort vor. Betätigen Sie nun die Leertaste oder geben Sie ein Satzeichen an, dann wird das vorgeschlagene Wort automatisch ins Eingabefeld übernommen. Sie ersparen sich so das Antippen des Wortvorschlags.

> Durch den Einsatz der Wortvorschläge können Sie häufig auf die umständliche Eingabe von Umlauten verzichten. Geben Sie beispielsweise »Schafchen« ein, dann erscheint der Wortvorschlag »Schäfchen«, welche Sie durch Antippen ins Eingabefeld übernehmen.

❶❷ Weitere Wortvorschläge liefert die •••-Schaltleiste.

32.1.1.a Wörterbuchsprache einstellen

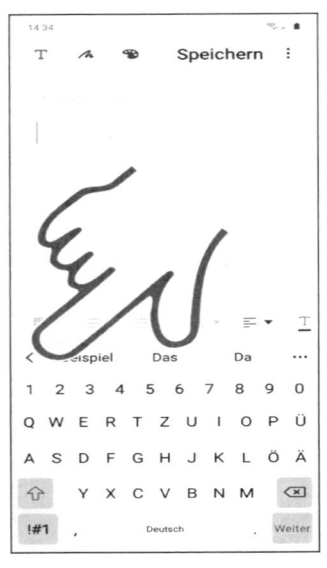

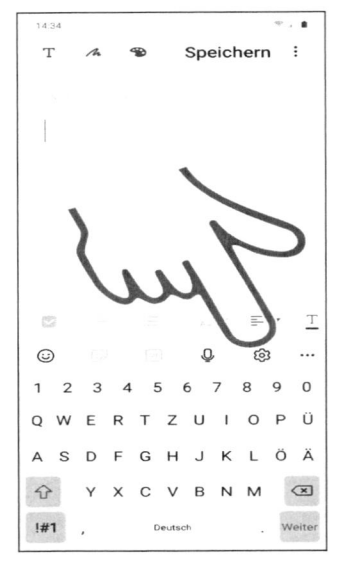

❶❷ Das Galaxy nutzt ein Wörterbuch, um die eingegebenen Wörter zu erkennen. Wenn Sie Texte in einer anderen Sprache schreiben, müssen Sie die Wörterbuchsprache ändern. Dazu betätigen Sie gegebenenfalls ❮ und danach ⚙.

❸ Gehen auf *Sprachen und Typen*.

Eingabemethoden

❶❷ Gehen auf *Eingabesprachen verwalten* und schließen Sie den Hinweis mit *Abbrechen*.

❸ Aktivieren Sie die verwendeten Sprachen, also zum Beispiel neben *Deutsch* auch *English (UK)*. Falls Sie weitere Sprachen benötigen, laden Sie diese durch Antippen des Sprachnamens unten in der Liste herunter. Schließen Sie den Bildschirm mit der ⟨-Taste.

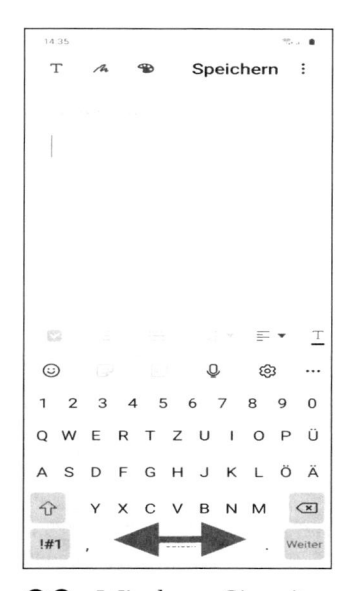

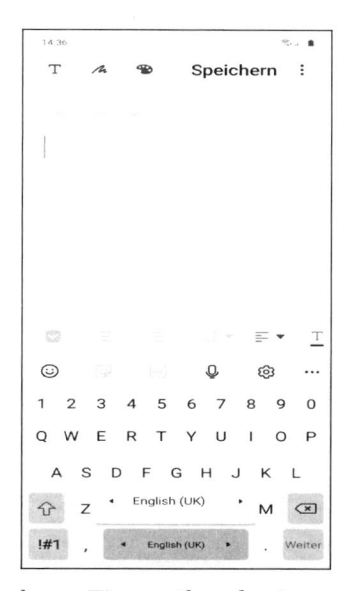

❶❷ »Wischen« Sie mit angedrücktem Finger über der Leertaste, um die Sprache umzuschalten.

32.1.1.b Das Anwenderwörterbuch

Abhängig von der genutzten Anwendung schreiben Sie jeweils anders. Das Galaxy kann dann Ihre Schreibgewohnheiten bei der Texterkennung berücksichtigen.

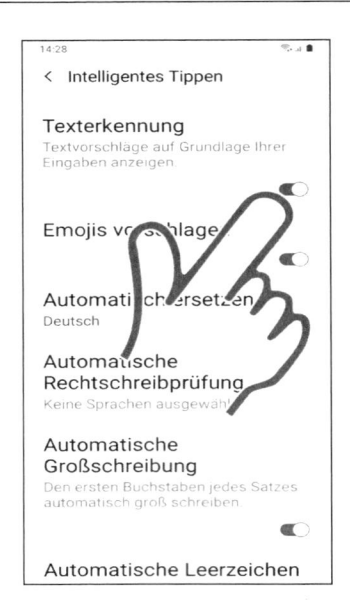

❶ Gehen Sie auf ⚙ (falls diese Schaltleiste nicht angezeigt wird, betätigen Sie vorher ⟨ links über dem Tastenfeld).

❷❸ Prüfen Sie im *Intelligentes Tippen*-Menü, ob *Texterkennung* eingeschaltet ist.

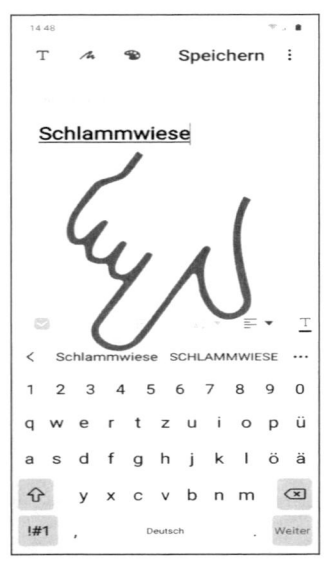

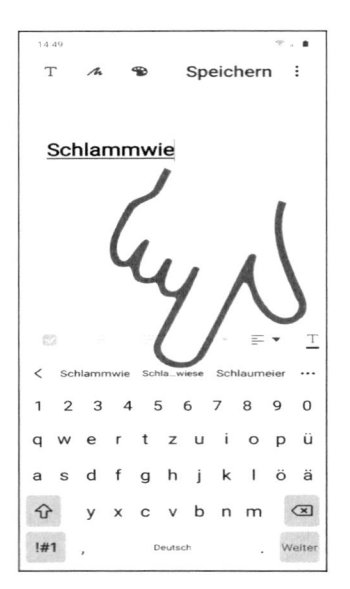

❶ So fügen Sie dem Anwenderwörterbuch weitere Wörter hinzu: Geben Sie das Wort auf dem Tastenfeld ein und tippen Sie es dann in den Wortvorschlägen kurz an (Pfeil). Das Wort wird nun beim nächsten Mal vorgeschlagen, sobald Sie die ersten Buchstaben davon eintippen.

❷❸ Manchmal soll ein Wortvorschlag später wieder aus dem Anwenderwörterbuch beziehungsweise den Vorschlägen verschwinden, beispielsweise weil Sie ihn falsch geschrieben haben. Geben Sie das Wort ein, dann tippen und halten Sie den Finger auf dem Wortvorschlag, bis das Popup erscheint. Betätigen Sie *OK*.

32.1.1.c Automatische Rechtschreibkorrektur

Das Handy wertet, wie Sie bereits festgestellt haben, Ihre Eingaben aus und korrigiert dabei Rechtschreibfehler. Wenn Sie häufiger berufsspezifisches oder mileubehaftetes Vokabular verwenden, das nicht im Handy-Wörterbuch enthalten ist, wird die Korrektur allerdings sehr lästig. Sie können dieses Problem auf zwei Arten lösen:

- Sie übernehmen Ihre Fachbegriffe beim ersten Auftreten in das Benutzerwörterbuch, wie im Kapitel *32.1.1.b Das Anwenderwörterbuch* beschrieben.
- Sie deaktivieren die automatische Rechtschreibkorrektur, um die Begriffe in Ruhe einzugeben und aktivieren die Korrekturfunktion anschließend wieder.

Im Folgenden zeigen wir Ihnen, wie Sie die automatische Rechtschreibkorrektur deaktivieren.

Eingabemethoden

❶ Gehen Sie auf ⚙ (falls diese Schaltleiste nicht angezeigt wird, betätigen Sie vorher ❮ links über dem Tastenfeld).

❷ Rufen Sie *Intelligentes Tippen* auf.

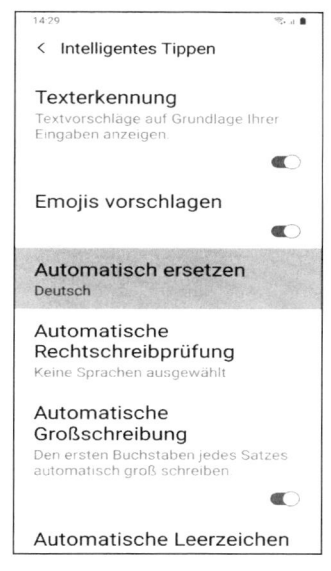

❶❷ Im *Automatisch Ersetzen*-Menü deaktivieren Sie die Option *Deutsch*. Erneutes Antippen schaltet die Korrektur später wieder ein.

Das Tastenfeld macht nun weiterhin Korrekturvorschläge, welche aber nicht automatisch angewendet werden, wenn Sie die Leertaste betätigen. Möchten Sie einen Wortvorschlag dennoch übernehmen, dann tippen Sie einfach darauf.

32.1.2 Einstellungen

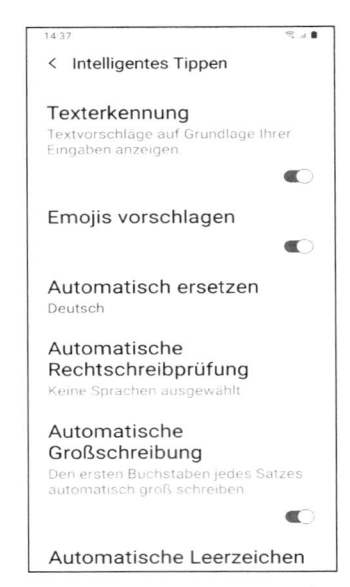

❶ Gehen Sie auf ⚙ (falls diese Schaltleiste nicht angezeigt wird, betätigen Sie vorher ❮ links über dem Tastenfeld).

❷ Die Einstellungen:

- *Sprachen und Typen*: Die verschiedenen Eingabemethoden auf dem Galaxy greifen für Wortvorschläge jeweils auf das Wörterbuch zurück. Falls Sie häufig Texte in einer anderen Sprache schreiben, sollten Sie diese hier unter *Eingabesprachen auswählen* einstellen. Siehe Kapitel *32.1.1.a Wörterbuchsprache einstellen*.

- *Intelligentes Tippen* (❸): Wir raten von Änderungen in diesem Menü ab:
    - *Texterkennung*: Steuert die Anzeige der Wortvorschläge oberhalb des Tastenfelds.
    - *Emojis vorschlagen; Sticker bei Eingabe vorschlagen*: Diese Funktionen sind nur aktiv, wenn Sie sie über das Tastenfeld aktivieren (siehe Kapitel 32.1 Samsung-Tastenfeld). Wir raten aber von der Verwendung ab, zumal viele Textanwendungen das Einfügen von Grafiken nicht unterstützten.
    - *Automatisch ersetzen*: Diese Funktion beschreibt bereits Kapitel *32.1.1.c Automatische Rechtschreibkorrektur*.
    - *Automatische Rechtschreibprüfung*: Das Samsung markiert nicht erkannte/falsch geschriebene Worte mit einem Unterstrich. Damit Sie diese Funktion nutzen können, müssen Sie *Automatisch ersetzen* deaktiviert haben. Mangels sinnvoller Anwendungsmöglichkeiten gehen wir nicht weiter darauf ein.
    - *Automatische Großschreibung*: Bei Satzanfängen beginnen Wörter automatisch mit Großbuchstaben.
    - *Automatische Leerzeichen:* Nach übernommenen Textvorschlägen fügt das Handy automatisch ein Leerzeichen ein.
    - *Automatische Satzzeichen setzen*: Betätigen Sie zweimal hintereinander die Leertaste, um einen Punkt einzugeben.

- *Stil und Layout*:
    - *Tastatur-Symbolleiste*: Blendet die Symbolleiste über dem Tastenfeld ein. Sollte nicht deaktiviert werden.
    - *Tastatur-Themes*: Wählen Sie zwischen verschiedenen hellen und dunklen Tastenfeld-Designs.
    - *Kontrastreiche Tastatur*: Tastenfeld farblich hervorheben.
    - *Modi*: Wählen Sie zwischen verschiedenen Tastenfeld-Designs.
    - *Größe und Transparenz*: Tastenfeldgröße einstellen.

Eingabemethoden

- ○ *Schriftgröße der Tastatur*: Nicht von Samsung dokumentiert.
- ○ *Tastatur-Layout*: Zahlentasten beziehungsweise Sonderzeichen ein/ausblenden.
- ○ *Benutzerdefinierte Symbole*: Tastenanordnung für das Popup ändern, das bei Drücken und Halten der ».«-Taste angezeigt wird.
- *Streichen, berühren und Feedback*:
    - ○ *Tastaturstreichsteuerung*: Welche Aktion Sie durch ein Wischen mit dem Finger über das Tastenfeld auslösen):
        - *Keine Streichgesten*: Das Fingerwischen hat keine Funktion.
        - *Zum Tippen streichen*: Aktiviert die Swype-ähnliche Eingabemethode, bei der Sie mit angedrücktem Finger auf dem Tastenfeld von Buchstabe zu Buchstabe ziehen. Auf *Durchgehende Eingabe* geht Kapitel *32.2 Durchgehende Eingabe* ein.
        - *Cursorsteuerung*: Sie bewegen den Cursor mit Wischgesten auf dem Tastenfeld.
    - ○ *Tastaturverz. bei Berühren/Halten*: Zeitspanne, die beim Halten einer Taste vergeht, bevor die Tastenwiederholung erfolgt.
    - ○ *Geschwindigkeit der Rücktaste*: Reaktionsgeschwindigkeit der Löschtaste.
    - ○ *Berühren und halten der Leertaste*:
        - *Keine Aktion*
        - *Cursorsteuerung*: Tippen und halten Sie die Leertaste für die Cursorsteuerung im Eingabefeld (Standard).
        - *Spracheingabe*: Aktiviert die im Kapitel *32.3 Spracherkennung* beschriebene Spracherkennung.
    - ○ *Berührungsfeedback*:
        - *Ton*: Tastenton abspielen.
        - *Zeichenvorschau*: Zeigt auf dem Tastenfeld die betätigte Taste an.
    - ○ *Symbolpanel geöffnet lassen*: Bezieht sich auf das Popup, das bei Drücken und Halten der ».«-Taste angezeigt wird. Aktivieren Sie diese Option, dann schließt sich das Popup nicht mehr automatisch, wenn Sie darin ein Zeichen auswählen.

32.2 Durchgehende Eingabe

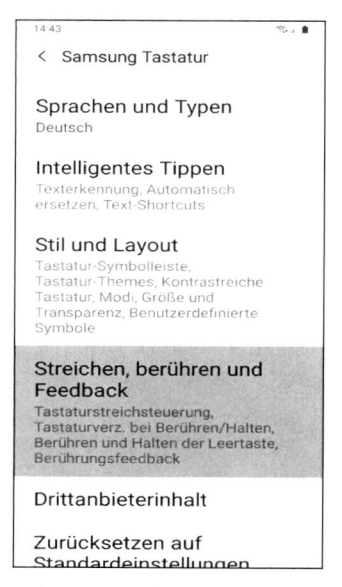

❶ Das Einschalten der durchgehenden Eingabe erfolgt über ⚙ (falls diese Schaltleiste nicht angezeigt wird, tippen Sie vorher ❮ links über dem Tastenfeld an).

❷ Wählen Sie *Streichen, berühren und Feedback*.

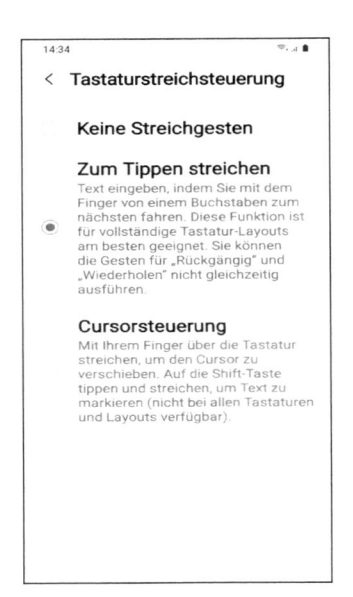

❶❷ Gehen Sie auf *Tastaturstreichsteuerung* und aktivieren *Zum Tippen streichen*. Auf dem gleichen Wege lässt sich die durchgehende Eingabe später auch jederzeit wieder deaktivieren (wählen Sie dann *Keine Streichgesten*).

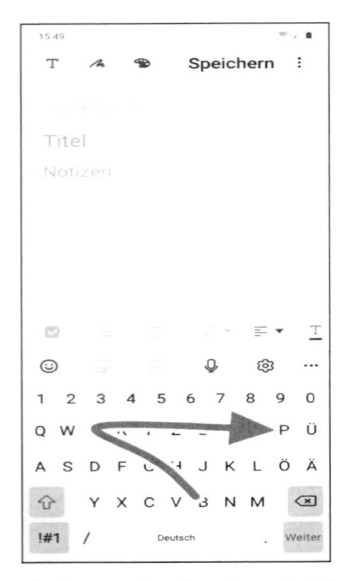

❶❷ Die durchgehende Eingabe ist recht einfach zu verstehen: Halten Sie den Finger auf den ersten Buchstaben des einzugebenden Worts angedrückt und ziehen Sie nun mit angedrücktem Finger auf die weiteren Buchstaben des Worts. Setzen Sie dann den Finger ab. In unserem Beispiel soll »Beispiel« eingegeben werden. Leerzeichen fügt die durchgehende Eingabe übrigens automatisch zwischen den Wörtern ein. Für die Eingabe von doppelten Buchstaben bewegen Sie den Finger über der entsprechenden Taste einfach hin und her.

32.3 Spracherkennung

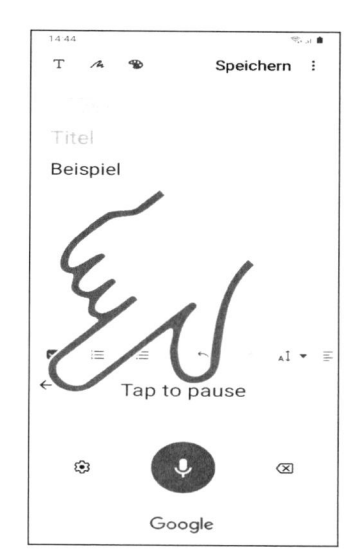

❶ Die Spracherkennung aktivieren Sie über die 🎤-Taste (Pfeil) auf der Samsung-Tastatur (falls Sie dort kein 🎤 sehen, tippen Sie vorher auf ❮ links über dem Tastenfeld).

❷ Sprechen Sie dann in ruhigem Tonfall und gleichmäßig die Wörter beziehungsweise Sätze, die dann in Text umgesetzt werden. Beenden Sie die Spracherkennung, indem Sie die 🎤-Schaltleiste erneut antippen.

❸ Die ←-Schaltleiste (Pfeil) wechselt die Eingabemethode wieder zum Tastenfeld.

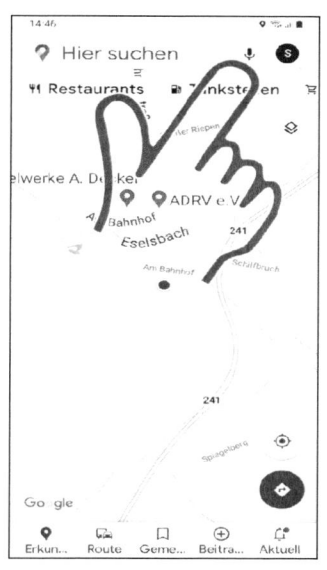

❶❷ In vielen Anwendungen auf dem Galaxy wird eine direkte Spracheingabe unterstützt, hier bei Google Maps.

32.4 Texte kopieren, ausschneiden und einfügen

Es kommt häufiger mal vor, dass man einen Text, beispielsweise aus einer SMS oder E-Mail, in einer anderen Anwendung weiterverwenden will.

Leider handhaben die Google-Anwendungen das Kopieren und Einfügen von Texten etwas unterschiedlich. Damit Sie eine Idee davon bekommen, wie der grundsätzliche Ablauf ist, möchten wir einen Text aus einer im Webbrowser angezeigten Webseite in Gmail (siehe Kapitel *10 Gmail*) versenden.

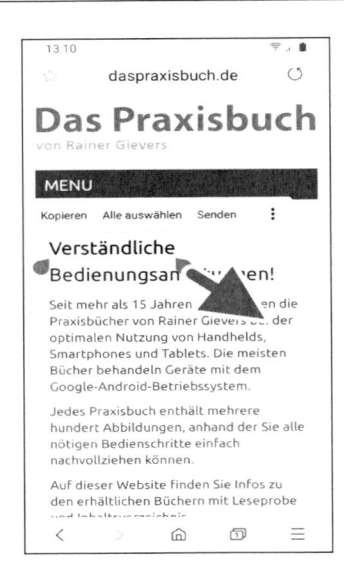

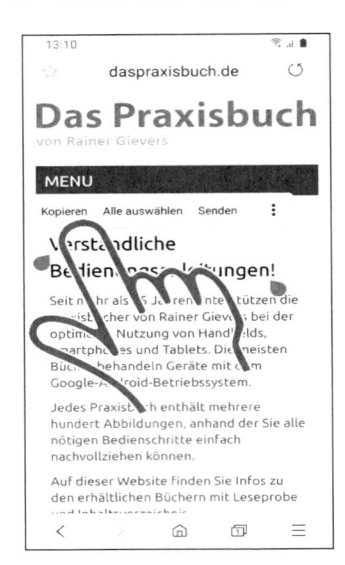

❶ Beispiel für das Markieren im Webbrowser (siehe Kapitel *12 Webbrowser*): Tippen und halten Sie den Finger auf einem Wort, welches darauf hin markiert ist.

❷ Anschließend ändern Sie den markierten Bereich, indem Sie die Schieber an die gewünschte Position bewegen. Dabei unterstützt Sie eine eingeblendete Lupe.

❸ Tippen Sie die *Kopieren*-Schaltleiste an.

❶❷ Weitere Funktionen finden Sie im ⋮-Menü (Pfeil):

- *Senden*: Text per E-Mail, SMS, WhatsApp, usw. Versenden.
- *Finden*: Im Text nach dem markierten Wort suchen.
- *Internetsuche:* In Google nach dem markierten Text suchen (Websuche).
- *Wörterbuch*: Aktiviert die Übersetzerfunktion, um beispielsweise englischen Text nach Deutsch zu übersetzen.
- *Bing-Suche*: Über Microsofts Bing nach markierten Text suchen (Websuche).

Eingabemethoden

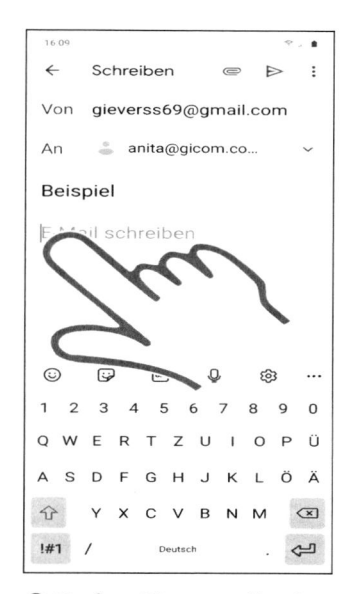

❶ Rufen Sie nun die Anwendung auf, in der Sie den kopierten Text einfügen möchten. Tippen und halten Sie den Finger in die Zielposition – bitte beachten Sie dabei, dass Sie nur in bestehenden Text beziehungsweise ans Textende tippen können.

❷❸ Im Popup wählen Sie *Einfügen*.

33. Benutzerkonfiguration

Ähnlich wie bei Windows auf dem Desktop-PC kann auch das Galaxy an die Vorlieben (und Schwächen!) des Nutzers angepasst werden.

> Hinweis: Bevor Sie dieses Kapitel durcharbeiten, sollten Sie sich bereits ausführlich mit dem Handy auseinandergesetzt haben.

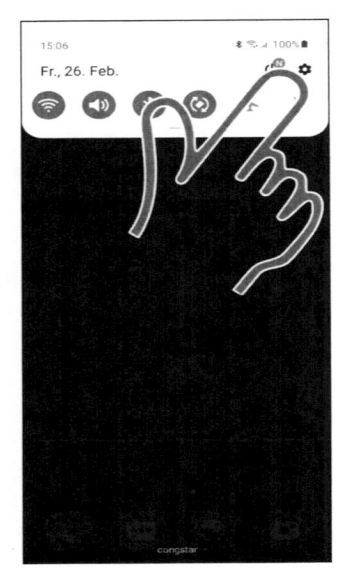

❶ Für die *Einstellungen* aktivieren Sie das Benachrichtigungsfeld und tippen ✿ an.

❷ Alternativ gehen Sie im Hauptmenü auf *Einstellungen*.

❶❷ Tipp: Falls Sie mal nicht wissen, in welchem Menü eine bestimmte Funktion zu finden ist, tippen Sie auf 🔍 und geben den Suchbegriff ein. Tippen Sie dann in der Ergebnisliste einen Eintrag an.

> Die Schrift in den Menüs wurde für dieses Buch für bessere Lesbarkeit eine Stufe größer gestellt. Bei Ihrem Gerät sehen deshalb die Menüs deshalb etwas anders aus.

Benutzerkonfiguration

Die meisten Einstellungsfunktionen werden bereits im Buch beschrieben, weshalb wir auf die entsprechenden Kapitel verweisen.

Die Menüpunkte:

- *Verbindungen*: Siehe Kapitel *8 Internet einrichten und nutzen*, *9 WLAN* und *29 Bluetooth*.
- *Töne und Vibration*: Siehe Kapitel *4.12 Medienlautstärke und Signaltöne*.
- *Benachrichtigungen*: Siehe Kapitel *30.9 Benachrichtigungen einschränken*.
- *Anzeige*: Siehe Kapitel *26.1 Bildschirmanzeige anpassen*.
- *Hintergrundbild:* Siehe Kapitel *4.7.4 Hintergrundbild*.
- *Themes*: Hintergründe von Drittanbietern, allerdings kostenpflichtig.
- *Startbildschirm*: Darauf geht Kapitel *31.4 Einstellungen für Startbildschirm und Hauptmenü* ein.
- *Sperrbildschirm*: Siehe Kapitel *28 Zugriffssperren*.
- *Biometrische Daten und Sicherheit*: Siehe Kapitel *28.2 Gerätesperre*.
- *Datenschutz*: Hier erfahren Sie, welche Daten an Google und Samsung übertragen werden.
- *Konten und Sicherung*: Siehe Kapitel *22 Das Google-Konto* und *23 Das Samsung-Konto*.
- *Google: Siehe Kapitel 22 Das Google-Konto*.
- *Erweiterte Funktionen*: Siehe Kapitel *31.1 Gestensteuerung*.
- *Digitales Wohlbefinden und Kindersicherung*: Liefert Statistiken zur Zeit, die Sie mit dem Handy verbringen. Sie können zudem einstellen, wieviele Minuten am Tag Sie bestimmte Anwendungen nutzen dürfen. Nach Ablauf sind diese ausgegraut. In diesem Buch gehen wir nicht weiter darauf ein.
- *Gerätewartung*: Siehe Kapitel *21.4 Gerätewartung*.
- *Apps*: Siehe Kapitel *30.4 Anwendungen als Standard*.
- *Allgemeine Verwaltung:* Siehe Kapitel *33.2 Allgemeine Verwaltung*.
- *Eingabehilfe*: Diverse Einstellungen für Nutzer mit eingeschränktem Seh- und Hörvermögen.
- *Software-Update*: Siehe Kapitel *33.3 Software-Update*.
- *Benutzerhandbuch*: Ruft eine Anleitung auf der Samsung-Website auf.
- *Telefoninfo*: Siehe Kapitel *33.3.1 Geräteinformationen*.

33.1 Netzwerkverbindungen

◆ *Einstellungen/Verbindungen*

❶❷ Im *Verbindungen*-Menü finden Sie die Steuerungsfunktionen für drahtlose Kommunikation:

- *WLAN*: Auf WLAN geht bereits Kapitel *9 WLAN* ein.

- *Bluetooth:* Siehe Kapitel *29 Bluetooth*.

- *NFC und und kontaktlose Zahlungen*: Verwaltet den NFC-Chip, mit dem Sie über kurze Entfernungenn Datenübertragungen zwischen zwei Geräten durchführen können. Siehe Kapitel *30.10 NFC*.

- *Offline-Modus*: Schaltet das Mobilfunkmodul sowie Bluetooth und WLAN aus (sogenannter »Flugmodus«). Siehe auch Kapitel *8.2.2 Mobilfunk-Internet aktivieren/deaktivieren*.

- *Mobile Netzwerke*: Das Menü verwaltet alles rund um die Mobilfunk-Internet-Funktionen. Wir gehen in diesem Buch nicht weiter darauf ein, da das Handy die Einstellungen beim ersten Einschalten automatisch vornimmt.

- *Datennutzung*: Führt eine Statistik der übertragenen Datenmenge über Mobilfunk-Internet und WLAN.

- *SIM-Kartenverwaltung*: Darauf geht Kapitel *34 Dual-SIM-Verwendung* ein.

- *Mobile Hotspot und Tethering*: Internetverbindung des Handys mit einem anderen Gerät nutzen. In diesem Buch gehen wir nicht weiter darauf ein.

- *Weitere Verbindungseinstellungen*: Mobiles Internet und VPN, usw. einrichten.

33.1.1 Datenübertragung

◆ *Einstellungen/Verbindungen/Weitere Verbindungseinstellungen*

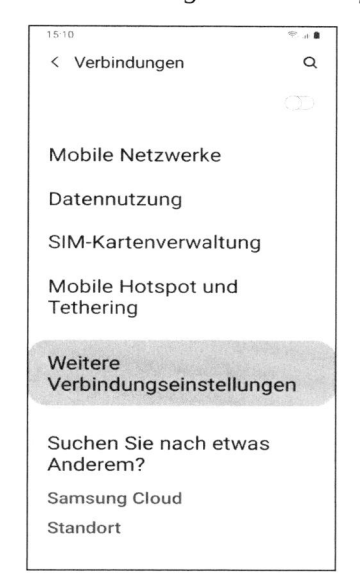

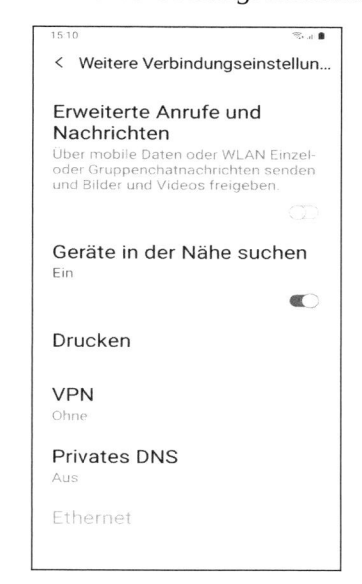

❶❷ Im *Weitere Verbindungseinstellungen*-Bildschirm stellen Sie ein:

- *Erweiterte Anrufe und Nachrichten*: Dahinter verbirgt sich der SMS-Nachfolger »Rich Text«, welcher aber in der Praxis keine Rolle spielt und wegen der damit verbundenen Kosten deaktiviert bleiben sollte.

- *Geräte in der Nähe suchen*: Das Galaxy sucht permanent im Hintergrund nach Geräten, mit denen Sie vielleicht per Bluetooth koppeln möchten. Wir empfehlen diese Option wegen des damit verbundenen Energieverbrauchs zu deaktivieren.

- *Drucken:* Da die Druckausgabe unter Android nicht besonders anwenderfreundlich gestaltet ist, gehen wir in diesem Buch nicht weiter darauf ein.

- *VPN*: Konfiguriert Virtual Private Networks (VPNs), die eine verschlüsselte und sichere Kommunikation über das Internet, beispielsweise mit Firmennetzwerken, ermöglichen. Dieses Buch geht darauf nicht weiter ein.

- *Privates DNS*: Statt den automatisch vorgenommenen Interneteinstellungen können Sie selbst Vorgaben machen. Nur für erfahrene Anwender.

- *Ethernet*: Verwaltet einen optionalen Netzwerkadapter.

33.2 Allgemeine Verwaltung

◆ *Einstellungen/Allgemeine Verwaltung*

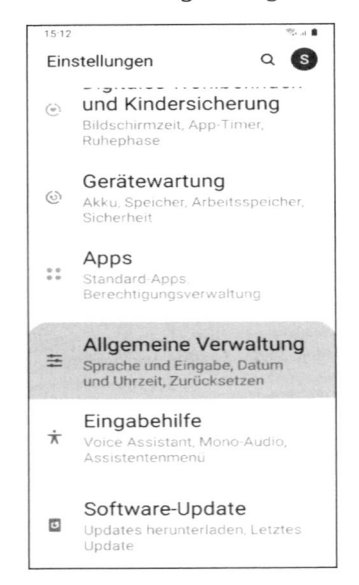

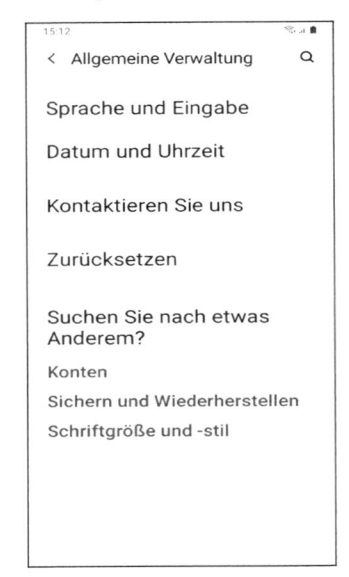

❶ Die Funktionen im *Allgemeine-Verwaltung*-Menü:

- *Sprache und Eingabe:* Auf die Eingabeeinstellungen geht Kapitel *32 Eingabemethoden* ein.

- *Datum und Uhrzeit*: Standardmäßig erhält das Handy die Uhrzeit atomuhrgenau vom Mobilfunknetzbetreiber, weshalb Sie nicht selbst die Uhr stellen müssen.

- *Kontaktieren Sie uns:* Sie haben eine Frage zu Ihrem Handy? Dann hilft Ihnen Samsung weiter.

- *Zurücksetzen* (❸):
    - *Einstellungen zurücksetzen:* Falls Ihr Handy mal nicht so funktioniert, wie vorgesehen, sollten Sie *Einstellungen zurücksetzen* verwenden. Damit setzen Sie beispielsweise den Klingelton auf den Standard zurück.
    - *Zurücksetzen von Netzwerkeinstellungen*: Von Ihnen genutzte WLAN-Zugangspunkte und gekoppelte Bluetooth-Geräte werden gelöscht. Sie können das Galaxy aber jederzeit später wieder damit verbinden.
    - *Eingabehilfeeinstellungen zurücksetzen*: Falls Sie im Menü *Eingabehilfe* einige Funktionen aktiviert hatten, setzen Sie sie hiermit wieder zurück.
    - *Auf Werkseinstellungen zurücksetzen*: Alle Daten löschen, worauf Sie das Galaxy im gleichen Zustand vorfinden, in dem Sie es erworben haben. Daten auf einer eingelegte Speicherkarte bleiben natürlich erhalten.
    - *Automatischer Neustart*: Das Handy startet sich zu einem festgelegten Zeitpunkt, beispielsweise Nachts, neu.

Benutzerkonfiguration

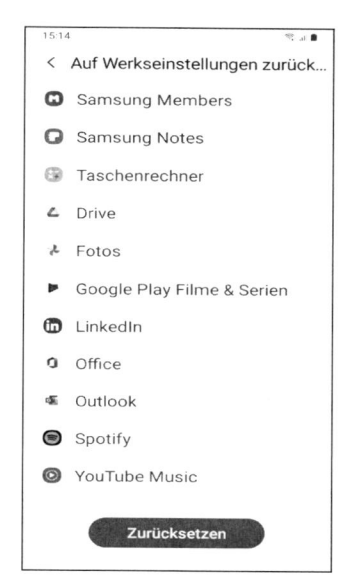

❶ Verwenden Sie *Auf Werkseinstellungen zurücksetzen* für das Zurücksetzen auf den Zustand, in dem Sie das Galaxy erworben haben. Beachten Sie, dass dabei Daten auf der eingelegten SD-Karte nicht gelöscht werden. Im Google-Konto abgelegte Kontakte und Termine, sowie die Nachrichten in Gmail, stehen Ihnen nach Neueinrichtung des Google-Kontos in den entsprechenden Anwendungen wieder zur Verfügung.

Android-Handys wie das Galaxy sind nicht als »Standalone«-Geräte konzipiert, sondern sind auf die Kommunikation mit den Internetservern von Google angewiesen. Dies hat den Vorteil, dass Ihre Daten, darunter Kontakte, Kalendertermine, Browser-Lesezeichen, usw. automatisch bei Google unter Ihrem **Google-Konto** gespiegelt werden.

Beachten Sie, dass Programme von Drittanbietern, die Sie aus dem Google Play Store installiert haben, häufig nicht die Datensicherung im Google-Konto nutzen. In den Programmen vorgenommene Einstellungen und angelegte Daten gehen deshalb meist bei einem Zurücksetzen des Geräts verloren. Die zuvor von Ihnen installierten Programme werden Ihnen dagegen im Google Play Store nach dem Zurücksetzen zur erneuten Installation angeboten.

Haben Sie keinen Zugriff auf Ihr Handy, beispielsweise weil Sie es verloren haben, oder es defekt ist, dann können Sie jederzeit dessen Daten auf einem anderen Android-Handy (es muss noch nicht mal das gleiche Modell sein) wiederherstellen. Weitere Infos zum Google-Konto haben wir im Kapitel 22 Das Google-Konto zusammengestellt.

❷❸ Rollen Sie mit einer Wischgeste durch den Bildschirm und gehen Sie auf *Zurücksetzen*.

33.3 Software-Update

◆ *Einstellungen/Software-Update*

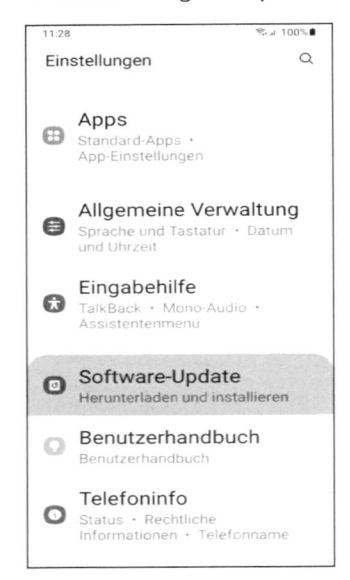

❶❷ Die Einstellungen im *Software-Update*-Menü sollten Sie nicht ändern. Wenn der Hersteller ein Betriebssoftware-Update zur Verfügung stellt, wird es automatisch nach Rückfrage installiert.

33.3.1 Geräteinformationen

◆ *Einstellungen/Telefoninfo*

❶❷ Der *Telefoninfo*-Bildschirm zeigt die aktuelle Firmware-Version an.

Von den Menüpunkten sind für Sie folgende nützlich:

- *Status:* Diverse Systeminformationen.
- *Rechtliche Informationen*
- *Softwareinformationen* (❸): Liefert Informationen zur installierten Betriebssystemversion.
- *Akkuinformationen*: Ladezustand und Batteriekapazität anzeigen.

Benutzerkonfiguration

❶❷ Mit *Bearbeiten* stellen Sie den Gerätenamen ein, unter dem Ihr Handy bei Bluetooth-Übertragungen bei anderen Geräten erscheint. Unter dem Gerätenamen erscheint Ihr Galaxy auch, wenn Sie es am PC anschließen.

34. Dual-SIM-Verwendung

Die Mobilnetzbetreiber haben sich lange gegen Handys mit zwei SIM-Steckplätzen gewehrt. Der Vorteil für den Nutzer liegt darin, dass er beispielsweise für Telefonie die erste SIM-Karte und für Internet die zweite einrichten kann. Auf diesem Wege lässt sich Geld sparen, denn häufig bieten die Netzbetreiber SIM-Karten mit unterschiedlichen Tarifen an, die sich nun einfach kombinieren lassen.

Das Einlegen der zweiten SIM-Karte erfolgt analog zu der ersten SIM-Karte in einem weiteren Steckplatz auf dem ausziehbaren SIM-Träger.

Sofern Sie die zweite SIM-Karte bereits vor der ersten Einrichtung (siehe Kapitel *3 Erster Start*) eingelegt hatten, wird Sie das Handy bereits mit einem entsprechenden Einrichtungsdialog begrüßt haben. Sie können diesen später jederzeit, wie als Nächstes beschrieben, auch in den Einstellungen aufrufen.

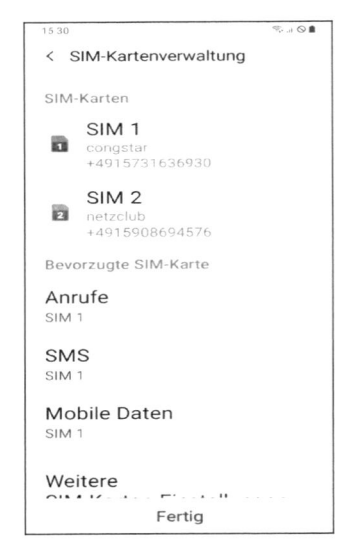

❶ Vor dem Einlegen beziehungsweise Auswechseln einer SIM-Karte brauchen Sie Ihr Handy nicht auszuschalten. Das Galaxy wird, sofern die neu erkannte SIM-Karte mit einer PIN geschützt ist, zur PIN-Eingabe auffordern, wobei Sie an der Nummer (Pfeil) erkennen, zu welcher SIM-Karte die abgefragte PIN gehört.

❷ Die SIM-Kartenverwaltung, auf die wir unten eingehen, öffnet sich automatisch, falls sich eine Änderung bei den eingelegten SIM-Karten ergeben hat.

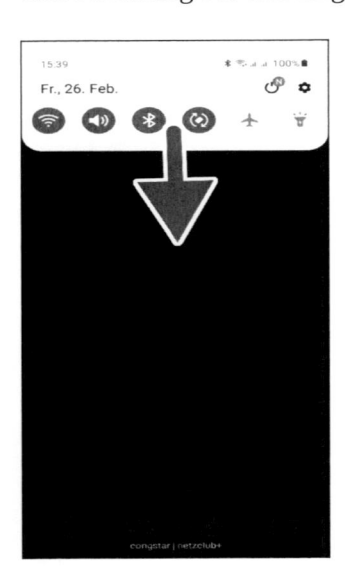

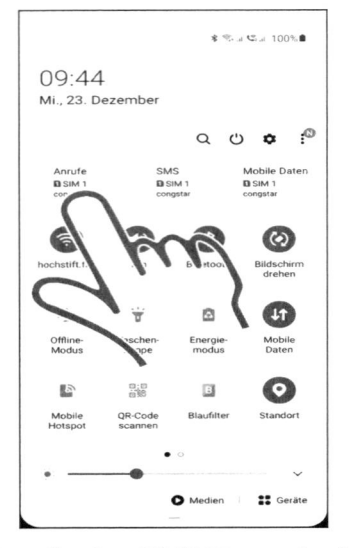

❶❷❸ Welche SIM-Karte für Anrufe, den SMS-Versand oder Internet genutzt wird, stellen Sie ganz einfach im Benachrichtigungsfeld ein: Öffnen Sie mit einer Wischgeste nach unten das erweiterte Benachrichtigungsfeld. Tippen Sie dann auf *Anrufe*, *SMS* oder *Mobile Daten* und wählen Sie die SIM-Karte aus.

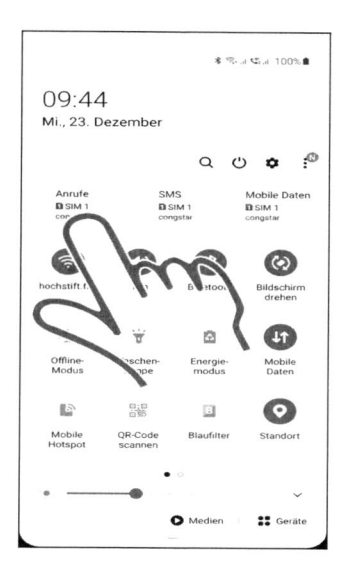

So richten Sie die SIM-Karten ein: Öffnen Sie das erweiterte Benachrichtigungsfeld, dann tippen und halten Sie den Finger auf eine der Schaltleisten im SIM-Informationsfeld (Pfeil).

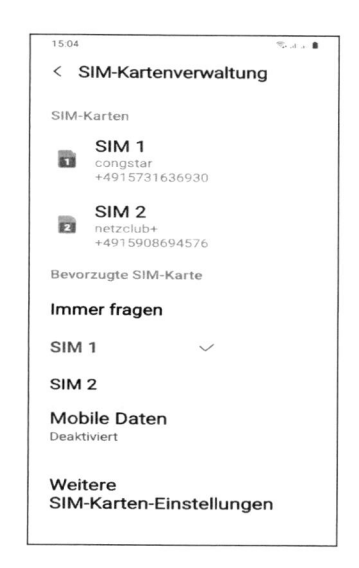

❶ Die Einstellungen:

Unter *Bevorzugte SIM-Karte*:

- *Anrufe* (❷): Legen Sie fest, über welche SIM-Karte ausgehende Telefonate erfolgen. Sie können auch *Immer fragen* einstellen, worauf das Handy jeweils nachfragt, welche SIM-Karte Sie verwenden möchten.
- *SMS*: Für SMS-Versand genutzte SIM-Karte.
- *Mobile Daten*: Über diese Karte erfolgt die Internetverbindung.
- *Weitere SIM-Karten-Einstellungen*:
  - *SIM-Karte für Anrufe bestätigen*: Sofern Sie mal nicht die als Standard für Telefonie festgelegte SIM-Karte verwendet haben, fragt Sie das Handy, ob Sie diese Karte jetzt immer als Standard verwenden möchten.
  - *Dual-SIM immer aktiv*: Auch während Telefonats den Anruf über die weitere SIM-Karte annehmen.

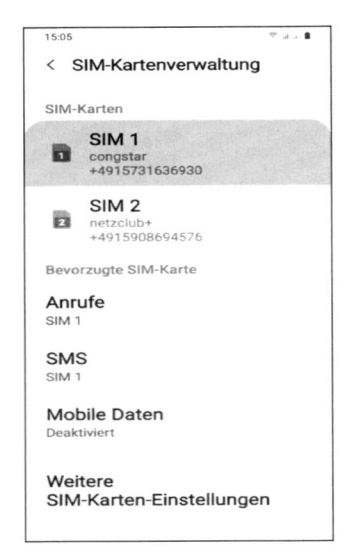

❶❷ Weitere Einstellungen, wenn Sie eine SIM-Karte auswählen:

- *Ein*: SIM-Karte ein/ausschalten. Sie ersparen sich damit das Herausnehmen aus dem Handy, wenn Sie eine SIM-Karte mal nicht benötigen/nutzen möchten.
- *Symbol*: Wählen Sie ein Symbol aus, unter dem die SIM-Karte in den verschiedenen Kommunikationsanwendungen erscheint.
- *Name*: Zur Unterscheidung können Sie den vorgegebenen Namen ändern.

Netzmodus: Verwendete Übertragungsmethode. Sie sollten die Voreinstellung nicht ändern.

34.1 Besonderheiten in den Anwendungen

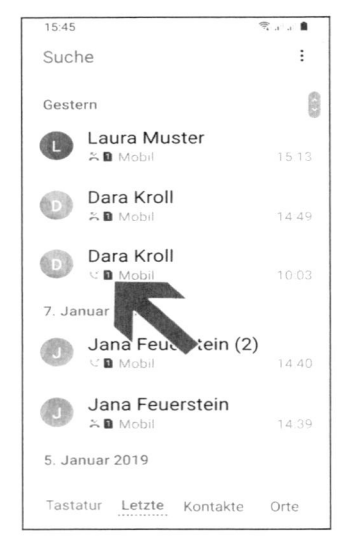

❶ In der Telefonoberfläche (siehe Kapitel *7 Telefonbuch*) können Sie über die Schaltleisten am unteren Bildschirmrand wahlweise über die erste oder zweite SIM-Karte Anrufe durchführen.

❷ Das Anrufprotokoll informiert mit Symbolen über die jeweils genutzte SIM-Karte.

Dual-SIM-Verwendung

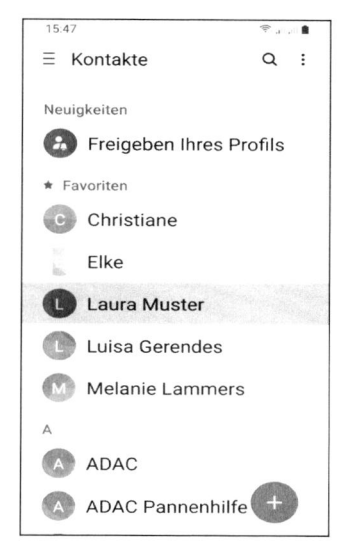

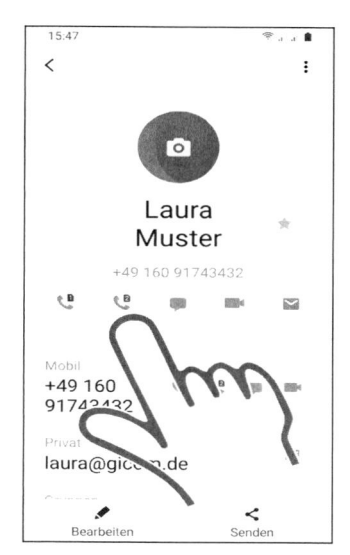

❶❷ Auch direkt im Telefonbuch können Sie über die Schaltleisten auswählen, welche SIM-Karte das Handy verwenden soll.

❸ In der Nachrichten-Anwendung (siehe Kapitel *6 Nachrichten (SMS)*) legen Sie durch Betätigen einer der beiden Schaltleisten den Versandweg fest.

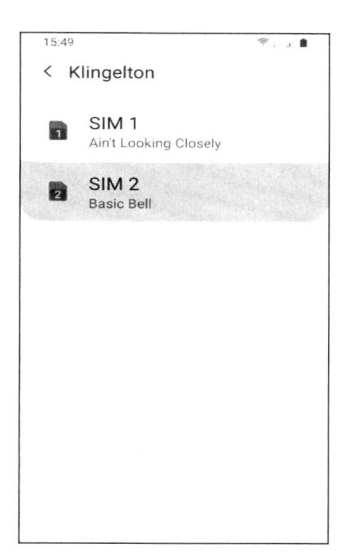

❶❷ Die im Kapitel *4.12.1 Signaltöne* beschriebene Klingeltoneinstellung ist separat für die SIM-Karten festlegbar. Wählen Sie einfach zuerst die SIM-Karte aus. Künftig erkennen Sie bereits am Klingelton, auf welcher SIM-Karte gerade jemand anruft.

35. Stichwortverzeichnis

Akku 297, 388
Akkuaustausch 388
Akkulaufzeit 387
Alarm 300
Android 13
Anklopfen 88
Anruf ablehnen 83
Anruf durchführen 62
Anrufeinstellungen 82
Anrufer-ID 88
Anrufliste 77
Anrufsperre 88
Apps 325, 343
Auskunft 346
Autonavigation 231
Bedienelemente 29
Benachrichtigungen 57f.
Benachrichtigungsfeld 42
Benachrichtigungston 383
Betriebssoftware 13
Bildschirm drehen 45
Bildschirmanzeige 347
Bildschirmkopien 388
Bildschirmschoner 348
Blaufilter 46, 347
Bluetooth 45, 374
Bluetooth-Headset 376
Chrome-Webbrowser 197
Dark Mode 347, 353
Dateien herunterladen 205
Dateien herunterladen (Browser) 205
Datenschutz 386
Datenübertragung 421
Datenvertrag 13
Diebstahl 371, 385
Digitales Wohlbefinden 419
Direktwahl 115
Displaysperre 29, 349, 361
Dolby Atmos 46
Drive 303
Dual-SIM 426
Dunkelmodus 353
Durchgehende Eingabe 413
E-Mail-Anhänge 178
E-Mails löschen 167
Eingabemethoden 403
Einhändiger Betrieb 396
Empfangsbestätigung 97
Empfangsstärke 120
Energiesparmodi 389
FaceWidgets 350f.
Fernsehen 343
Feste Rufnummern 88
Find my Mobile 373
Fingerabdrucksperre 366
Flugmodus 81
Galaxy Store 325, 340
Galerie 255

Game Booster 332
Geräteinformationen 424
Gerätenamen 425
Gerätespeicher 356
Gerätesperre 361f.
Gerätewartung 297, 359
Gesichtserkennung 368
Gestensteuerung 32, 394
Gmail 123
Google Local 239
Google Maps 222
Google One 381
Google Play Instant 336
Google Play Store 325
Google-Konto 13, 317
Google-Suche 55
GPS 261
Hauptmenü 33, 51, 400
Headset 376
Hintergrundbild 39
Hörerlautstärke 66
Hotels 344
In-App-Käufe 339
Instant Apps 336
Internetflatrate 13
Internetverbindung 13
Internetzugang 118
Jugendschutzeinstellungen 336
Kalender 284
Kamera 246
Kennwortschutz 362
Klingelton 58, 76, 383
Klingeltonlautstärke 76
Kontakterfassung 105
Kontaktfoto 111
Kontaktklingelton 111
Kurzwahlen 69
Lautstärke 58
Lautstärke-Tasten 29
Lautstärketasten 57
Lite-Modus 207
Mailbox 71
Medienlautstärke und Signaltöne 57
Meet 124, 154
Mehrfensteransicht 397
Menü 51
MMS 102
Mobilbox 71
Mobile Daten 46
Mobile Hotspot 46, 420
Mobile Netzwerke 420
Mobilfunk-Internet 119
Multimedia Messaging Service 102
Musik 263
Muster-Sperre 363
Nachrichten 90
Nachrichtenzentrale 102
Near Field Communication 392

Netzwerkverbindungen 420
NFC   46, 392
Office-Datei   307
Offline-Modus 81
Offline-Modus: 420
Passwortsperre 365
Play Filme   302
Play Store   325
Popup-Fenster 399
Positionsdaten 261
Programme installieren   329
Protokoll   77
QR-Code   116
Querdarstellung   48
Radiosender   272
Rechner   293
Register   32
Reisen 344
Roaming-Uhr 350
Routenplaner   231
Rufumleitung   88
Ruhemodus   351
Samsung Members   310
Samsung Notes   312
Samsung-Konto   321
Samsung-Tastatur   404
Samsung-Tastenfeld   406
Schnellzugriff   33f.
Screenshots   388
Shortcuts   350
Signaltöne   58
SIM-Sperre   361, 370
Smart Lock   349
Smart Stay   395
Smartphone   13
SMS   90
Softwarekauf   336
Speicherplatzinfo   380
Speicherverwaltung   359
Spracheingabe 404
Spracherkennung   415

Standardnummer   68
Startbildschirm   29, 30, 33, 400
Sticker 405
Storys 262
Stummschaltung   395
Taschenlampe 45
Tastenfeld   406
Telefonbuch   104
Telefonie   62
Telefoninfo   424
Terminerinnerung   290
Tethering   420
Titelleiste   42
Übermittlungsbestätigung   102
Uhr   299
Verzeichnisse   360
Videotelefonie   154
VPN   421
Webbrowser   182
Weltuhr   301
Werkseinstellungen   422
Wetter 294
WhatsApp   212
Whitepages   83
Widgets   36
Wifi   121
WLAN   119, 121
WLAN-Anruf   87
WLAN-Anrufe 47
WLAN-Call   87
Wochennummern   291
Wortvorschläge   407
YouTube   294
YouTube Music Premium   275
Zip-Dateien   384
Zugriffssperren   361
Zurück-Taste   29
Zurückstellen   138
Zustellbericht   97

36. Weitere Bücher des Autors

Vom Technik-Journalisten Rainer Gievers sind zahlreiche Bücher zum Thema Mobile Computing erschienen. Eine Inhaltsübersicht und Bestellmöglichkeiten finden Sie auf unserer Website *www.das-praxisbuch.de*. Sie erhalten die Bücher über die jeweilige ISBN direkt bei Ihrem lokalen Buchhändler oder über Online-Shops der großen Buchketten.

Allgemeine Themen:

- Das Praxisbuch Chromebook (2. Auflage)
  ISBN: 978-3-964690-88-3

- Google-Anwendungen - Anleitung für Einsteiger (Ausgabe 2020/21)
  ISBN: 978-3-964690-84-5

- Das Praxisbuch Amazon Echo & Alexa - Anleitung für Einsteiger (Ausgabe 2020/21)
  ISBN: 978-3-964690-90-6

- Das Praxisbuch Pedelec für Einsteiger - Kaufberatung & Fahrpraxis
  ISBN: 978-3-96469-124-8

Xiaomi-Handys:

- Das Praxisbuch Xiaomi Mi 10 & Mi 10 Pro
  ISBN: 978-3-964690-94-4

- Xiaomi Mi Note 10 & Mi Note 10 Pro
  ISBN: 978-3-964690-86-9

- Das Praxisbuch Xiaomi Mi 9T & Mi 9T Pro
  ISBN: 978-3-964690-60-9

- Das Praxisbuch Xiaomi Redmi Note 8 Pro & Xiaomi Mi Note 10
  ISBN: 978-3-964690-66-1

Samsung-Handys:

- Das Praxisbuch Samsung Galaxy S21 / S21+ / S21 Ultra 5G
  ISBN: 978-3-96469-128-6

- Das Praxisbuch Samsung Galaxy Note 20 & Note 20 Ultra 5G
  ISBN: 978-3-964691-06-4

- Das Praxisbuch Samsung Galaxy S20 / S20+ / S20 Ultra 5G
  ISBN: 978-3-964690-82-1

- Das Praxisbuch Samsung Galaxy A71
  ISBN: 978-3-964690-76-0

- Das Praxisbuch Samsung Galaxy A51
  ISBN: 978-3-964690-74-6

- Das Praxisbuch Samsung Galaxy M51
  ISBN: 978-3-964691-08-8

- Das Praxisbuch Samsung Galaxy A42 5G
  ISBN: 978-3-96469-118-7

- Das Praxisbuch Samsung Galaxy A41
  ISBN: 978-3-964691-00-2

- Das Praxisbuch Samsung Galaxy M31s
  ISBN: 978-3-96469-120-0

- Das Praxisbuch Samsung Galaxy A21s
  ISBN: 978-3-964691-02-6

- Das Praxisbuch Samsung Galaxy M21 & M30s
  ISBN: 978-3-964690-92-0

- Das Praxisbuch Samsung Galaxy A20e
  ISBN: 978-3-964690-45-6

- Das Praxisbuch Samsung Galaxy M31
  ISBN: 978-3-964691-04-0